安全生产法律法规汇编

（第五册）

中国石油化工集团公司安全监管局
中 国 石 化 安 全 工 程 研 究 院

中国石化出版社

图书在版编目(CIP)数据

安全生产法律法规汇编 / 中国石油化工集团公司安全监管局，中国石化安全工程研究院组织编写. —北京：中国石化出版社，2016.6
(安全培训系列图书. 汇编类安全工具书系列)
ISBN 978-7-5114-4145-4

Ⅰ.①安… Ⅱ.①中… ②中… Ⅲ.①安全生产-安全法规-汇编-中国 Ⅳ.①D922.549

中国版本图书馆 CIP 数据核字(2016)第 138660 号

中国石化出版社出版发行
地址：北京市东城区安定门外大街 58 号
邮编：100011　电话：(010)84271850
读者服务部电话：(010)84289974
http://www.sinopec-press.com
E-mail：press@sinopec.com
北京富泰印刷有限责任公司印刷
全国各地新华书店经销
*
787×1092 毫米 16 开本 150.5 印张 2629 千字
2016 年 8 月第 1 版　2016 年 8 月第 1 次印刷
定价：568.00 元(全六册)

《安全培训系列图书》
编审委员会

《安全生产法律法规汇编》编写组

组　　长：孙万付

副 组 长：牟善军　白永忠

编写人员：张卫华　苏国胜　闫　进　刘小明　崔伟珍
孙志刚　赵　震　王　坤　李国栋　赵婉颖
常云海　王　斌　张丽萍　李　欣　董国胜
赵英杰　张　艳　王洪雨　尹　楠　赵　洁
毕丽景

编 写 说 明

为方便广大干部职工查阅并贯彻落实国家安全生产法律法规，由安全监管局牵头、安全工程研究院具体负责对国家现行安全生产法律法规进行了梳理、汇编，形成了《安全生产法律法规汇编》。

《安全生产法律法规汇编》收录了国家现行安全生产法律、法规、部门规章、重要文件和规范性文件共230项。按照专业管理类别分为通用类、危险化学品类、石油天然气类、建筑施工类、油气资产及反恐防范类等五个篇章。

每个篇章收录的法律法规按照法律效力从高到低、发布日期从新到旧的原则进行了排序，以方便广大读者使用。

本书适用于中国石化集团公司各级领导干部、安全管理人员，同时也可作为各级政府安全监管人员和其他生产经营单位安全管理人员参考用书。所收录的法律法规截止日期为2016年7月15日。

目　　录

（第一册）

第一篇　通用类

一、综合

(第二册)

（第三册）

五、应急消防

(第五册)

（第六册）

第三篇　石油天然气类

第四篇 建筑施工类

第五篇　油气资产及反恐防范类

交通运输部关于印发《港口危险货物重大危险源监督管理办法(试行)》的通知

交水发〔2013〕274号

各省、自治区、直辖市交通运输厅(委):

为帮助各地贯彻落实《港口危险货物安全管理规定》(交通运输部2012年第9号部令),做好港口危险货物重大危险源管理工作,我部研究制定了《港口危险货物重大危险源监督管理办法(试行)》,现予以印发,请遵照执行。请各地在执行中认真做好总结,并将相关情况及问题及时反馈我部。

交通运输部

2013年4月23日

港口危险货物重大危险源监督管理办法(试行)

第一章　总　　则

第一条　为加强港口危险货物重大危险源的安全监督管理,预防和减少港口危险货物事故的发生,保护人民群众生命财产安全,维护港口安全生产秩序,根据《中华人民共和国港口法》、《中华人民共和国安全生产法》、《危险化学品安全管理条例》和《港口危险货物安全管理规定》等有关法律法规规章,制定本办法。

第二条　港口危险货物重大危险源的辨识评估、登记建档、备案核销及其监督管理等,适用本办法。

本办法所称港口危险货物重大危险源(以下简称港口重大危险源),是指参照《危险化学品重大危险源辨识》(GB 18218)标准辨识确定,港口区域内储存危险货物的数量等于或者超过临界量的单元(包括场所和设施)。

第三条　危险货物港口经营人(以下简称港口经营人)是本单位港口重大危险源安全管理的责任主体,其主要负责人对本单位港口重大危险源安全管理工作全面负责。

第二章　辨识评估

第四条　港口经营人应当对本单位的港口危险货物储存设施或场所进行港

口重大危险源辨识，并记录辨识过程与结果。

第五条 港口经营人应当对本单位的港口重大危险源进行安全评估并确定重大危险源等级。港口重大危险源按照其危险程度，由高到低依次划分为一级、二级、三级。港口重大危险源分级方法见附件1。

第六条 港口经营人可以组织本单位的注册安全工程师、技术人员或者聘请有关专家对本单位港口重大危险源进行安全评估，也可以委托具有法律、法规、规章规定条件的安全评价机构对港口重大危险源进行安全评估。

依照有关法律、法规、规章等，港口经营人应当进行安全评价的，港口重大危险源安全评估可以与本单位的安全评价一起进行，也可以单独进行港口重大危险源安全评估。

第七条 构成一级港口重大危险源的储存设施或场所，港口经营人应当委托具有法律、法规、规章规定条件的安全评价机构，采用定量风险评价方法进行安全评估，确定个人和社会风险值。

确定的个人和社会风险值，不得超过本规定附件2列示的个人和社会可容许风险值标准。超过个人和社会可容许风险值标准的，港口经营人应当采取相应的降低风险措施。

第八条 港口重大危险源安全评估报告应当包括以下主要内容：

(一)评估的主要依据；

(二)港口重大危险源基本情况；

(三)辨识、分级的符合性分析；

(四)事故发生的可能性及危害程度；

(五)个人风险和社会风险值(采用定量风险评价方法时)；

(六)可能受事故影响的周边单位、人员状况；

(七)安全管理措施、安全技术措施和监控措施；

(八)事故应急措施；

(九)评估结论与建议。

第九条 有下列情形之一的，港口经营人应当对港口重大危险源重新进行辨识分级，开展安全评估和完善档案：

(一)港口重大危险源安全评估满3年的；

(二)构成港口重大危险源的储存设施、场所进行新建、改建或扩建的；

(三)港口危险货物种类、数量或者储存方式及其相关设备、设施等发生重大变更，可能影响港口重大危险源级别和风险程度的；

(四)发生危险货物事故造成人员死亡，或者10人以上受伤，或者影响到公共安全的；

（五）外界生产安全环境因素发生变化，影响港口重大危险源级别和风险程度的。

第三章　登记备案

第十条　港口经营人应当对辨识确认的港口重大危险源及时进行登记建档。档案的主要内容包括：

（一）辨识、分级记录；

（二）港口重大危险源基本特征表；

（三）危险货物安全技术说明书；

（四）区域位置图、平面布置图、工艺流程图和主要设备一览表；

（五）港口重大危险源安全管理制度及安全操作规程；

（六）安全监测监控系统、措施说明、检测、检验结果；

（七）港口重大危险源事故应急预案；

（八）安全评估报告；

（九）港口重大危险源场所安全警示标志的设置情况；

（十）其他文件、资料。

第十一条　港口经营人在对港口重大危险源进行辨识、分级，并完成港口重大危险源安全评估报告后，应将港口重大危险源备案申请表和第十条规定的档案材料（其中第五项规定的文件资料只需提供清单），向所在地港口行政管理部门备案。对涉及船舶航行、作业安全的港口重大危险源信息，港口行政管理部门应当及时通报海事管理机构。

港口重大危险源出现第九条所述情形的，港口经营人应当修改档案，并及时向所在地港口行政管理部门重新备案。

第十二条　对不再构成港口重大危险源的，港口经营人应及时向所在地港口行政管理部门提出核销的书面申请报告。港口行政管理部门自收到港口经营人的书面申请报告之日起 20 个工作日内进行审核，并组织现场核查，对符合条件的予以核销。

第十三条　各级港口行政管理部门应当定期将本辖区的港口重大危险源汇总信息逐级上报。

第四章　安全管理

第十四条　港口经营人应当建立健全港口重大危险源安全管理制度，落实港口重大危险源安全技术措施；应当明确港口重大危险源的责任人或责任机构，并对港口重大危险源的安全状况进行定期检查和日常巡查；对于检查发现的事故隐患，应及时采取措施予以消除。

第十五条 港口经营人应当根据危险货物种类、数量、储存工艺或相关设备、设施等实际情况，建立健全港口重大危险源安全监测监控体系，完善控制措施。

港口重大危险源安全监测监控系统应符合有关国家标准或者行业标准。

第十六条 港口经营人应当按照国家有关规定，定期对港口重大危险源的安全设施和监测监控系统进行检测、检验，并进行经常性维护、保养，记录维护、保养、检测、检验结果。

第十七条 港口经营人应当在重大危险源所在场所设置明显的安全警示标志，标明紧急情况下的应急处置办法。

第十八条 港口经营人应对港口重大危险源的管理和操作岗位人员进行安全操作技能培训，使其了解港口重大危险源的危险特性，熟悉港口重大危险源安全管理规章制度和安全操作规程，全面掌握本岗位的安全操作技能和在紧急情况下应当采取的应急措施。

第十九条 港口经营人应当将港口重大危险源的危险特性、可能的事故后果和应急措施等信息，以适当方式告知从业人员和其他相关单位、人员。

第二十条 港口经营人应制定完善有关港口重大危险源事故应急预案体系，配备必要的防护、救援物资和装备，并进行经常性维护、保养，保障其完好。

港口经营人应当对存在吸入性有毒、有害气体的港口重大危险源，配备便携式浓度监测设备、空气呼吸器、化学防护服、堵漏器材等应急器材和设施；涉及剧毒气体的港口重大危险源，应配备两套以上(含两套)气密型化学防护服。

第二十一条 港口经营人应建立专职或兼职应急救援队伍，应急救援队伍规模应与其危险货物储运规模相适应。

第二十二条 港口经营人应当制定港口重大危险源事故应急预案演练计划，并按照下列要求进行事故应急演练：

(一)对于一级、二级港口重大危险源，每季度至少进行一次；

(二)对于三级港口重大危险源，每半年至少进行一次。

港口经营人应当记录和评估港口重大危险源事故应急演练情况，并根据记录和评估结果，及时修订完善港口重大危险源事故应急预案。

第二十三条 所在地港口行政管理部门应建立健全港口重大危险源安全监管制度，完善本辖区港口重大危险源档案，建立港口重大危险源安全监管系统，掌握辖区内港口重大危险源和应急队伍、应急资源等基本信息。

第二十四条 所在地港口行政管理部门应当组织开展港口重大危险源集中

区域风险分析与应急能力评估，制定完善事故应急预案；应当根据本辖区应急工作的实际需要，并在征求海事等部门意见后，统筹规划、组织建立应急物资和装备储备，建立完善应急储备管理制度，加强应急准备。

第二十五条 所在地港口行政管理部门应建立健全港口重大危险源事故应急救援体系，定期组织开展应急培训和应急救援演练，提高应急救援能力。

第五章 监督检查

第二十六条 所在地港口行政管理部门应当加强港口重大危险源监督检查，督促港口经营人做好本单位港口重大危险源的辨识评估、登记建档、备案核销和安全管理、应急准备等工作。

第二十七条 所在地港口行政管理部门应建立港口重大危险源安全检查制度，根据辖区内港口重大危险源的数量、等级和危险程度等，定期对存在港口重大危险源的港口经营人进行监督检查。

港口行政管理部门在监督检查中发现港口重大危险源存在事故隐患的，应当依据《安全生产法》第五十六条第三款、《危险化学品安全管理条例》第七条以及《港口危险货物安全管理规定》第四十八条相关规定进行处置。

第二十八条 所在地港口行政管理部门应建立港口重大危险源监督检查台账，内容包括港口重大危险源监督检查记录表、现场检查记录、整改意见、整改情况等资料。

第二十九条 所在地港口行政管理部门应当会同本级人民政府有关部门，加强对港口重大危险源集中区域的监督检查，确保港口重大危险源与周边单位、居民区、人员密集场所等重要目标和敏感场所之间距离符合国家相关规定。

附件：1. 港口重大危险源分级方法

2. 可容许风险值

附件 1

港口重大危险源分级方法

一、分级原则

采用单元内各种危险货物实际存在量与其在《危险化学品重大危险源辨识》(GB 18218—2009)中的临界量比值，经校正系数校正后的值 R 之和作为分级指标。

二、R 的计算方法

$$R=\alpha\left(\beta_1\frac{q_1}{Q_1}+\beta_2\frac{q_2}{Q_2}+\cdots+\beta_n\frac{q_n}{Q_n}\right)$$

式中 q_1，q_2，…，q_n——每种危险货物实际存在量，吨；

Q_1，Q_2，…，Q_n——与各危险货物相对应的临界量，吨；

β_1，β_2…，β_n——与各危险货物相对应的校正系数；

α——该重大危险源库区外暴露人员的校正系数。

三、校正系数 β 的取值

根据单元内危险货物的类别不同，设定校正系数(β)值，见表 1 和表 2：

表 1　校正系数 β 取值表

危险化学品类别	毒性气体	爆炸品	易燃气体	其他类危险货物
β	见表 2	2	1.5	1

注：危险货物类别依据《危险货物品名表》中分类标准确定。

表 2　常见毒性气体校正系数 β 值取值表

毒性气体名称	一氧化碳	二氧化硫	氨	环氧乙烷	氯化氢	溴甲烷	氯
β	2	2	2	2	3	3	4
毒性气体名称	硫化氢	氟化氢	二氧化氮	氰化氢	碳酰氯	磷化氢	异氰酸甲酯
β	5	5	10	10	20	20	20

注：未在表 2 中列出的有毒气体可按 $\beta=2$ 取值，剧毒气体可按 $\beta=4$ 取值。

四、校正系数 α 的取值

根据重大危险源单元边界向外扩展 500 米范围内常住人口数量，设定单元外暴露人员校正系数(α)值，见表 3。

表 3　校正系数 α 取值表

单元外可能接触人员数量	α
100 人以上	2.0
50~99 人	1.5
30~49 人	1.0
0~29 人	0.5

五、分级标准

根据计算出来的 R 值，按表 4 确定危险货物重大危险源的级别。

表 4　危险货物重大危险源级别和 R 值的对应关系

港口重大危险源级别	R 值
一级	$R \geqslant 50$
二级	$50 > R \geqslant 10$
三级	$R < 10$

附件 2

可容许风险值

一、个人风险可容许风险值

个人风险是指因港口重大危险源各种潜在的火灾、爆炸、有毒气体泄漏事故造成区域内某一固定位置人员的个体死亡概率，即单位时间内(通常为年)的个体死亡率。通常用个人风险等值线表示。

通过定量风险评价，港口重大危险源周边重要目标和敏感场所承受的个人风险应满足表 1 中可容许风险值要求。

表 1　个人风险可容许标准

港口重大危险源周边重要目标和敏感场所类别	可容许风险(年)
1. 高敏感场所(如学校、医院、幼儿园、养老院等)； 2. 重要目标(如党政机关、军事禁区、军事管理区、文物保护单位等)； 3. 特殊高密度场所(如大型体育场、大型交通枢纽、大型露天市场等)。	$<3\times10^{-7}$
1. 居住类高密度场所(如居民区、宾馆、度假村等)； 2. 公众聚集类高密度场所(如办公场所、商场、饭店、娱乐场所、公园、广场等)。	$<1\times10^{-6}$

二、社会风险可容许风险值

社会风险是指能够引起大于等于 N 人死亡的事故累积频率(F)，也即单位时间内(通常为年)的死亡人数。常用社会风险曲线(F-N 曲线)表示。

社会风险标准采用 ALARP(As Low As Reasonable Practice)原则作为可接受原则。ALARP 原则通过两个风险分界线将风险划分为 3 个区域，即：不可容许区、尽可能降低区(ALARP)和可容许区。

① 若社会风险曲线落在不可容许区，除特殊情况外，该风险无论如何不能被接受。

② 若落在可容许区，风险处于很低的水平，该风险是可以被接受的，无需采取安全改进措施。

③ 若落在尽可能降低区，则需要在可能的情况下尽量减少风险，即对各种风险处理措施方案进行成本效益分析等，以决定是否采取这些措施。

通过定量风险评价，港口危险货物重大危险源产生的社会风险应满足图 1 中社会风险值要求。

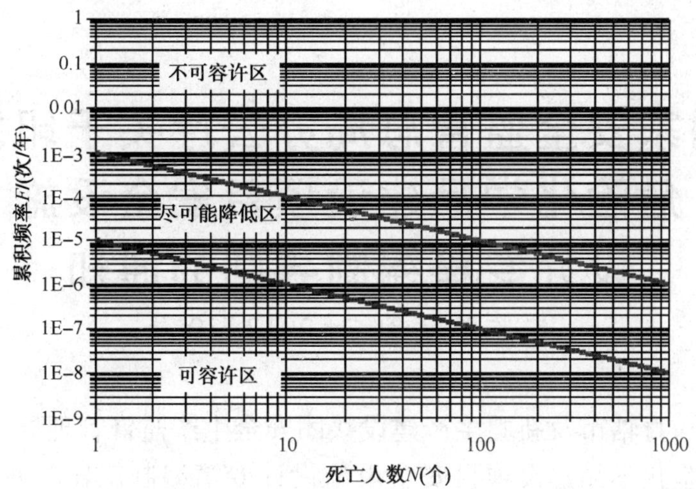

图 1　社会风险标准(F–N)曲线

国家安全监管总局办公厅关于印发危险化学品建设项目安全设施设计专篇编制导则的通知

安监总厅管三〔2013〕39号

各省、自治区、直辖市及新疆生产建设兵团安全生产监督管理局：

为规范危险化学品建设项目安全设施设计专篇编制工作，我局组织编制了《危险化学品建设项目安全设施设计专篇编制导则》，现印发给你们，请遵照执行。

附件：危险化学品建设项目安全设施设计专篇编制导则

国家安全监管总局办公厅

2013年4月7日

附件

危险化学品建设项目安全设施设计专篇编制导则

1 适用范围

本导则适用于中华人民共和国境内新建、改建、扩建危险化学品生产、储存的建设项目以及伴有危险化学品产生的化工建设项目(包括危险化学品长输管道建设项目，以下统称建设项目)安全设施设计专篇的编制。

本导则不适用于下列建设项目：

1）危险化学品的勘探、开采及其辅助的储存；

2）原油和天然气勘探、开采的配套输送及储存；

3）城镇燃气的输送及储存。

2 术语和定义

2.1 危险化学品

具有毒害、腐蚀、爆炸、燃烧、助燃等性质，对人体、设施、环境具有危害的剧毒化学品及其他化学品。

2.2 安全设施

在生产经营活动中用于预防、控制、减少与消除事故影响采用的设备、设施、装备及其他技术措施的总称。

2.3 新建项目

有下列情形之一的项目为新建项目：

1）新设立的企业建设危险化学品生产、储存装置(设施)，或者现有企业建设与现有生产、储存活动不同的危险化学品生产、储存装置(设施)的；

2）新设立的企业建设伴有危险化学品产生的化学品生产装置(设施)，或者现有企业建设与现有生产活动不同的伴有危险化学品产生的化学品生产装置(设施)的。

2.4 改建项目

有下列情形之一的项目为改建项目：

1）企业对在役危险化学品生产、储存装置(设施)，在原址更新技术、工艺、主要装置(设施)、危险化学品种类的；

2）企业对在役伴有危险化学品产生的化学品生产装置(设施)，在原址更新技术、工艺、主要装置(设施)的。

2.5 扩建项目

有下列情形之一的项目为扩建项目：

1）企业建设与现有技术、工艺、主要装置(设施)、危险化学品品种相同，

但生产、储存装置(设施)相对独立的;

2) 企业建设与现有技术、工艺、主要装置(设施)相同,但生产装置(设施)相对独立的伴有危险化学品产生的。

2.6 危险源

可能导致人身伤害、健康损害、财产损失、工作环境破坏或这些情况组合的根源或状态。

2.7 危险和有害因素

可对人造成伤亡、影响人的身体健康甚至导致疾病的因素。

2.8 危险化学品数量

长期或临时生产、加工、使用或储存危险化学品的数量。

2.9 作业场所

可能使从业人员接触危险化学品的任何作业活动场所,包括从事危险化学品的生产、操作、处置、储存、搬运、运输危险化学品的处置或者处理等场所。

3 编制内容

3.1 设计依据

列出编制专篇依据的主要文件名称及编号,内容如下:

1) 建设项目的批复(核准、备案)文件;

2) 国家、行业及地方相关法律、法规、规章及规范性文件;

3) 国家、行业及地方相关标准、规范;

4) 设计合同;

5) 建设项目安全评价报告及建设项目安全条件审查意见书;

6) 项目其他相关文件。

3.2 建设项目概况

简要说明建设项目的基本情况,主要内容如下:

1) 项目的建设单位、生产规模、产品方案、建设性质、地理位置、工程占地面积、设计范围及分工;

2) 采用的主要工艺技术及与国内或国外同类项目技术对比情况;

3) 项目涉及的主要原辅材料和产品(包括产品、中间产品)名称及最大储量;

4) 项目的工艺流程、主要装置和设施(设备)的布局及其上下游生产装置的关系;

5) 项目配套公用和辅助工程或设施的名称、能力(或负荷);

6) 项目装置的主要设备表,包括名称、规格、操作或设计条件、材质、数量等;

7）项目外部依托条件或设施，包括水源、电源、蒸汽、仪表风以及消防站、气防站、医院等应急设施；

8）项目所在地自然条件，包括地质、气象、水文等；

9）项目所在地的周边情况，说明项目距下列重要设施的距离：

a）居住区及商业中心、公园等人员密集场所；

b）学校、医院、影剧院、体育场(馆)等公共设施；

c）车站、码头(依法经许可从事危险化学品装卸作业的除外)、机场以及通信干线、通信枢纽、铁路线路、道路交通干线、水路交通干线、地铁风亭及地铁站出入口；

d）军事禁区、军事管理区；

e）法律、行政法规规定的其他场所、设施、区域。

3.3　建设项目过程危险源及危险和有害因素分析

按照国家相关标准及规定，采用《化工建设项目安全设计管理导则》(AQ/T 3033)推荐的过程危险源分析方法或其他适用的方法，开展建设项目过程危险源及危险和有害因素分析。

3.3.1　物料危险性分析

1）列表说明建设项目涉及的危险化学品特性，基本数据要求详见表1《危险化学品数据表》；

2）分析建设项目生产过程中涉及具有爆炸性、可燃性、毒性、腐蚀性的危险化学品数量、浓度(含量)和所在的单元及其状态(温度、压力、相态等)；

3）说明建设项目涉及重点监管的危险化学品情况。

表1　危险化学品数据表

物料名称	危险化学品分类	相态	密度	沸点/℃	凝点/℃	闪点/℃	自燃点/℃	职业接触限值	毒性等级	爆炸极限/%(体)	火灾危险性分类	危害特性

3.3.2　分析并说明建设项目工艺过程可能导致泄漏、爆炸、火灾、中毒事故的危险源。

3.3.3　指出建设项目可能造成作业人员伤亡的其他危险和有害因素，如粉尘、窒息、腐蚀、噪声、高温、低温、振动、坠落、机械伤害、放射性辐射等。

3.3.4　说明上述3.3.2及3.3.3条中危险源及危险和有害因素存在的主要作业场所。

3.3.5　说明装置或单元的火灾危险性分类和爆炸危险区域划分。

3.3.6　按照《危险化学品重大危险源辨识》(GB 18218)辨识重大危险源，并按照《危险化学品重大危险源监督管理暂行规定》(国家安全监管总局令第40号)划分重大危险源等级。

3.3.7　说明建设项目工艺是否属于重点监管的危险化工工艺。

3.3.8　说明危险化学品长输管道的路由及穿跨越过程存在的危险源及危险和有害因素。

3.3.9　根据建设项目前期开展的安全评价等报告，说明主要分析结果。

3.3.10　根据设计过程开展的危险与可操作性(HAZOP)研究或其他安全风险分析，说明主要分析结果。

3.3.11　涉及多套装置的建设项目或者同一企业毗邻在役装置的建设项目，应分析其相互间的影响及可能产生的危险，并说明主要分析结果。

3.4　设计采用的安全设施

安全设施的设计应根据建设项目的特点和过程危险源及危险和有害因素分析的结果，严格执行现行国家、行业及地方相关法规、标准、规范、规定的要求，基于本质安全设计、事故预防优先、可靠性优先等设计原则，采取具有针对性、可操作性和经济合理的安全设施。

3.4.1　工艺系统

1）工艺过程采取的防泄漏、防火、防爆、防尘、防毒、防腐蚀等主要措施；

2）正常工况与非正常工况下危险物料的安全控制措施，如联锁保护、安全泄压、紧急切断、事故排放、反应失控等措施，对重点监管的危险化工工艺应说明采取的控制系统与相关规定的符合性；

3）采取的其他工艺安全措施。

3.4.2　总平面布置

1）建设项目与厂/界外设施的主要间距、标准规范符合性及采取的防护措施；

2）全厂及装置(设施)平面及竖向布置的主要安全考虑，包括功能分区、风速、风向、间距、高程、危险化学品运输等；

3）平面布置的主要防火间距及标准规范符合情况；

4）厂区消防道路、安全疏散通道及出口的设置情况；

5）采取的其他安全措施。

3.4.3　设备及管道

1）压力容器、设备及管道设计与国家法规及标准的符合性，包括进口压力容器满足国家强制性规定的情况；

2）主要设备、管道材料的选择和防护措施；

3）采取的其他安全措施。

3.4.4 电气

1）供电电源、电气负荷分类、应急或备用电源的设置；

2）按照爆炸危险区域划分等级和火灾危险场所选择电气设备的防爆及防护等级；

3）防雷、防静电接地设施；

4）采取的其他电气安全措施。

3.4.5 自控仪表及火灾报警

1）应急或备用电源、气源的设置；

2）自动控制系统的设置和安全功能，包括紧急停车系统、安全仪表系统等；

3）可燃及有毒气体检测和报警设施的设置；

4）控制室的组成及控制中心作用，包括生产控制、消防控制、应急控制等；

5）火灾报警系统、工业电视监控系统及应急广播系统等；

6）采取的其他安全措施。

3.4.6 建构筑物

1）说明防火、防爆、抗爆、防腐、耐火保护等设施；编制“建(构)筑物一览表”，包括结构、建筑面积、层数、火灾危险性、耐火等级、抗震设防、通风、泄压面积、疏散通道与安全出口等；

2）通风、排烟、除尘、降温等设施；

3）采取的其他安全措施。

3.4.7 其他防范设施

1）防洪、防台风、防地质灾害、抗震等防范自然灾害的措施；

2）防噪声、防灼烫、防护栏、安全标志、风向标的设置等；

3）个体防护装备的配备；

4）采取的其他安全防范设施。

3.4.8 事故应急措施及安全管理机构

1）针对建设项目特点、建设性质及周边依托情况，说明设计中采用的主要事故应急救援设施，包括消防站、气防站、医疗急救设施等；

2）说明发生事故时，可能排放的最大污水量及防止排出厂/界外的事故应急措施；

3）对安全管理机构设置及人员配备的建议。

3.4.9 《安全评价报告》意见的采纳情况

1）说明与工程设计有关的安全对策与建议的采纳情况；

2）说明工程设计未采纳安全对策与建议的理由。

3.5 结论与建议

3.5.1 结论

重点说明以下方面：

1）工程设计阶段的安全条件与项目前期安全条件审查阶段相关内容的符合性以及处理结果；

2）建设项目选用的工艺技术安全可靠性；

3）设计符合现行国家相关标准规范情况；

4）安全设施设计的预期效果及结论。

3.5.2 建议

根据国内或国外同类装置(设施)的建设和生产运行经验，提出在试生产和操作运行中需重点关注的安全问题及建议。

4 专篇附件

4.1 建设项目安全条件审查意见书

4.2 建设项目区域位置图

4.3 总平面布置图

4.4 装置平面布置图

4.5 工艺流程简图

4.6 爆炸危险区域划分图

4.7 火灾报警系统图

4.8 可燃及有毒气体检测报警仪平面布置图

4.9 主要安全设施一览表，包括安全阀、爆破片、可燃气体与有毒气体检测器、个体防护装备等

4.10 其他需补充的文件

5 专篇格式

5.1 专篇组成

5.1.1 封面(参见附件1)

5.1.2 封二(参见附件2)

5.1.3 设计单位资质证书(复印件或复制件)及专篇设计、校核、审核人员签署表

5.1.4 目录

5.1.5 非常用的术语、符号和代号说明

5.1.6 主要内容

5.1.7 附件

5.2 字号和字体

主要内容的章、节标题分别采用 3 号黑体、楷体字，项目标题采用 4 号黑体字；内容的文字表述部分采用 4 号宋体字，表格表述部分可选择采用 5 号或者 6 号宋体字；附件的图表可选用复印件，附件的标题和项目标题分别采用 3 号和 4 号黑体字，内容的文字和表格表述采用的字体同“主要内容”。

5.3 纸张、排版

采用 A4 白色胶版纸(70g 以上)；纵向排版，左边距 28mm、右边距 20mm、上边距 25mm、下边距 20mm；章、节标题居中，项目标题空两格。

5.4 制作

除附图、复印件等外，双面打印文本。

5.5 封装

建设项目安全设施设计专篇正式文本装订后，用设计单位的公章对进行建设项目安全设施设计专篇封页。

附件 1

（建设项目名称）
安全设施设计专篇

建设单位：

建设单位法定代表人：

建设项目单位：

建设项目单位主要负责人：

建设项目单位联系人：

建设项目单位联系电话：

（建设项目单位公章）

年　月　日

附件 2

（建设项目名称）
安全设施设计专篇

设计单位：
设计单位法定代表人：
设计单位联系人：
设计单位联系电话：

（设计单位公章）
年　月　日

国家安全生产监督管理总局公告

2013 年第 3 号

根据《危险化学品安全使用许可证实施办法》(国家安全生产监督管理总局令第 57 号)第四十五条的规定，现将国家安全监管总局确定的《危险化学品安全使用许可适用行业目录(2013 年版)》，予以公布。

国家安全监管总局

2013 年 2 月 21 日

危险化学品安全使用许可适用行业目录

(2013 年版)

大类	中类	小类	详细说明
化学原料和化学制品制造业	基础化学原料制造	无机酸制造	
		无机碱制造	主要指纯碱的生产活动。
		无机盐制造	
		有机化学原料制造	
	肥料制造	氮肥制造	指矿物氮肥及用化学方法制成含有作物营养元素氮的化肥的生产活动。
		磷肥制造	指以磷矿石为主要原料，用化学或物理方法制成含有作物营养元素磷的化肥的生产活动。
	农药制造	化学农药制造	指化学农药原药，以及经过机械粉碎、混合或稀释制成粉状、乳状和水状的化学农药制剂的生产活动。
	涂料、油墨、颜料及类似产品制造	涂料制造	指在天然树脂或合成树脂中加入颜料、溶剂和辅助材料，经加工后制成的覆盖材料的生产活动。
		染料制造	指有机合成、植物性或动物性色料，以及有机颜料的生产活动。
	合成材料制造	初级形态的塑料及合成树脂制造	也称初级塑料或原状塑料的生产活动，包括通用塑料、工程塑料、功能高分子塑料的制造。
		合成橡胶制造	指人造橡胶或合成橡胶及高分子弹性体的生产活动。
		合成纤维单(聚合)体的制造	指以石油、天然气、煤等为主要原料，用有机合成的方法制成合成纤维单体或聚合体的生产活动。

续表

大类	中类	小类	详 细 说 明
化学原料和化学制品制造业	专用化学产品制造	化学试剂和助剂制造	指各种化学试剂、催化剂及专用助剂的生产活动。
		专项化学用品制造	指水处理化学品、造纸化学品、皮革化学品、油脂化学品、油田化学品、生物工程化学品、日化产品专用化学品等产品的生产活动。
		林产化学产品制造	指以林产品为原料，经过化学和物理加工方法生产产品的活动。
		环境污染处理专用药剂材料制造	指对水污染、空气污染、固体废物等污染物处理所专用的化学药剂及材料的制造。
医药制造业	化学药品原料药制造	化学药品原料药制造	指供进一步加工药品制剂所需的原料药生产活动。
化学纤维制造业	纤维素纤维原料及纤维制造	化纤浆粕制造	指纺织生产用粘胶纤维的基本原料生产活动。
	合成纤维制造	锦纶纤维制造	也称聚酰胺纤维制造，指由尼龙 66 盐和聚己内酰胺为主要原料生产合成纤维的活动。
		涤纶纤维制造	也称聚酯纤维制造，指以聚对苯二甲酸乙二醇酯(简称聚酯)为原料生产合成纤维的活动。
		腈纶纤维制造	也称聚丙烯腈纤维制造，指以丙烯腈为主要原料(含丙烯腈 85%以上)生产合成纤维的活动。
		维纶纤维制造	也称聚乙烯醇纤维制造，指以聚乙烯醇为主要原料生产合成纤维的活动。
		丙纶纤维制造	也称聚丙烯纤维制造，指以聚丙烯为主要原料生产合成纤维的活动。
		氨纶纤维制造	也称聚氨酯纤维制造，指以聚氨基甲酸酯为主要原料生产合成纤维的活动。

注：《危险化学品安全使用许可适用行业目录》“小类”栏列出的行业，是根据《国民经济行业分类》(GB/T 4754—2011)规定的化学原料及化学制品制造业、医药制造业、化学纤维制造业等 3 个典型的制造业(大类)，从中选取 25 个小类行业构成。

国家安全监管总局关于公布第二批重点监管危险化学品名录的通知

安监总管三〔2013〕12号

各省、自治区、直辖市及新疆生产建设兵团安全生产监督管理局，有关中央企业：

为进一步做好重点监管的危险化学品安全管理工作，国家安全监管总局在分析国内危险化学品生产情况和近年来国内发生的危险化学品事故情况、国内外重点监管化学品品种、化学品固有危险特性及国内外重特大化学品事故等因素的基础上，研究确定了《第二批重点监管的危险化学品名录》(见附件)，现予公布，并就有关事项通知如下：

一、生产、储存、使用重点监管的危险化学品的企业，应当积极开展涉及重点监管危险化学品的生产、储存设施自动化监控系统改造提升工作，高度危险和大型装置要依法装备安全仪表系统(紧急停车或安全联锁)，并确保于2014年底前完成。

二、地方各级安全监管部门应当按照有关法律法规和本通知的要求，对生产、储存、使用、经营重点监管的危险化学品的企业实施重点监管。

三、各省级安全监管部门可以根据本辖区危险化学品安全生产状况，补充和确定本辖区内实施重点监管的危险化学品类项及具体品种。

四、请各省级安全监管部门立即将本通知要求(《重点监管的危险化学品名录(2013年完整版)》可从国家安全监管总局网站“在线办事”栏目中“表格下载”之“危化品”下载)传达至辖区内的化工企业和其他相关单位。

各单位在执行中如发现问题，请及时反馈国家安全监管总局监管三司。

附件：1. 第二批重点监管的危险化学品名录

2. 第二批重点监管的危险化学品安全措施和应急处置原则

国家安全监管总局

2013年2月5日

附件 1

第二批重点监管的危险化学品名录

序号	化学品品名	CAS 号
1	氯酸钠	7775-9-9
2	氯酸钾	3811-4-9
3	过氧化甲乙酮	1338-23-4
4	过氧化(二)苯甲酰	94-36-0
5	硝化纤维素	9004-70-0
6	硝酸胍	506-93-4
7	高氯酸铵	7790-98-9
8	过氧化苯甲酸叔丁酯	614-45-9
9	*N*，*N′*-二亚硝基五亚甲基四胺	101-25-7
10	硝基胍	556-88-7
11	2，2′-偶氮二异丁腈	78-67-1
12	2，2′-偶氮-二-（2，4-二甲基戊腈） （即偶氮二异庚腈）	4419-11-8
13	硝化甘油	55-63-0
14	乙醚	60-29-7

附件 2

第二批重点监管的危险化学品安全措施和应急处置原则

1. 氯酸钠

风险提示	与易燃物、可燃物混合或急剧加热会发生爆炸。
理化特性	无色无味结晶，味咸而凉，有潮解性。易溶于水，微溶于乙醇。分子量 106.44，熔点 248℃，沸点 300℃(分解)，相对密度(水=1)2.5。 主要用途：用于生产二氧化氯、亚氯酸盐、高氯酸盐及其他氯酸盐，还用于印染、冶金、造纸、皮革行业。
危害信息	【燃烧和爆炸危险性】 助燃。与易(可)燃物混合或急剧加热会发生爆炸。如被有机物等污染，对撞击敏感。 【活性反应】 强氧化剂，与还原剂、强酸、铵盐、有机物、易燃物如硫、磷或金属粉末等混合可形成爆炸性混合物。 【健康危害】 粉尘对呼吸道、眼及皮肤有刺激性。口服急性中毒，表现为高铁血红蛋白血症，肠胃炎，肝肾损伤，甚至发生窒息。
安全措施	【一般要求】 操作人员必须经过专门培训，严格遵守操作规程，熟练掌握操作技能，具备应急处置知识。 生产过程密闭，加强通风。使用防爆型的通风系统和设备，提供安全淋浴和洗眼设备。可能接触其粉尘时，建议佩戴自吸过滤式防尘口罩。戴化学安全防护眼镜，戴橡胶手套。作业现场禁止吸烟、进食和饮水。 远离火种、热源。应与禁配物分开存放，切忌混储。 生产、储存区域应设置安全警示标志。禁止震动、撞击和摩擦。配备相应品种和数量的消防器材及泄漏应急处理设备。 输送装置应有防止固体物料粘结器壁的技术保障措施，并应结合工艺特点和生产情况制定定期清扫的管理制度。严禁轴承设置在粉状危险物料中混药、输送等；输送螺旋和混药设备应有应急消防雨淋装置，输送螺旋和混药设备应选择有利于泄爆、清扫、应急处理的封闭方式。 采用湿法粉碎工艺时，应待物料全部浸湿后方可开机；当采用金属球和金属球磨筒方式进行粉碎时，宜用水或含水溶剂作为介质。粉碎混合加工过程中应设置自动导出静电的装置，出料时应将接料车和出料器用导线可靠连接并整体接地。 生产过程中易引起燃烧爆炸的机械化作业应设置自动报警、自动停机、自动泄爆、自动雨淋等安全自控装置；自动化生产线的单机设备除有自动控制系统监控外，在现场还应设置应急控制操作装置。

续表

<table>
<tr><td>安全措施</td><td>生产过程中产生的不合格品和废品应隔离存放、及时处理；内包装材料应统一回收存放在远离热源的场所，并及时销毁。
【特殊要求】
【操作安全】
(1)可能接触粉尘时，操作人员佩戴自吸过滤式防尘口罩，戴化学安全防护眼镜，穿静电工作服，戴橡胶手套。
(2)避免产生粉尘。避免与还原剂、强酸、铵盐、有机物、易(可)燃物接触。搬运时要轻装轻卸，防止包装及容器损坏。配备相应品种和数量的消防器材及泄漏应急处理设备。
(3)生产过程中需用热媒加热或加工过程中可能引起物料温升的作业点，均应设置温度检测仪器并采取温控措施。
【储存安全】
(1)储存于阴凉、通风、干燥的库房。远离火种、热源。工业氯酸钠保质期为 3 年；逾期可重新检验，检验结果符合要求时，方可继续使用。库房温度不超过 30℃，相对湿度不超过 80%。
(2)应与还原剂、强酸、铵盐、有机物、易(可)燃物分开存放，切忌混储。存放时，应距加热器(包括暖气片)和热力管线 300 毫米以上。储存区应备有合适的材料收容泄漏物。禁止震动、撞击和摩擦。禁止使用易产生火花的机械设备和工具。
【运输安全】
(1)运输车辆应有危险货物运输标志、安装具有行驶记录功能的卫星定位装置。未经公安机关批准，运输车辆不得进入危险化学品运输车辆限制通行的区域。
(2)运输过程中应有遮盖物，防止暴晒和雨淋、猛烈撞击、包装破损，不得倒置。严禁与酸类、铵盐、有机物、易(可)燃物、还原剂、自燃物品、遇湿易燃物品等同车混运。运输过程中要确保容器不泄漏、不倒塌、不坠落、不损坏。运输时运输车辆应配备相应品种和数量的消防器材。搬运时要轻装轻卸，防止包装及容器损坏。禁止震动、撞击和摩擦。
(3)拥有齐全的危险化学品运输资质，必须配备押运人员，并随时处于押运人员的监管之下，不得超装、超载，不得进入危险化学品运输车辆禁止通行的区域；确需进入禁止通行区域的，应当事先向当地公安部门报告，运输时车速不宜过快，不得强行超车。运输车辆装卸前后，均应彻底清扫、洗净，严禁混入有机物、易燃物等杂质。</td></tr>
<tr><td>应急处置原则</td><td>【急救措施】
吸入：迅速脱离现场至空气新鲜处，休息。就医。
食入：漱口。就医。
眼睛接触：立即提起眼睑，用流动清水或生理盐水冲洗。就医。
皮肤接触：立即用大量水冲洗，然后脱去污染的衣着，接着再冲洗。就医。
【灭火方法】
灭火剂：用水灭火。禁止使用砂土、干粉灭火。</td></tr>
</table>

续表

应急处置原则	大火时，远距离用大量水灭火。消防人员应佩戴防毒面具、穿全身消防服，在上风向灭火。在确保安全的前提下将容器移离火场。用大量水冷却容器，直至火扑灭。切勿开动已处于火场中的货船或车辆。 如果在火场中有储罐、槽车或罐车，周围至少隔离 800 米；同时初始疏散距离也至少为 800 米。 【泄漏应急处置】 隔离泄漏污染区，限制出入。建议应急处理人员戴防尘面具（全面罩），穿防毒服。不要直接接触泄漏物。勿使泄漏物与有机物、还原剂、易燃物接触。小量泄漏：避免扬尘，用洁净的铲子收集于干燥、洁净、且盖子较松的容器中，并将容器移离泄漏区。大量泄漏：收集回收或运至废物处理场所处置，泄漏物回收后，用水冲洗泄漏区。 作为一项紧急预防措施，泄漏隔离距离至少为 25 米。如果为大量泄漏，下风向的初始疏散距离应至少为 100 米。

2. 氯酸钾

风险提示	与易燃物、可燃物混合或急剧加热会发生爆炸。
理化特性	无色片状结晶或白色颗粒粉末，味咸而凉。溶于水，不溶于醇、甘油。分子量 122.55，熔点 357℃，沸点 400℃（分解），相对密度（水=1）2.34。 主要用途：用于火柴、焰火、冶金、医药行业中的氧化剂及制造其他氯酸盐。
危害信息	【燃烧和爆炸危险性】 助燃。与易（可）燃物混合或急剧加热会发生爆炸。如被有机物等污染，对撞击敏感。 【活性反应】 强氧化剂，与还原剂、铵盐、硫化物、有机物、易燃物如硫、磷或金属粉末等混合可形成爆炸性混合物。 【健康危害】 粉尘对呼吸道有刺激性。口服急性中毒，表现为高铁血红蛋白血症，胃肠炎，肝肾损伤，甚至发生窒息。
安全措施	【一般要求】 操作人员必须经过专门培训，严格遵守操作规程，熟练掌握操作技能，具备应急处置知识。 生产过程密闭，加强通风。使用防爆型的通风系统和设备，提供安全淋浴和洗眼设备。可能接触其粉尘时，建议佩戴自吸过滤式防尘口罩。戴化学安全防护眼镜，戴橡胶手套。作业现场禁止吸烟、进食和饮水。 远离火种、热源。应与禁配物分开存放，切忌混储。 生产、储存区域应设置安全警示标志。禁止震动、撞击和摩擦。配备相应品种和数量的消防器材及泄漏应急处理设备。

续表

安全措施	输送装置应有防止固体物料粘结器壁的技术保障措施，并应结合工艺特点和生产情况制定定期清扫的管理制度。严禁轴承设置在粉状危险物料中混药、输送等；输送螺旋和混药设备应有应急消防雨淋装置，输送螺旋和混药设备应选择有利于泄爆、清扫、应急处理的封闭方式。 采用湿法粉碎工艺时，应待物料全部浸湿后方可开机；当采用金属球和金属球磨筒方式进行粉碎时，宜用水或含水溶剂作为介质。粉碎混合加工过程中应设置自动导出静电的装置，出料时应将接料车和出料器用导线可靠连接并整体接地。 生产过程中易引起燃烧爆炸的机械化作业应设置自动报警、自动停机、自动泄爆、自动雨淋等安全自控装置；自动化生产线的单机设备除有自动控制系统监控外，在现场还应设置应急控制操作装置。 生产过程中产生的不合格品和废品应隔离存放、及时处理；内包装材料应统一回收存放在远离热源的场所，并及时销毁。 【特殊要求】 【操作安全】 (1)可能接触粉尘时，操作人员佩戴自吸过滤式防尘口罩，戴化学安全防护眼镜，穿静电工作服，戴橡胶手套。 (2)避免产生粉尘。避免与还原剂、强酸、铵盐、有机物、易(可)燃物接触。搬运时要轻装轻卸，防止包装及容器损坏。配备相应品种和数量的消防器材及泄漏应急处理设备。 (3)生产过程中需用热媒加热或加工过程中可能引起物料温升的作业点，均应设置温度检测仪器并采取温控措施。 【储存安全】 (1)储存于阴凉、通风、干燥的库房。远离火种、热源。库房温度不超过30℃，相对湿度不超过80%。 (2)应与还原剂、强酸、铵盐、硫化物、有机物、易(可)燃物分开存放，切忌混储。存放时，应距加热器(包括暖气片)和热力管线300毫米以上。储存区应备有合适的材料收容泄漏物。禁止震动、撞击和摩擦。禁止使用易产生火花的机械设备和工具。 【运输安全】 (1)运输车辆应有危险货物运输标志、安装具有行驶记录功能的卫星定位装置。未经公安机关批准，运输车辆不得进入危险化学品运输车辆限制通行的区域。 (2)运输过程中应有遮盖物，防止曝晒和雨淋、猛烈撞击、包装破损，不得倒置。严禁与酸类、铵盐、硫化物、有机物、易(可)燃物、还原剂、自燃物品、遇湿易燃物品等同车混运。运输过程中要确保容器不泄漏、不倒塌、不坠落、不损坏。运输时运输车辆应配备相应品种和数量的消防器材。搬运时要轻装轻卸，防止包装及容器损坏。禁止震动、撞击和摩擦。 (3)拥有齐全的危险化学品运输资质，必须配备押运人员，并随时处于押运人员的监管之下，不得超装、超载，不得进入危险化学品运输车辆禁止通行的区域；确需进入禁止通行区域的，应当事先向当地公安部门报告，运输时车速不宜过快，不得强行超车。运输车辆装卸前后，均应彻底清扫、洗净，严禁混入有机物、易燃物等杂质。

续表

应急处置原则	【急救措施】 吸入：迅速脱离现场至空气新鲜处，休息。就医。 食入：漱口，饮一杯水，催吐。就医。 眼睛接触：立即提起眼睑，用流动清水或生理盐水冲洗。就医。 皮肤接触：立即用大量水冲洗，然后脱去污染的衣着，接着再冲洗。就医。 【灭火方法】 灭火剂：用水灭火。禁止使用砂土、干粉灭火。 大火时，远距离用大量水灭火。消防人员应佩戴防毒面具、穿全身消防服，在上风向灭火。在确保安全的前提下将容器移离火场。用大量水冷却容器，直至火扑灭。切勿开动已处于火场中的货船或车辆。 如果在火场中有储罐、槽车或罐车，周围至少隔离 800 米；同时初始疏散距离也至少为 800 米。 【泄漏应急处置】 隔离泄漏污染区，限制出入。建议应急处理人员戴防尘面具(全面罩)，穿防毒服。不要直接接触泄漏物。勿使泄漏物与有机物、还原剂、易燃物接触。小量泄漏：用塑料布、帆布覆盖，减少飞散，避免扬尘，用洁净的铲子收集于干燥、洁净、且盖子较松的容器中，并将容器移离泄漏区。大量泄漏：收集回收或运至废物处理场所处置，泄漏物回收后，用水冲洗泄漏区。 作为一项紧急预防措施，泄漏隔离距离至少为 25 米。如果为大量泄漏，下风向的初始疏散距离应至少为 100 米。

3. 过氧化甲乙酮

风险提示	遇明火、高热、摩擦、振动、撞击可能引起激烈燃烧或爆炸。可致眼和皮肤灼伤。
理化特性	无色或微黄色液体，带有刺激性气味。不溶于水，溶于乙醇、乙醚等多数有机溶剂。分子量 176.21，相对密度(水=1)1.042，闪点 82.22℃。 主要用途：用作不饱和聚酯的交联剂和引发剂，硅橡胶硫化剂。
危害信息	【燃烧和爆炸危险性】 可燃。受撞击、摩擦、遇明火或点火源可能引起激烈燃烧或爆炸。 【活性反应】 强氧化剂，与还原剂、促进剂、强酸、胺、有机物、可燃物等接触会发生剧烈反应，有燃烧爆炸的危险。被丙酮污染后可产生对振动敏感的过氧化沉积物。 【健康危害】 蒸气有强烈刺激性，吸入引起咽痛、咳嗽、呼吸困难，严重者可引起迟发性肺水肿。口服灼伤消化道，可有肝肾损伤，可致死。可致眼和皮肤灼伤。

续表

<table>
<tr><td>安全措施</td><td>【一般要求】
操作人员必须经过专门培训，严格遵守操作规程，熟练掌握操作技能，具备应急处置知识。
生产过程密闭，加强通风。使用防爆型的通风系统和设备，提供安全淋浴和洗眼设备。穿防静电工作服，戴化学安全防护眼镜、橡胶防护手套。空气中浓度超标时，佩戴防毒面具。作业现场禁止吸烟、进食和饮水。
远离火种、热源。应与禁配物分开存放，切忌混储。
生产、储存区域应设置安全警示标志。禁止震动、撞击和摩擦。配备相应品种和数量的消防器材及泄漏应急处理设备。
生产过程中易引起燃烧爆炸的机械化作业应设置自动报警、自动停机、自动泄爆、自动雨淋等安全自控装置；自动化生产线的单机设备除有自动控制系统监控外，在现场还应设置应急控制操作装置。
生产过程中产生的不合格品和废品应隔离存放、及时处理；内包装材料应统一回收存放在远离热源的场所，并及时销毁。
【特殊要求】
【操作安全】
(1)装置内配备防毒面具等防护用品，操作人员在操作、取样、检维修时宜佩戴防毒面具。
(2)避免与还原剂、促进剂、强酸、胺、有机物、易(可)燃物接触。搬运时要轻装轻卸，防止包装及容器损坏。配备相应品种和数量的消防器材及泄漏应急处理设备。
(3)不得与促进剂直接接触。如必须使用促进剂，可先加入促进剂，搅拌均匀后再慢慢地，逐渐加入本品，避免引发剂堆积或局部过热。
(4)生产过程中需用热媒加热或加工过程中可能引起物料温升的作业点，均应设置温度检测仪器并采取温控措施。
【储存安全】
(1)储存于阴凉、通风的库房。远离火种、热源，避免阳光直射。库房温度不超过25℃。
(2)应与还原剂、促进剂、强酸、胺、有机物、易(可)燃物分开存放，切忌混储。储存区应备有合适的材料收容泄漏物。禁止震动、撞击和摩擦。禁止使用易产生火花的机械设备和工具。
【运输安全】
(1)运输车辆应有危险货物运输标志、安装具有行驶记录功能的卫星定位装置。未经公安机关批准，运输车辆不得进入危险化学品运输车辆限制通行的区域。
(2)运输过程中应有遮盖物，防止曝晒和雨淋、猛烈撞击、包装破损，不得倒置。严禁与还原剂、促进剂、强酸、胺、有机物、易(可)燃物等同车混运，尤其是促进剂。运输过程中要确保容器不泄漏、不倒塌、不坠落、不损坏。运输时运输车辆应配备相应品种和数量的消防器材。搬运时要轻装轻卸，防止包装及容器损坏。禁止震动、撞击和摩擦。
(3)拥有齐全的危险化学品运输资质，必须配备押运人员，并随时处于押运人员的监管之下，不得超装、超载，不得进入危险化学品运输车辆禁止通行的区域；确需进入禁止通行区域的，应当事先向当地公安部门报告，运输时车速不宜过快，不得强行超车。运输车辆装卸前后，均应彻底清扫、洗净，严禁混入有机物、易燃物等杂质。</td></tr>
</table>

应急处置原则	【急救措施】 吸入：迅速脱离现场至空气新鲜处，休息，采取半卧体位。就医。 食入：漱口，饮足量温水，不要催吐。就医。 眼睛接触：立即提起眼睑，用大量流动清水或生理盐水彻底冲洗至少 15 分钟。就医。 皮肤接触：立即脱去污染的衣着，用大量流动清水冲洗至少 15 分钟。就医。 【灭火方法】 灭火剂：小火，首选用雾状水灭火。无水时，可用泡沫、干粉灭火。 大火时，远距离用大量水灭火。消防人员应佩戴防毒面具、穿全身消防服，在上风向灭火。在确保安全的前提下将容器移离火场。喷水保持火场容器冷却，直至灭火结束。切勿开动已处于火场中的货船或车辆。处在火场中的容器若已变色或从安全泄压装置中产生声音，必须马上撤离。 如果在火场中有储罐、槽车或罐车，周围至少隔离 800 米；同时初始疏散距离也至少为 800 米。 【泄漏应急处置】 根据液体流动和蒸气扩散的影响区域划定警戒区，无关人员从侧风、上风向撤离至安全区。消除所有点火源(泄漏区附近禁止吸烟、消除所有明火、火花或火焰)。建议应急处理人员戴自给正压式呼吸器，穿防毒服。尽可能切断泄漏源。防止流入下水道、排洪沟等限制性空间。小量泄漏：用惰性、湿润的不燃材料吸收，使用洁净的非火花工具收集，置于盖子较松的塑料容器中以待处理。大量泄漏：用水湿润，并筑堤收容。防止泄漏物进入水体、下水道、地下室或密闭空间。在专业人员指导下清除。 作为一项紧急预防措施，泄漏隔离距离至少为 50 米。如果为大量泄漏，下风向的初始疏散距离应至少为 250 米。

4. 过氧化(二)苯甲酰

风险提示	干燥时极度易燃，急剧加热时可发生爆炸。
理化特性	白色或淡黄色晶体或粉末，微有苦杏仁味。微溶于水、甲醇，溶于乙醇、乙醚、丙酮、苯、二硫化碳等。分子量 242.24，熔点 105℃（分解），相对密度（水 = 1）1.3，自燃温度 80℃，燃烧热 6855.2kJ/mol，蒸气压 20℃时 0.1kPa。 主要用途：用作塑料催化剂，油脂的精制，蜡的脱色，医药的制造等。
危害信息	【燃烧和爆炸危险性】 干燥时极度易燃，遇热、摩擦、振动、撞击或杂质污染均可能引起爆炸性分解。急剧加热时可发生爆炸。 【活性反应】 强氧化剂，与强酸、强碱、硫化物、还原剂、促进剂、胺类、金属烷基酸盐等接触会发生剧烈反应，有燃烧爆炸的危险。 【健康危害】 对呼吸道、眼睛和皮肤有刺激。对皮肤有致敏作用。

续表

<table>
<tr><td>安全措施</td><td>【一般要求】
操作人员必须经过专门培训，严格遵守操作规程，熟练掌握操作技能，具备应急处置知识。
生产过程密闭，加强通风。使用防爆型的通风系统和设备，提供安全淋浴和洗眼设备。可能接触其粉尘时，建议佩戴自吸过滤式防尘口罩。戴化学安全防护眼镜，戴橡胶手套。作业现场禁止吸烟、进食和饮水。
远离火种、热源。应与禁配物分开存放，切忌混储。
生产、储存区域应设置安全警示标志。禁止震动、撞击和摩擦。配备相应品种和数量的消防器材及泄漏应急处理设备。
采用湿法粉碎工艺时，应待物料全部浸湿后方可开机；当采用金属球和金属球磨筒方式进行粉碎时，宜用水或含水溶剂作为介质。粉碎混合加工过程中应设置自动导出静电的装置，出料时应将接料车和出料器用导线可靠连接并整体接地。
生产过程中易引起燃烧爆炸的机械化作业应设置自动报警、自动停机、自动泄爆、自动雨淋等安全自控装置；自动化生产线的单机设备除有自动控制系统监控外，在现场还应设置应急控制操作装置。
生产过程中产生的不合格品和废品应隔离存放、及时处理；内包装材料应统一回收存放在远离热源的场所，并及时销毁。
【特殊要求】
【操作安全】
(1)可能接触粉尘时，操作人员佩戴自吸过滤式防尘口罩，戴化学安全防护眼镜，穿防静电工作服，戴橡胶手套。
(2)避免产生粉尘。避免与强酸、强碱、硫化物、还原剂、促进剂、胺类、金属烷基酸盐接触。搬运时要轻装轻卸，防止包装及容器损坏。配备相应品种和数量的消防器材及泄漏应急处理设备。
(3)生产过程中需用热媒加热或加工过程中可能引起物料温升的作业点，均应设置温度检测仪器并采取温控措施。
【储存安全】
(1)储存时以水作稳定剂，一般含水 30%。储存于阴凉、通风的库房。远离火种、热源，避免阳光直射。库房温度保持在 2~25℃。
(2)应与还原剂、促进剂、强酸、胺、有机物、易(可)燃物分开存放，切忌混储。储存区应备有合适的材料收容泄漏物。禁止震动、撞击和摩擦。禁止使用易产生火花的机械设备和工具。
【运输安全】
(1)运输车辆应有危险货物运输标志、安装具有行驶记录功能的卫星定位装置。未经公安机关批准，运输车辆不得进入危险化学品运输车辆限制通行的区域。
(2)运输过程中应有遮盖物，防止曝晒和雨淋、猛烈撞击、包装破损，不得倒置。严禁与强酸、强碱、硫化物、还原剂、促进剂、胺类、金属烷基酸盐等同车混运，尤其是促进剂。运输过程中要确保容器不泄漏、不倒塌、不坠落、不损坏。运输时运输车辆应配备相应品种和数量的消防器材。搬运时要轻装倾卸，防止包装及容器损坏。禁止震动、撞击和摩擦。</td></tr>
</table>

续表

安全措施	(3)拥有齐全的危险化学品运输资质，必须配备押运人员，并随时处于押运人员的监管之下，不得超装、超载，不得进入危险化学品运输车辆禁止通行的区域；确需进入禁止通行区域的，应当事先向当地公安部门报告，运输时车速不宜过快，不得强行超车。运输车辆装卸前后，均应彻底清扫、洗净，严禁混入有机物、易燃物等杂质。
应急处置原则	【急救措施】 吸入：将病人移到空气新鲜处，休息。就医。 食入：漱口，饮 1~2 杯温水稀释化学品，就医。 眼睛接触：如果佩戴隐形眼镜的话，首先摘除隐形眼镜。立即用大量清水或者生理盐水冲洗 15 分钟，就医。 皮肤接触：立即脱去污染的衣着，用大量流动清水冲洗，至少 15 分钟。如有不适感，就医。 【灭火方法】 灭火剂：小火，首选用雾状水灭火。无水时，可用泡沫、干粉灭火。 大火时，远距离用大量水灭火。消防人员应佩戴防毒面具、穿全身消防服，在上风向灭火。在确保安全的前提下将容器移离火场。喷水保持火场容器冷却，直至灭火结束。切勿开动已处于火场中的货船或车辆。处在火场中的容器若已变色或从安全泄压装置中产生声音，必须马上撤离。 如果在火场中有储罐、槽车或罐车，周围至少隔离 800 米；同时初始疏散距离也至少为 800 米。 【泄漏应急处置】 迅速撤离泄漏污染区人员至安全区，并进行隔离，严格限制出入。消除所有点火源(泄漏区附近禁止吸烟、消除所有明火、火花或火焰)。建议应急处理人员戴自给正压式呼吸器，穿防毒服。尽可能切断泄漏源。防止流入下水道、排洪沟等限制性空间。小量泄漏：用惰性、湿润的不燃材料吸收，使用洁净的非火花工具收集，置于盖子较松的塑料容器中以待处理。大量泄漏：用水湿润，并筑堤收容。防止泄漏物进入水体、下水道、地下室或密闭空间。在专业人员指导下清除。 作为一项紧急预防措施，泄漏隔离距离至少为 25 米。如果为大量泄漏，下风向的初始疏散距离应至少为 250 米。

5. 硝化纤维素

风险提示	干燥时能自燃。遇高热、火星有燃烧爆炸的危险。
理化特性	白色或微黄色各种形态固体，如棉絮状、纤维状等。不溶于水，溶于酯、丙酮。典型分子量 504.3，自燃温度 160~170℃，相对密度(水=1)1.66。 主要用途：用于生产赛璐珞、摄影底片、照像底片、漆片、炸药等。

续表

危害信息	【燃烧和爆炸危险性】 属爆炸品的硝化纤维素大量堆积或密闭容器中燃烧能转化为爆轰；干燥硝化棉因摩擦产生静电而自燃，也可在较低温度下自行缓慢分解放热而自燃。 【活性反应】 与氧化剂、大多数有机胺等接触会发生剧烈反应，有燃烧爆炸的危险。 【健康危害】 本身基本无害。使用商业产品时需关注溶剂的危害。
安全措施	【一般要求】 操作人员必须经过专门培训，严格遵守操作规程，熟练掌握操作技能，具备应急处置知识。 生产过程密闭，加强通风。使用防爆型的通风系统和设备，提供安全淋浴和洗眼设备。可能接触其粉尘时，建议佩戴自吸过滤式防尘口罩。戴化学安全防护眼镜，戴橡胶手套。作业现场禁止吸烟、进食和饮水。 远离火种、热源。应与禁配物分开存放，切忌混储。 生产、储存区域应设置安全警示标志。禁止震动、撞击和摩擦。配备相应品种和数量的消防器材及泄漏应急处理设备。 生产过程中易引起燃烧爆炸的机械化作业应设置自动报警、自动停机、自动泄爆、自动雨淋等安全自控装置；自动化生产线的单机设备除有自动控制系统监控外，在现场还应设置应急控制操作装置。 生产过程中产生的不合格品和废品应隔离存放、及时处理；内包装材料应统一回收存放在远离热源的场所，并及时销毁。 【特殊要求】 【操作安全】 (1)穿防静电服，戴手套；空气中粉尘浓度较高时，操作人员佩戴自吸过滤式防尘口罩，戴化学安全防护眼镜。 (2)避免产生粉尘。避免与氧化剂、有机胺等接触。搬运时要轻装轻卸，防止包装及容器损坏。配备相应品种和数量的消防器材及泄漏应急处理设备。 (3)生产过程中需用热媒加热或加工过程中可能引起物料温升的作业点，均应设置温度检测仪器并采取温控措施。 【储存安全】 (1)储存于阴凉、通风、干燥的专用库房。远离火种、热源。库房温度不超过25℃，相对湿度不超过80%。 (2)应与氧化剂、有机胺等分开存放，切忌混储。存放时，应距加热器(包括暖气片)和热力管线300毫米以上。储存区应备有合适的材料收容泄漏物。禁止震动、撞击和摩擦。禁止使用易产生火花的机械设备和工具。

续表

安全措施	【运输安全】 (1)运输车辆应有危险货物运输标志、安装具有行驶记录功能的卫星定位装置。未经公安机关批准，运输车辆不得进入危险化学品运输车辆限制通行的区域。 (2)运输过程中应有遮盖物，防止曝晒和雨淋、猛烈撞击、包装破损，不得倒置。严禁与氧化剂、有机胺等同车混运。运输过程中要确保容器不泄漏、不倒塌、不坠落、不损坏。运输时运输车辆应配备相应品种和数量的消防器材。搬运时要轻装轻卸，防止包装及容器损坏。禁止震动、撞击和摩擦。 (3)拥有齐全的危险化学品运输资质，必须配备押运人员，并随时处于押运人员的监管之下，不得超装、超载，不得进入危险化学品运输车辆禁止通行的区域；确需进入禁止通行区域的，应当事先向当地公安部门报告，运输时车速不宜过快，不得强行超车。
应急处置原则	【急救措施】 吸入：将病人移到空气清新处，休息。就医。 食入：漱口，就医。 眼睛接触：用大量水冲洗数分钟，就医。 皮肤接触：脱去污染的衣物，用大量清水和肥皂清洗接触部分。 【灭火方法】 灭火剂：货物着火时，严禁灭火！因为可能爆炸。切勿开动已处于火场中的货船或车辆。 其他情况下，小火，用大量水灭火，无水时，可用二氧化碳、干粉、泡沫灭火。 大火时，远距离用大量水扑救。消防人员应戴好防毒面具，在上风向灭火。如果可能，并且无危险，可使用无人操作的灭火喷头或可监视喷头远距离灭火。禁止一切通行，清理方圆至少 800 米范围内的区域，任其自行燃烧。 如果在火场中有储罐、槽车或罐车，周围至少隔离 800 米；同时初始疏散距离也至少为 800 米。 【泄漏应急处置】 隔离泄漏污染区，限制出入。消除所有点火源(泄漏区附近禁止吸烟、消除所有明火、火花或火焰)。建议应急处理人员戴防尘口罩，穿消防防护服。作业时使用的所有设备应接地。禁止接触或跨越泄漏物。小量泄漏：用大量水冲洗泄漏区。大量泄漏：用水润湿，并筑堤收容。通过慢慢加入大量水保持泄漏物湿润。 作为一项紧急预防措施，泄漏隔离距离至少为 100 米。如果是大量泄漏，下风向的初始疏散距离应至少为 500 米。

6. 硝酸胍

风险提示	加热至 150℃ 时分解并爆炸。
理化特性	白色晶体粉末或颗粒。溶于水、乙醇，微溶于丙酮，不溶于苯、乙醚。分子量 122.11，沸点 212~217℃，低于沸点分解，相对密度(水=1)。 主要用途：用于制造炸药、消毒剂、照相化学品等。

续表

危害信息	【燃烧和爆炸危险性】 受热、接触明火、或受到摩擦、震动、撞击时可发生爆炸。加热至150℃ 时分解并爆炸。 【活性反应】 强氧化剂，与硝基化合物和氯酸盐组成的混合物对振动和摩擦敏感并可能爆炸。 【健康危害】 对眼睛、皮肤、黏膜和呼吸道有刺激性。
安全措施	【一般要求】 操作人员必须经过专门培训，严格遵守操作规程，熟练掌握操作技能，具备应急处置知识。 生产过程密闭，加强通风。使用防爆型的通风系统和设备，提供安全淋浴和洗眼设备。可能接触其粉尘时，建议佩戴自吸过滤式防尘口罩。戴化学安全防护眼镜，戴橡胶手套。作业现场禁止吸烟、进食和饮水。 远离火种、热源。应与禁配物分开存放，切忌混储。 生产、储存区域应设置安全警示标志。禁止震动、撞击和摩擦。配备相应品种和数量的消防器材及泄漏应急处理设备。 输送装置应有防止固体物料粘结器壁的技术保障措施，并应结合工艺特点和生产情况制定定期清扫的管理制度。严禁轴承设置在粉状危险物料中混药、输送等；输送螺旋和混药设备应有应急消防雨淋装置，输送螺旋和混药设备应选择有利于泄爆、清扫、应急处理的封闭方式。 采用湿法粉碎工艺时，应待物料全部浸湿后方可开机；当采用金属球和金属球磨筒方式进行粉碎时，宜用水或含水溶剂作为介质。粉碎混合加工过程中应设置自动导出静电的装置，出料时应将接料车和出料器用导线可靠连接并整体接地。 生产过程中易引起燃烧爆炸的机械化作业应设置自动报警、自动停机、自动泄爆、自动雨淋等安全自控装置；自动化生产线的单机设备除有自动控制系统监控外，在现场还应设置应急控制操作装置。 生产过程中产生的不合格品和废品应隔离存放、及时处理；内包装材料应统一回收存放在远离热源的场所，并及时销毁。 【特殊要求】 【操作安全】 (1)可能接触粉尘时，操作人员佩戴自吸过滤式防尘口罩，戴化学安全防护眼镜，穿防静电工作服，戴橡胶手套。 (2)避免产生粉尘。避免与硝基化合物、氯酸盐等接触。搬运时要轻装轻卸，防止包装及容器损坏。配备相应品种和数量的消防器材及泄漏应急处理设备。 (3)生产过程中需用热媒加热或加工过程中可能引起物料温升的作业点，均应设置温度检测仪器并采取温控措施。

续表

<table>
<tr><td>安全措施</td><td>【储存安全】
(1)储存于阴凉、通风、干燥的专用库房。远离火种、热源。库房温度不超过 30℃，相对湿度不超过 80%。
(2)应与硝基化合物、氯酸盐等分开存放，切忌混储。存放时，应距加热器(包括暖气片)和热力管线 300 毫米以上。储存区应备有合适的材料收容泄漏物。禁止震动、撞击和摩擦。禁止使用易产生火花的机械设备和工具。
【运输安全】
(1)运输车辆应有危险货物运输标志、安装具有行驶记录功能的卫星定位装置。未经公安机关批准，运输车辆不得进入危险化学品运输车辆限制通行的区域。
(2)运输过程中应有遮盖物，防止曝晒和雨淋、、猛烈撞击、包装破损，不得倒置。严禁与硝基化合物、氯酸盐等同车混运。运输过程中要确保容器不泄漏、不倒塌、不坠落、不损坏。运输时运输车辆应配备相应品种和数量的消防器材。搬运时要轻装轻卸，防止包装及容器损坏。禁止震动、撞击和摩擦。
(3)拥有齐全的危险化学品运输资质，必须配备押运人员，并随时处于押运人员的监管之下，不得超装、超载，不得进入危险化学品运输车辆禁止通行的区域；确需进入禁止通行区域的，应当事先向当地公安部门报告，运输时车速不宜过快，不得强行超车。运输车辆装卸前后，均应彻底清扫、洗净，严禁混入有机物、易燃物等杂质。</td></tr>
<tr><td>应急处置原则</td><td>【急救措施】
吸入：迅速脱离现场至空气新鲜处，休息。就医。
食入：饮足量温水，不要催吐。就医。
眼睛接触：立即提起眼睑，用流动清水或生理盐水冲洗。就医。
皮肤接触：立即用大量水冲洗，然后脱去污染的衣着，接着再冲洗。就医。
【灭火方法】
灭火剂：用水灭火。禁止使用砂土、干粉灭火。
大火时，远距离用大量水灭火。消防人员应佩戴防毒面具、穿全身消防服，在上风向灭火。在确保安全的前提下将容器移离火场。切勿开动已处于火场中的货船或车辆。筑堤收容消防废水。
如果在火场中有储罐、槽车或罐车，周围至少隔离 800 米；同时初始疏散距离也至少为 800 米。
【泄漏应急处置】
隔离泄漏污染区，限制出入。消除所有点火源(泄漏区附近禁止吸烟、消除所有明火、火花或火焰)。建议应急处理人员戴防尘面具(全面罩)，穿防毒服。不要直接接触泄漏物。勿使泄漏物与有机物、还原剂、易燃物接触。防止泄漏物进入水体、下水道、地下室或密闭空间。小量泄漏：用大量水冲洗泄漏区。大量泄漏：在专业人员指导下清除。
作为一项紧急预防措施，泄漏隔离距离至少为 25 米。如果为大量泄漏，在初始隔离距离的基础上加大下风向的疏散距离。</td></tr>
</table>

7. 高氯酸铵

风险提示	急剧加热时可发生爆炸。
理化特性	无色或白色晶体。溶于水、甲醇，不溶于乙醇、丙酮。分子量 117.49，熔点 130℃（分解），相对密度（水=1）1.95。 主要用途：用于制造焰火、无烟炸药、摄影药剂、人工防雹火箭用药和氧化剂等。
危害信息	【燃烧和爆炸危险性】 急剧加热时可发生爆炸。130℃开始分解，380℃爆炸。 【活性反应】 强氧化剂，与还原剂、有机物、易燃物如硫、磷或金属粉末等混合可形成爆炸性混合物，遇明火、高热、摩擦、振动、撞击可能引起激烈燃烧或爆炸。 【健康危害】 对眼睛、皮肤、黏膜和呼吸道有刺激性。长期或反复接触，可致甲状腺激素水平降低。
安全措施	【一般要求】 操作人员必须经过专门培训，严格遵守操作规程，熟练掌握操作技能，具备应急处置知识。 生产过程密闭，加强通风。使用防爆型的通风系统和设备，提供安全淋浴和洗眼设备。可能接触其粉尘时，建议佩戴自吸过滤式防尘口罩。戴化学安全防护眼镜，戴橡胶手套。作业现场禁止吸烟、进食和饮水。 远离火种、热源。应与禁配物分开存放，切忌混储。 生产、储存区域应设置安全警示标志。禁止振动、撞击和摩擦。配备相应品种和数量的消防器材及泄漏应急处理设备。 输送装置应有防止固体物料粘结器壁的技术保障措施，并应结合工艺特点和生产情况制定定期清扫的管理制度。严禁轴承设置在粉状危险物料中混药、输送等；输送螺旋和混药设备应有应急消防雨淋装置，输送螺旋和混药设备应选择有利于泄爆、清扫、应急处理的封闭方式。 采用湿法粉碎工艺时，应待物料全部浸湿后方可开机；当采用金属球和金属球磨筒方式进行粉碎时，宜用水或含水溶剂作为介质。粉碎混合加工过程中应设置自动导出静电的装置，出料时应将接料车和出料器用导线可靠连接并整体接地。 生产过程中易引起燃烧爆炸的机械化作业应设置自动报警、自动停机、自动泄爆、自动雨淋等安全自控装置；自动化生产线的单机设备除有自动控制系统监控外，在现场还应设置应急控制操作装置。 生产过程中产生的不合格品和废品应隔离存放、及时处理；内包装材料应统一回收存放在远离热源的场所，并及时销毁。 【特殊要求】 【操作安全】 （1）可能接触粉尘时，操作人员佩戴自吸过滤式防尘口罩，戴化学安全防护眼镜，穿防静电工作服，戴橡胶手套。 （2）避免产生粉尘。避免与还原剂、有机物、易（可）燃物接触。搬运时要轻装轻卸，防止包装及容器损坏。配备相应品种和数量的消防器材及泄漏应急处理设备。

续表

安全措施	(3)生产过程中需用热媒加热或加工过程中可能引起物料温升的作业点，均应设置温度检测仪器并采取温控措施。 【储存安全】 (1)储存于阴凉、通风、干燥的库房。远离火种、热源。工业高氯酸铵保质期为5年；逾期可重新检验，检验结果符合要求时，方可继续使用。库房温度不超过30℃，相对湿度不超过80%。 (2)应与还原剂、有机物、易(可)燃物分开存放，切忌混储。存放时，应距加热器(包括暖气片)和热力管线300毫米以上。储存区应备有合适的材料收容泄漏物。禁止震动、撞击和摩擦。禁止使用易产生火花的机械设备和工具。 【运输安全】 (1)运输车辆应有危险货物运输标志、安装具有行驶记录功能的卫星定位装置。未经公安机关批准，运输车辆不得进入危险化学品运输车辆限制通行的区域。 (2)运输过程中应有遮盖物，防止曝晒和雨淋、猛烈撞击、包装破损，不得倒置。严禁与还原剂、有机物、易(可)燃物等同车混运。运输过程中要确保容器不泄漏、不倒塌、不坠落、不损坏。运输时运输车辆应配备相应品种和数量的消防器材。搬运时要轻装轻卸，防止包装及容器损坏。禁止震动、撞击和摩擦。 (3)拥有齐全的危险化学品运输资质，必须配备押运人员，并随时处于押运人员的监管之下，不得超装、超载，不得进入危险化学品运输车辆禁止通行的区域；确需进入禁止通行区域的，应当事先向当地公安部门报告，运输时车速不宜过快，不得强行超车。运输车辆装卸前后，均应彻底清扫、洗净，严禁混入有机物、易燃物等杂质。
应急处置原则	【急救措施】 吸入：迅速脱离现场至空气新鲜处。保持呼吸道通畅。如呼吸困难，给输氧。如呼吸停止，立即进行心肺复苏术。就医。 食入：漱口，给饮牛奶或蛋清，不要催吐。就医。 眼睛接触：立即提起眼睑，用流动清水或生理盐水冲洗。就医。 皮肤接触：立即脱去污染的衣着，用肥皂和清水彻底冲洗皮肤。 【灭火方法】 灭火剂：本品不燃。根据着火原因选择适当灭火剂灭火。 如果高氯酸铵处于火场中，严禁灭火！因为可能爆炸。禁止一切通行，清理方圆至少1600米范围内的区域，任其自行燃烧。切勿开动已处于火场中的货船或车辆。 如果在火场中有储罐、槽车或罐车，周围至少隔离1600米；同时初始疏散距离也至少为1600米。 【泄漏应急处置】 隔离泄漏污染区，限制出入。消除所有点火源(泄漏区附近禁止吸烟、消除所有明火、火花或火焰)。建议应急处理人员戴防尘面具(全面罩)，穿防毒服。不要直接接触泄漏物。作业时所有设备应接地。避免震动、撞击和摩擦。泄漏源附近100米内禁止开启电雷管和无线电发送设备。用水润湿泄漏物。严禁清扫干的泄漏物。在专业人员指导下清除。 作为一项紧急预防措施，泄漏隔离距离至少为500米。如果为大量泄漏，下风向的初始疏散距离应至少为800米。

8. 过氧化苯甲酸叔丁酯

风险提示	急剧加热或振动会发生爆炸。
理化特性	无色至微黄色液体，略有芳香味。不溶于水，溶于多数有机溶剂。分子量 194.27，熔点 8℃，沸点 112℃(分解)，相对密度(水=1)1.02，闪点 93℃，蒸气压 0.044kPa(50℃)。 主要用途：用作化学中间体，聚合引发剂。
危害信息	【燃烧和爆炸危险性】 遇明火、高热、摩擦、振动、撞击可能引起激烈燃烧或爆炸。加热至 115℃以上有爆炸危险。 【活性反应】 强氧化剂，与还原剂、促进剂、有机物、易燃物、酸类或胺类等接触会发生剧烈反应，有燃烧爆炸的危险。 【健康危害】 对眼睛、皮肤、黏膜和呼吸道有刺激性。
安全措施	【一般要求】 操作人员必须经过专门培训，严格遵守操作规程，熟练掌握操作技能，具备应急处置知识。 生产过程密闭，加强通风。使用防爆型的通风系统和设备，提供安全淋浴和洗眼设备。穿防静电工作服，戴化学安全防护眼镜、橡胶防护手套。空气中浓度超标时，佩戴防毒面具。作业现场禁止吸烟、进食和饮水。 远离火种、热源。应与禁配物分开存放，切忌混储。 生产、储存区域应设置安全警示标志。禁止震动、撞击和摩擦。配备相应品种和数量的消防器材及泄漏应急处理设备。 生产过程中易引起燃烧爆炸的机械化作业应设置自动报警、自动停机、自动泄爆、自动雨淋等安全自控装置；自动化生产线的单机设备除有自动控制系统监控外，在现场还应设置应急控制操作装置。 生产过程中产生的不合格品和废品应隔离存放、及时处理；内包装材料应统一回收存放在远离热源的场所，并及时销毁。 【特殊要求】 【操作安全】 (1)装置内配备防毒面具等防护用品，操作人员在操作、取样、检维修时宜佩戴防毒面具。 (2)避免与还原剂、促进剂、有机物、酸类、胺类、易(可)燃物接触。搬运时要轻装轻卸，防止包装及容器损坏。配备相应品种和数量的消防器材及泄漏应急处理设备。 (3)不得与促进剂直接接触。如必须使用促进剂，可先加入促进剂，搅拌均匀后再慢慢地，逐渐加入本品，避免引发剂堆积或局部过热。 (4)生产过程中需用热媒加热或加工过程中可能引起物料温升的作业点，均应设置温度检测仪器并采取温控措施。

安全措施	【储存安全】 (1)储存于阴凉、通风的库房。远离火种、热源，避免阳光直射。库房温度不超过30℃，相对湿度不超过80%。 (2)应与还原剂、促进剂、有机物、酸类、胺类、易(可)燃物分开存放，切忌混储。储存区应备有合适的材料收容泄漏物。禁止振动、撞击和摩擦。禁止使用易产生火花的机械设备和工具。 【运输安全】 (1)运输车辆应有危险货物运输标志、安装具有行驶记录功能的卫星定位装置。未经公安机关批准，运输车辆不得进入危险化学品运输车辆限制通行的区域。 (2)运输过程中应有遮盖物，防止曝晒和雨淋、猛烈撞击、包装破损，不得倒置。严禁与还原剂、促进剂、有机物、酸类、胺类、易(可)燃物等同车混运，尤其是促进剂。运输过程中要确保容器不泄漏、不倒塌、不坠落、不损坏。运输时运输车辆应配备相应品种和数量的消防器材。搬运时要轻装倾卸，防止包装及容器损坏。禁止震动、撞击和摩擦。 (3)拥有齐全的危险化学品运输资质，必须配备押运人员，并随时处于押运人员的监管之下，不得超装、超载，不得进入危险化学品运输车辆禁止通行的区域；确需进入禁止通行区域的，应当事先向当地公安部门报告，运输时车速不宜过快，不得强行超车。运输车辆装卸前后，均应彻底清扫、洗净，严禁混入有机物、易燃物等杂质。
应急处置原则	【急救措施】 吸入：迅速脱离现场至空气新鲜处。保持呼吸道通畅。如呼吸困难，给输氧。如呼吸停止，立即进行心肺复苏术。就医。 食入：用水漱口，不要催吐，就医。 眼睛接触：立即提起眼睑，用流动清水或生理盐水冲洗。就医。 皮肤接触：立即脱去污染的衣着，用肥皂和清水彻底冲洗皮肤。 【灭火方法】 灭火剂：小火，首选用雾状水灭火。无水时，可用泡沫、干粉灭火。 大火时，远距离用大量水灭火。消防人员应佩戴防毒面具、穿全身消防服，在上风向灭火。在确保安全的前提下将容器移离火场。喷水保持火场容器冷却，直至灭火结束。切勿开动已处于火场中的货船或车辆。处在火场中的容器若已变色或从安全泄压装置中产生声音，必须马上撤离。 如果在火场中有储罐、槽车或罐车，周围至少隔离800米；同时初始疏散距离也至少为800米。 【泄漏应急处置】 根据液体流动和蒸气扩散的影响区域划定警戒区，无关人员从侧风、上风向撤离至安全区。消除所有点火源(泄漏区附近禁止吸烟、消除所有明火、火花或火焰)。建议应急处理人员戴正压自给式呼吸器，穿防静电、防腐、防毒服。勿使泄漏物与可燃物质(如木材、纸、油等)接触。穿上适当的防护服前严禁接触破裂的容器和泄漏物。尽可能切断泄漏源。防止泄漏物进入水体、下水道、地下室或密闭性空间。小量泄漏：用惰性、湿润的不燃材料

续表

应急处置原则	吸收泄漏物，用洁净的无火花工具收集于一盖子较松的塑料容器中。大量泄漏：用水湿润，并筑堤收容。防止泄漏物进入水体、下水道、地下室或密闭空间。在专业人员指导下清除。 作为一项紧急预防措施，泄漏隔离距离至少为 50 米。如果为大量泄漏，下风向的初始疏散距离应至少为 250 米。

9. *N*，*N′*-二亚硝基五亚甲基四胺

风险提示	高度易燃，与胺、亚胺混合或急剧加热会发生爆炸。
理化特性	浅黄色粉末。微溶于水、乙醇、氯仿，不溶于乙醚，溶于丙酮。分子量 186.21，熔点 207℃（分解），相对密度（水=1）1.4~1.45。 主要用途：用于橡胶、聚氯乙烯等塑料发生微空孔，制造微孔塑料。
危害信息	【燃烧和爆炸危险性】 高度易燃，遇明火、高温能引起分解爆炸和燃烧。 【活性反应】 与胺、亚胺接触会发生剧烈反应，有燃烧爆炸的危险。与碱、酸或酸雾、氯化锌接触将迅速起火燃烧。与氧化剂混合能形成爆炸性混合物。 【健康危害】 吞咽有害。
安全措施	【一般要求】 操作人员必须经过专门培训，严格遵守操作规程，熟练掌握操作技能，具备应急处置知识。 生产过程密闭，加强通风。使用防爆型的通风系统和设备，提供安全淋浴和洗眼设备。可能接触其粉尘时，建议佩戴自吸过滤式防尘口罩。戴化学安全防护眼镜，戴橡胶手套。作业现场禁止吸烟、进食和饮水。 远离火种、热源。应与禁配物分开存放，切忌混储。 生产、储存区域应设置安全警示标志。禁止震动、撞击和摩擦。配备相应品种和数量的消防器材及泄漏应急处理设备。 采用湿法粉碎工艺时，应待物料全部浸湿后方可开机；当采用金属球和金属球磨筒方式进行粉碎时，宜用水或含水溶剂作为介质。粉碎混合加工过程中应设置自动导出静电的装置，出料时应将接料车和出料器用导线可靠连接并整体接地。 生产过程中易引起燃烧爆炸的机械化作业应设置自动报警、自动停机、自动泄爆、自动雨淋等安全自控装置；自动化生产线的单机设备除有自动控制系统监控外，在现场还应设置应急控制操作装置。 生产过程中产生的不合格品和废品应隔离存放、及时处理；内包装材料应统一回收存放在远离热源的场所，并及时销毁。 【特殊要求】 【操作安全】 （1）可能接触粉尘时，操作人员佩戴自吸过滤式防尘口罩，戴化学安全防护眼镜，穿防静电工作服，戴橡胶手套。

续表

安全措施	(2)避免产生粉尘。避免与氧化剂、胺、亚胺、酸碱、氯化锌等接触。搬运时要轻装轻卸，防止包装及容器损坏。配备相应品种和数量的消防器材及泄漏应急处理设备。 (3)生产过程中需用热媒加热或加工过程中可能引起物料温升的作业点，均应设置温度检测仪器并采取温控措施。 【储存安全】 (1)储存于阴凉、通风的库房。远离火种、热源。库房温度不超过35℃。 (2)应与氧化剂、胺、亚胺、酸碱、氯化锌等分开存放，切忌混储。存放时，应距加热器(包括暖气片)和热力管线300毫米以上。储存区应备有合适的材料收容泄漏物。禁止震动、撞击和摩擦。禁止使用易产生火花的机械设备和工具。 【运输安全】 (1)运输车辆应有危险货物运输标志、安装具有行驶记录功能的卫星定位装置。未经公安机关批准，运输车辆不得进入危险化学品运输车辆限制通行的区域。 (2)运输过程中应有遮盖物，防止曝晒和雨淋、猛烈撞击、包装破损，不得倒置。严禁与氧化剂、胺、亚胺、酸碱、氯化锌物品等同车混运。运输过程中要确保容器不泄漏、不倒塌、不坠落、不损坏。运输时运输车辆应配备相应品种和数量的消防器材。搬运时要轻装轻卸，防止包装及容器损坏。禁止震动、撞击和摩擦。 (3)拥有齐全的危险化学品运输资质，必须配备押运人员，并随时处于押运人员的监管之下，不得超装、超载，不得进入危险化学品运输车辆禁止通行的区域；确需进入禁止通行区域的，应当事先向当地公安部门报告，运输时车速不宜过快，不得强行超车。
应急处置原则	【急救措施】 吸入：迅速脱离现场至空气新鲜处。保持呼吸道通畅。如呼吸困难，给输氧。如呼吸停止，立即进行心肺复苏术。就医。 食入：给饮牛奶或蛋清，不要催吐。就医。 眼睛接触：立即提起眼睑，用流动清水或生理盐水冲洗至少15分钟。就医。 皮肤接触：立即脱去污染的衣着，用肥皂和清水彻底冲洗皮肤。 【灭火方法】 灭火剂：小火，用水、泡沫、二氧化碳、干粉灭火。 大火时，用大量水灭火。从远处或使用遥控水枪、水炮灭火。消防人员应佩戴空气呼吸器、穿全身防火防毒服。在确保安全的前提下将容器移离火场。用大量水冷却容器，直至火扑灭。如果安全阀发出声响或储罐变色，立即撤离。 如果在火场中有储罐、槽车或罐车，周围至少隔离800米；同时初始疏散距离也至少为800米。 【泄漏应急处置】 隔离泄漏污染区，限制出入。消除所有点火源(泄漏区附近禁止吸烟、消除所有明火、火花或火焰)。建议应急处理人员戴防尘面具(全面罩)，穿防毒服。不要直接接触泄漏物。避免震动、撞击和摩擦。小量泄漏：用惰性、湿润的不燃材料吸收，使用无火花工具收集于干燥、洁净、有盖的容器中。防止泄漏物进入水体、下水道、地下室或密闭空间。 作为一项紧急预防措施，泄漏隔离距离至少为25米。如果为大量泄漏，下风向的初始疏散距离应至少为250米。

10. 硝基胍

风险提示	遇明火、高热、摩擦、振动、撞击可能引起激烈燃烧或爆炸。
理化特性	白色针状晶体。微溶于水、乙醇、甲醇，溶于热水、碱液，不溶于醚。分子量 104.07，熔点 239℃(分解)，相对密度(水=1)1.71。 主要用途：是硝化纤维火药、硝化甘油火药以及二甘醇二硝酸酯的掺合剂、固体火箭推进剂的重要组分。
危害信息	【燃烧和爆炸危险性】 遇明火、高热、摩擦、振动、撞击可能引起激烈燃烧或爆炸。(干的或含水<20%为爆炸品，受热 150℃分解爆炸；含水>20%为易燃固体，为脱敏爆炸品，受热 275℃发生强烈爆炸) 【活性反应】 与氧化剂等接触会发生剧烈反应，有燃烧爆炸的危险。 【健康危害】 对眼睛、皮肤、黏膜和呼吸道有刺激性。
安全措施	【一般要求】 操作人员必须经过专门培训，严格遵守操作规程，熟练掌握操作技能，具备应急处置知识。 生产过程密闭，加强通风。使用防爆型的通风系统和设备，提供安全淋浴和洗眼设备。可能接触其粉尘时，建议佩戴自吸过滤式防尘口罩。戴化学安全防护眼镜，戴橡胶手套。工作业现场禁止吸烟、进食和饮水。 远离火种、热源。应与禁配物分开存放，切忌混储。 生产、储存区域应设置安全警示标志。禁止震动、撞击和摩擦。配备相应品种和数量的消防器材及泄漏应急处理设备。 输送装置应有防止固体物料粘结器壁的技术保障措施，并应结合工艺特点和生产情况制定定期清扫的管理制度。严禁轴承设置在粉状危险物料中混药、输送等；输送螺旋和混药设备应有应急消防雨淋装置，输送螺旋和混药设备应选择有利于泄爆、清扫、应急处理的封闭方式。 采用湿法粉碎工艺时，应待物料全部浸湿后方可开机；当采用金属球和金属球磨筒方式进行粉碎时，宜用水或含水溶剂作为介质。粉碎混合加工过程中应设置自动导出静电的装置，出料时应将接料车和出料器用导线可靠连接并整体接地。 生产过程中易引起燃烧爆炸的机械化作业应设置自动报警、自动停机、自动泄爆、自动雨淋等安全自控装置；自动化生产线的单机设备除有自动控制系统监控外，在现场还应设置应急控制操作装置。 生产过程中产生的不合格品和废品应隔离存放、及时处理；内包装材料应统一回收存放在远离热源的场所，并及时销毁。 【特殊要求】 【操作安全】 (1)可能接触粉尘时，操作人员佩戴自吸过滤式防尘口罩，戴化学安全防护眼镜，穿防静电工作服，戴橡胶手套。

续表

安全措施	(2)避免产生粉尘。避免与氧化剂、强还原剂、强碱等接触。搬运时要轻装轻卸，防止包装及容器损坏。配备相应品种和数量的消防器材及泄漏应急处理设备。 (3)生产过程中需用热媒加热或加工过程中可能引起物料温升的作业点，均应设置温度检测仪器并采取温控措施。 【储存安全】 (1)为安全起见，储存时可加不少于15%的水作稳定剂。储存于阴凉、通风的爆炸品专用库房。远离火种、热源。库房温度不超过30℃，相对湿度小于80%。 (2)应与氧化剂、还原剂、强碱分开存放，切忌混储。存放时，应距加热器(包括暖气片)和热力管线300毫米以上。储存区应备有合适的材料收容泄漏物。禁止震动、撞击和摩擦。禁止使用易产生火花的机械设备和工具。 【运输安全】 (1)运输车辆应有危险货物运输标志、安装具有行驶记录功能的卫星定位装置。未经公安机关批准，运输车辆不得进入危险化学品运输车辆限制通行的区域。 (2)运输过程中应有遮盖物，防止曝晒和雨淋、猛烈撞击、包装破损，不得倒置。严禁与氧化剂、还原剂、强碱等同车混运。运输过程中要确保容器不泄漏、不倒塌、不坠落、不损坏。运输时运输车辆应配备相应品种和数量的消防器材。搬运时要轻装轻卸，防止包装及容器损坏。禁止震动、撞击和摩擦。 (3)拥有齐全的危险化学品运输资质，必须配备押运人员，并随时处于押运人员的监管之下，不得超装、超载，不得进入危险化学品运输车辆禁止通行的区域；确需进入禁止通行区域的，应当事先向当地公安部门报告，运输时车速不宜过快，不得强行超车。运输车辆装卸前后，均应彻底清扫、洗净，严禁混入有机物、易燃物等杂质。
应急处置原则	【急救措施】 吸入：迅速脱离现场至空气新鲜处。保持呼吸道通畅。如呼吸困难，给输氧。如呼吸停止，立即进行心肺复苏术。就医。 食入：用水漱口。就医。 眼睛接触：立即提起眼睑，用大量流动清水或生理盐水彻底冲洗至少15分钟。就医。 皮肤接触：立即脱去污染的衣着，用肥皂和清水彻底冲洗皮肤。就医。 【灭火方法】 灭火剂：用水灭火。 如果硝基胍处于火场中，严禁灭火！因为可能爆炸。禁止一切通行，清理方圆至少1600米范围内的区域，任其自行燃烧。切勿开动已处于火场中的货船或车辆。 如果在火场中有储罐、槽车或罐车，周围至少隔离1600米；同时初始疏散距离也至少为1600米。 【泄漏应急处置】 隔离泄漏污染区，限制出入。消除所有点火源(泄漏区附近禁止吸烟、消除所有明火、火花或火焰)。建议应急处理人员戴防尘面具(全面罩)，穿防毒服。不要直接接触泄漏物。作业时所有设备应接地。避免震动、撞击和摩擦。泄漏源附近100米内禁止开启电雷管和无线电发送设备。用水润湿泄漏物。严禁清扫干的泄漏物。在专业人员指导下清除。 作为一项紧急预防措施，泄漏隔离距离至少为500米。如果为大量泄漏，下风向的初始疏散距离应至少为800米。

11. 2，2′-偶氮二异丁腈

风险提示	遇明火、高热、摩擦、振动、撞击可能引起激烈燃烧或爆炸。受热时性质不稳定，逐渐分解甚至能引起爆炸。
理化特性	白色晶体或粉末。不溶于水，溶于乙醇、乙醚、甲苯等。分子量 164.24，熔点 105℃(分解)，相对密度(水=1)1.1。 主要用途：作为橡胶、塑料等发泡剂，也用于其他有机合成。
危害信息	【燃烧和爆炸危险性】 遇明火、高热、摩擦、振动、撞击可能引起激烈燃烧或爆炸。受热时性质不稳定，40℃逐渐分解，至 103~104℃时激烈分解，释放出大量热和有毒气体，能引起爆炸。溶解在有机溶剂时，有燃烧爆炸危险。易累积静电。 【活性反应】 与醇类、酸类、氧化剂、丙酮、醛类和烃类混合，有燃烧爆炸危险。 【健康危害】 大量接触可出现头痛、头胀、易疲劳、流涎和呼吸困难等症状。对本品作发泡剂的泡沫塑料加热或切割时产生的挥发性物质可刺激咽喉，口中有苦味，并可致呕吐和腹痛。本品分解能产生剧毒的甲基琥珀腈。长期接触可引起神经衰弱综合征，呼吸道刺激症状以及肝、肾损害。
安全措施	【一般要求】 操作人员必须经过专门培训，严格遵守操作规程，熟练掌握操作技能，具备应急处置知识。 生产过程密闭，加强通风。使用防爆型的通风系统和设备，提供安全淋浴和洗眼设备。建议佩戴自吸过滤式防尘口罩，戴化学安全防护眼镜，戴橡胶手套。作业现场禁止吸烟、进食和饮水。 远离火种、热源。应与禁配物分开存放，切忌混储。 生产、储存区域应设置安全警示标志。禁止震动、撞击和摩擦。配备相应品种和数量的消防器材及泄漏应急处理设备。 采用湿法粉碎工艺时，应待物料全部浸湿后方可开机；当采用金属球和金属球磨筒方式进行粉碎时，宜用水或含水溶剂作为介质。粉碎混合加工过程中应设置自动导出静电的装置，出料时应将接料车和出料器用导线可靠连接并整体接地。 生产过程中易引起燃烧爆炸的机械化作业应设置自动报警、自动停机、自动泄爆、自动雨淋等安全自控装置；自动化生产线的单机设备除有自动控制系统监控外，在现场还应设置应急控制操作装置。 生产过程中产生的不合格品和废品应隔离存放、及时处理；内包装材料应统一回收存放在远离热源的场所，并及时销毁。 【特殊要求】 【操作安全】 (1)操作人员佩戴自吸过滤式防尘口罩，戴化学安全防护眼镜，穿防静电工作服，戴橡胶手套。

续表

<table>
<tr><td>安全措施</td><td>(2)避免产生粉尘。避免与醇类、酸类、氧化剂、丙酮、醛类和烃类等接触。搬运时要轻装轻卸，防止包装及容器损坏。配备相应品种和数量的消防器材及泄漏应急处理设备。
(3)生产过程中需用热媒加热或加工过程中可能引起物料温升的作业点，均应设置温度检测仪器并采取温控措施。
【储存安全】
(1)储存于阴凉、通风的库房。远离火种、热源。库房温度不超过35℃。
(2)应与醇类、氧化剂、丙酮、醛类和烃类等分开存放，切忌混储。存放时，应距加热器(包括暖气片)和热力管线300毫米以上。储存区应备有合适的材料收容泄漏物。禁止震动、撞击和摩擦。禁止使用易产生火花的机械设备和工具。
【运输安全】
(1)运输车辆应有危险货物运输标志、安装具有行驶记录功能的卫星定位装置。未经公安机关批准，运输车辆不得进入危险化学品运输车辆限制通行的区域。
(2)运输过程中应有遮盖物，防止曝晒和雨淋、猛烈撞击、包装破损，不得倒置。严禁与醇类、酸类、氧化剂、丙酮、醛类和烃类等同车混运。运输过程中要确保容器不泄漏、不倒塌、不坠落、不损坏。运输时运输车辆应配备相应品种和数量的消防器材。搬运时要轻装轻卸，防止包装及容器损坏。禁止震动、撞击和摩擦。
(3)拥有齐全的危险化学品运输资质，必须配备押运人员，并随时处于押运人员的监管之下，不得超装、超载，不得进入危险化学品运输车辆禁止通行的区域；确需进入禁止通行区域的，应当事先向当地公安部门报告，运输时车速不宜过快，不得强行超车。</td></tr>
<tr><td>应急处置原则</td><td>【急救措施】
吸入：迅速脱离现场至空气新鲜处。保持呼吸道通畅。如呼吸困难，给输氧。呼吸、心跳停止，立即进行人工呼吸(勿用口对口)和胸外心脏按压术。如出现中毒症状给予吸氧和吸入亚硝酸异戊酯，将亚硝酸异戊酯的安瓿放在手帕里或单衣内打碎放在面罩内使伤员吸入15秒，然后移去15秒，重复5~6次。口服4-DMAP(4-二甲基氨基苯酚)1片(180毫克)和PAPP(氨基苯丙酮)1片(90毫克)。
食入：如伤者神志清醒，催吐，洗胃。如果出现中毒症状，处理同吸入。
眼睛接触：立即提起眼睑，用流动清水或生理盐水冲洗。如有不适感，就医。
皮肤接触：立即脱去污染的衣着，用流动清水或5%硫代硫酸钠溶液彻底冲洗。如果出现中毒症状，处理同吸入。
【灭火方法】
灭火剂：小火，用水、泡沫、二氧化碳、干粉灭火。
大火时，用大量水扑救。从远处或使用遥控水枪、水炮灭火。消防人员应佩戴空气呼吸器、穿全身防火防毒服。在确保安全的前提下将容器移离火场。用大量水冷却容器，直至火扑灭。
如果在火场中有储罐、槽车或罐车，周围至少隔离800米；同时初始疏散距离也至少为800米。</td></tr>
</table>

应急处置原则	【泄漏应急处置】 隔离泄漏污染区，限制出入。消除所有点火源(泄漏区附近禁止吸烟、消除所有明火、火花或火焰)。建议应急处理人员戴防尘面具(全面罩)，穿防毒服。不要直接接触泄漏物。避免震动、撞击和摩擦。小量泄漏：用惰性、湿润的不燃材料吸收，使用无火花工具收集于干燥、洁净、有盖的容器中。防止泄漏物进入水体、下水道、地下室或密闭空间。 作为一项紧急预防措施，泄漏隔离距离至少为25米。如果为大量泄漏，下风向的初始疏散距离应至少为250米。

12. 2,2′-偶氮-二-(2,4-二甲基戊腈)(即偶氮二异庚腈)

风险提示	易燃，急剧加热或振动会发生激烈燃烧或爆炸。
理化特性	白色晶体。不溶于水，溶于甲醇、甲苯和丙酮等有机溶剂。分子量248.42，有顺式和反式两种异构体，熔点分别为55.5~57℃和74~76℃，相对密度(水=1)0.99，在甲苯中温度为64℃和51℃时分解半衰期分别约为1小时和10小时，活化能122kJ/mol。 主要用途：用于本体聚合、悬浮聚合与溶液聚合。
危害信息	【燃烧和爆炸危险性】 易燃，遇明火、高热、摩擦、振动、撞击可能引起激烈燃烧或爆炸。 【活性反应】 与醇类、酸类、氧化剂、丙酮、醛类和烃类混合，有燃烧爆炸危险。 【健康危害】 皮肤接触、吸入和吞咽有害。
安全措施	【一般要求】 操作人员必须经过专门培训，严格遵守操作规程，熟练掌握操作技能，具备应急处置知识。 生产过程密闭，加强通风。使用防爆型的通风系统和设备，提供安全淋浴和洗眼设备。可能接触其粉尘时，建议佩戴自吸过滤式防尘口罩，戴化学安全防护眼镜，戴橡胶手套。作业现场禁止吸烟、进食和饮水。 远离火种、热源。应与禁配物分开存放，切忌混储。 生产、储存区域应设置安全警示标志。禁止震动、撞击和摩擦。配备相应品种和数量的消防器材及泄漏应急处理设备。 采用湿法粉碎工艺时，应待物料全部浸湿后方可开机；当采用金属球和金属球磨筒方式进行粉碎时，宜用水或含水溶剂作为介质。粉碎混合加工过程中应设置自动导出静电的装置，出料时应将接料车和出料器用导线可靠连接并整体接地。 生产过程中易引起燃烧爆炸的机械化作业应设置自动报警、自动停机、自动泄爆、自动雨淋等安全自控装置；自动化生产线的单机设备除有自动控制系统监控外，在现场还应设置应急控制操作装置。

安全措施	生产过程中产生的不合格品和废品应隔离存放、及时处理；内包装材料应统一回收存放在远离热源的场所，并及时销毁。 【特殊要求】 【操作安全】 (1)可能接触其粉尘时，操作人员佩戴自吸过滤式防尘口罩，戴化学安全防护眼镜，穿防静电工作服，戴橡胶手套。 (2)避免产生粉尘。避免与醇类、酸类、氧化剂、丙酮、醛类和烃类等接触。搬运时要轻装轻卸，防止包装及容器损坏。配备相应品种和数量的消防器材及泄漏应急处理设备。 (3)生产过程中需用热媒加热或加工工程中可能引起物料温升的作业点，均应设置温度检测仪器并采取温控措施。 【储存安全】 (1)储存于阴凉、通风的库房。远离火种、热源。库房温度不超过10℃。 (2)应与醇类、氧化剂、丙酮、醛类和烃类等分开存放，切忌混储。存放时，应距加热器(包括暖气片)和热力管线300毫米以上。储存区应备有合适的材料收容泄漏物。禁止震动、撞击和摩擦。禁止使用易产生火花的机械设备和工具。 【运输安全】 (1)运输车辆应有危险货物运输标志、安装具有行驶记录功能的卫星定位装置。未经公安机关批准，运输车辆不得进入危险化学品运输车辆限制通行的区域。 (2)低温运输。运输过程中应有遮盖物，防止曝晒和雨淋、猛烈撞击、包装破损，不得倒置。严禁与醇类、酸类、氧化剂、丙酮、醛类和烃类等同车混运。运输过程中要确保容器不泄漏、不倒塌、不坠落、不损坏。运输时运输车辆应配备相应品种和数量的消防器材。搬运时要轻装轻卸，防止包装及容器损坏。禁止震动、撞击和摩擦。 (3)拥有齐全的危险化学品运输资质，必须配备押运人员，并随时处于押运人员的监管之下，不得超装、超载，不得进入危险化学品运输车辆禁止通行的区域；确需进入禁止通行区域的，应当事先向当地公安部门报告，运输时车速不宜过快，不得强行超车。
应急处置原则	【急救措施】 吸入：迅速脱离现场至空气新鲜处。保持呼吸道通畅。如呼吸困难，给输氧。呼吸、心跳停止，立即进行人工呼吸(勿用口对口)和胸外心脏按压术。如出现中毒症状给予吸氧和吸入亚硝酸异戊酯，将亚硝酸异戊酯的安瓿放在手帕里或单衣内打碎放在面罩内使伤员吸入15秒，然后移去15秒，重复5~6次。口服4-DMAP(4-二甲基氨基苯酚)1片(180毫克)和PAPP(氨基苯丙酮)1片(90毫克)。 食入：如伤者神志清醒，催吐，洗胃。如果出现中毒症状，处理同吸入。 眼睛接触：立即提起眼睑，用流动清水或生理盐水冲洗。如有不适感，就医。 皮肤接触：立即脱去污染的衣着，用流动清水或5%硫代硫酸钠溶液彻底冲洗。如果出现中毒症状，处理同吸入。 【灭火方法】 灭火剂：小火，用水、泡沫、二氧化碳、干粉灭火。

续表

应急处置原则	大火时，远距离用大量水灭火。从远处或使用遥控水枪、水炮灭火。消防人员应佩戴空气呼吸器、穿全身防火防毒服。在确保安全的前提下将容器移离火场。用大量水冷却容器，直至火扑灭。如果安全阀发出声响或储罐变色，立即撤离。 如果在火场中有储罐、槽车或罐车，周围至少隔离 800 米；同时初始疏散距离也至少为 800 米。 【泄漏应急处置】 隔离泄漏污染区，限制出入。消除所有点火源(泄漏区附近禁止吸烟、消除所有明火、火花或火焰)。建议应急处理人员戴防尘面具(全面罩)，穿防毒服。不要直接接触泄漏物。避免震动、撞击和摩擦。小量泄漏：用惰性、湿润的不燃材料吸收，使用无火花工具收集于干燥、洁净、有盖的容器中。防止泄漏物进入水体、下水道、地下室或密闭空间。在专业人员指导下清除。 作为一项紧急预防措施，泄漏隔离距离至少为 25 米。如果为大量泄漏，下风向的初始疏散距离应至少为 250 米。

13. 硝化甘油

风险提示	受撞击、摩擦，或遇点火源及易爆炸；有毒。
理化特性	白色或淡黄色粘稠液体，低温易冻结。微溶于水，与乙醇、乙醚、苯等混溶。分子量 227.11，熔点 13℃，沸点 218℃(爆炸)，相对密度(水＝1)1.6，相对蒸气密度(空气＝1)7.8，燃烧热 1540kJ/mol，饱和蒸气压 0.03Pa(20℃)。 主要用途：制造军事和商业用炸药。
危害信息	【燃烧和爆炸危险性】 遇明火、高热、摩擦、振动、撞击可能引起激烈燃烧或爆炸。50～60℃开始分解，大于145℃剧烈分解，在 215～218℃爆炸。强烈紫外线照射，使其至 100℃时产生爆炸。 【活性反应】 与路易氏酸、臭氧等接触会发生剧烈反应，有燃烧爆炸的危险。 【健康危害】 少量吸收即可引起剧烈的搏动性头痛，常有恶心、心悸，有时有呕吐和腹痛，面部发热、潮红；较大量产生低血压、抑郁、精神错乱，偶见谵妄、高铁血红蛋白血症和紫绀。饮酒后，上述症状加剧，并可发生躁狂。本品易经皮肤吸收，应防止皮肤接触。慢性影响：可有头痛、疲乏等不适。
安全措施	【一般要求】 操作人员必须经过专门培训，严格遵守操作规程，熟练掌握操作技能，具备应急处置知识。 生产过程密闭，加强通风。使用防爆型的通风系统和设备，提供安全淋浴和洗眼设备。建议佩戴自吸过滤式防毒面具，戴化学安全防护眼镜，戴橡胶手套。作业现场禁止吸烟、进食和饮水。

安全措施	远离火种、热源。应与禁配物分开存放，切忌混储。 生产、储存区域应设置安全警示标志。禁止震动、撞击和摩擦。配备相应品种和数量的消防器材及泄漏应急处理设备。 生产过程中易引起燃烧爆炸的机械化作业应设置自动报警、自动停机、自动泄爆、自动雨淋等安全自控装置；自动化生产线的单机设备除有自动控制系统监控外，在现场还应设置应急控制操作装置。 生产过程中产生的不合格品和废品应隔离存放、及时处理；内包装材料应统一回收存放在远离热源的场所，并及时销毁。 【特殊要求】 【操作安全】 (1)操作人员佩戴自吸过滤式防毒面具，戴化学安全防护眼镜，穿聚乙烯防护服，戴橡胶手套。 (2)避免与路易氏酸、臭氧、氧化剂等接触。搬运时要轻装轻卸，防止包装及容器损坏。配备相应品种和数量的消防器材及泄漏应急处理设备。 (3)生产过程中需用热媒加热或加工过程中可能引起物料温升的作业点，均应设置温度检测仪器并采取温控措施。 【储存安全】 (1)储存于阴凉、通风的爆炸品专用库房。远离火种、热源。库房温度不超过 32℃，相对湿度不超过 80%。 (2)应与路易氏酸、臭氧、氧化剂等分开存放，切忌混储。存放时，应距加热器(包括暖气片)和热力管线 300 毫米以上。储存区应备有合适的材料收容泄漏物。禁止震动、撞击和摩擦。禁止使用易产生火花的机械设备和工具。 【运输安全】 (1)运输车辆应有危险货物运输标志、安装具有行驶记录功能的卫星定位装置。未经公安机关批准，运输车辆不得进入危险化学品运输车辆限制通行的区域。 (2)运输过程中应有遮盖物，防止曝晒和雨淋、猛烈撞击、包装破损，不得倒置。严禁与路易氏酸、臭氧、氧化剂等同车混运，尤其是促进剂。运输过程中要确保容器不泄漏、不倒塌、不坠落、不损坏。运输时运输车辆应配备相应品种和数量的消防器材。搬运时要轻装轻卸，防止包装及容器损坏。禁止震动、撞击和摩擦。 (3)拥有齐全的危险化学品运输资质，必须配备押运人员，并随时处于押运人员的监管之下，不得超装、超载，不得进入危险化学品运输车辆禁止通行的区域；确需进入禁止通行区域的，应当事先向当地公安部门报告，运输时车速不宜过快，不得强行超车。 (4)车辆遇有临时停车时，应避开人员密集地区和重要设施，并设专人监护；车辆故障必须进行检修时，严禁在车辆周围近 50 米范围内进行明火作业。

应急处置原则	【急救措施】 吸入：迅速脱离现场至空气新鲜处。保持呼吸道通畅。如呼吸困难，给输氧。如呼吸停止，立即进行心肺复苏术。就医。 食入：漱口，催吐，给服活性炭浆，就医。 眼睛接触：立即提起眼睑，用流动清水或生理盐水冲洗。就医。 皮肤接触：立即脱去污染的衣着，用肥皂和清水彻底冲洗皮肤。 【灭火方法】 灭火剂：用水灭火。 如果硝化甘油处于火场中，严禁灭火！因为可能爆炸。禁止一切通行，清理方圆至少1600米范围内的区域，任其自行燃烧。切勿开动已处于火场中的货船或车辆。 如果在火场中有储罐、槽车或罐车，周围至少隔离1600米；同时初始疏散距离也至少为1600米。 【泄漏应急处置】 隔离泄漏污染区，限制出入。消除所有点火源(泄漏区附近禁止吸烟、消除所有明火、火花或火焰)。建议应急处理人员戴防尘面具(全面罩)，穿防毒服。不要直接接触泄漏物。作业时所有设备应接地。避免震动、撞击和摩擦。泄漏源附近100米内禁止开启电雷管和无线电发送设备。用水润湿泄漏物。严禁清扫干的泄漏物。在专业人员指导下清除。 作为一项紧急预防措施，泄漏隔离距离至少为500米。如果为大量泄漏，下风向的初始疏散距离应至少为800米。

14. 乙醚

特别警示	极易燃液体，不得使用直流水扑救(用水灭火无效)；有全身麻醉作用。
理化特性	无色透明液体，有芳香气味，极易挥发。微溶于水，溶于乙醇、苯、氯仿、等多数有机溶剂。分子量74.1，熔点-116℃，沸点35℃，相对密度(水=1)0.7，相对蒸气密度(空气=1)2.6，临界压力3.61MPa，临界温度192.7℃，闪点-45℃(闭杯)，爆炸极限1.7%~48%(体积)，自燃温度160~180℃，燃烧热2748.4kJ/mol。 主要用途：工业上用作溶剂、萃取剂，医药上用作麻醉剂。
危害信息	【燃烧和爆炸危险性】 极易燃，与空气可形成爆炸性混合物，遇明火、高热有燃烧爆炸的危险。蒸气比空气重，能在较低处扩散到相当远的地方，遇火源会着火回燃和爆炸。 【活性反应】 与过氯酸、氯气、氧气、臭氧等氧化剂强烈反应，有发生燃烧爆炸的危险。 【健康危害】 本品的主要作用为全身麻醉。饮用含酒精饮料可能增加危害。 急性影响：大量接触，早期出现兴奋，继而嗜睡、呕吐、面色苍白、脉缓、体温下降和呼吸不规则，而有生命危险。急性接触后的暂时后作用有头痛、易激动或抑郁、流涎、呕吐、食欲下降和多汗等。液体或高浓度蒸气对眼有刺激性。

续表

危害信息	慢性影响：长期低浓度吸入，有头痛、头晕、疲倦、嗜睡、蛋白尿、红细胞增多症。长期皮肤接触，可发生皮肤干燥、皲裂。 职业接触限值：PC-TWA(时间加权平均容许浓度)(mg/m^3)：300；PC-STEL(短时间接触容许浓度)(mg/m^3)：500。
安全措施	【一般要求】 操作人员必须经过专门培训，严格遵守操作规程，熟练掌握操作技能，具备应急处置知识。 密闭操作，防止泄漏，全面通风。 生产、使用及贮存场所应设置泄漏检测报警仪，使用防爆型的通风系统和设备。操作人员应穿防静电工作服，戴耐油橡胶手套，当空气中浓度超标时，佩戴过滤式防毒面具。远离火种、热源，工作场所严禁吸烟。 储罐等压力容器和设备应设置安全阀、压力表、液位计、温度计，并应装有带压力、液位、温度远传记录和报警功能的安全装置。 避免与氧化剂接触。 生产、储存区域应设置安全警示标志。搬运时要轻装轻卸，防止包装及容器损坏。配备相应品种和数量的消防器材及泄漏应急处理设备。 【特殊要求】 【操作安全】 (1)设置必要的安全联锁及紧急排放系统、易燃物质检测报警系统以及正常及事故通风设施，通风设施应每年进行一次检查。 (2)在传送过程中，容器、管道必须接地和跨接，防止产生静电。 (3)保持设备的压力正常，有关管线要畅通。维护保养好设备，消除跑、冒、滴、漏等现象，使设备处于完好状态。 (4)生产区域内，严禁明火和可能产生明火、火花的作业。生产需要或检修期间需动火时，必须办理动火审批手续。 【储存安全】 (1)储存于阴凉、通风良好的专用库房或储罐内，远离火种、热源。库房温度不宜超过29℃，保持容器密封。 (2)应与氧化剂等分开存放，切忌混储。采用防爆型照明、通风设施。禁止使用易产生火花的机械设备和工具。储存区应备有泄漏应急处理设备和合适的收容材料。搬运时要轻装轻卸，防止包装及容器损坏。仓库内设置乙醚检测报警仪。 (3)注意防雷、防静电，厂(车间)内的储罐应按《建筑物防雷设计规范》(GB 50057)的规定设置防雷防静电设施。 【运输安全】 (1)运输车辆应有危险货物运输标志、安装具有行驶记录功能的卫星定位装置。未经公安机关批准，运输车辆不得进入危险化学品运输车辆限制通行的区域。

续表

<table>
<tr><td>安全措施</td><td>(2)采用专用槽罐车运输，配备相应品种和数量的消防器材及泄漏应急处理设备。运输时所用的槽(罐)车应有接地链，槽内可设孔隔板以减少震荡产生静电。装运该物品的车辆排气管必须配备阻火装置，禁止使用易产生火花的机械设备和工具装卸，禁止溜放。严禁与氧化剂等混装混运。运输途中应防曝晒、防雨淋，防高温。中途停留时应远离火种、热源、高温区，勿在居民区和人口稠密区停留。高温季节最好早晚运输。
(3)拥有齐全的危险化学品运输资质，必须配备押运人员，并随时处于押运人员的监管之下，不得超装、超载，不得进入危险化学品运输车辆禁止通行的区域；确需进入禁止通行区域的，应当事先向当地公安部门报告，运输时车速不宜过快，不得强行超车。</td></tr>
<tr><td>应急处置原则</td><td>【急救措施】
吸入：迅速脱离现场至空气新鲜处。保持呼吸道通畅。如呼吸困难，给输氧。呼吸、心跳停止，立即进行心肺复苏术。就医。
食入：饮水，禁止催吐。如有不适感，就医。
眼睛接触：提起眼睑，用流动清水或生理盐水冲洗。如有不适感，就医。
皮肤接触：脱去污染的衣着，用肥皂水和清水彻底冲洗皮肤。如有不适感，就医。
【灭火方法】
灭火剂：闪点很低，用水灭火无效。
小火时，用干粉、二氧化碳、水幕或抗醇泡沫灭火。
大火时，用水幕、雾状水或抗醇泡沫灭火，不得使用直流水扑救。消防人员应佩戴防毒面具、穿全身消防服，在上风向灭火。在确保安全的前提下将容器移离火场。用大量水冷却容器，直至火扑灭。切勿开动已处于火场中的货船或车辆。处在火场中的容器若已变色或从安全泄压装置中产生声音，必须马上撤离。
如果在火场中有储罐、槽车或罐车，周围至少隔离 800 米；同时初始疏散距离也至少为 800 米。
【泄漏应急处置】
根据液体流动和蒸气扩散的影响区域划定警戒区，无关人员从侧风、上风向撤离至安全区。消除所有点火源(泄漏区附近禁止吸烟、消除所有明火、火花或火焰)。建议应急处理人员戴自给正压式呼吸器，穿防毒服。尽可能切断泄漏源。小量泄漏：用干土、砂或其他不燃性材料吸收或覆盖并收集于容器中，使用洁净的非火花工具收集。大量泄漏：在液体泄漏物前方筑堤收容。雾状水能抑制蒸气的产生，但在密闭空间中的蒸气仍能被引燃。防止泄漏物进入水体、下水道、地下室或密闭空间。在专业人员指导下清除。
作为一项紧急预防措施，泄漏隔离距离至少为 50 米。如果为大量泄漏，下风向的初始疏散距离应至少为 300 米。</td></tr>
</table>

国家安全监管总局关于公布第二批重点监管危险化工工艺目录和调整首批重点监管危险化工工艺中部分典型工艺的通知

安监总管三〔2013〕3号

各省、自治区、直辖市及新疆生产建设兵团安全生产监督管理局，有关中央企业：

《首批重点监管的危险化工工艺目录》(安监总管三〔2009〕116号)发布后，对指导各地区开展涉及危险化工工艺的生产装置自动化控制改造，提升化工生产装置本质安全水平起到了积极推动作用。根据3年来各地区施行情况，我局研究确定了第二批重点监管危险化工工艺(见附件1)，组织编制了《第二批重点监管危险化工工艺重点监控参数、安全控制基本要求及推荐的控制方案》(见附件2)，并对首批重点监管危险化工工艺中的部分典型工艺进行了调整(见附件3)，现予公布，并就有关事项通知如下：

一、化工企业要根据第二批重点监管危险化工工艺目录及其重点监控参数、安全控制基本要求和推荐的控制方案要求，对照本企业采用的危险化工工艺及其特点，确定重点监控的工艺参数，装备和完善自动控制系统，大型和高度危险的化工装置要按照推荐的控制方案装备安全仪表系统(紧急停车或安全联锁)。

二、地方各级安全监管部门要督促本辖区涉及第二批重点监管危险化工工艺的化工企业积极开展自动化控制改造工作，并确保于2014年底前完成。

三、各省级安全监管部门可以根据本辖区内化工产业和安全生产的特点，补充本辖区内重点监管的危险化工工艺目录和自动化控制要求。

四、请各省级安全监管部门立即将本通知精神(《重点监管危险化工工艺目录(2013年完整版)》可从国家安全监管总局网站“在线办事”栏目中“表格下载”之“危化品”下载)传达至辖区内的化工企业和其他相关单位。

各单位在执行中如发现问题，请及时反馈国家安全监管总局监管三司。

附件：1. 第二批重点监管危险化工工艺目录

2. 第二批重点监管危险化工工艺重点监控参数、安全控制基本要求及推荐的控制方案

3. 调整的首批重点监管危险化工工艺中的部分典型工艺

国家安全监管总局

2013年1月15日

附件 1

第二批重点监管危险化工工艺目录

一、新型煤化工工艺：煤制油(甲醇制汽油、费-托合成油)、煤制烯烃(甲醇制烯烃)、煤制二甲醚、煤制乙二醇(合成气制乙二醇)、煤制甲烷气(煤气甲烷化)、煤制甲醇、甲醇制醋酸等工艺。

二、电石生产工艺

三、偶氮化工艺

附件 2

第二批重点监管危险化工工艺重点监控参数、安全控制基本要求及推荐的控制方案

一、新型煤化工工艺

<table>
<tr><td>反应类型</td><td>放热反应</td><td>重点监控单元</td><td>煤气化炉</td></tr>
<tr><td colspan="4">工艺简介</td></tr>
<tr><td colspan="4">以煤为原料，经化学加工使煤直接或者间接转化为气体、液体和固体燃料、化工原料或化学品的工艺过程。主要包括煤制油(甲醇制汽油、费-托合成油)、煤制烯烃(甲醇制烯烃)、煤制二甲醚、煤制乙二醇(合成气制乙二醇)、煤制甲烷气(煤气甲烷化)、煤制甲醇、甲醇制醋酸等工艺。</td></tr>
<tr><td colspan="4">工艺危险特点</td></tr>
<tr><td colspan="4">1. 反应介质涉及一氧化碳、氢气、甲烷、乙烯、丙烯等易燃气体，具有燃爆危险性；
2. 反应过程多为高温、高压过程，易发生工艺介质泄漏，引发火灾、爆炸和一氧化碳中毒事故；
3. 反应过程可能形成爆炸性混合气体；
4. 多数煤化工新工艺反应速度快，放热量大，造成反应失控；
5. 反应中间产物不稳定，易造成分解爆炸。</td></tr>
<tr><td colspan="4">典型工艺</td></tr>
<tr><td colspan="4">煤制油(甲醇制汽油、费-托合成油)；
煤制烯烃(甲醇制烯烃)；
煤制二甲醚；
煤制乙二醇(合成气制乙二醇)；
煤制甲烷气(煤气甲烷化)；
煤制甲醇；
甲醇制醋酸。</td></tr>
<tr><td colspan="4">重点监控工艺参数</td></tr>
<tr><td colspan="4">反应器温度和压力；反应物料的比例控制；料位；液位；进料介质温度、压力与流量；氧含量；外取热器蒸汽温度与压力；风压和风温；烟气压力与温度；压降；H_2/CO 比；NO/O_2比；NO/ 醇比；H_2、H_2S、CO_2含量等。</td></tr>
<tr><td colspan="4">安全控制的基本要求</td></tr>
<tr><td colspan="4">反应器温度、压力报警与联锁；进料介质流量控制与联锁；反应系统紧急切断进料联锁；料位控制回路；液位控制回路；H_2/CO 比例控制与联锁；NO/O_2比例控制与联锁；外取热器蒸汽热水泵联锁；主风流量联锁；可燃和有毒气体检测报警装置；紧急冷却系统；安全泄放系统。</td></tr>
</table>

续表

宜采用的控制方式
将进料流量、外取热蒸汽流量、外取热蒸汽包液位、H_2/CO比例与反应器进料系统设立联锁关系，一旦发生异常工况启动联锁，紧急切断所有进料，开启事故蒸汽阀或氮气阀，迅速置换反应器内物料，并将反应器进行冷却、降温。 安全设施，包括安全阀、防爆膜、紧急切断阀及紧急排放系统等。

二、电石生产工艺

反应类型	吸热反应	重点监控单元	电石炉
工艺简介			
电石生产工艺是以石灰和炭素材料(焦炭、兰炭、石油焦、冶金焦、白煤等)为原料，在电石炉内依靠电弧热和电阻热在高温进行反应，生成电石的工艺过程。电石炉型式主要分为两种：内燃型和全密闭型。			
工艺危险特点			
1. 电石炉工艺操作具有火灾、爆炸、烧伤、中毒、触电等危险性； 2. 电石遇水会发生激烈反应，生成乙炔气体，具有燃爆危险性； 3. 电石的冷却、破碎过程具有人身伤害、烫伤等危险性； 4. 反应产物一氧化碳有毒，与空气混合到12.5%~74%时会引起燃烧和爆炸； 5. 生产中漏糊造成电极软断时，会使炉气出口温度突然升高，炉内压力突然增大，造成严重的爆炸事故。			
典型工艺			
石灰和炭素材料(焦炭、兰炭、石油焦、冶金焦、白煤等)反应制备电石。			
重点监控工艺参数			
炉气温度；炉气压力；料仓料位；电极压放量；一次电流；一次电压；电极电流；电极电压；有功功率；冷却水温度、压力；液压箱油位、温度；变压器温度；净化过滤器入口温度、炉气组分分析等。			
安全控制的基本要求			
设置紧急停炉按钮；电炉运行平台和电极压放视频监控、输送系统视频监控和启停现场声音报警；原料称重和输送系统控制；电石炉炉压调节、控制；电极升降控制；电极压放控制；液压泵站控制；炉气组分在线检测、报警和联锁；可燃和有毒气体检测和声光报警装置；设置紧急停车按钮等。			
宜采用的控制方式			
将炉气压力、净化总阀与放散阀形成联锁关系；将炉气组分氢、氧含量高与净化系统形成联锁关系；将料仓超料位、氢含量与停炉形成联锁关系。 安全设施，包括安全阀、重力泄压阀、紧急放空阀、防爆膜等。			

三、偶氮化工艺

<table>
<tr><td>反应类型</td><td>放热反应</td><td>重点监控单元</td><td>偶氮化反应釜、后处理单元</td></tr>
<tr><td colspan="4">工艺简介</td></tr>
<tr><td colspan="4">合成通式为 R—N ═N—R 的偶氮化合物的反应为偶氮化反应，式中 R 为脂烃基或芳烃基，两个 R 基可相同或不同。涉及偶氮化反应的工艺过程为偶氮化工艺。脂肪族偶氮化合物由相应的肼经过氧化或脱氢反应制取。芳香族偶氮化合物一般由重氮化合物的偶联反应制备。</td></tr>
<tr><td colspan="4">工艺危险特点</td></tr>
<tr><td colspan="4">1. 部分偶氮化合物极不稳定，活性强，受热或摩擦、撞击等作用能发生分解甚至爆炸；
2. 偶氮化生产过程所使用的肼类化合物，高毒，具有腐蚀性，易发生分解爆炸，遇氧化剂能自燃；
3. 反应原料具有燃爆危险性。</td></tr>
<tr><td colspan="4">典型工艺</td></tr>
<tr><td colspan="4">1. 脂肪族偶氮化合物合成：水合肼和丙酮氰醇反应，再经液氯氧化制备偶氮二异丁腈；次氯酸钠水溶液氧化氨基庚腈，或者甲基异丁基酮和水合肼缩合后与氰化氢反应，再经氯气氧化制取偶氮二异庚腈；偶氮二甲酸二乙酯 DEAD 和偶氮二甲酸二异丙酯 DIAD 的生产工艺。
2. 芳香族偶氮化合物合成：由重氮化合物的偶联反应制备的偶氮化合物。</td></tr>
<tr><td colspan="4">重点监控工艺参数</td></tr>
<tr><td colspan="4">偶氮化反应釜内温度、压力、液位、pH 值；偶氮化反应釜内搅拌速率；肼流量；反应物质的配料比；后处理单元温度等。</td></tr>
<tr><td colspan="4">安全控制的基本要求</td></tr>
<tr><td colspan="4">反应釜温度和压力的报警和联锁；反应物料的比例控制和联锁系统；紧急冷却系统；紧急停车系统；安全泄放系统；后处理单元配置温度监测、惰性气体保护的联锁装置等。</td></tr>
<tr><td colspan="4">宜采用的控制方式</td></tr>
<tr><td colspan="4">将偶氮化反应釜内温度、压力与釜内搅拌、肼流量、偶氮化反应釜夹套冷却水进水阀形成联锁关系。在偶氮化反应釜处设立紧急停车系统，当偶氮化反应釜内温度超标或搅拌系统发生故障时，自动停止加料，并紧急停车。
后处理设备应配置温度检测、搅拌、冷却联锁自动控制调节装置，干燥设备应配置温度测量、加热热源开关、惰性气体保护的联锁装置。
安全设施，包括安全阀、爆破片、紧急放空阀等。</td></tr>
</table>

附件 3

调整的首批重点监管危险化工工艺中的部分典型工艺

一、涉及涂料、粘合剂、油漆等产品的常压条件生产工艺不再列入“聚合工艺”。

二、将“异氰酸酯的制备”列入“光气及光气化工艺”的典型工艺中。

三、将“次氯酸、次氯酸钠或*N*–氯代丁二酰亚胺与胺反应制备*N*–氯化物”、“氯化亚砜作为氯化剂制备氯化物”列入“氯化工艺”的典型工艺中。

四、将“硝酸胍、硝基胍的制备”、“浓硝酸、亚硝酸钠和甲醇制备亚硝酸甲酯”列入“硝化工艺”的典型工艺中。

五、将“三氟化硼的制备”列入“氟化工艺”的典型工艺中。

六、将“克劳斯法气体脱硫”、“一氧化氮、氧气和甲(乙)醇制备亚硝酸甲(乙)酯”、“以双氧水或有机过氧化物为氧化剂生产环氧丙烷、环氧氯丙烷”的列入“氧化工艺”的典型工艺。

七、将“叔丁醇与双氧水制备叔丁基过氧化氢”列入“过氧化工艺”的典型工艺中。

八、将“氯氨法生产甲基肼”列入“胺基化工艺”的典型工艺中。

国家安全监管总局关于印发危险化学品企业事故隐患排查治理实施导则的通知

安监总管三〔2012〕103 号

各省、自治区、直辖市及新疆生产建设兵团安全生产监督管理局，有关中央企业：

隐患排查治理是安全生产的重要工作，是企业安全生产标准化风险管理要素的重点内容，是预防和减少事故的有效手段。为了推动和规范危险化学品企业隐患排查治理工作，国家安全监管总局制定了《危险化学品企业事故隐患排查治理实施导则》(以下简称《导则》，请从国家安全监管总局网站下载)，现印发给你们，请认真贯彻执行。

危险化学品企业要高度重视并持之以恒做好隐患排查治理工作。要按照《导则》要求，建立隐患排查治理工作责任制，完善隐患排查治理制度，规范各项工作程序，实时监控重大隐患，逐步建立隐患排查治理的常态化机制。强化《导则》的宣传培训，确保企业员工了解《导则》的内容，积极参与隐患排查治理工作。

各级安全监管部门要督促指导危险化学品企业规范开展隐患排查治理工作。要采取培训、专家讲座等多种形式，大力开展《导则》宣贯，增强危险化学品企业开展隐患排查治理的主动性，指导企业掌握隐患排查治理的基本方法和工作要求；及时搜集和研究辖区内企业隐患排查治理情况，建立隐患排查治理信息管理系统，建立安全生产工作预警预报机制，提升危险化学品安全监管水平。

国家安全监管总局

2012 年 8 月 7 日

附件：《危险化学品企业事故隐患排查治理实施导则》

附件

《危险化学品企业事故隐患排查治理实施导则》(国家安全生产监督管理总局 2012 年 7 月)

目　录

7　危险化学品管理隐患排查表
8　储运系统隐患排查表
9　公用工程隐患排查表
10　消防系统隐患排查表

1　总　　则

1.1　为了切实落实企业安全生产主体责任，促进危险化学品企业建立事故隐患排查治理的长效机制，及时排查、消除事故隐患，有效防范和减少事故，根据国家相关法律、法规、规章及标准，制定本实施导则。

1.2　本导则适用于生产、使用和储存危险化学品企业(以下简称企业)的事故隐患排查治理工作。

1.3　本导则所称事故隐患(以下简称隐患)，是指不符合安全生产法律、法规、规章、标准、规程和安全生产管理制度的规定，或者因其他因素在生产经营活动中存在可能导致事故发生或导致事故后果扩大的物的危险状态、人的不安全行为和管理上的缺陷，包括：

(1) 作业场所、设备设施、人的行为及安全管理等方面存在的不符合国家安全生产法律法规、标准规范和相关规章制度规定的情况。

(2) 法律法规、标准规范及相关制度未作明确规定，但企业危害识别过程中识别出作业场所、设备设施、人的行为及安全管理等方面存在的缺陷。

2　基本要求

2.1　隐患排查治理是企业安全管理的基础工作，是企业安全生产标准化风险管理要素的重点内容，应按照“谁主管、谁负责”和“全员、全过程、全方位、全天候”的原则，明确职责，建立健全企业隐患排查治理制度和保证制度有效执行的管理体系，努力做到及时发现、及时消除各类安全生产隐患，保证企业安全生产。

2.2　企业应建立和不断完善隐患排查体制机制，主要包括：

2.2.1　企业主要负责人对本单位事故隐患排查治理工作全面负责，应保证隐患治理的资金投入，及时掌握重大隐患治理情况，治理重大隐患前要督促有关部门制定有效的防范措施，并明确分管负责人。

分管负责隐患排查治理的负责人，负责组织检查隐患排查治理制度落实情况，定期召开会议研究解决隐患排查治理工作中出现的问题，及时向主要负责人报告重大情况，对所分管部门和单位的隐患排查治理工作负责。

其他负责人对所分管部门和单位的隐患排查治理工作负责。

2.2.2　隐患排查要做到全面覆盖、责任到人，定期排查与日常管理相结合，专业排查与综合排查相结合，一般排查与重点排查相结合，确保横向到边、纵向到底、及时发现、不留死角。

2.2.3 隐患治理要做到方案科学、资金到位、治理及时、责任到人、限期完成。能立即整改的隐患必须立即整改，无法立即整改的隐患，治理前要研究制定防范措施，落实监控责任，防止隐患发展为事故。

2.2.4 技术力量不足或危险化学品安全生产管理经验欠缺的企业应聘请有经验的化工专家或注册安全工程师指导企业开展隐患排查治理工作。

2.2.5 涉及重点监管危险化工工艺、重点监管危险化学品和重大危险源（以下简称“两重点一重大”）的危险化学品生产、储存企业应定期开展危险与可操作性分析（HAZOP），用先进科学的管理方法系统排查事故隐患。

2.2.6 企业要建立健全隐患排查治理管理制度，包括隐患排查、隐患监控、隐患治理、隐患上报等内容。

隐患排查要按专业和部位，明确排查的责任人、排查内容、排查频次和登记上报的工作流程。隐患监控要建立事故隐患信息档案，明确隐患的级别，按照“五定”（定整改方案、定资金来源、定项目负责人、定整改期限、定控制措施）的原则，落实隐患治理的各项措施，对隐患治理情况进行监控，保证隐患治理按期完成。

隐患治理要分类实施：能够立即整改的隐患，必须确定责任人组织立即整改，整改情况要安排专人进行确认；无法立即整改的隐患，要按照评估—治理方案论证—资金落实—限期治理—验收评估—销号的工作流程，明确每一工作节点的责任人，实行闭环管理；重大隐患治理工作结束后，企业应组织技术人员和专家对隐患治理情况进行验收，保证按期完成和治理效果。

隐患上报要按照安全监管部门的要求，建立与安全生产监督管理部门隐患排查治理信息管理系统联网的“隐患排查治理信息系统”，每个月将开展隐患排查治理情况和存在的重大事故隐患上报当地安全监管部门，发现无法立即整改的重大事故隐患，应当及时上报。

2.2.7 要借助企业的信息化系统对隐患排查、监控、治理、验收评估、上报情况实行建档登记，重大隐患要单独建档。

3 隐患排查方式及频次

3.1 隐患排查方式

3.1.1 隐患排查工作可与企业各专业的日常管理、专项检查和监督检查等工作相结合，科学整合下述方式进行：

（1）日常隐患排查；

（2）综合性隐患排查；

（3）专业性隐患排查；

（4）季节性隐患排查；

（5）重大活动及节假日前隐患排查；

（6）事故类比隐患排查。

3.1.2 日常隐患排查是指班组、岗位员工的交接班检查和班中巡回检查，以及基层单位领导和工艺、设备、电气、仪表、安全等专业技术人员的日常性检查。日常隐患排查要加强对关键装置、要害部位、关键环节、重大危险源的检查和巡查。

3.1.3 综合性隐患排查是指以保障安全生产为目的，以安全责任制、各项专业管理制度和安全生产管理制度落实情况为重点，各有关专业和部门共同参与的全面检查。

3.1.4 专业隐患排查主要是指对区域位置及总图布置、工艺、设备、电气、仪表、储运、消防和公用工程等系统分别进行的专业检查。

3.1.5 季节性隐患排查是指根据各季节特点开展的专项隐患检查，主要包括：

（1）春季以防雷、防静电、防解冻泄漏、防解冻坍塌为重点；

（2）夏季以防雷暴、防设备容器高温超压、防台风、防洪、防暑降温为重点；

（3）秋季以防雷暴、防火、防静电、防凝保温为重点；

（4）冬季以防火、防爆、防雪、防冻防凝、防滑、防静电为重点。

3.1.6 重大活动及节假日前隐患排查主要是指在重大活动和节假日前，对装置生产是否存在异常状况和隐患、备用设备状态、备品备件、生产及应急物资储备、保运力量安排、企业保卫、应急工作等进行的检查，特别是要对节日期间干部带班值班、机电仪保运及紧急抢修力量安排、备件及各类物资储备和应急工作进行重点检查。

3.1.7 事故类比隐患排查是对企业内和同类企业发生事故后的举一反三的安全检查。

3.2 隐患排查频次确定

3.2.1 企业进行隐患排查的频次应满足：

（1）装置操作人员现场巡检间隔不得大于2小时，涉及“两重点一重大”的生产、储存装置和部位的操作人员现场巡检间隔不得大于1小时，宜采用不间断巡检方式进行现场巡检；

（2）基层车间（装置，下同）直接管理人员（主任、工艺设备技术人员）、电气、仪表人员每天至少两次对装置现场进行相关专业检查；

（3）基层车间应结合岗位责任制检查，至少每周组织一次隐患排查，并和日常交接班检查和班中巡回检查中发现的隐患一起进行汇总；基层单位（厂）应结合岗位责任制检查，至少每月组织一次隐患排查；

（4）企业应根据季节性特征及本单位的生产实际，每季度开展一次有针对性的季节性隐患排查；重大活动及节假日前必须进行一次隐患排查；

（5）企业至少每半年组织一次，基层单位至少每季度组织一次综合性隐患排查和专业隐患排查，两者可结合进行；

（6）当获知同类企业发生伤亡及泄漏、火灾爆炸等事故时，应举一反三，及时进行事故类比隐患专项排查；

（7）对于区域位置、工艺技术等不经常发生变化的，可依据实际变化情况确定排查周期，如果发生变化，应及时进行隐患排查。

3.2.2　当发生以下情形之一，企业应及时组织进行相关专业的隐患排查：

（1）颁布实施有关新的法律法规、标准规范或原有适用法律法规、标准规范重新修订的；

（2）组织机构和人员发生重大调整的；

（3）装置工艺、设备、电气、仪表、公用工程或操作参数发生重大改变的，应按变更管理要求进行风险评估；

（4）外部安全生产环境发生重大变化；

（5）发生事故或对事故、事件有新的认识；

（6）气候条件发生大的变化或预报可能发生重大自然灾害。

3.2.3　涉及“两重点一重大”的危险化学品生产、储存企业应每五年至少开展一次危险与可操作性分析（HAZOP）。

4　隐患排查内容

根据危险化学品企业的特点，隐患排查包括但不限于以下内容：

（1）安全基础管理；

（2）区域位置和总图布置；

（3）工艺；

（4）设备；

（5）电气系统；

（6）仪表系统；

（7）危险化学品管理；

（8）储运系统；

（9）公用工程；

（10）消防系统。

4.1　安全基础管理

4.1.1　安全生产管理机构建立健全情况、安全生产责任制和安全管理制度建立健全及落实情况。

4.1.2　安全投入保障情况，参加工伤保险、安全生产责任险的情况。

4.1.3　安全培训与教育情况，主要包括：

(1) 企业主要负责人、安全管理人员的培训及持证上岗情况；

(2) 特种作业人员的培训及持证上岗情况；

(3) 从业人员安全教育和技能培训情况。

4.1.4　企业开展风险评价与隐患排查治理情况，主要包括：

(1) 法律、法规和标准的识别和获取情况；

(2) 定期和及时对作业活动和生产设施进行风险评价情况；

(3) 风险评价结果的落实、宣传及培训情况；

(4) 企业隐患排查治理制度是否满足安全生产需要。

4.1.5　事故管理、变更管理及承包商的管理情况。

4.1.6　危险作业和检维修的管理情况，主要包括：

(1) 危险性作业活动作业前的危险有害因素识别与控制情况；

(2) 动火作业、进入受限空间作业、破土作业、临时用电作业、高处作业、断路作业、吊装作业、设备检修作业和抽堵盲板作业等危险性作业的作业许可管理与过程监督情况。

(3) 从业人员劳动防护用品和器具的配置、佩戴与使用情况。

4.1.7　危险化学品事故的应急管理情况。

4.2　区域位置和总图布置

4.2.1　危险化学品生产装置和重大危险源储存设施与《危险化学品安全管理条例》中规定的重要场所的安全距离。

4.2.2　可能造成水域环境污染的危险化学品危险源的防范情况。

4.2.3　企业周边或作业过程中存在的易由自然灾害引发事故灾难的危险点排查、防范和治理情况。

4.2.4　企业内部重要设施的平面布置以及安全距离，主要包括：

(1) 控制室、变配电所、化验室、办公室、机柜间以及人员密集区或场所；

(2) 消防站及消防泵房；

(3) 空分装置、空压站；

(4) 点火源(包括火炬)；

(5) 危险化学品生产与储存设施等；

(6) 其他重要设施及场所。

4.2.5 其他总图布置情况，主要包括：

(1) 建构筑物的安全通道；

(2) 厂区道路、消防道路、安全疏散通道和应急通道等重要道路(通道)的设计、建设与维护情况；

(3) 安全警示标志的设置情况；

(4) 其他与总图相关的安全隐患。

4.3 工艺管理

4.3.1 工艺的安全管理，主要包括：

(1) 工艺安全信息的管理；

(2) 工艺风险分析制度的建立和执行；

(3) 操作规程的编制、审查、使用与控制；

(4) 工艺安全培训程序、内容、频次及记录的管理。

4.3.2 工艺技术及工艺装置的安全控制，主要包括：

(1) 装置可能引起火灾、爆炸等严重事故的部位是否设置超温、超压等检测仪表、声和/或光报警、泄压设施和安全联锁装置等设施；

(2) 针对温度、压力、流量、液位等工艺参数设计的安全泄压系统以及安全泄压措施的完好性；

(3) 危险物料的泄压排放或放空的安全性；

(4) 按照《首批重点监管的危险化工工艺目录》和《首批重点监管的危险化工工艺安全控制要求、重点监控参数及推荐的控制方案》(安监总管三〔2009〕116号)的要求进行危险化工工艺的安全控制情况；

(5) 火炬系统的安全性；

(6) 其他工艺技术及工艺装置的安全控制方面的隐患。

4.3.3 现场工艺安全状况，主要包括：

(1) 工艺卡片的管理，包括工艺卡片的建立和变更，以及工艺指标的现场控制；

(2) 现场联锁的管理，包括联锁管理制度及现场联锁投用、摘除与恢复；

(3) 工艺操作记录及交接班情况；

(4) 剧毒品部位的巡检、取样、操作与检维修的现场管理。

4.4 设备管理

4.4.1 设备管理制度与管理体系的建立与执行情况，主要包括：

(1) 按照国家相关法律法规制定修订本企业的设备管理制度；

(2) 有健全的设备管理体系，设备管理人员按要求配备；

(3) 建立健全安全设施管理制度及台账。

4.4.2　设备现场的安全运行状况，包括：

（1）大型机组、机泵、锅炉、加热炉等关键设备装置的联锁自保护及安全附件的设置、投用与完好状况；

（2）大型机组关键设备特级维护到位，备用设备处于完好备用状态；

（3）转动机器的润滑状况，设备润滑的"五定"、"三级过滤"；

（4）设备状态监测和故障诊断情况；

（5）设备的腐蚀防护状况，包括重点装置设备腐蚀的状况、设备腐蚀部位、工艺防腐措施，材料防腐措施等。

4.4.3　特种设备（包括压力容器及压力管道）的现场管理，主要包括：

（1）特种设备（包括压力容器、压力管道）的管理制度及台账；

（2）特种设备注册登记及定期检测检验情况；

（3）特种设备安全附件的管理维护。

4.5　电气系统

4.5.1　电气系统的安全管理，主要包括：

（1）电气特种作业人员资格管理；

（2）电气安全相关管理制度、规程的制定及执行情况。

4.5.2　供配电系统、电气设备及电气安全设施的设置，主要包括：

（1）用电设备的电力负荷等级与供电系统的匹配性；

（2）消防泵、关键装置、关键机组等特别重要负荷的供电；

（3）重要场所事故应急照明；

（4）电缆、变配电相关设施的防火防爆；

（5）爆炸危险区域内的防爆电气设备选型及安装；

（6）建构筑、工艺装置、作业场所等的防雷防静电。

4.5.3　电气设施、供配电线路及临时用电的现场安全状况。

4.6　仪表系统

4.6.1　仪表的综合管理，主要包括：

（1）仪表相关管理制度建立和执行情况；

（2）仪表系统的档案资料、台账管理；

（3）仪表调试、维护、检测、变更等记录；

（4）安全仪表系统的投用、摘除及变更管理等。

4.6.2　系统配置，主要包括：

（1）基本过程控制系统和安全仪表系统的设置满足安全稳定生产需要；

（2）现场检测仪表和执行元件的选型、安装情况；

（3）仪表供电、供气、接地与防护情况；

(4) 可燃气体和有毒气体检测报警器的选型、布点及安装；

(5) 安装在爆炸危险环境仪表满足要求等。

4.6.3 现场各类仪表完好有效，检验维护及现场标识情况，主要包括：

(1) 仪表及控制系统的运行状况稳定可靠，满足危险化学品生产需求；

(2) 按规定对仪表进行定期检定或校准；

(3) 现场仪表位号标识是否清晰等。

4.7 危险化学品管理

4.7.1 危险化学品分类、登记与档案的管理，主要包括：

(1) 按照标准对产品、所有中间产品进行危险性鉴别与分类，分类结果汇入危险化学品档案；

(2) 按相关要求建立健全危险化学品档案；

(3) 按照国家有关规定对危险化学品进行登记。

4.7.2 化学品安全信息的编制、宣传、培训和应急管理，主要包括：

(1) 危险化学品安全技术说明书和安全标签的管理；

(2) 危险化学品"一书一签"制度的执行情况；

(3) 24 小时应急咨询服务或应急代理；

(4) 危险化学品相关安全信息的宣传与培训。

4.8 储运系统

4.8.1 储运系统的安全管理情况，主要包括：

(1) 储罐区、可燃液体、液化烃的装卸设施、危险化学品仓库储存管理制度以及操作、使用和维护规程制定及执行情况；

(2) 储罐的日常和检维修管理。

4.8.2 储运系统的安全设计情况，主要包括：

(1) 易燃、可燃液体及可燃气体的罐区，如罐组总容、罐组布置；防火堤及隔堤；消防道路、排水系统等；

(2) 重大危险源罐区现场的安全监控装备是否符合《危险化学品重大危险源监督管理暂行规定》(国家安全监管总局令第 40 号)的要求；

(3) 天然气凝液、液化石油气球罐或其他危险化学品压力或半冷冻低温储罐的安全控制及应急措施；

(4) 可燃液体、液化烃和危险化学品的装卸设施；

(5) 危险化学品仓库的安全储存。

4.8.3 储运系统罐区、储罐本体及其安全附件、铁路装卸区、汽车装卸区等设施的完好性。

4.9 消防系统

4.9.1　建设项目消防设施验收情况；企业消防安全机构、人员设置与制度的制定，消防人员培训、消防应急预案及相关制度的执行情况；消防系统运行检测情况。

4.9.2　消防设施与器材的设置情况，主要包括：

（1）消防站设置情况，如消防站、消防车、消防人员、移动式消防设备、通讯等；

（2）消防水系统与泡沫系统，如消防水源、消防泵、泡沫液储罐、消防给水管道、消防管网的分区阀门、消火栓、泡沫栓，消防水炮、泡沫炮、固定式消防水喷淋等；

（3）油罐区、液化烃罐区、危险化学品罐区、装置区等设置的固定式和半固定式灭火系统；

（4）甲、乙类装置、罐区、控制室、配电室等重要场所的火灾报警系统；

（5）生产区、工艺装置区、建构筑物的灭火器材配置；

（6）其他消防器材。

4.9.3　固定式与移动式消防设施、器材和消防道路的现场状况。

4.10　公用工程系统

4.10.1　给排水、循环水系统、污水处理系统的设置与能力能否满足各种状态下的需求。

4.10.2　供热站及供热管道设备设施、安全设施是否存在隐患。

4.10.3　空分装置、空压站位置的合理性及设备设施的安全隐患。各部分具体排查内容详见附件。

5　隐患治理与上报

5.1　隐患级别

5.1.1　事故隐患可按照整改难易及可能造成的后果严重性，分为一般事故隐患和重大事故隐患。

5.1.2　一般事故隐患，是指能够及时整改，不足以造成人员伤亡、财产损失的隐患。对于一般事故隐患，可按照隐患治理的负责单位，分为班组级、基层车间级、基层单位(厂)级直至企业级。

5.1.3　重大事故隐患，是指无法立即整改且可能造成人员伤亡、较大财产损失的隐患。

5.2　隐患治理

5.2.1　企业应对排查出的各级隐患，做到“五定”，并将整改落实情况纳入日常管理进行监督，及时协调在隐患整改中存在的资金、技术、物资采购、施工等各方面问题。

5.2.2　对一般事故隐患，由企业（基层车间、基层单位〈厂〉）负责人或者有关人员立即组织整改。

5.2.3　对于重大事故隐患，企业要结合自身的生产经营实际情况，确定风险可接受标准，评估隐患的风险等级。评估风险的方法可参考附录A。

5.2.4　重大事故隐患的治理应满足以下要求：

（1）当风险处于很高风险区域时，应立即采取充分的风险控制措施，防止事故发生，同时编制重大事故隐患治理方案，尽快进行隐患治理，必要时立即停产治理；

（2）当风险处于一般高风险区域时，企业应采取充分的风险控制措施，防止事故发生，并编制重大事故隐患治理方案，选择合适的时机进行隐患治理；

（3）对于处于中风险的重大事故隐患，应根据企业实际情况，进行成本—效益分析，编制重大事故隐患治理方案，选择合适的时机进行隐患治理，尽可能将其降低到低风险。

5.2.5　对于重大事故隐患，由企业主要负责人组织制定并实施事故隐患治理方案。重大事故隐患治理方案应包括：

（1）治理的目标和任务；

（2）采取的方法和措施；

（3）经费和物资的落实；

（4）负责治理的机构和人员；

（5）治理的时限和要求；

（6）防止整改期间发生事故的安全措施。

5.2.6　事故隐患治理方案、整改完成情况、验收报告等应及时归入事故隐患档案。隐患档案应包括以下信息：隐患名称、隐患内容、隐患编号、隐患所在单位、专业分类、归属职能部门、评估等级、整改期限、治理方案、整改完成情况、验收报告等。事故隐患排查、治理过程中形成的传真、会议纪要、正式文件等，也应归入事故隐患档案。

5.3　隐患上报

5.3.1　企业应当定期通过“隐患排查治理信息系统”向属地安全生产监督管理部门和相关部门上报隐患统计汇总及存在的重大隐患情况。

5.3.2　对于重大事故隐患，企业除依照前款规定报送外，应当及时向安全生产监督管理部门和有关部门报告。重大事故隐患报告的内容应当包括：

（1）隐患的现状及其产生原因；

（2）隐患的危害程度和整改难易程度分析；

（3）隐患的治理方案。

附录 A

重大事故隐患风险评估方法

表 1　事故隐患后果定性分级方法

很低后果	
人员	轻微伤害或没有受伤；不会损失工作时间。
财产	损失很小。
声誉	企业内部关注；形象没有受损。
较低后果	
人员	人员轻微受伤，不严重；可能会损失工作时间。
财产	损失较小。
声誉	社区、邻居、合作伙伴影响。
中等后果	
人员	3 人以上轻伤，1~2 人重伤。
财产	损失较小。
声誉	本地区内影响；政府管制，公众关注负面后果。
高后果	
人员	1~2 人死亡或丧失劳动能力；3~9 人重伤。
财产	损失较大。
声誉	国内影响；政府管制，媒体和公众关注负面后果。
非常高的后果	
人员	死亡 3 人以上。
财产	损失很大。
声誉	国际影响。

后果等级								
后果等级	5	低	中	中	高	高	很高	很高
	4	低	低	中	中	高	高	很高
	3	低	低	低	中	中	中	高
	2	低	低	低	低	中	中	中
	1	低	低	低	低	低	中	中
		$1E^{-6}$~$1E^{-7}$	$1E^{-5}$~$1E^{-6}$	$1E^{-4}$~$1E^{-5}$	$1E^{-3}$~$1E^{-4}$	$1E^{-2}$~$1E^{-3}$	$1E^{-1}$~$1E^{-2}$	1~$1E^{-1}$
事故发生的可能性(a)								

附件

各专业隐患排查表

说明：

1. 表中排查频次为最小频次，企业自己安排频次不能少于表中规定频次。

2. 表中排查内容企业可以根据实际增加相关内容，但不能减少。

3. 发生较大以上事故、有关法律法规标准发生变化、企业内外部安全生产环境发生重大变化时及时进行隐患排查。

1　安全基础管理隐患排查表

序号	排查内容	依　据	排查频次
一、安全管理机构的建立、安全生产责任制、安全管理制度的健全和落实			
1	企业应当依法设置安全生产管理机构，配备专职安全生产管理人员。配备的专职安全生产管理人员必须能够满足安全生产的需要	《安全生产法》第 19 条《危险化学品生产企业安全生产许可证实施办法》(国家安全监管总局令第 41 号)第 12 条	1 次/年
2	建立、健全安全生产责任制度，包括单位主要负责人在内的各级人员岗位安全责任制度	《危险化学品安全管理条例》第 4 条《危险化学品生产企业安全生产许可证实施办法》(国家安全监管总局令第 41 号)第 13 条	
3	企业应设置安委会，建立、健全从安委会到基层班组的安全生产管理网络	《危险化学品从业单位安全标准化通用规范》(AQ 3013—2008)	
4	企业应建立安全生产责任制考核机制，对各级管理部门、管理人员及从业人员安全职责的履行情况和安全生产责任制的实现情况进行定期考核，予以奖惩	《危险化学品从业单位安全标准化通用规范》(AQ 3013—2008)	1 次/月
5	企业应当根据化工工艺、装置、设施等实际情况，制定完善下列主要安全生产规章制度： 1. 安全生产例会等安全生产会议制度； 2. 安全投入保障制度； 3. 安全生产奖惩制度； 4. 安全培训教育制度； 5. 领导干部轮流现场带班制度； 6. 特种作业人员管理制度； 7. 安全检查和隐患排查治理制度； 8. 重大危险源评估和安全管理制度； 9. 变更管理制度；	《安全生产法》第 17 条《危险化学品生产企业安全生产许可证实施办法》(国家安全监管总局令第 41 号)第 14 条	1 次/半年

续表

<table>
<tr><th>序号</th><th>排查内容</th><th>依　　据</th><th>排查频次</th></tr>
<tr><td>5</td><td>10. 应急管理制度；
11. 安全事故或者重大事件管理制度；
12. 防火、防爆、防中毒、防泄漏管理制度；
13. 工艺、设备、电气仪表、公用工程安全管理制度；
14. 动火、进入受限空间、吊装、高处、盲板抽堵、动土、断路、设备检维修等作业安全管理制度；
15. 危险化学品安全管理制度；
16. 职业健康相关管理制度；
17. 劳动防护用品使用维护管理制度；
18. 承包商管理制度；
19. 安全管理制度及操作规程定期修订制度</td><td>《安全生产法》第 17 条《危险化学品生产企业安全生产许可证实施办法》(国家安全监管总局令第 41 号)第 14 条</td><td>1 次/半年</td></tr>
<tr><td colspan="4">二、企业安全生产费用的提取、使用</td></tr>
<tr><td>1</td><td>企业应当按照国家规定提取与安全生产有关的费用，并保证安全生产所必须的资金投入。危险品生产与储存企业以上年度实际营业收入为计提依据，采取超额累退方式按照以下标准平均逐月提取：
1. 营业收入不超过 1000 万元的，按照 4%提取；
2. 营业收入超过 1000 万元至 1 亿元的部分，按照 2%提取；
3. 营业收入超过 1 亿元至 10 亿元的部分，按照 0.5%提取；
4. 营业收入超过 10 亿元的部分，按照 0.2%提取</td><td>《安全生产法》第 18 条《危险化学品生产企业安全生产许可证实施办法》(国家安全监管总局令第 41 号)第 17 条《企业安全生产费用提取和使用管理办法》第 8 条</td><td rowspan="2">1 次/年</td></tr>
<tr><td>2</td><td>企业应按照规定的安全生产费用使用范围，合理使用安全生产费用，建立安全生产费用台账。
安全生产的费用应当按照以下范围使用：
1. 完善、改造和维护安全防护设施设备支出；
2. 配备、维护、保养应急救援器材、设备支出和应急演练支出；
3. 开展重大危险源和事故隐患评估、监控和整改支出；
4. 安全生产检查、评价(不包括新建、改建、扩建项目安全评价)、咨询和标准化建设支出；
5. 配备和更新现场作业人员安全防护用品支出；
6. 安全生产宣传、教育、培训支出；
7. 安全生产适用的新技术、新标准、新工艺、新装备的推广应用支出；安全设施及特种设备检测检验支出；
8. 其他与安全生产直接相关的支出</td><td>危险化学品从业单位安全标准化通用规范(AQ 3013—2008)《企业安全生产费用提取和使用管理办法》第 20 条</td></tr>
<tr><td colspan="4">三、安全培训教育管理</td></tr>
<tr><td>1</td><td>企业应当对从业人员进行安全生产教育和培训，保证从业人员具备必要的安全生产知识，熟悉有关的安全生产规章制度和安全操作规程，掌握本岗位的安全操作技能。从业人员应当接受教育和培训，考核合格后上岗作业；对有资格要求的岗位，应当配备依法取得相应资格的人员</td><td>《安全生产法》第 21 条《生产经营单位安全培训规定》第 4 条《危险化学品安全管理条例》第 4 条</td><td>1 次/半年</td></tr>
</table>

续表

序号	排查内容	依　据	排查频次
2	企业采用新工艺、新技术、新材料或者使用新设备，必须了解、掌握其安全技术特性，采取有效的安全防护措施，并对从业人员进行专门的安全生产教育和培训	《安全生产法》第22条	1次/半年
3	企业主要负责人和安全生产管理人员应接受专门的安全培训教育，经安全生产监管部门对其安全生产知识和管理能力考核合格，按照有关法律、行政法规规定，需要取得安全资格证书的，取得安全资格证书后方可任职。主要负责人和安全生产管理人员安全资格培训时间不得少于48学时；每年再培训时间不得少于16学时	《生产经营单位安全培训规定》第二章	
4	企业必须对新上岗的从业人员等进行强制性安全培训，保证其具备本岗位安全操作、自救互救以及应急处置所需的知识和技能后，方能安排上岗作业。新上岗的从业人员安全培训时间不得少于72学时，每年接受再培训的时间不得少于20学时。从业人员在本企业内调整工作岗位或离岗一年以上重新上岗时，应当重新接受车间（工段、区、队）和班组级的安全培训	《生产经营单位安全培训规定》第三章	
5	企业特种作业人员应按有关规定参加安全培训教育，取得特种作业操作证，方可上岗作业，并定期复审	《安全生产法》第23条 《特种作业人员安全技术培训考核管理规定》	
6	企业应当将安全培训工作纳入本单位年度工作计划。保证本单位安全培训工作所需资金。企业应建立健全从业人员安全培训档案，详细、准确记录培训考核情况	《生产经营单位安全培训规定》第23条、第24条	
7	企业管理部门、班组应按照月度安全活动计划开展安全活动和基本功训练。班组安全活动每月不少于2次，每次活动时间不少于1学时。班组安全活动应有负责人、有计划、有内容、有记录。企业负责人应每月至少参加1次班组安全活动，基层单位负责人及其管理人员应每月至少参加2次班组安全活动	危险化学品从业单位安全标准化通用规范（AQ 3013—2008）	1次/月
四、风险评价与隐患控制			
1	法律、法规和标准的识别和获取方面： 1. 企业应建立识别和获取适用的安全生产法律法规、标准及其他要求的管理制度，明确责任部门，确定获取渠道、方式和时机，及时识别和获取，并定期进行更新。 2. 企业应将适用的安全生产法律、法规、标准及其他要求及时传达给相关方	危险化学品从业单位安全标准化通用规范（AQ 3013—2008）	1次/年

续表

序号	排查内容	依　　据	排查频次
2	企业应依据风险评价准则，选定合适的评价方法，定期和及时对作业活动和设备设施进行危险、有害因素识别和风险评价，并满足以下要求： 1. 企业各级管理人员应参与风险评价工作，鼓励从业人员积极参与风险评价和风险控制。 2. 企业应根据风险评价结果及经营运行情况等，确定不可接受的风险，制定并落实控制措施，将风险尤其是重大风险控制在可以接受的程度。 3. 企业应将风险评价的结果及所采取的控制措施对从业人员进行宣传、培训，使其熟悉工作岗位和作业环境中存在的危险、有害因素，掌握、落实应采取的控制措施。 4. 企业应定期评审或检查风险评价结果和风险控制效果。 5. 企业应在下列情形发生时及时进行风险评价： （1）新的或变更的法律法规或其他要求； （2）操作条件变化或工艺改变； （3）技术改造项目； （4）有对事件、事故或其他信息的新认识； （5）组织机构发生大的调整	危险化学品从业单位安全标准化通用规范（AQ 3013—2008）	1次/季度或根据实际情况随时检查
3	在隐患治理方面，应满足： 1. 企业应对风险评价出的隐患项目，下达隐患治理通知，限期治理，做到定治理措施、定负责人、定资金来源、定治理期限。企业应建立隐患治理台账。 2. 企业应对确定的重大隐患项目建立档案，档案内容应包括： （1）评价报告与技术结论； （2）评审意见； （3）隐患治理方案，包括资金概预算情况等； （4）治理时间表和责任人； （5）竣工验收报告； （6）备案文件。 3. 企业无力解决的重大事故隐患，除应书面向企业直接主管部门和当地政府报告外，应采取有效防范措施。 4. 企业对不具备整改条件的重大事故隐患，必须采取防范措施，并纳入计划，限期解决或停产	危险化学品从业单位安全标准化通用规范（AQ 3013—2008）	1次/季度
五、事故管理、变更管理与承包商管理			
1	生产经营单位不得以任何形式与从业人员订立协议，免除或者减轻其对从业人员因生产安全事故伤亡依法应承担的责任	《安全生产法》第44条	1次/半年

续表

序号	排查内容	依据	排查频次
2	生产经营单位发生生产安全事故后，事故现场有关人员应当立即报告本单位负责人。单位负责人接到事故报告后，应当迅速采取有效措施，组织抢救并在接到报告后1小时内向事故发生地县级以上人民政府安全生产监督管理部门和负有安全生产监督管理职责的有关部门报告	《安全生产法》第70条 《生产安全事故报告和调查处理条例》第9条	1次/半年
3	事故调查处理应当按照实事求是、尊重科学的原则，及时、准确地查清事故原因，查明事故性质和责任，提出整改措施，并对事故责任者提出处理意见	《安全生产法》第73条	
4	企业应落实事故整改和预防措施，防止事故再次发生。整改和预防措施应包括： 1. 工程技术措施； 2. 培训教育措施； 3. 管理措施。 企业应建立事故档案和事故管理台账	《危险化学品从业单位安全生产标准化通用规范》（AQ 3013—2008）	
5	企业应严格执行变更管理，并满足： 1. 建立变更管理制度，履行下列变更程序： （1）变更申请：按要求填写变更申请表，由专人进行管理； （2）变更审批：变更申请表应逐级上报主管部门，并按管理权限报主管领导审批； （3）变更实施：变更批准后，由主管部门负责实施。不经过审查和批准，任何临时性的变更都不得超过原批准范围和期限； （4）变更验收：变更实施结束后，变更主管部门应对变更的实施情况进行验收，形成报告，并及时将变更结果通知相关部门和有关人员。 2. 企业应对变更过程产生的风险进行分析和控制	危险化学品从业单位安全标准化通用规范（AQ 3013—2008）	1次/季度或根据情况随时检查
6	在承包商管理方面，企业应满足： 1. 企业应严格执行承包商管理制度，对承包商资格预审、选择、开工前准备、作业过程监督、表现评价、续用等过程进行管理，建立合格承包商名录和档案。企业应与选用的承包商签订安全协议书。 2. 企业应对承包商的作业人员进行入厂安全培训教育，经考核合格发放入厂证，保存安全培训教育记录。进入作业现场前，作业现场所在基层单位应对施工单位的作业人员进行进入现场前安全培训教育，保存安全培训教育记录	危险化学品从业单位安全标准化通用规范（AQ 3013—2008）	1次/季度
	六、作业管理		
1	企业应根据接触毒物的种类、浓度和作业性质、劳动强度，为从业人员提供符合国家标准或者行业标准的劳动防护用品和器具，并监督、教育从业人员按照使用规则佩戴、使用	《安全生产法》第37条、第39条	1次/天或根据现场作业情况随时检查

续表

序号	排查内容	依　　据	排查频次
2	企业为从业人员提供的劳动防护用品，不得超过使用期限。企业应当督促、教育从业人员正确佩戴和使用劳动防护用品。从业人员在作业过程中，必须按照安全生产规章制度和劳动防护用品使用规则，正确佩戴和使用劳动防护用品；未按规定佩戴和使用劳动防护用品的，不得上岗作业	《劳动防护用品监督管理规定》第16条、第19条	1次/天或根据现场作业情况随时检查
3	企业应在危险性作业活动作业前进行危险、有害因素识别，制定控制措施。在作业现场配备相应的安全防护用品(具)及消防设施与器材，规范现场人员作业行为	危险化学品从业单位安全标准化通用规范（AQ 3013—2008）	
4	企业作业活动的负责人应严格按照规定要求科学指挥；作业人员应严格执行操作规程，不违章作业，不违反劳动纪律		
5	企业作业人员在进行作业活动时，应持相应的作业许可证作业		
6	企业作业活动监护人员应具备基本救护技能和作业现场的应急处理能力，持相应作业许可证进行监护作业，作业过程中不得离开监护岗位		
7	对动火作业、进入受限空间作业、破土作业、临时用电作业、高处作业、断路作业、吊装作业、设备检修作业和抽堵盲板作业等危险性作业实施作业许可管理，严格履行审批手续；并严格按照相关作业安全规程的要求执行	化学品生产单位吊装作业安全规范(AQ 3021—2008) 化学品生产单位动火作业安全规范(AQ 3021—2008) 化学品生产单位动土作业安全规范(AQ 3021—2008) 化学品生产单位断路作业安全规范(AQ 3021—2008) 化学品生产单位高处作业安全规范(AQ 3021—2008) 化学品生产单位设备检修作业安全规范(AQ 3021—2008) 化学品生产单位盲板抽堵作业安全规范(AQ 3021—2008) 化学品生产单位受限空间作业安全规范(AQ 3021—2008)	
七、应急管理			
1	危险物品的生产、经营、储存单位应建立应急救援组织；生产经营规模较小，可以不建立应急救援组织的，应当指定兼职的应急救援人员。 企业应建立应急指挥系统，实行厂级、车间级分级管理，建立应急救援队伍；明确各级应急指挥系统和救援队的职责	《安全生产法》第69条 《危险化学品从业单位安全生产标准化通用规范》(AQ 3013—2008)	1次/半年

续表

序号	排查内容	依　据	排查频次
2	企业制定并实施本单位的生产安全事故应急救援预案；是否按照国家有关要求，针对不同情况，制定了综合应急预案、专项应急预案和现场处置方案	《安全生产法》第17条《生产安全事故应急预案管理办法》(国家安全监管总局令第17号)《生产经营单位安全生产事故应急预案编制导则》(AQ/T 9002—2006)	1次/半年
3	企业综合应急预案和专项应急预案是否按照规定报政府有关部门备案；是否组织专家对本单位编制的应急预案进行了评审，应急预案经评审后，是否由企业主要负责人签署公布	《生产安全事故应急预案管理办法》(国家安全监管总局令第17号)	
4	危险物品的生产、经营、储存单位应配备必要的应急救援器材、设备，并进行经常性维护、保养并记录，保证其处于完好状态	《安全生产法》第69条《危险化学品从业单位安全生产标准化通用规范》(AQ 3013—2008)	1次/月
5	企业应对从业人员进行应急救援预案的培训；企业是否制定了本单位的应急预案演练计划，并且每年至少组织一次综合应急预案演练或者专项应急预案演练，每半年至少组织一次现场处置方案演练。应急预案演练结束后，应急预案演练组织单位是否对应急预案演练效果进行评估，并撰写应急预案演练评估报告	《生产安全事故应急预案管理办法》(国家安全监管总局令第17号)	1次/半年
6	企业制定的应急预案应当至少每三年修订一次，预案修订情况应有记录并归档。有下列情形之一的，应急预案应当及时修订： 1. 生产经营单位因兼并、重组、转制等导致隶属关系、经营方式、法定代表人发生变化的； 2. 生产经营单位生产工艺和技术发生变化的； 3. 周围环境发生变化，形成新的重大危险源的； 4. 应急组织指挥体系或者职责已经调整的； 5. 依据的法律、法规、规章和标准发生变化的； 6. 应急预案演练评估报告要求修订的； 7. 应急预案管理部门要求修订的	《生产安全事故应急预案管理办法》(国家安全监管总局令第17号)	1次/年 或 根据情况随时检查

2　区域位置及总图布置隐患排查表

序号	排查内容	排查依据	排查频次
一、区域位置			
1	危险化学品生产装置和储存危险化学品数量构成重大危险源的储存设施，与下列场所、区域的距离是否符合国家相关法律、法规、规章和标准的规定： 1. 居民区、商业中心、公园等人口密集区域； 2. 学校、医院、影剧院、体育场(馆)等公共设施； 3. 供水水源、水厂及水源保护区；	《危险化学品安全管理条例》第10条、《危险化学品生产企业安全生产许可证实施办法》(国家安全监管总局令第41号)第12条	1次/年

续表

序号	排查内容	排查依据	排查频次
1	4. 车站、码头(按照国家规定，经批准专门从事危险化学品装卸作业的除外)、机场以及公路、铁路、水路交通干线、地铁风亭及出入口； 5. 基本农田保护区、畜牧区、渔业水域和种子、种畜、水产苗种生产基地； 6. 河流、湖泊、风景名胜区和自然保护区； 7. 军事禁区、军事管理区； 8. 法律、行政法规规定予以保护的其他区域	《危险化学品安全管理条例》第10条、《危险化学品生产企业安全生产许可证实施办法》(国家安全监管总局令第41号)第12条	1次/年
2	石油化工装置(设施)与居住区之间的卫生防护距离，应按《石油化工企业卫生防护距离》SH 3093—1999中表2.0.1确定，表中未列出的装置(设施)与居住区之间的卫生防护距离一般不应小于150m。卫生防护距离范围内不应设置居住性建筑物，并宜绿化	《石油化工企业卫生防护距离》SH 3093—1999	
3	严重产生有毒有害气体、恶臭、粉尘、噪声且目前尚无有效控制技术的工业企业，不得在居住区、学校、医院和其他人口密集的被保护区域内建设	《工业企业卫生设计标准》GBZ 1—2002第4.1.1条	
4	危险化学品企业与相邻工厂或设施，同类企业及油库的防火间距是否满足GB 50016、GB 50160、GB 50074、GB 50183等相关规范的要求		
5	邻近江河、湖、海岸布置的危险化学品装置和罐区，是否采取防止泄漏的危险化学品液体和受污染的消防水进入水域的措施	《石油化工企业设计防火规范》GB 50160—2008第4.1.5条	
6	当区域排洪沟通过厂区时： 1. 不宜通过生产区； 2. 应采取防止泄漏的可燃液体和受污染的消防水流入区域排洪沟的措施	GB 50160—2008第4.1.7条	
7	危险化学品企业对下列自然灾害因素是否采取了有效的防范措施。抗震、抗洪、抗地质灾害等设计标准是否符合要求： 1. 破坏性地震； 2. 洪汛灾害(江河洪水、渍涝灾害、山洪灾害、风暴潮灾害)； 3. 气象灾害(强热带风暴、飓风、暴雨、冰雪、海啸、海冰等)； 4. 由于地震、洪汛、气象灾害而引发的其他灾害		1次/半年
二、总图布置			
1	可能散发可燃气体的工艺装置、罐组、装卸区或全厂性污水处理场等设施，宜布置在人员集中场所，及明火或散发火花地点的全年最小频率风向的上风侧	GB 50160—2008第4.2.2条	1次/半年

续表

序号	排查内容	排查依据	排查频次
2	危险化学品生产装置与下列场所防火安全间距是否符合规范要求： 1. 控制室； 2. 变配电室； 3. 点火源(包括火炬)； 4. 办公楼； 5. 厂房； 6. 消防站及消防泵房； 7. 空分空压站； 8. 危险化学品生产与储存设施； 9. 其他重要设施及场所		1次/半年
3	液化烃罐组或可燃液体罐组不应毗邻布置在高于工艺装置、全厂性重要设施或人员集中场所的阶梯上。如受条件限制或者工艺要求，可燃液体原料储罐毗邻布置在高于工艺装置阶梯上时是否采取了防止泄漏的可燃液体流入工艺装置、全厂性重要设施或人员集中的场所措施	GB 50160—2008 第 4.2.3 条	
4	空分站应布置在空气清洁地段，并宜位于散发乙炔及其他可燃气体、粉尘等场所的全年最小频率风向的下风侧	GB 50160—2008 第 4.2.5 条	
5	汽车装卸设施、液化烃灌装站及各类物品仓库等机动车辆频繁进出的设施应布置在厂区边缘或厂区外，并宜设围墙独立成区	GB 50160—2008 第 3.2.7 条	
6	下列设施应满足： 1. 公路和地区架空电力线不应穿越生产区； 2. 地区输油(输气)管道不应穿越厂区； 3. 采用架空电力线路进出厂区的总变电所，应布置在厂区边缘	GB 50160—2008 第 4.1.6 条、第 4.1.8 条、第 4.2.9 条	
7	在布置产生剧毒物质、高温以及强放射性装置的车间时，同时考虑相应事故防范和应急、救援设施和设备的配套并留有应急通道	GBZ 1—2002 第 4.2.1.6 条	
8	严禁将泡沫站设置在防火堤内、围堰内、泡沫灭火系统保护区或其他火灾及爆炸危险区内；当泡沫站靠近防火堤设置时，其与各甲、乙、丙类液体储罐罐壁之间的间距应大于20m，且应具备远程控制功能；当泡沫站设置在室内时，其建筑的耐火等级不应低于二级		
	三、道路、建构筑物		
1	装置区、罐区、仓库区、可燃物料装卸区四周是否有环形消防车道；转弯半径、净空高度是否满足规范要求	GB 50160—2008 GB 50016—2006	1次/半年
2	原料及产品运输道路与生产设施的防火间距是否符合规范要求	GB 50160—2008 GB 50016—2006	

续表

序号	排查内容	排查依据	排查频次
3	石油化工企业的主要出入口不应少于两个，并宜位于不同方位；石油库通向公路的车辆出入口(公路装卸区的单独出入口除外)，一、二、三级石油库不宜少于2处；其他厂区面积大于5万 m^2 的化工企业应有两个以上的出入口，人流和货运应明确分开，大宗危险货物运输须有单独路线，不与人流及其他货流混行或平交		1次/半年
4	当大型石油化工装置的设备、建筑物区占地面积大于 $10000m^2$ 小于 $20000m^2$ 时，在设备、建筑物区四周应设环形道路，道路路面宽度不应小于6m，设备、建筑物区的宽度不应大于120m，相邻两设备、建筑物区的防火间距不应小于15m	GB 50160—2008 第5.2.11条	
5	两条或两条以上的工厂主要出入口的道路，应避免与同一条铁路平交；若必须平交时，其中至少有两条道路的间距不应小于所通过的最长列车的长度；若小于所通过的最长列车的长度，应另设消防车道	GB 50160—2008 第4.3.2条	
6	建、构筑物安全设施是否符合规范要求： 1. 安全通道； 2. 安全出口； 3. 耐火等级	GB 50016—2006	
7	建、构筑物抗震设计是否满足 GB 50223、GB 50011、GB 50453 等规范要求		
8	建、构筑物防雷(感应雷、直击雷)措施是否符合规范要求	《建筑物防雷设计规范》GB 50057—2010	
9	大型机组(压缩机、泵等)、散发油气的生产设备宜采用敞开式或半敞开式厂房。有爆炸危险的甲、乙类厂房泄压设施是否满足规定	GB 50016—2006	
10	生产、储存危险化学品的车间、仓库不得与员工宿舍在同一座建筑物内，且与员工宿舍保持符合规定的安全距离	《安全生产法》第34条	
11	贮存化学危险品的建筑物应满足： 1. 不得有地下室或其他地下建筑。甲、乙类仓库不应设置在地下或半地下。 2. 仓库内容严禁设置员工宿舍。甲乙类仓库内严禁设置办公室、休息室	GB 50016—2006 第3.3.7条、第3.3.15条	
四、安全警示标志			
1	企业应按照 GB 16179 规定，在易燃、易爆、有毒有害等危险场所的醒目位置设置符合 GB 2894 规定的安全标志	《危险化学品从业单位安全标准化通用规范》AQ 3013—2008 第5.2.1条	1次/季度
2	企业应在重大危险源现场设置明显的安全警示标志	AQ 3013—2008 第5.2.2条	
3	企业应按有关规定，在厂内道路设置限速、限高、禁行等标志	AQ 3013—2008 第5.2.3条	

续表

序号	排查内容	排查依据	排查频次
4	企业应在检维修、施工、吊装等作业现场设置警戒区域和安全标志，在检修现场的坑、井、洼、沟、陡坡等场所设置围栏和警示灯	AQ 3013—2008 第 5.2.4 条	根据现场情况随时检查
5	企业应在可能产生严重职业危害作业岗位的醒目位置，按照 GBZ 158 设置职业危害警示标识，同时设置告知牌，告知产生职业危害的种类、后果、预防及应急救治措施、作业场所职业危害因素检测结果等	AQ 3013—2008 第 5.2.5 条	1 次/季度
6	企业应按有关规定在生产区域设置风向标	AQ 3013—2008 第 5.2.6 条	

3 工艺隐患排查表

序号	排查内容	排查依据	排查频次
	一、工艺的安全管理		
1	企业应进行工艺安全信息管理，工艺安全信息文件应纳入企业文件控制系统予以管理，保持最新版本。工艺安全信息包括： 1. 危险品危害信息； 2. 工艺技术信息； 3. 工艺设备信息； 4. 工艺安全信息	《化工企业工艺安全管理实施导则》AQ 3034/T—2010 第 4.1 条	1 次/半年
2	企业应建立风险管理制度，积极组织开展危害辨识、风险分析工作。应定期开展系统的工艺过程风险分析。企业应在工艺装置建设期间进行一次工艺危害分析，识别、评估和控制工艺系统相关的危害，所选择的方法要与工艺系统的复杂性相适应。企业应每三年对以前完成的工艺危害分析重新进行确认和更新，涉及剧毒化学品的工艺可结合法规对现役装置评价要求频次进行	《危险化学品从业单位安全生产标准化通用规范》(AQ 3013—2008) AQ 3034/T—2010 第 4.2.3 条	
3	大型和采用危险化工工艺的装置在初步设计完成后要进行 HAZOP 分析。国内首次采用的化工工艺，要通过省级有关部门组织专家组进行安全论证	安监总管三〔2010〕186 号	
4	企业应编制并实施书面的操作规程，规程应与工艺安全信息保持一致。企业应鼓励员工参与操作规程的编制，并组织进行相关培训。操作规程应至少包括以下内容： 1. 初始开车、正常操作、临时操作、应急操作、正常停车、紧急停车等各个操作阶段的操作步骤； 2. 正常工况控制范围、偏离正常工况的后果；纠正或防止偏离正常工况的步骤； 3. 安全、健康和环境相关的事项。如危险化学品的特性与危害、防止暴露的必要措施、发生身体接触或暴露后的处理措施、安全系统及其功能(联锁、监测和抑制系统)等	AQ 3034/T—2010 第 4.3.1 条	

续表

序号	排查内容	排查依据	排查频次
5	操作规程的审查、发布等应满足： 1. 企业应根据需要经常对操作规程进行审核，确保反映当前的操作状况，包括化学品、工艺技术设备和设施的变更。企业应每年确认操作规程的适应性和有效性。 2. 企业应确保操作人员可以获得书面的操作规程。通过培训，帮助他们掌握如何正确使用操作规程，并且使他们意识到操作规程	AQ 3034/T—2010 第 4.3.2 条	1 次/半年
6	工艺的安全培训应包括： 1. 应建立并实施工艺安全培训管理程序。根据岗位特点和应具备的技能，明确制订各个岗位的具体培训要求，编制落实相应的培训计划，并定期对培训计划进行审查和演练。 2. 培训管理程序应包含培训反馈评估方法和再培训规定。对培训内容、培训方式、培训人员、教师的表现以及培训效果进行评估，并作为改进和优化培训方案的依据；再培训至少每三年举办一次，根据需要可适当增加频次。当工艺技术、工艺设备发生变更时，需要按照变更管理程序的要求，就变更的内容和要求告知或培训操作人员及其他相关人员。 3. 应保存好员工的培训记录。包括员工的姓名、培训时间和培训效果等都要以记录形式保存	AQ 3034/T—2010 第 4.4 条	1 次/季度
二、工艺技术及工艺装置的安全控制			
1	生产经营单位不得使用国家明令淘汰、禁止使用的危及生产安全的工艺、设备	《安全生产法》第 31 条	1 次/半年
2	危险化工工艺的安全控制应按照《首批重点监管的危险化工工艺目录》和《首批重点监管的危险化工工艺安全控制要求、重点监控参数及推荐的控制方案》的要求进行设置	安监总管三〔2009〕116 号	
3	大型和高度危险化工装置要按照《首批重点监管的危险化工工艺目录》和《首批重点监管的危险化工工艺安全控制要求、重点监控参数及推荐的控制方案》推荐的控制方案装备紧急停车系统	安监总管三〔2009〕116 号	
4	装置可能引起火灾、爆炸等严重事故的部位应设置超温、超压等检测仪表、声和/或光报警、泄压设施和安全联锁装置等设施	AQ 3013—2008 第 5.5.2.2 条	
5	在非正常条件下，下列可能超压的设备或管道是否设置可靠的安全泄压措施以及安全泄压措施的完好性： 1. 顶部最高操作压力大于等于 0.1MPa 的压力容器； 2. 顶部最高操作压力大于 0.03MPa 的蒸馏塔、蒸发塔和汽提塔(汽提塔顶蒸汽通入另一蒸馏塔者除外)； 3. 往复式压缩机各段出口或电动往复泵、齿轮泵、螺杆泵等容积式泵的出口(设备本身已有安全阀者除外)；	《石油化工设计防火规范》GB 50160—2008第 5.5.1 条 《石油天然气工程设计防火规范》GB 50183—2004 第 6.8.1 条	

续表

序号	排查内容	排查依据	排查频次
5	4. 凡与鼓风机、离心式压缩机、离心泵或蒸汽往复泵出口连接的设备不能承受其最高压力时，鼓风机、离心式压缩机、离心泵或蒸汽往复泵的出口； 5. 可燃气体或液体受热膨胀，可能超过设计压力的设备顶部最高操作压力为0.03~0.1MPa的设备应根据工艺要求设置； 6. 两端阀门关闭且因外界影响可能造成介质压力升高的液化烃、甲B、乙A类液体管道	《石油化工设计防火规范》GB 50160—2008第5.5.1条 《石油天然气工程设计防火规范》GB 50183—2004 第6.8.1条	
6	因物料爆聚、分解造成超温、超压，可能引起火灾、爆炸的反应设备应设报警信号和泄压排放设施，以及自动或手动遥控的紧急切断进料设施	GB 50160—2008第5.5.13条	
7	安全阀、防爆膜、防爆门的设置应满足安全生产要求，如： 1. 突然超压或发生瞬时分解爆炸危险物料的反应设备，如设安全阀不能满足要求时，应装爆破片或爆破片和导爆管，导爆管口必须朝向无火源的安全方向；必要时应采取防止二次爆炸、火灾的措施； 2. 有可能被物料堵塞或腐蚀的安全阀，在安全阀前应设爆破片或在其他出入口管道上采取吹扫、加热或保温等措施； 3. 较高浓度环氧乙烷设备的安全阀前应设爆破片。爆破片入口管道应设氮封，且安全阀的出口管道应充氮	GB 50160—2008第5.5.9条、第5.5.12条	1次/半年
8	危险物料的泄压排放或放空的安全性，主要包括： 1. 可燃气体、可燃液体设备的安全阀出口应连接至适宜的设施或系统； 2. 对液化烃或可燃液体设备紧急排放时，液化烃或可燃液体应排放至安全地点，剩余的液化烃应排入火炬； 3. 对可燃气体设备，应能将设备内的可燃气体排入火炬或安全放空系统； 4. 氨的安全阀排放气应经处理后放空	GB 50160—2008第5.5.7条、第5.5.10条	
9	无法排入火炬或装置处理排放系统的可燃气体，当通过排气筒、放空管直接向大气排放时，排气筒、放空管的高度应满足GB 50160、GB 50183等规范的要求	GB 50160—2008第5.5.11条、GB 50183第6.8.8条	
10	火炬系统的安全性是否满足以下要求： 1. 火炬系统的能力是否满足装置事故状态下的安全泄放； 2. 火炬系统是否设置了足够的长明灯，并有可靠的点火系统及燃料气源； 3. 火炬系统是否设置了可靠的防回火设施； 4. 火炬气的分液、排凝是否符合要求	GB 50160—2008 SH 3009—2001	

续表

序号	排查内容	排查依据	排查频次
	三、现场工艺安全		
1	企业应严格执行工艺卡片管理，并符合以下要求： 1. 操作室要有工艺卡片，并定期修订； 2. 现场装置的工艺指标应按工艺卡片严格控制； 3. 工艺卡片变更必须按规定履行变更审批手续		1 次/月
2	企业应建立联锁管理制度，严格执行，并符合以下要求： 1. 现场联锁装置必须投用，完好； 2. 摘除联锁有审批手续，有安全措施。 3. 恢复联锁按规定程序进行		
3	企业应建立操作记录和交接班管理制度，并符合以下要求： 1. 岗位职工严格遵守操作规程；岗位职工严格遵守操作规程，按照工艺卡片参数平稳操作，巡回检查有检查标志。 2. 定时进行巡回检查，要有操作记录；操作记录真实、及时、齐全，字迹工整、清晰、无涂改。 3. 严格执行交接班制度。日志内容完整、真实		
4	剧毒品部位的巡检、取样、操作、检维修加强监护，有监护制度，并符合 GB/T 3723—1999 的要求	《工业用化学品采样安全通则》GB/T 3723—1999	

4　设备隐患排查表

序号	排查内容	排查依据	排查频次
	一、设备管理制度及管理体系		
1	按国家相关法规制定和及时修订本企业的设备管理制度		1 次/半年
2	依据设备管理制度制定检查和考评办法，定期召开设备工作例会，按要求执行并追踪落实整改结果		
3	有健全的设备管理体系，设备专业管理人员配备齐全		
4	生产及检维修单位巡回检查制度健全，巡检时间、路线、内容、标识、记录准确、规范，设备缺陷及隐患及时上报处理		
5	企业应严格执行安全设施管理制度，建立安全设施管理台账	AQ 3013—2008 第 5.5.2.1 条	
6	企业的各种安全设施应有专人负责管理，定期检查和维护保养	AQ 3013—2008 第 5.5.2.3 条	
7	安全设施应编入设备检维修计划，定期检维修。安全设施不得随意拆除、挪用或弃置不用，因检维修拆除的，检维修完毕后应立即复原	AQ 3013—2008 第 5.5.2.4 条	
8	企业应对监视和测量设备进行规范管理，建立监视和测量设备台账，定期进行校准和维护，并保存校准和维护活动的记录	AQ 3013—2008 第 5.5.2.5 条	
9	生产经营单位不得使用国家明令淘汰、禁止使用的危及生产安全的设备	《安全生产法》第 31 条	

续表

<table>
<tr><th>序号</th><th>排查内容</th><th>排查依据</th><th>排查频次</th></tr>
<tr><td colspan="4">二、大型机组、机泵的管理和运行状况</td></tr>
<tr><td>1</td><td>各企业应建立健全大型机组的管理体系及制度并严格执行</td><td></td><td>1次/半年</td></tr>
<tr><td>2</td><td>大型机组联锁保护系统应正常投用，变更、解除时要办理相关手续，并制订相应的防范措施</td><td></td><td rowspan="2">1次/季度</td></tr>
<tr><td>3</td><td>大型机组润滑油应定期分析，其机组油质按要求定期分析，有分析指标，分析不合格有措施并得到落实</td><td></td></tr>
<tr><td>4</td><td>大型机组的运行管理应符合以下要求：
1. 机组运行参数应符合工艺规程要求；
2. 机组轴(承)振动、温度、转子轴位移小于报警值；
3. 机组轴封系统参数、泄漏等在规定范围内；
4. 机组润滑油、密封油、控制油系统工艺参数等正常；
5. 机组辅机(件)齐全完好；
6. 机组现场整洁、规范</td><td>《石油化工企业设备完好标准》</td><td rowspan="2">1次/每班</td></tr>
<tr><td>5</td><td>机泵的运行管理应满足以下要求：
1. 机泵运行参数应符合工艺操作规程；
2. 有联锁、报警装置的机泵，报警和联锁系统应投入使用，完好；
3. 机泵运行平稳，振动、温度、泄漏等符合要求；
4. 机泵现场整洁、规范；
5. 机泵辅件要求完好；
6. 建立备用设备相关管理制度并得到落实，备用机泵完好；
7. 重要机泵检修要有针对性的检修规程(方案)要求，机泵技术档案资料齐全符合要求</td><td>《石油化工企业设备完好标准》</td></tr>
<tr><td>6</td><td>机泵电器接线符合电气安全技术要求，有接地线</td><td></td><td rowspan="6">1次/半年</td></tr>
<tr><td>7</td><td>易燃介质的泵密封的泄漏量不应大于设计的规定值</td><td>《压缩机、风机、泵安装工程施工及验收规范》GB 50275—98</td></tr>
<tr><td>8</td><td>转动设备应有可靠的安全防护装置并符合有关标准要求</td><td>《生产过程安全卫生要求总则》GB 12801—91</td></tr>
<tr><td>9</td><td>可燃气体压缩机、液化烃、可燃液体泵不得使用皮带传动；在爆炸危险区范围内的其他传动设备若必须使用皮带传动时，应采用防静电皮带</td><td>GB 50160—2008 第 5.7.8 条</td></tr>
<tr><td>10</td><td>可燃气体压缩机的吸入管道应有防止产生负压的设施</td><td>GB 50160—2008 第 7.2.10 条</td></tr>
<tr><td>11</td><td>离心式可燃气体压缩机和可燃液体泵应在其出口管道上安装止回阀</td><td>GB 50160—2008 第 7.2.11 条</td></tr>
</table>

续表

序号	排查内容	排查依据	排查频次
12	单个安全阀的起跳压力不应大于设备的设计压力。当一台设备安装多个安全阀时，其中一个安全阀的起跳压力不应大于设备的设计压力；其他安全阀的起跳压力可以提高，但不应大于设备设计压力的 1.05 倍	GB 50160—2008 第 5.5.1 条	1 次/半年
13	可燃气体、可燃液体设备的安全阀出口应连接至适宜的设施或系统	GB 50160—2008 第 5.5.4 条	
三、加热炉/工业炉的管理与运行状况			
1	企业应制定加热炉/工业炉管理规定，建立健全加热炉/工业炉基础档案资料和运行记录，并照国家标准和当地环保部门规定的指标定期对加热炉的烟气排放进行环保监测		1 次/半年
2	加热炉/工业炉现场运行管理，应满足： 1. 加热炉/工业炉应在在设计允许的范围内运行，严禁超温、超压、超负荷运行； 2. 加热炉膛内燃烧状况良好，不存在火焰偏烧、燃烧器结焦等； 3. 燃料油(气)线无泄漏，燃烧器无堵塞、漏油、漏气、结焦，长明灯正常点燃，油枪、瓦斯枪定期清洗、保养和及时更换，备用的燃烧器已将风门、气门关闭； 4. 灭火蒸汽系统处于完好备用状态； 5. 炉体及附件的隔热、密封状况，检查看火窗、看火孔、点火孔、防爆门、人孔门、弯头箱门是否严密，有无漏风；炉体钢架和炉体钢板是否完好严密； 6. 辐射炉管有无局部超温、结焦、过热、鼓包、弯曲等异常现象； 7. 炉内壁衬无脱落，炉内构件无异常； 8. 有吹灰器的加热炉，吹灰器应正常投用； 9. 加热炉的炉用控制仪表以及检测仪表应正常投用，无故障。并定期对所有氧含量分析仪进行校验	《石油化工企业设备完好标准》企业标准	1 次/每班
3	加热炉基础外观不得有裂纹、蜂窝、露筋、疏松等缺陷	《石油化工工艺装置布置设计通则》SH 3011—2000 第 2.21.4 条	
4	钢结构安装立柱不得向同一方向倾斜	《管式炉安装工程施工及验收规范》SH 3506—2000	
5	人孔门、观察孔和防爆门安装位置的偏差应小于 8mm。人孔门与门框、观察孔与孔盖均应接触严密，转动灵活	SH 3506—2000	
6	烟、风道挡板和烟囱挡板的调节系统应进行试验，检查其启闭是否准确、转动是否灵活，开关位置应与标记相一致	SH 3506—2000 第 5.0.3 条	

续表

序号	排查内容	排查依据	排查频次
7	加热炉的烟道和封闭炉膛均应设置爆破门，加热炉机械鼓风的主风管道应设置爆破膜	《石油化工企业安全卫生设计规范》SH 3047—93 第 2.2.11 条	1 次/半年
8	对加热炉有失控可能的工艺过程，应根据不同情况采取停止加入物料、通入惰性气体等应急措施	SH 3047—93 第 2.2.11 条	
9	加热炉保护层必须采用不燃材料	GB 50264—97	
10	设备的外表面温度在 50~850℃时，除工艺有散热要求外，均应设置绝热层	《工业设备及管道绝热工程设计规范》GB 50264—97 第 5.2.1 条	
11	绝热结构外层应设置保护层，保护层结构应严密和牢固	GB 50264—97 第 5.4.1 条	
12	明火加热炉附属的燃料气分液罐、燃料气加热器等与炉体的防火间距，不应小于 6m	GB 50160—2008	
13	烧燃料气的加热炉应设长明灯，并宜设置火焰检测器	GB 50160—2008 第 5.7.8 条	
14	加热炉燃料气调节阀前的管道压力等于或小于 0.4MPa，且无低压自动保护仪表时，应在每个燃料气调节阀与加热炉之间设阻火器	GB 50160—2008 第 7.2.12 条	
15	加热炉燃料气管道上的分液罐的凝液不应敞开排放	GB 50160—2008 第 7.2.13 条	
四、防腐蚀			
1	腐蚀、易磨损的容器及管道，应定期测厚和进行状态分析，有监测记录		1 次/季度
2	大型、关键容器（如液化气球罐等）中的腐蚀性介质含量的监控措施，如进行定期分析，有无 H_2S 含量超标的情况存在等		
3	重点容器、管道腐蚀状况监测工作的开展情况。如对重点容器和管道是否进行在线的定期、定点测厚或采用腐蚀探针等方法进行监测，以及这些措施的实际效果等		
4	重点容器、管道腐蚀状况的监测、检查记录，如测厚报告等，以及这方面工作实际开展的情况及效果		
五、压力容器			
按照《压力容器安全技术监察规程》（质技监局锅发〔1999〕154 号）开展隐患排查			
六、压力管道			
按照《压力管道安全技术监察规程》（TSG D0001—2009）开展隐患排查			

续表

序号	排查内容	排查依据	排查频次
七、其他特种设备			
按照《特种设备安全监察条例》(国务院令第 549 号)开展隐患排查			
八、安全附件管理与运行状况			
按照《压力容器安全技术监察规程》(质技监局锅发〔1999〕154 号)开展隐患排查			

5　电气系统隐患排查表

序号	排查内容	排查依据	排查频次
一、电气安全管理			
1	企业应建立、健全电气安全管理制度和台账。 三图：系统模拟图、二次线路图、电缆走向图； 三票：工作票、操作票、临时用电票； 三定：定期检修、定期试验、定期清理； 五规程：检修规程、运行规程、试验规程、安全作业规程、事故处理规程； 五记录：检修记录、运行记录、试验记录、事故记录、设备缺陷记录	《电力生产安全工作规定》； 《变配电室安全管理规范》DB 11/527—2008	1 次/月
2	“三票”填写清楚，不得涂改、缺项，执行完毕划√或盖已执行章		
3	从事电气作业中的特种作业人员应经专门的安全作业培训，在取得相应特种作业操作资格证书后，方可上岗	《用电安全导则》第 10.4 条	
4	临时用电应经有关主管部门审查批准，并有专人负责管理，限期拆除	《用电安全导则》第 10.6 条	
二、供配电系统设置及电气设备设施			
1	企业的供电电源应满足不同负荷等级的供电要求： 1. 一级负荷应由双重电源供电，当一电源发生故障时，另一电源不应同时受到损坏。 2. 一级负荷中特别重要的负荷供电，应符合下列要求：除应由双重电源供电外，尚应增设应急电源，并严禁将其他负荷接入应急供电系统；设备的供电电源的切换时间，应满足设备允许中断供电的要求。 3. 二级负荷的供电系统，宜由两回线路供电。在负荷较小或地区供电条件困难时，二级负荷可由一回 6kV 及以上专用的架空线路供电	《供配电系统设计规范》GB 50052—2009	1 次/半年
2	消防泵、关键装置、关键机组等重点部位以及符合中的特别重要负荷的供电应满足《供配电系统设计规范》GB 50052 所规定的一级负荷供电要求	《供配电系统设计规范》GB 50052	

续表

<table>
<tr><th>序号</th><th>排查内容</th><th>排查依据</th><th>排查频次</th></tr>
<tr><td>3</td><td>企业供配电系统设计应按照负荷性质、用电容量、工程特点等条件进行设计。满足相关标准规范的规定：
《供配电系统设计规范》GB 50052—2009
《10kV 及以下变电所设计规范》GB 50053
《低压配电设计规范》GB 50054
《35kV～110kV 变电所设计规范》GB 50059
《3kV～110kV 高压配电装置设计规范》GB 50060</td><td></td><td rowspan="2">1 次/半年</td></tr>
<tr><td>4</td><td>企业供配电系统设计应采用符合国家现行有关标准的高效节能、环保、安全、性能先进的电气产品。不应使用国家已经明令淘汰的电气设备设施</td><td>《供配电系统设计规范》GB 50052—2009</td></tr>
<tr><td>5</td><td>企业变配电室设备设施、配电线路应满足相关标准规范的规定。如：
1. 变配电室的地面应采用防滑、不起尘、不发火的耐火材料。变配电室变压器、高压开关柜、低压开关柜操作面地面应铺设绝缘胶垫。
2. 用电产品的电气线路须具有足够的绝缘强度、机械强度和导电能力并定期检查。
3. 变配电室应设置防止雨、雪和小动物从采光窗、通风窗、门、电缆沟等进入室内的设施。变配电室的电缆夹层、电缆沟和电缆室应采取防水、排水措施。
4. 通往室外的门应向外开。设备间与附属房间之间的门应向附属房间方向开。高压间与低压间之间的门，应向低压间方向开。配电装置室的中间门应采用双向开启门。
5. 变配电室出入口应设置高度不低于 400mm 的挡板。
变配电室应设置有明显的临时接地点，接地点应采用铜制或钢制镀锌蝶形螺栓。
6. 变配电室内应设有等电位联结板。
7. 变配电室应急照明灯具和疏散指示标志灯的备用充电电源的放电时间不低于 20min</td><td>《变配电室安全管理规范》DB 11/527—2008
《低压配电设计规范》GB 50054—2011
《用电安全导则》GB/T 13869—2008 6. 7</td><td>1 次/月</td></tr>
<tr><td>6</td><td>爆炸危险区域内的防爆电气设备应符合 AQ 3009—2007《危险场所电气防爆安全规范》的要求</td><td>《危险场所电气防爆安全规范》AQ 3009—2007</td><td>1 次/半年</td></tr>
<tr><td>7</td><td>电气设备的安全性能，应满足相关标准规范的规定。如：设备的金属外壳应采取防漏电保护接地；
PE 线若明设时，应选用不小于 4 平方毫米的铜芯线，不得使用铝芯线；
PE 线若随穿线管接入设备本体时，应选用不小于 2. 5 平方毫米的铜芯线或不小于 4 平方毫米的铝芯线；
PE 线不得搭接或串接，接线规范、接触可靠；明设的应沿管道或设备外壳敷设，暗设的在接线处外部应有接地标志；
PE 线接线间不得涂漆或加绝缘垫</td><td>《国家电气设备安全技术规范》GB 19517—2009</td><td>1 次/月</td></tr>
</table>

续表

序号	排查内容	排查依据	排查频次
8	电缆必须有阻燃措施。电缆桥架符合相关设计规范。如《电力工程电缆设计规范》GB 50217—2007		1次/半年
9	隔离开关与相应的断路器和接地刀闸之间，应装设闭锁装置。屋内的配电装置，应装设防止误入带电间隔的设施	《35kV～110kV变电站设计规范》GB 50059—2011	
10	重要作业场所如消防泵房及其配电室、控制室、变配电室、需人工操作的泡沫站等场所应设置有事故应急照明	《石油化工企业设计防火规范》GB 50160—2008	
三、防雷防静电设施			
1	工艺装置内露天布置的塔、容器等，当顶板厚度等于或大于4mm时，可不设避雷针保护，但必须设防雷接地	GB 50160—2008第9.2.2条	1次/季度
2	可燃气体、液化烃、可燃液体的钢罐，必须设防雷接地，并应符合下列规定： 1. 甲B、乙类可燃液体地上固定顶罐，当顶板厚度小于4mm时应设避雷针、线，其保护范围应包括整个储罐； 2. 丙类液体储罐，可不设避雷针、线，但必须设防感应雷接地； 3. 浮顶罐(含内浮顶罐)可不设避雷针、线，但应将浮顶与罐体用两根截面不小于25mm^{2}的软铜线作电气连接； 4. 压力储罐不设避雷针、线，但应作接地	GB 50160—2008第9.2.3条	
3	可燃液体储罐的温度、液位等测量装置，应采用铠装电缆或钢管配线，电缆外皮或配线钢管与罐体应作电气连接	GB 50160—2008第9.2.4条	
4	宜按照SH 9037—2000在输送易燃物料的设备、管道安装防静电设施	AQ 3013—2008第5.5.2条	
5	在聚烯烃树脂处理系统、输送系统和料仓区应设置静电接地系统，不得出现不接地的孤立导体	GB 50160—2008第9.3.2条	
6	可燃气体、液化烃、可燃液体、可燃固体的管道在下列部位应设静电接地设施： 1. 进出装置或设施处； 2. 爆炸危险场所的边界； 3. 管道泵及泵入口永久过滤器、缓冲器等	GB 50160—2008第9.3.3条	
7	汽车罐车、铁路罐车和装卸场所，应设防静电专用接地线	GB 50160—2008 第9.3.5条	
8	可燃液体、液化烃的装卸栈台和码头的管道、设备、建筑物、构筑物的金属构件和铁路钢轨等(作阴极保护者除外)，均应作电气连接并接地	GB 50160—2008第9.3.4条	

续表

序号	排查内容	排查依据	排查频次
四、现场安全			
1	企业变配电设备设施、电气设备、电气线路、及工作接地、保护接地、防雷击、防静电接地系统等应完好有效，功能正常		1次/月
2	主控室有模拟系统图，与实际相符。高压室钥匙按要求配备，严格管理		
3	用电设备和电气线路的周围应留有足够的安全通道和工作空间。且不应堆放易燃、易爆和腐蚀性物品	《用电安全导则》第6.5条	
4	电缆必须有阻燃措施。电缆沟防窜油汽、防腐蚀、防水措施落实；电缆隧道防火、防沉陷措施落实	企业管理制度	
5	临时电源、手持式电动工具、施工电源、插座回路均应采用TN-S供电方式，并采用剩余电流动作保护装置	《变配电室安全管理规范》DB 11/527—2008	
6	暂设电源线路，应采用绝缘良好、完整无损的橡皮线，室内沿墙敷设，其高度不得低于2.5米，室外跨过道路时，不得低于4.5米，不允许借用暖气、水管及其他气体管道架设导线，沿地面敷设时，必须加可靠的保护装置和明显标志	《电气安全工作规程》	
7	在爆炸性气体环境内钢管配线的电气线路是否作好隔离密封	《爆炸和火灾危险环境电力装置设计规范》GB 50058—92第2.5.12条	
8	防雷防静电接地装置的电阻应符合《石油库设计规范》GB 50074、GB 50057、GB 50183等相关规范的要求		

6　仪表隐患排查表

序号	排查内容	排查依据	排查频次
一、仪表安全管理			
1	企业应建立、健全仪表管理制度和台账。包括检查、维护、使用、检定等制度及各类仪表台账		1次/季度
2	仪表调试、维护及检测记录齐全，主要包括： 1. 仪表定期校验、回路调试记录； 2. 检测仪表和控制系统检维护记录等齐全		
3	控制系统管理满足以下要求： 1. 控制方案变更应办理审批手续； 2. 控制系统故障处理、检修及组态修改记录应齐全； 3. 控制系统建立有事故应急预案		
4	可燃气体、有毒气体检测报警器管理应满足以下要求： 1. 有可燃、有毒气体检测器检测点布置图； 2. 可燃、有毒气体报警按规定周期进行校准和检定，检定人有效资质证书		

续表

序号	排查内容	排查依据	排查频次
5	联锁保护系统的管理应满足： 1. 联锁逻辑图、定期维修校验记录、临时停用记录等技术资料齐全； 2. 工艺和设备联锁回路调试记录； 3. 联锁保护系统（设定值、联锁程序、联锁方式、取消）变更应办理审批手续； 4. 联锁摘除和恢复应办理工作票，有部门会签和领导签批手续； 5. 摘除联锁保护系统应有防范措施及整改方案		1次/季度
二、仪表系统设置			
1	危险化工工艺的安全仪表控制应按照《首批重点监管的危险化工工艺目录》和《首批重点监管的危险化工工艺安全控制要求、重点监控参数及推荐的控制方案》（安监总管三〔2009〕116号）的要求进行设置	《国家安全监管总局关于公布首批重点监管的危险化工工艺目录的通知》（安监总管三〔2009〕116号）	1次/半年
2	危险化学品生产企业应按照相关规范的要求设置过程控制、安全仪表及联锁系统，并满足《石油化工安全仪表系统设计规范》SH 3018—2003要求，重点排查内容： 1. 安全仪表系统配置：安全仪表系统独立于过程控制系统，独立完成安全保护功能； 2. 过程接口：输入输出卡相连接的传感器和最终执行元件应设计成故障安全型；不应采取现场总线通讯方式；若采用三取二过程信号应分别接到三个不同的输入卡； 3. 逻辑控制器：安全仪表系统宜采用经权威机构认证的可编程逻辑控制器； 4. 传感器与执行元件：安全仪表系统的传感器、最终执行元件宜单独设置； 5. 检定与测试：传感器与执行元件应进行定期检定，检定周期随装置检修；回路投用前应进行测试并做好相关记录	《石油化工安全仪表系统设计规范》SH 3018—2003	
3	下列情况仪表电源宜采用不间断电源： 1. 大、中型石化生产装置、重要公用工程系统及辅助生产装置； 2. 高温高压、有爆炸危险的生产装置； 3. 设置较多、较复杂信号联锁系统的生产装置； 4. 重要的在线分析仪表（如：参与控制、安全联锁）； 5. 大型压缩机、泵的监控系统。 6. 可燃气体和有毒气体检测系统，应采用UPS供电	《石油化工仪表供电设计规范》SH/T 3082—2003	1次/月
4	仪表气源应满足： 1. 应采用清洁、干燥的空气，备用气源也可用干燥的氮气； 2. 为了保证仪表气源装置的安全供气，应设置备用气源。备用气源可采用备用压缩机组、贮气罐或第二气源	《石油化工仪表供气设计规范》SH 3020—2001第3.0.1条、第4.3.1条	

续表

序号	排查内容	排查依据	排查频次
5	安装DCS、PLC、SIS等设备的控制室、机柜室、过程控制计算机的机房，应考虑防静电接地。这些室内的导静电地面、活动地板、工作台等应进行防静电接地	《石油化工仪表接地设计规范》SH/T 3081—2003 第2.4.1条	1次/月
6	可燃气体和有毒气体检测器设置应满足《石油化工可燃气体和有毒气体检测报警设计规范》GB 50493—2009。排查重点： 1. 检测点的设置：应符合《石油化工可燃气体和有毒气体检测报警设计规范》GB 50493—2009 第4章，第4.1条至第4.4条； 2. 检(探)测器的安装：应符合GB 50493—2009第6.1条； 3. 检(探)测器的选用：应符合GB 50493—2009第5.2条； 4. 指示报警设备的选用：应符合GB 50493—2009第5.3.1条和第5.3.2条； 5. 报警点的设置：应符合GB 50493—2009第5.3.3条； 6. 检测报警器的定期检定：检定周期一般不超过一年	《石油化工可燃体和有毒气体检测报警设计规范》GB 50493—2009 《可燃气体检测报警器检定规程》JJG 693—2011 第5.5条	
7	爆炸危险场所的仪表、仪表线路的防爆等级应满足区域的防爆要求。且应具有国家授权的机构发给的产品防爆合格证	《爆炸和火灾危险环境电力装置设计规范》GB 50058—92	
8	保护管与检测元件或现场仪表之间应采取相应的防水措施。防爆场合，应采取相应防爆级别的密封措施	《石油化工仪表配管、配线设计规范》SH/T 3019—2003	
三、仪表现场安全			
1	机房防小动物、防静电、防尘及电缆进出口防水措施完好		1次/月
2	联锁系统设备、开关、端子排的标识齐全准确清晰。紧急停车按钮是否有可靠防护措施		
3	可燃气体检测报警器、有毒气体报警器传感器探头完好，无腐蚀、无灰尘；手动试验声光报警正常，故障报警完好		
4	仪表系统维护、防冻、防凝、防水措施落实，仪表完好有效		
5	SIS的现场检测元件，执行元件应有联锁标志警示牌，防止误操作引起停车		
6	放射性仪表现场有明显的警示标志，安装使用符合国家规范		

7　危险化学品管理隐患排查表

序号	排查内容	排查依据	排查频次
1	企业应对所有危险化学品，包括产品、原料和中间产品进行普查，建立危险化学品档案，包括： 1. 名称，包括别名、英文名等； 2. 存放、生产、使用地点； 3. 数量； 4. 危险性分类、危规号、包装类别、登记号； 5. 安全技术说明书与安全标签	《危险化学品从业单位安全生产标准化通用规范》(AQ 3013—2008)	1次/半年
2	企业应按照国家有关规定对其产品、所有中间产品进行分类，并将分类结果汇入危险化学品档案	《危险化学品从业单位安全生产标准化通用规范》(AQ 3013—2008)	
3	危险化学品生产企业应当提供与其生产的危险化学品相符的化学品安全技术说明书，并在危险化学品包装(包括外包装件)上粘贴或者拴挂与包装内危险化学品相符的化学品安全标签。化学品安全技术说明书和化学品安全标签所载明的内容应当符合国家标准的要求。 危险化学品生产企业发现其生产的危险化学品有新的危险特性的，应当立即公告，并及时修订其化学品安全技术说明书和化学品安全标签	《危险化学品安全管理条例》第15条	
4	生产企业的产品属危险化学品时，应按GB 16483和GB 15258编制产品安全技术说明书和安全标签，并提供给用户	GB 16483—2008 化学品安全技术说明书内容和项目顺序 GB 15258—2009 化学品安全标签编写规定	
5	企业采购危险化学品时，应索取危险化学品安全技术说明书和安全标签，不得采购无安全技术说明书和安全标签的危险化学品	《危险化学品从业单位安全生产标准化通用规范》(AQ 3013—2008)	
6	生产企业应设立24小时应急咨询服务固定电话，有专业人员值班并负责相关应急咨询。没有条件设立应急咨询服务电话的，应委托危险化学品专业应急机构作为应急咨询服务代理	《危险化学品从业单位安全生产标准化通用规范》(AQ 3013—2008)	
7	企业应按照国家有关规定对危险化学品进行登记，取得危险化学品登记证书	《危险化学品从业单位安全生产标准化通用规范》(AQ 3013—2008)	
8	对生产过程中危险化学品的危险特性、活性危害、禁配物等，以及采取的预防及应急处理措施，企业应对从业人员及相关方进行了宣传、培训	《危险化学品从业单位安全生产标准化通用规范》(AQ 3013—2008)	
9	生产、储存剧毒化学品或者国务院公安部门规定的可用于制造爆炸物品的危险化学品(以下简称易制爆危险化学品)的单位，应当如实记录其生产、储存的剧毒化学品、易制爆危险化学品的数量、流向，并采取必要的安全防范措施，防止剧毒化学品、易制爆危险化学品丢失或者被盗；发现剧毒化学品、易制爆危险化学品丢失或者被盗的，应当立即向当地公安机关报告。生产、储存剧毒化学品、易制爆危险化学品的单位，应当设置治安保卫机构，配备专职治安保卫人员	《危险化学品安全管理条例》第23条	1次/月

续表

序号	排查内容	排查依据	排查频次
10	危险化学品应当储存在专用仓库、专用场地或者专用储存室(以下统称专用仓库)内，并由专人负责管理；剧毒化学品以及储存数量构成重大危险源的其他危险化学品，应当在专用仓库内单独存放，并实行双人收发、双人保管制度。危险化学品的储存方式、方法以及储存数量应当符合国家标准或者国家有关规定	《危险化学品安全管理条例》第24条	1次/月
11	储存危险化学品的单位应当建立危险化学品出入库核查、登记制度。 对剧毒化学品以及储存数量构成重大危险源的其他危险化学品，储存单位应当将其储存数量、储存地点以及管理人员的情况，报所在地县级人民政府安全生产监督管理部门(在港区内储存的，报港口行政管理部门)和公安机关备案	《危险化学品安全管理条例》第25条	
12	危险化学品专用仓库应当符合国家标准、行业标准的要求，并设置明显的标志。储存剧毒化学品、易制爆危险化学品的专用仓库，应当按照国家有关规定设置相应的技术防范设施。 储存危险化学品的单位应当对其危险化学品专用仓库的安全设施、设备定期进行检测、检验	《危险化学品安全管理条例》第26条	
13	企业应严格执行危险化学品运输、装卸安全管理制度，规范运输、装卸人员行为	《危险化学品从业单位安全生产标准化通用规范》(AQ 3013—2008)	

8　储运系统隐患排查表

序号	排查内容	排查依据	排查频次
一、储运系统的安全管理制度及执行情况			
1	储运系统的管理制度： 1. 制定了储罐、可燃液体、液化烃的装卸设施、危险化学品仓库储存管理制度； 2. 储运系统基础资料和技术档案齐全； 3. 当储运介质或运行条件发生变化应有审批手续并及时修订操作规程		1次/半年
2	严格执行储罐的外部检查： 1. 定期进行外部检查； 2. 检查罐顶和罐壁变形、腐蚀情况，有记录、有测厚数据； 3. 检查罐底边缘板及外角焊缝腐蚀情况，有记录、有测厚数据； 4. 检查阀门、人孔、清扫孔等处的紧固件，有记录； 5. 检查罐体外部防腐涂层保温层及防水檐； 6. 检查储罐基础及防火堤，有记录		1次/月

续表

序号	排查内容	排查依据	排查频次
3	执行储罐的全面检查和压力储罐的法定检测：严格按要求定期进行储罐全面检查；腐蚀严重的储罐已确定合理的全面检查周期。特殊情况无法按期检查的储罐有延期手续并有监控措施		1次/半年
4	储罐的日常和检维修管理应满足： 1. 有储罐年度检测、修理、防腐计划； 2. 认真按规定的时间、路线和内容进行巡回检查，记录齐全； 3. 对储罐呼吸阀、阻火器、量油孔、泡沫发生器、转动扶梯、自动脱水器、高低液位报警器、人孔、透光孔、排污阀、液压安全阀、通气管、浮顶罐密封装置、罐壁通气孔、液面计等附件定期检查或检测，有储罐附件检查维护记录； 4. 定期进行储罐防雷防静电接地电阻测试，有测试记录		1次/月
二、储罐区的安全设计			
1	易燃、可燃液体及可燃气体罐区下列方面应符合《石油和天然气工程设计防火规范》GB 50183、《石油化工企业设计防火规范》GB 50160及《石油库设计规范》GB 50074等相关规范要求： 1. 防火间距； 2. 罐组总容、罐组布置； 3. 防火堤及隔堤； 4. 放空或转移； 5. 液位报警、快速切断； 6. 安全附件(如呼吸阀、阻火器、安全阀等)； 7. 水封井、排水闸阀		1次/半年
2	危险化学品重大危险源罐区下列安全监控装备应满足《危险化学品重大危险源罐区现场安全监控装备设置规范》AQ 3036的规定： 1. 储罐运行参数的监控与重要运行参数的联锁； 2. 储罐区可燃气体或有毒气体监测报警和泄漏控制设备的设置； 3. 罐区气象监测、防雷和防静电装备的设置； 4. 罐区火灾监控装置的设置； 5. 音频视频监控装备的设置		1次/季度
3	防火堤应《防火堤设计规范》GB 50351—2005规范的相关要求： 1. 防火堤的材质、耐火性能以及伸缩缝配置应满足规范要求；		

续表

序号	排查内容	排查依据	排查频次
3	2. 防火堤容积应满足规范要求，并能承受所容纳油品的静压力且不渗漏； 3. 防火堤内不得种植作物或树木，不得有超过 0.15m 高的草坪； 4. 液化烃罐区防火堤内严禁绿化		1 次/季度
4	当防火堤容积不能满足“清净下水”的收容要求时，按要求设置事故存液池	安监总危化字〔2006〕10 号	
5	储存、收发甲、乙 A 类易燃、可燃液体的储罐区、泵房、装卸作业等场所可燃气体报警器的设置应满足《石油化工企业可燃气体和有毒气体检测报警设计规范》GB 50493 的要求。 对于液化烃、甲 B、乙 A 类液体等产生可燃气体的液体储罐的防火堤内，应设检(探)测器，并符合下列规定： 1. 当检(探)测点位于释放源的全年最小频率风向的上风侧时，可燃气体检(探)测点与释放源的距离不宜大于 15m，有毒气体检(探)测点与释放源的距离不宜大于 2m； 2. 当检(探)测点位于释放源的全年最小频率风向的下风侧时，可燃气体检(探)测点与释放源的距离不宜大于 5m，有毒气体检(探)测点与释放源的距离不宜大于 1m		
6	易燃、可燃液体及可燃气体罐区消防系统应符合《石油和天然气工程设计防火规范》GB 50183、《石油化工企业设计防火规范》GB 50160 及《石油库设计规范》GB 50074 等规范要求： 1. 消防设施配置(火灾报警装置、灭火器材、消防车等)； 2. 消防水源、水质、补水情况； 3. 消防冷却系统配置情况； 4. 泡沫灭火系统(包括泡沫消防水系统及泡沫系统)配置情况； 5. 消防道路； 6. 其他消防设施	《石油和天然气工程设计防火规范》GB 50183 《石油化工企业设计防火规范》GB 50160 《石油库设计规范》GB 50074	
7	靠山修建的石油库、覆土隐蔽库应修筑了防止山火侵袭的防火沟、防火墙或防火带等设施		
8	储罐区、装卸作业区、泵房、消防泵房、锅炉房、配电室等重点部分安全标志和警示牌齐全，安全标志的使用应符合《安全标志使用导则》GB 2894 的规定	《安全标志使用导则》GB 2894—2008	
9	外浮顶罐浮顶与罐壁之间的环向间隙应安装有效的密封装置	《立式圆筒形钢制焊接油罐设计规范》GB 50341—2003	

续表

<table>
<tr><th>序号</th><th>排查内容</th><th>排查依据</th><th>排查频次</th></tr>
<tr><td>10</td><td>3万及以上大型浮顶储罐浮盘的密封圈处应设置火灾自动检测报警设施，检测报警设施宜为无电检测系统</td><td></td><td rowspan="7">1次/季度</td></tr>
<tr><td>11</td><td>石油天然气工程的天然气凝液及液化石油气罐区内可燃气体检测报警装置设置应满足《石油天然气工程可燃气体检测报警系统安全技术规范》SY 6053的要求，其他天然气凝液及液化石油气罐区内可燃气体检测报警装置应满足《石油化工企业可燃气体和有毒气体检测报警设计规范》GB 50493的要求</td><td></td></tr>
<tr><td>12</td><td>天然气凝液储罐及液化石油气储罐应设置适应存储介质的液位计、温度计、压力表、安全阀，以及高液位报警装置或高液位自动联锁切断进料措施。对于全冷冻式液化烃储罐还应设真空泄放设施和高、低温温度检测，并与自动控制系统相联</td><td>《石油化工企业设计防火规范》GB 50160第6.3.11条</td></tr>
<tr><td>13</td><td>天然气凝液储罐及液化石油气储罐的安全阀出口管应接至火炬系统，确有困难而采取就地放空时，其排气管口高度应高出8m范围内储罐罐顶平台3m以上</td><td>《石油化工企业设计防火规范》GB 50160第6.3.13条</td></tr>
<tr><td>14</td><td>全压力式液化烃球罐应采取防止液化烃泄漏的注水措施</td><td>《石油化工企业设计防火规范》GB 501608第6.3.16条</td></tr>
<tr><td>15</td><td>全压力式液化烃储罐宜采用有防冻措施的二次脱水系统，储罐根部宜设紧急切断阀</td><td>《石油化工企业设计防火规范》GB 50160第6.3.14条</td></tr>
<tr><td>16</td><td>全压力式天然气凝液储罐及液化石油气储罐进、出口阀门及管件的压力等级不应低于2.5MPa，其垫片应采用缠绕式垫片。阀门压盖的密封材料应采用难燃材施料</td><td>《石油化工企业设计防火规范》GB 50160第6.3.16条</td></tr>
<tr><td colspan="4">三、可燃液体、液化烃的装卸设施</td></tr>
<tr><td>1</td><td>可燃液体的铁路装卸设施应符合下列规定：
1. 装卸栈台两端和沿栈台每隔60m左右应设梯子；
2. 甲B、乙、丙A类的液体严禁采用沟槽卸车系统；
3. 顶部敞口装车的甲B、乙、丙A类的液体应采用液下装车鹤管；
4. 在距装车栈台边缘10m以外的可燃液体(润滑油除外)输入管道上应设便于操作的紧急切断阀；
5. 丙B类液体装卸栈台宜单独设置；
6. 零位罐至罐车装卸线不应小于6m；
7. 甲B、乙A类液体装卸鹤管与集中布置的泵的距离不应小于8m；
8. 同一铁路装卸线一侧两个装卸栈台相邻鹤位之间的距离不应小于24m</td><td>《石油化工企业设计防火规范》GB 50160第6.4.1条</td><td>1次/季度</td></tr>
</table>

续表

序号	排查内容	排查依据	排查频次
2	可燃液体的汽车装卸站应符合下列规定： 1. 装卸站的进、出口宜分开设置；当进、出口合用时，站内应设回车场； 2. 装卸车场应采用现浇混凝土地面； 3. 装卸车鹤位与缓冲罐之间的距离不应小于5m，高架罐之间的距离不应小于0.6m； 4. 甲$_B$、乙$_A$类液体装卸车鹤位与集中布置的泵的距离不应小于8m； 5. 站内无缓冲罐时，在距装卸车鹤位10m以外的装卸管道上应设便于操作的紧急切断阀； 6. 甲$_B$、乙、丙$_A$类液体的装卸车应采用液下装卸车鹤管； 7. 甲$_B$、乙、丙$_A$类液体与其他类液体的两个装卸车栈台相邻鹤位之间的距离不应小于8m； 8. 装卸车鹤位之间的距离不应小于4m；双侧装卸车栈台相邻鹤位之间或同一鹤位相邻鹤管之间的距离应满足鹤管正常操作和检修的要求	《石油化工企业设计防火规范》GB 50160第6.4.2条	1次/季度
3	液化烃铁路和汽车的装卸设施应符合下列规定： 1. 液化烃严禁就地排放； 2. 低温液化烃装卸鹤位应单独设置； 3. 铁路装卸栈台宜单独设置，当不同时作业时，可与可燃液体铁路装卸共台设置； 4. 同一铁路装卸线一侧两个装卸栈台相邻鹤位之间的距离不应小于24m； 5. 铁路装卸栈台两端和沿栈台每隔60m左右应设梯子； 6. 汽车装卸车鹤位之间的距离不应小于4m；双侧装卸车栈台相邻鹤位之间或同一鹤位相邻鹤管之间的距离应满足鹤管正常操作和检修的要求，液化烃汽车装卸栈台与可燃液体汽车装卸栈台相邻鹤位之间的距离不应小于8m； 7. 在距装卸车鹤位10m以外的装卸管道上应设便于操作的紧急切断阀； 8. 汽车装卸车场应采用现浇混凝土地面； 9. 装卸车鹤位与集中布置的泵的距离不应小于10m	《石油化工企业设计防火规范》GB 50160第6.4.3条	
4	液化石油气的灌装站应符合下列规定： 1. 液化石油气的灌瓶间和储瓶库宜为敞开式或半敞开式建筑物，半敞开式建筑物下部应采取防止油气积聚的措施； 2. 液化石油气的残液应密闭回收，严禁就地排放； 3. 灌装站应设不燃烧材料隔离墙。如采用实体围墙，其下部应设通风口； 4. 灌瓶间和储瓶库的室内应采用不发生火花的地面，室内地面应高于室外地坪，其高差不应小于0.6m； 5. 液化石油气缓冲罐与灌瓶间的距离不应小于10m； 6. 灌装站内应设有宽度不小于4m的环形消防车道，车道内缘转弯半径不宜小于6m	《石油化工企业设计防火规范》GB 50160第6.4.4条	

续表

序号	排查内容	排查依据	排查频次
四、危险化学品仓库			
1	化学品和危险品库区的防火间距应满足国家相关标准规要求		1次/季度
2	仓库的安全出口设置应满足《建筑设计防火规范》GB 50016的有关规定		
3	有爆炸危险的甲、乙类库房泄压设施应满足GB 50016的规定		
4	仓库内严禁设置员工宿舍。甲、乙类仓库内严禁设置办公室、休息室等，并不应贴邻建造。在丙、丁类仓库内设置的办公室、休息室，应采用耐火极限不低于2.50h的不燃烧隔墙和不低于1.00h的楼板与库房隔开，并应设置独立的安全出口。如隔墙需开设相互连通的门时，应采用乙级防火门	《石油化工企业设计防火规范》GB 50160第3.3.15条	
5	危险化学品应按化学物理特性分类储存，当物料性质不允许相互接触时，应用实体墙隔开，并各设出入口。各种危险化学品储存应满足《常用化学危险品贮存通则》GB 15603的规定		
6	压缩气体和液化气体必须与爆炸物品、氧化剂、易燃物品、自燃物品、腐蚀性物品隔离贮存。易燃气体不得与助燃气体、剧毒气体同贮；氧气不得与油脂混合贮存	《常用化学危险品贮存通则》GB 15603—1995第6.6条	
7	易燃液体、遇湿易燃物品、易燃固体不得与氧化剂混合贮存，具有还原性氧化剂应单独存放	《常用化学危险品贮存通则》GB 15603—1995第6.6条	
8	有毒物品应贮存在阴凉、通风、干燥的场所，不要露天存放，不要接近酸类物质	《常用化学危险品贮存通则》GB 15603—1995第6.8条	
9	低、中闪点液体、一级易燃固体、自燃物品、压缩气体和液化气体类宜储藏于一级耐火建筑的库房内。遇湿易燃物品、氧化剂和有机过氧化物可储藏于一、二级耐火建筑的库房内。二级易燃固体、高闪点液体可储藏于耐火等级不低于三级的库房内	《易燃易爆性商品储藏养护技术条件》GB 17914—1999第3.2.1条	
10	易燃气体、不燃气体和有毒气体分别专库储藏。易燃液体均可同库储藏；但甲醇、乙醇、丙酮等应专库贮存。遇湿易燃物品专库储藏	《易燃易爆性商品储藏养护技术条件》GB 17914—1999第3.3.2条	
11	剧毒品应专库贮存或存放在彼此间隔的单间内，需安装防盗报警器，库门装双锁	《毒害性性商品储藏养护技术条件》GB 17916—1999第3.2.4条	
12	氯气生产、使用、贮存等厂房结构，应充分利用自然通风条件换气，在环境、气候条件允许下，可采用半敞开式结构；不能采用自然通风的场所，应采用机械通风，但不宜使用循环风	《氯气安全规程》GB 11984—89第4.7条	

续表

<table>
<tr><th>序号</th><th>排查内容</th><th>排查依据</th><th>排查频次</th></tr>
<tr><td>13</td><td>生产、使用和储存氯气的作业场所，是否采取了以下安全措施：
1. 设有醒目的警示标志和警示说明；
2. 场所内是否按 GB 11984 的要求配备足够的防毒面具、正压式空气呼吸器和防化服等专用防护用品，同时配置自救、急救药品等；
3. 配置洗眼、冲淋等个体防护设备；
4. 装置高处显眼位置设置风向标；
5. 液氯钢瓶存放处，应设中和吸收装置，真空吸收等事故处理的设施和工具</td><td></td><td rowspan="4">1 次/季度</td></tr>
<tr><td>14</td><td>甲、乙、丙类液体仓库应设置防止液体流散的设施。遇湿会发生燃烧爆炸的物品仓库应设置防止水浸渍的措施</td><td>《建筑设计防火规范》GB 50016—2006 第 3. 6. 11</td></tr>
<tr><td>15</td><td>化工企业合成纤维、合成树脂及塑料等产品的高架仓库是否满足下列规定：
1. 仓库的耐火等级不应低于二级；
2. 货架应采用不燃烧材料</td><td>《石油化工企业设计防火规范》GB 50160—2008 第 6. 6. 3 条</td></tr>
<tr><td>16</td><td>化工企业袋装硝酸铵仓库是否满足下列规定：
1. 仓库的耐火等级不应低于二级；
2. 仓库内严禁存放其他物品</td><td>《石油化工企业设计防火规范》GB 50160—2008 第 6. 6. 5 条</td></tr>
<tr><td colspan="4">五、储运系统的安全运行状况</td></tr>
<tr><td rowspan="2">1</td><td>储罐附件如呼吸阀、安全阀、阻火器等齐全完好</td><td></td><td>1 次/月</td></tr>
<tr><td>通风管、加热盘管不堵不漏；升降管灵活；排污阀畅通；扶梯牢固；静电消除、接地装置有效；储罐进出口阀门和人孔无渗漏；浮盘、浮梯运行正常，无卡阻；浮盘，浮仓无渗漏；浮盘无积油、排水管畅通</td><td></td><td rowspan="3">1 次/班</td></tr>
<tr><td>2</td><td>储罐按规范要求设置防腐措施。罐体无严重变形，无渗漏，无严重腐蚀</td><td>《钢质石油储罐防腐蚀工程技术规范》GB 50393—2008</td></tr>
<tr><td>3</td><td>罐区环境应满足：
1. 罐区无脏、乱、差、锈、漏，无杂草等易燃物；
2. 消防道路畅通无阻，消防设施齐全完好；
3. 水封井及排水闸完好可靠；
4. 照明设施齐全，符合安全防爆规定；
5. 喷淋冷却设施齐全好用，切水系统可靠好用；
6. 有氮封系统的，氮封系统正常投用、完好；
7. 防雷、防静电设施外观良好</td><td></td></tr>
<tr><td colspan="4">六、汽车、铁路装卸设施</td></tr>
<tr><td>1</td><td>可燃液体、液化烃装卸设施：
1. 流速应符合防静电规范要求；
2. 甲类、乙 A 类液体为密闭装车；
3. 汽车、火车和船装卸应有静电接地安全装置；
4. 装车时采用液下装车</td><td></td><td>1 次/半年</td></tr>
</table>

续表

序号	排查内容	排查依据	排查频次
2	铁路装卸站台应满足： 1. 装卸栈台的金属管架接地装置必须完好、牢固，装卸车线路及整个调车作业区采用轨道绝缘线路； 2. 栈桥照明灯具、导线、信号联络装置等完好，无断落、破损和短路现象。配电要符合防爆要求； 3. 装油鹤管、管道槽罐必须跨接或接地； 4. 消防设施齐全，消防器材的配置符合规定； 5. 安全护栏和防滑设施良好； 6. 轻油罐车进出栈桥加隔离车； 7. 劳保着装、工具等符合安全规定	《石油化工液体物料铁路装卸车设施设计规范》SH/T 3107—2007	1 次/月
3	汽车装卸站台应满足： 1. 汽车装卸栈台场地分设出、入口，并设置停车场； 2. 液化气装车栈台与灌瓶站分开； 3. 装卸栈台与汽车槽罐静电接地良好； 4. 装运危险品的汽车必须“三证”(驾驶证、危险品准运证、危险品押运证)齐全； 5. 汽车安装阻火器； 6. 液化气槽车定位后必须熄火。充装完毕，确认管线与接头断开后，方能开车； 7. 消防设施齐全； 8. 劳保着装、工具符合安全要求	《汽车危险货物运输、装卸作业规程》JT 618—2004	
4	液化石油气、液氨或液氯等的实瓶不应露天堆放	《石油化工企业设计防火规范》GB 50160—2008 第 6. 5. 5 条	

9　公用工程隐患排查表

序号	排查内容	排查依据	排查频次
一、一般规定			
1	公用工程管道与可燃气体、液化烃和可燃液体的管道或设备连接时应符合下列规定： 1. 连续使用的公用工程管道上应设止回阀，并在其根部设切断阀； 2. 在间歇使用的公用工程管道上应设止回阀和一道切断阀或设两道切断阀，并在两切断阀间设检查阀； 3. 仅在设备停用时使用的公用工程管道应设盲板或断开	《石油化工企业设计防火规范》GB 50160—2008 第 7. 2. 7 条	1 次/季度
2	新鲜水、蒸汽、压缩空气、药剂、污油等输送管道进(出)口应设置流量、压力和温度等测量仪表	《石油化工污水处理设计规范》SH 3095—2000 第 7. 5. 2 条	

续表

序号	排查内容	排查依据	排查频次
二、给排水			
1	企业供水水源、循环水系统的能力必须满足企业需求，并留有一定余量。输水系统、循环水系统的设置应满足相关标准规范的规定。如《石油化工企业给水排水系统设计规范》SH 3015—2003 和《石油化工企业循环水场设计规范》SH 3016—90 1. 循环水场不应靠近加热炉、焦炭塔等热源体和空压站吸入口，不得设在污水处理场、化学品堆场、散装库以及煤焦、灰渣、粉尘等的露天堆场附近； 2. 机械通风冷却塔与生产装置边界线或独立的明火设备的净距不应小于 30 米； 3. 加氯间和氯瓶间应与其他工作间隔开，氯瓶间必须设直接通向室外的外开门；氯瓶和加氯机不应靠近采暖设备；应设每小时换气 8～12 次的通风设备。通风孔应设在外墙下方； 4. 室内建筑装修、电气设备、仪表及灯具应防腐，照明和通风设备的开关应设在室外；应在加氯间附近设防毒面具、抢救器材和工具箱		1 次/半年
2	污水系统按照环保部门的法律法规开展隐患排查		
三、供热			
1	供热系统的锅炉。压力容器、压力管道按照《压力管道安全技术监察规程》(TSG D0001—2009)、《特种设备安全监察条例》(国务院令第 549 号)开展隐患排查		1 次/季度
2	高温蒸汽管道及低温管线应采取防护措施，可防止人员烫伤或冻伤；防护材料应为绝热材料		
3	寒冷地区是否采用防冻、防凝措施，如： 1. 所有水线、蒸汽线死角加导淋，保持微开长流水、长冒汽。 2. 水线、蒸汽、凝结水保持微开长流水、长冒汽，所有水线阀门必须保温。 3. 水泵加伴热蒸汽，细小管线加伴热导线		
四、空压站、空分装置			
空压站、空分装置按照《特种设备安全监察条例》、《压缩空气站设计规范》(GB 50029—200)、《氧气站设计规范》(GB 50030—2007)及《氧气及相关气体安全技术规程》(GB 16912—97)等相关规定开展隐患排查			1 次/季度

续表

序号	排查内容	排查依据	排查频次
	五、泄压排放和火炬系统		
1	全厂性高架火炬的布置，应符合下列要求： 1. 宜位于生产区、全厂性重要设施全年最小频率风向的上风侧，并应符合环保要求； 2. 在符合人身与生产安全要求的前提下宜靠近火炬气的主要排放源； 3. 火炬的防护距离应符合 GB 50160 和 SH 3009 的规定。火炬的辐射热不应影响人身及设备的安全	《石油化工企业厂区总平面布置设计规范》SH/T 3053—2002 《石油化工企业燃料气系统和可燃性气体排放系统设计规范》SH 3009—2001	1 次/半年
2	火炬系统设计应符合相关标准规范的规定。如：《石油化工企业燃料气系统和可燃性气体排放系统设计规范》SH 3009—2001《石油化工企业设计防火规范》GB 50160—2008 1. 液体、低热值可燃气体、含氧气或卤元素及其化合物的可燃气体、毒性为极度和高度危害的可燃气体、惰性气体、酸性气体及其他腐蚀性气体(如氨、环氧乙烷、硫化氢等)不得排入全厂性火炬系统，应设独立的排放系统或处理排放系统。 2. 可燃气体放空管道在接入火炬前，应设置分液和阻火等设备。严禁排入火炬的可燃气体携带可燃液体。 3. 可燃气体放空管道内的凝结液应密闭回收，不得随地排放		
3	受工艺条件或介质特性所限，无法排入火炬或装置处理排放系统的可燃气体，当通过排气筒、放空管直接向大气排放时，排气筒、放空管的高度应满足《石油化工企业设计防火规范》GB 50160—2008 的要求		
4	火炬应设常明灯和可靠的点火系统	《石油化工企业设计防火规范》GB 50160—2008 第 5.5.20 条	1 次/周

10　消防系统隐患排查表

排查内容	排查依据	排查频次
消防系统按照消防部门的法律法规开展隐患排查		

国家安全监管总局办公厅关于印发危险化学品重大危险源备案文书的通知

安监总厅管三〔2012〕44 号

各省、自治区、直辖市及新疆生产建设兵团安全生产监督管理局，有关中央企业：

根据《危险化学品重大危险源监督管理暂行规定》(国家安全监管总局令第 40 号)的有关规定，我局编制了《危险化学品重大危险源基本特征表》、《危险化学品重大危险源备案申请表》、《危险化学品重大危险源备案登记表》、《危险化学品重大危险源备案告知书》、《危险化学品重大危险源核销申请表》、《危险化学品重大危险源核销登记表》、《危险化学品重大危险源核销告知书》、《危险化学品重大危险源统计信息表》等 8 种文书的格式和内容要求，自 2012 年 4 月 10 日起使用。现将上述文书式样及有关文书说明印发给你们(电子文本可从国家安全监管总局政府网站下载)，请自行印制，并通知辖区内有关危险化学品单位。

国家安全生产监督管理总局办公厅

2012 年 4 月 5 日

附件 1 《危险化学品重大危险源基本特征表》

附件 2 《危险化学品重大危险源备案申请表》

附件 3 《危险化学品重大危险源备案登记表》

附件 4 《危险化学品重大危险源备案告知书》

附件 5 《危险化学品重大危险源核销申请表》

附件 6 《危险化学品重大危险源核销登记表》

附件 7 《危险化学品重大危险源核销告知书》

附件 8 《危险化学品重大危险源统计信息表》

附件1

危险化学品重大危险源基本特征表

<table>
<tr><td>填报单位名称</td><td colspan="3"></td></tr>
<tr><td>重大危险源名称</td><td colspan="3"></td></tr>
<tr><td>重大危险源所在地址</td><td></td><td>重大危险源投用时间</td><td></td></tr>
<tr><td>重大危险源级别</td><td></td><td>R 值</td><td></td></tr>
<tr><td>单元内主要装置、设施及生产（储存）规模</td><td colspan="3"></td></tr>
<tr><td>是否位于化工（工业）园区</td><td colspan="3">□是　　　　　　　　（园区名称）　□否</td></tr>
<tr><td>重大危险源与周边重点防护目标最近距离情况（m）</td><td colspan="3"></td></tr>
<tr><td>厂区边界外500m范围内人数估算值</td><td colspan="3"></td></tr>
<tr><td>近三年内危险化学品事故情况</td><td colspan="3"></td></tr>
</table>

<table>
<tr><th rowspan="2">序号</th><th rowspan="2">危险化学品名称</th><th rowspan="2">危险性类别</th><th rowspan="2">UN 编号</th><th rowspan="2">生产用途</th><th rowspan="2">生产工艺</th><th colspan="4">单个最大容器</th><th rowspan="2">单元内危险化学品存量（t）</th><th rowspan="2">临界量（t）</th></tr>
<tr><th>物理状态</th><th>操作温度（℃）</th><th>操作压力（MPa）</th><th>存量（t）</th></tr>
<tr><td>1</td><td></td><td></td><td></td><td></td><td></td><td></td><td></td><td></td><td></td><td></td><td></td></tr>
<tr><td>2</td><td></td><td></td><td></td><td></td><td></td><td></td><td></td><td></td><td></td><td></td><td></td></tr>
<tr><td>3</td><td></td><td></td><td></td><td></td><td></td><td></td><td></td><td></td><td></td><td></td><td></td></tr>
<tr><td>4</td><td></td><td></td><td></td><td></td><td></td><td></td><td></td><td></td><td></td><td></td><td></td></tr>
<tr><td>5</td><td></td><td></td><td></td><td></td><td></td><td></td><td></td><td></td><td></td><td></td><td></td></tr>
<tr><td>6</td><td></td><td></td><td></td><td></td><td></td><td></td><td></td><td></td><td></td><td></td><td></td></tr>
<tr><td>7</td><td></td><td></td><td></td><td></td><td></td><td></td><td></td><td></td><td></td><td></td><td></td></tr>
<tr><td>8</td><td></td><td></td><td></td><td></td><td></td><td></td><td></td><td></td><td></td><td></td><td></td></tr>
<tr><td>9</td><td></td><td></td><td></td><td></td><td></td><td></td><td></td><td></td><td></td><td></td><td></td></tr>
<tr><td>10</td><td></td><td></td><td></td><td></td><td></td><td></td><td></td><td></td><td></td><td></td><td></td></tr>
<tr><td>11</td><td></td><td></td><td></td><td></td><td></td><td></td><td></td><td></td><td></td><td></td><td></td></tr>
<tr><td>12</td><td></td><td></td><td></td><td></td><td></td><td></td><td></td><td></td><td></td><td></td><td></td></tr>
<tr><td>13</td><td></td><td></td><td></td><td></td><td></td><td></td><td></td><td></td><td></td><td></td><td></td></tr>
</table>

填表人：　　　　　　　　　　联系电话：　　　　　　　　　　填表日期：　　　年　　月　　日

（盖章）

注：本表格不能满足需要时，可自行设置续表，格式和内容要求应与本表一致。

填表说明：

1. 为保证重大危险源辨识的统一性，危险化学品单位厂区内存在多个(套)危险化学品的生产装置、设施或场所并且相互之间的边缘距离小于500m时，都应按一个单元来进行重大危险源辨识。当危险化学品单位存在两个以上重大危险源时，应分别填写危险化学品重大危险源基本特征表。

2. 填报单位为重大危险源生产运行所在的产业活动单位或法人单位。

3. 重大危险源名称以重大危险源主要生产装置名称或项目立项名称命名。当企业整个厂区构成一个重大危险源时，可以以企业名称(厂区)方式命名。

4. 重大危险源投用时间为重大危险源的装置、设施或场所正式投入生产使用的日期。当重大危险源所涉及的各装置、设施或场所投入生产使用的日期不同时，按投用最早的日期填写。

5. 化工(工业)园区为重大危险源所在的化工园区、工业园区或主导产业包含化工(包括危险化学品储存)的开发区，不属于以上所列情形的则应填“否”。

6. 重大危险源与周边重点防护目标最近距离情况，应填写重大危险源四周最近的重点防护目标(标明方位)及最近距离。重大危险源与周边重点防护目标最近距离为重大危险源的设备、装置、设施的边缘到周边重点防护目标边缘的最近距离。周边重点防护目标为《危险化学品重大危险源监督管理暂行规定》(国家安全生产监督管理总局令第40号)附件2表1中所列出的危险化学品单位周边重要目标和敏感场所。

7. 厂区边界外500m范围内人数估算值，根据对厂区周边500m范围内建筑、设施或单位内存在的人员数量进行估算。

8. 近三年内危险化学品事故情况为填报之日起之前三年内发生的危险化学品事故情况，应包括事故人员伤亡和经济损失情况、事故涉及到的危险化学品和事故原因等内容。

9. 危险化学品名称应按《危险化学品目录》中的名称填写，当该危险化学品为混合物时，应标注各成分所占质量百分比。危险性类别按《危险化学品目录》中的类别填写。UN编号为联合国《关于危险货物运输的建议书》中给出的编号。生产用途是指该危险化学品主要为①原料(包括辅料)，②中间产物，③产品，④其他。单个最大容器是指储存该危险化学品数量最多的单个储罐、设备、容器或仓储间，其操作温度、压力应填写最高操作温度和压力。分级指标R值的计算值保留到小数点后一位。

危险化学品存量按数量最大的原则确定。对于存放危险化学品的储罐，危险化学品存量是该危险化学品储罐最大容积所对应的危险化学品数量；对于其他容器、设备或仓储间，危险化学品存量是容器、设备或仓储区存放危险化学品的实际最大存量与设计最大存量中的较大者。

附件 2

危险化学品重大危险源备案申请表

<table>
<tr><td>法人单位名称</td><td colspan="3"></td></tr>
<tr><td>填报单位名称</td><td colspan="3"></td></tr>
<tr><td>填报单位地址</td><td></td><td>邮政编码</td><td></td></tr>
<tr><td>重大危险源名称</td><td colspan="3"></td></tr>
<tr><td>重大危险源所在地址</td><td colspan="3">（与填报单位地址不同时填写）</td></tr>
<tr><td>填报单位负责人姓名</td><td></td><td>电　　话</td><td></td></tr>
<tr><td>填报人姓名</td><td></td><td>电　　话</td><td></td></tr>
<tr><td>电子邮箱</td><td></td><td>传　　真</td><td></td></tr>
<tr><td>单位从业人员数量</td><td>人</td><td>占地面积</td><td>m^2</td></tr>
<tr><td>备案申请类型</td><td colspan="3">□现有企业初次备案　□新、改、扩项目备案　□ 更新备案</td></tr>
<tr><td>危险化学品单位类型</td><td colspan="3">□生产　□储存　□使用　□经营</td></tr>
<tr><td>所在行业</td><td></td><td>重大危险源级别</td><td></td></tr>
<tr><td>企业类型</td><td colspan="3"></td></tr>
<tr><td colspan="4">备案材料清单：
□ 重大危险源辨识、分级记录
□ 化学品安全技术说明书
□ 重大危险源安全管理规章制度及安全操作规程清单
□ 事故应急预案、评审意见、演练计划和评估报告
□ 重大危险源关键装置、重点部位责任人、责任机构名称
□ 重大危险源基本特征表
□ 区域位置图、平面布置图、工艺流程图和主要设备表
□ 安全监测监控系统、措施说明和检测检验结果
□ 安全评价或评估报告
□ 重大危险源场所安全警示标志的设置情况
□ 其他文件、资料</td></tr>
<tr><td colspan="4">根据《危险化学品重大危险源监督管理暂行规定》的有关规定，现将我单位的（重大危险源名称）重大危险源备案材料报上，请予备案。

（申请单位盖章）
年　　月　　日</td></tr>
</table>

填表说明：

1. 危险化学品重大危险源备案申请表由重大危险源填报单位(申请单位)填写，每个危险化学品重大危险源填写一份备案申请表。对于单产业法人单位，危险化学品重大危险源填报单位就是重大危险源生产运行所在的法人单位，对于法人单位存在多个产业活动单位(包括分支机构、分公司或子公司)，则应按其各自产业活动单位进行申请。当危险化学品单位存在多个不同地点(地区)的重大危险源时，应分别向每个重大危险源所在地的县级人民政府安全生产监督管理部门进行申报，不应重复申报。重大危险源企业注册地址与重大危险源所在地址分别在不同地区时，应按重大危险源所在地进行申报。如重大危险源跨越不同的行政区域，则按其工商登记注册所在的行政区域进行申报。

对于其他企业租用重大危险源单位辨识所涉及的危险设备、设施的，应由产权单位进行申报。

2. 备案申请类型中“新、改、扩项目备案”是指新建、改建、扩建项目在《危险化学品重大危险源监督管理暂行规定》(国家安全生产监督管理总局令第 40 号，以下简称为总局令第 40 号)颁布实施之日后项目竣工验收前申请的备案。“现有企业初次备案”是指依据总局令第 40 号，现有重大危险源企业首次申请的备案。“更新备案”是指出重大危险源出现总局令第 40 号第十一条所列情形[第(二)条除外]之一进行的重新备案。

3. 危险化学品单位类型中的“储存”是指填报单位为专门储存危险化学品的危险化学品储存单位；“经营”是指填报单位为专门经营危险化学品的危险化学品经营单位。

4. 所在行业根据《国民经济行业分类》(GB/T 4754—2011)中的行业分类进行划分，请填写分类编号(可在国家统计局网站统计标准中查询到该标准)。

5. 企业类型根据 2011 年 9 月 30 日国家统计局、国家工商总局印发《关于划分企业登记注册类型的规定调整的通知》(国统字〔2011〕86 号)文件的附件“关于划分企业登记注册类型的规定”的有关规定填写。

6. 备案材料是指根据总局令第 40 号第二十二条规定重大危险源档案应当包括的文件、资料，其中重大危险源安全管理规章制度及安全操作规程只需提供清单。

附件 3

危险化学品重大危险源备案登记表

备案编号：　　　　　　　　　　　　　　有效期：

法人单位名称			
填报单位名称			
填报单位地址		邮政编码	
重大危险源名称			
重大危险源所在地址			（与填报单位地址不同时填写）
填报单位负责人姓名		电　话	
填报人姓名		电　话	
电子邮箱		传　真	
承办机构审查意见： （承办机构盖章） 年　月　日			

填表说明：

1. 危险化学品重大危险源备案登记表为县级安全生产监督管理部门填写。

2. 重大危险源备案编号格式如下：

BAαβ〔γ〕δ

α 表示备案机关所属省、自治区、直辖市的代字。如：北京市为“京”，河北省为“冀”。

β 为县级行政区代码(可在国家统计局网站查询最新县及县级以上行政区划代码)。

γ 为备案该年年份。

δ 为 3 位流水序号。

3. 有效期：起始日为备案机关作出备案决定之日，截止日为起始日起三年后同一日期的前一日。

附件 4

危险化学品重大危险源备案告知书

[填报单位名称]：

你单位　　年　　月　　日上报的[重大危险源名称](备案编号:)重大危险源备案材料，经审阅符合要求，给予备案，有效期为[重大危险源备案有效期]。

联系人：　　　　　　　　联系电话：

（承办机构盖章）

年　　月　　日

填写说明：

1. 危险化学品重大危险源备案登记表为县级安全生产监督管理部门填写。

2. 重大危险源备案有效期：起始日为备案机关作出备案决定之日，截止日为起始日起三年后同一日期的前一日。

附件 5

危险化学品重大危险源核销申请表

<table>
<tr><td>法人单位名称</td><td colspan="3"></td></tr>
<tr><td>填报单位名称</td><td colspan="3"></td></tr>
<tr><td>填报单位地址</td><td></td><td>邮政编码</td><td></td></tr>
<tr><td>重大危险源名称</td><td colspan="3"></td></tr>
<tr><td>重大危险源所在地址</td><td colspan="3">（与填报单位地址不同时填写）</td></tr>
<tr><td>重大危险源备案编号</td><td></td><td>登记日期</td><td></td></tr>
<tr><td>填报单位负责人姓名</td><td></td><td>电　　话</td><td></td></tr>
<tr><td>填报人姓名</td><td></td><td>电　　话</td><td></td></tr>
<tr><td>电子邮箱</td><td></td><td>传　　真</td><td></td></tr>
<tr><td>附件</td><td colspan="3">☐ 安全评估报告或安全评价报告
☐ 重大危险源备案告知书
☐ 其他资料、文件</td></tr>
<tr><td>申请核销理由：</td><td colspan="3"></td></tr>
<tr><td colspan="4">根据《危险化学品重大危险源监督管理暂行规定》的有关规定，现将我单位[重大危险源名称]（备案编号：）的重大危险源核销材料报上，请予核销。

（申请单位盖章）
年　　月　　日</td></tr>
</table>

填表说明：危险化学品重大危险源核销申请表由重大危险源填报单位填写。

附件 6

危险化学品重大危险源核销登记表

核销编号：

法人单位名称			
填报单位名称			
填报单位地址		邮政编码	
原重大危险源名称			
原重大危险源所在地址			（与填报单位地址不同时填写）
原重大危险源备案编号		登记日期	
填报单位负责人姓名		电　话	
填报人姓名		电　话	
电子邮箱		传　真	
承办机构审查意见： （承办机构盖章） 年　月　日			

填表说明：

1. 危险化学品重大危险源核销登记表为县级安全生产监督管理部门填写。

2. 重大危险源核销编号格式如下：

HXαβ〔γ〕δ

α 表示核销机关所属省、自治区、直辖市的代字。如：北京市为“京”，河北省为“冀”。

β 为县级行政区代码（可在国家统计局网站查询最新县及县级以上行政区划代码）。

γ 为核销该年年份。

δ 为 3 位流水序号。

附件 7

危险化学品重大危险源核销告知书

［填报单位名称］：

你单位　　年　　月　　日上报的［原重大危险源名称］(原备案编号：)重大危险源核销材料，经审查符合要求，准予核销。

联系人：　　　　　　　　联系电话：

(承办机构盖章)

年　　月　　日

填写说明：

危险化学品重大危险源核销通知书为县级安全生产监督管理部门填写。

附件 8

××(省、市、县)危险化学品重大危险源统计信息表

填报安全监管部门名称：

序号	市、县（区）	一级危险化学品重大危险源		二级危险化学品重大危险源		三级危险化学品重大危险源		四级危险化学品重大危险源	
		个数	单位数	个数	单位数	个数	单位数	个数	单位数
合计									
重大危险源总数									
重大危险源单位总数									

填表人：　　　　　　　　　　　联系电话：　　　　　　　　　　　填表日期：　　　年　　月　　日

（盖章）

填表说明：

1. 危险化学品重大危险源统计信息表为县、市或省级安全生产监督管理部门填写。

2. 表中“单位数”为具有相应级别危险化学品重大危险源的危险化学品单位数量。

3. 在统计重大危险源单位总数时，如一个重大危险源单位同时含有多个重大危险源，应仅统计为一个。

4. 本表格不能满足需要时，可自行续表，格式和内容要求应与本表一致。

国家安全监管总局办公厅关于印发首批重点监管的危险化学品安全措施和应急处置原则的通知

安监总厅管三〔2011〕142号

各省、自治区、直辖市及新疆生产建设兵团安全生产监督管理局，有关中央企业：

为贯彻落实《国家安全监管总局关于公布首批重点监管的危险化学品名录的通知》(安监总管三〔2011〕95号)的有关要求，国家安全监管总局组织编制了《首批重点监管的危险化学品安全措施和应急处置原则》(以下简称《措施和原则》)，从特别警示、理化特性、危害信息、安全措施、应急处置原则等五个方面，对《首批重点监管的危险化学品名录》中的危险化学品逐一提出了安全措施和应急处置原则。现将《措施和原则》印发给你们，供各级安全监管部门和危险化学品企业在危险化学品安全监管和安全生产管理工作中参考使用，并就有关事项通知如下：

一、生产、储存、使用、经营、运输重点监管危险化学品的企业，要切实落实安全生产主体责任，对照《措施和原则》，全面排查危险化学品安全管理的漏洞和薄弱环节，及时消除安全隐患，提高安全管理水平。要针对本企业安全生产特点和产品特性，从完善安全监控措施、健全安全生产规章制度和各项操作规程、采用先进技术、加强培训教育、加强个体防护等方面，细化并落实《措施和原则》提出的各项安全措施，提高防范危险化学品事故的能力。要按照《措施和原则》提出的应急处置原则，完善本企业危险化学品事故应急预案，配备必要的应急器材，开展应急处置演练和伤员急救培训，提升危险化学品应急处置能力。

二、地方各级安全监管部门要参照《措施和原则》的有关内容，加大对生产、储存、经营及使用重点监管的危险化学品行为的执法检查力度，切实加强对涉及重点监管危险化学品企业的安全监管。要充分发挥安委会办公室和危险化学品安全监管部门联席会议的综合协调作用，督促、支持各有关部门认真履行危险化学品安全监管职责。要参照《措施和原则》有关要求，监督和指导涉及重点监管危险化学品的企业进一步加强对重点监管危险化学品的安全监控，全面加强和改进企业安全管理，有效防范和坚决遏制危险化学品事故的发生，进一步促进全国危险化学品安全生产形势的持续稳定好转。

请各省级安全监管部门及时将本通知精神传达至辖区内各级安全监管部门和有关企业。

国家安全生产监督管理总局办公厅
2011 年 7 月 1 日

附件：首批重点监管的危险化学品安全措施和事故应急处置原则

附件

首批重点监管的危险化学品安全措施和事故应急处置原则

1. 氯

特别警示	剧毒，吸入高浓度气体可致死；包装容器受热有爆炸的危险。
理化特性	常温常压下为黄绿色、有刺激性气味的气体。常温下、709kPa 以上压力时为液体，液氯为金黄色。微溶于水，易溶于二硫化碳和四氯化碳。分子量为 70.91，熔点-101℃，沸点-34.5℃，气体密度 3.21g/L，相对蒸气密度(空气=1)2.5，相对密度(水=1)1.41(20℃)，临界压力 7.71MPa，临界温度 144℃，饱和蒸气压 673kPa(20℃)，lg^{K}ow(辛醇/水分配系数)0.85。 主要用途：用于制造氯乙烯、环氧氯丙烷、氯丙烯、氯化石蜡等；用作氯化试剂，也用作水处理过程的消毒剂。
危害信息	【燃烧和爆炸危险性】 本品不燃，但可助燃。一般可燃物大都能在氯气中燃烧，一般易燃气体或蒸气也都能与氯气形成爆炸性混合物。受热后容器或储罐内压增大，泄漏物质可导致中毒。 【活性反应】 强氧化剂，与水反应，生成有毒的次氯酸和盐酸。与氢氧化钠、氢氧化钾等碱反应生成次氯酸盐和氯化物，可利用此反应对氯气进行无害化处理。液氯与可燃物、还原剂接触会发生剧烈反应。与汽油等石油产品、烃、氨、醚、松节油、醇、乙炔、二硫化碳、氢气、金属粉末和磷接触能形成爆炸性混合物。接触烃基膦、铝、锑、胂、铋、硼、黄铜、碳、二乙基锌等物质会导致燃烧、爆炸，释放出有毒烟雾。潮湿环境下，严重腐蚀铁、钢、铜和锌。 【健康危害】 氯是一种强烈的刺激性气体，经呼吸道吸入时，与呼吸道粘膜表面水分接触，产生盐酸、次氯酸，次氯酸再分解为盐酸和新生态氧，产生局部刺激和腐蚀作用。 急性中毒：轻度者有流泪、咳嗽、咳少量痰、胸闷，出现气管-支气管炎或支气管周围炎的表现；中度中毒发生支气管肺炎、局限性肺泡性肺水肿、间质性肺水肿或哮喘样发作，病人除有上述症状的加重外，还会出现呼吸困难、轻度紫绀等；重者发生肺泡性水肿、急性呼吸窘迫综合征、严重窒息、昏迷或休克，可出现气胸、纵隔气肿等并发症。吸入极高浓度的氯气，可引起迷走神经反射性心跳骤停或喉头痉挛而发生“电击样”死亡。眼睛接触可引起急性结膜炎，高浓度氯可造成角膜损伤。皮肤接触液氯或高浓度氯，在暴露部位可有灼伤或急性皮炎。 慢性影响：长期低浓度接触，可引起慢性牙龈炎、慢性咽炎、慢性支气管炎、肺气肿、支气管哮喘等。可引起牙齿酸蚀症。 列入《剧毒化学品目录》。 职业接触限值：MAC(最高容许浓度)(mg/m^3)：1。

续表

安全措施	【一般要求】 操作人员必须经过专门培训，严格遵守操作规程，熟练掌握操作技能，具备应急处置知识。 严加密闭，提供充分的局部排风和全面通风，工作场所严禁吸烟。提供安全淋浴和洗眼设备。 生产、使用氯气的车间及贮氯场所应设置氯气泄漏检测报警仪，配备两套以上重型防护服。戴化学安全防护眼镜，穿防静电工作服，戴防化学品手套。工作场所浓度超标时，操作人员必须佩戴防毒面具，紧急事态抢救或撤离时，应佩戴正压自给式空气呼吸器。 液氯气化器、储罐等压力容器和设备应设置安全阀、压力表、液位计、温度计，并应装有带压力、液位、温度带远传记录和报警功能的安全装置。设置整流装置与氯压机、动力电源、管线压力、通风设施或相应的吸收装置的联锁装置。氯气输入、输出管线应设置紧急切断设施。 避免与易燃或可燃物、醇类、乙醚、氢接触。 生产、储存区域应设置安全警示标志。搬运时轻装轻卸，防止钢瓶及附件破损。吊装时，应将气瓶放置在符合安全要求的专用筐中进行吊运。禁止使用电磁起重机和用链绳捆扎、或将瓶阀作为吊运着力点。配备相应品种和数量的消防器材及泄漏应急处理设备。倒空的容器可能存在残留有害物时应及时处理。 【特殊要求】 【操作安全】 (1) 氯化设备、管道处、阀门的连接垫料应选用石棉板、石棉橡胶板、氟塑料、浸石墨的石棉绳等高强度耐氯垫料，严禁使用橡胶垫。 (2) 采用压缩空气充装液氯时，空气含水应≤0.01%。采用液氯气化器充装液氯时，只许用温水加热气化器，不准使用蒸汽直接加热。 (3) 液氯气化器、预冷器及热交换器等设备，必须装有排污装置和污物处理设施，并定期分析三氯化氮含量。如果操作人员未按规定及时排污，并且操作不当，易发生三氯化氮爆炸、大量氯气泄漏等危害。 (4) 严禁在泄漏的钢瓶上喷水。 (5) 充装量为50kg和100kg的气瓶应保留2kg以上的余量，充装量为500kg和1000kg的气瓶应保留5kg以上的余量。充装前要确认气瓶内无异物。 (6) 充装时，使用万向节管道充装系统，严防超装。 【储存安全】 (1) 储存于阴凉、通风仓库内，库房温度不宜超过30℃，相对湿度不超过80%，防止阳光直射。 (2) 应与易(可)燃物、醇类、食用化学品分开存放，切忌混储。储罐远离火种、热源。保持容器密封，储存区要建在低于自然地面的围堤内。气瓶储存时，空瓶和实瓶应分开放置，并应设置明显标志。储存区应备有泄漏应急处理设备。 (3) 对于大量使用氯气钢瓶的单位，为及时处理钢瓶漏气，现场应备应急堵漏工具和个体防护用具。

续表

安全措施	（4）禁止将储罐设备及氯气处理装置设置在学校、医院、居民区等人口稠密区附近，并远离频繁出入处和紧急通道。 （5）应严格执行剧毒化学品“双人收发，双人保管”制度。 【运输安全】 （1）运输车辆应有危险货物运输标志、安装具有行驶记录功能的卫星定位装置。未经公安机关批准，运输车辆不得进入危险化学品运输车辆限制通行的区域。不得在人口稠密区和有明火等场所停靠。夏季应早晚运输，防止日光暴晒。 （2）运输液氯钢瓶的车辆不准从隧道过江。 （3）汽车运输充装量 50kg 及以上钢瓶时，应卧放，瓶阀端应朝向车辆行驶的右方，用三角木垫卡牢，防止滚动，垛高不得超过 2 层且不得超过车厢高度。不准同车混装有抵触性质的物品和让无关人员搭车。严禁与易燃物或可燃物、醇类、食用化学品等混装混运。车上应有应急堵漏工具和个体防护用品，押运人员应会使用。 （4）搬运人员必须注意防护，按规定穿戴必要的防护用品；搬运时，管理人员必须到现场监卸监装；夜晚或光线不足时、雨天不宜搬运。若遇特殊情况必须搬运时，必须得到部门负责人的同意，还应有遮雨等相关措施；严禁在搬运时吸烟。 （5）采用液氯气化法向储罐压送液氯时，要严格控制气化器的压力和温度，釜式气化器加热夹套不得包底，应用温水加热，严禁用蒸汽加热，出口水温不应超过 45℃，气化压力不得超过 1MPa。
应急处置原则	【急救措施】 吸入：迅速脱离现场至空气新鲜处。保持呼吸道通畅。如呼吸困难，给氧，给予 2% 至 4% 的碳酸氢钠溶液雾化吸入。呼吸、心跳停止，立即进行心肺复苏术。就医。 眼睛接触：立即分开眼睑，用流动清水或生理盐水彻底冲洗。就医。 皮肤接触：立即脱去污染的衣着，用流动清水彻底冲洗。就医。 【灭火方法】 本品不燃，但周围起火时应切断气源。喷水冷却容器，尽可能将容器从火场移至空旷处。消防人员必须佩戴正压自给式空气呼吸器，穿全身防火防毒服，在上风向灭火。由于火场中可能发生容器爆破的情况，消防人员须在防爆掩蔽处操作。有氯气泄漏时，使用细水雾驱赶泄漏的气体，使其远离未受波及的区域。 灭火剂：根据周围着火原因选择适当灭火剂灭火。可用干粉、二氧化碳、水（雾状水）或泡沫。 【泄漏应急处置】 根据气体扩散的影响区域划定警戒区，无关人员从侧风、上风向撤离至安全区。建议应急处理人员穿内置正压自给式空气呼吸器的全封闭防化服，戴橡胶手套。如果是液体泄漏，还应注意防冻伤。禁止接触或跨越泄漏物。勿使泄漏物与可燃物质（如木材、纸、油等）接触。尽可能切断泄漏源。喷雾状水抑制蒸气或改变蒸气云流向，避免水流接触泄漏物。禁止用水直接冲击泄漏物或泄漏源。若可能翻转容器，使之逸出气体而非液体。防止气体通过下水道、通风系统和限制性空间扩散。构筑围堤堵截液体泄漏物。喷稀碱液中和、稀释。隔离泄漏区直至气体散尽。泄漏场所保持通风。

续表

应急处置原则	不同泄漏情况下的具体措施： 瓶阀密封填料处泄漏时，应查压紧螺帽是否松动或拧紧压紧螺帽；瓶阀出口泄漏时，应查瓶阀是否关紧或关紧瓶阀，或用铜六角螺帽封闭瓶阀口。 瓶体泄漏点为孔洞时，可使用堵漏器材(如竹签、木塞、止漏器等)处理，并注意对堵漏器材紧固，防止脱落。上述处理均无效时，应迅速将泄漏气瓶浸没于备有足够体积的烧碱或石灰水溶液吸收池进行无害化处理，并控制吸收液温度不高于45℃、pH不小于7，防止吸收液失效分解。 隔离与疏散距离：小量泄漏，初始隔离60m，下风向疏散白天400m、夜晚1600m；大量泄漏，初始隔离600m，下风向疏散白天3500m、夜晚8000m。

2. 氨

特别警示	与空气能形成爆炸性混合物；吸入可引起中毒性肺水肿。
理化特性	常温常压下为无色气体，有强烈的刺激性气味。20℃、891kPa下即可液化，并放出大量的热。液氨在温度变化时，体积变化的系数很大。溶于水、乙醇和乙醚。分子量为17.03，熔点-77.7℃，沸点-33.5℃，气体密度0.7708g/L，相对蒸气密度(空气=1)0.59，相对密度(水=1)0.7(-33℃)，临界压力11.40MPa，临界温度132.5℃，饱和蒸气压1013kPa(26℃)，爆炸极限15%~30.2%(体积比)，自燃温度630℃，最大爆炸压力0.580MPa。 主要用途：主要用作致冷剂及制取铵盐和氮肥。
危害信息	【燃烧和爆炸危险性】 极易燃，能与空气形成爆炸性混合物，遇明火、高热引起燃烧爆炸。 【活性反应】 与氟、氯等接触会发生剧烈的化学反应。 【健康危害】 对眼、呼吸道粘膜有强烈刺激和腐蚀作用。急性氨中毒引起眼和呼吸道刺激症状，支气管炎或支气管周围炎，肺炎，重度中毒者可发生中毒性肺水肿。高浓度氨可引起反射性呼吸和心搏停止。可致眼和皮肤灼伤。 PC-TWA(时间加权平均容许浓度)(mg/m^3)：20；PC-STEL(短时间接触容许浓度)(mg/m^3)：30。
安全措施	【一般要求】 操作人员必须经过专门培训，严格遵守操作规程，熟练掌握操作技能，具备应急处置知识。 严加密闭，防止泄漏，工作场所提供充分的局部排风和全面通风，远离火种、热源，工作场所严禁吸烟。 生产、使用氨气的车间及贮氨场所应设置氨气泄漏检测报警仪，使用防爆型的通风系统和设备，应至少配备两套正压式空气呼吸器、长管式防毒面具、重型防护服等防护器具。戴化学安全防护眼镜，穿防静电工作服，戴橡胶手套。工作场所浓度超标时，操作人员应该佩戴过滤式防毒面具。可能接触液体时，应防止冻伤。

续表

<table>
<tr><td>安全措施</td><td>储罐等压力容器和设备应设置安全阀、压力表、液位计、温度计，并应装有带压力、液位、温度远传记录和报警功能的安全装置，设置整流装置与压力机、动力电源、管线压力、通风设施或相应的吸收装置的联锁装置。重点储罐需设置紧急切断装置。
避免与氧化剂、酸类、卤素接触。
生产、储存区域应设置安全警示标志。在传送过程中，钢瓶和容器必须接地和跨接，防止产生静电。搬运时轻装轻卸，防止钢瓶及附件破损。禁止使用电磁起重机和用链绳捆扎、或将瓶阀作为吊运着力点。配备相应品种和数量的消防器材及泄漏应急处理设备。
【特殊要求】
【操作安全】
(1) 严禁利用氨气管道做电焊接地线。严禁用铁器敲击管道与阀体，以免引起火花。
(2) 在含氨气环境中作业应采用以下防护措施：
——根据不同作业环境配备相应的氨气检测仪及防护装置，并落实人员管理，使氨气检测仪及防护装置处于备用状态；
——作业环境应设立风向标；
——供气装置的空气压缩机应置于上风侧；
——进行检修和抢修作业时，应携带氨气检测仪和正压式空气呼吸器。
(3) 充装时，使用万向节管道充装系统，严防超装。
【储存安全】
(1) 储存于阴凉、通风的专用库房。远离火种、热源。库房温度不宜超过 30℃。
(2) 与氧化剂、酸类、卤素、食用化学品分开存放，切忌混储。储罐远离火种、热源。采用防爆型照明、通风设施。禁止使用易产生火花的机械设备和工具。储存区应备有泄漏应急处理设备。
(3) 液氨气瓶应放置在距工作场地至少 5m 以外的地方，并且通风良好。
(4) 注意防雷、防静电，厂(车间)内的氨气储罐应按《建筑物防雷设计规范》(GB 50057)的规定设置防雷、防静电设施。
【运输安全】
(1) 运输车辆应有危险货物运输标志、安装具有行驶记录功能的卫星定位装置。未经公安机关批准，运输车辆不得进入危险化学品运输车辆限制通行的区域。
(2) 槽车运输时要用专用槽车。槽车安装的阻火器(火星熄灭器)必须完好。槽车和运输卡车要有导静电拖线；槽车上要备有 2 只以上干粉或二氧化碳灭火器和防爆工具；防止阳光直射。
(3) 车辆运输钢瓶时，瓶口一律朝向车辆行驶方向的右方，堆放高度不得超过车辆的防护栏板，并用三角木垫卡牢，防止滚动。不准同车混装有抵触性质的物品和让无关人员搭车。运输途中远离火种，不准在有明火地点或人多地段停车，停车时要有人看管。发生泄漏或火灾时要把车开到安全地方进行灭火或堵漏。
(4) 输送氨的管道不应靠近热源敷设；管道采用地上敷设时，应在人员活动较多和易遭车辆、外来物撞击的地段，采取保护措施并设置明显的警示标志；氨管道架空敷设时，管道应敷设在非燃烧体的支架或栈桥上。在已敷设的氨管道下面，不得修建与氨管道无关的建筑物和堆放易燃物品；氨管道外壁颜色、标志应执行《工业管道的基本识别色、识别符号和安全标识》(GB 7231)的规定。</td></tr>
</table>

续表

应急处置原则	【急救措施】 吸入：迅速脱离现场至空气新鲜处。保持呼吸道通畅。如呼吸困难，给氧。如呼吸停止，立即进行人工呼吸。就医。 皮肤接触：立即脱去污染的衣着，应用2%硼酸液或大量清水彻底冲洗。就医。 眼睛接触：立即提起眼睑，用大量流动清水或生理盐水彻底冲洗至少15分钟。就医。 【灭火方法】 消防人员必须穿全身防火防毒服，在上风向灭火。切断气源。若不能切断气源，则不允许熄灭泄漏处的火焰。喷水冷却容器，尽可能将容器从火场移至空旷处。 灭火剂：雾状水、抗溶性泡沫、二氧化碳、砂土。 【泄漏应急处置】 消除所有点火源。根据气体的影响区域划定警戒区，无关人员从侧风、上风向撤离至安全区。建议应急处理人员穿内置正压自给式空气呼吸器的全封闭防化服。如果是液化气体泄漏，还应注意防冻伤。禁止接触或跨越泄漏物。尽可能切断泄漏源。防止气体通过下水道、通风系统和密闭性空间扩散。若可能翻转容器，使之逸出气体而非液体。构筑围堤或挖坑收容液体泄漏物。用醋酸或其他稀酸中和。也可以喷雾状水稀释、溶解，同时构筑围堤或挖坑收容产生的大量废水。如有可能，将残余气或漏出气用排风机送至水洗塔或与塔相连的通风橱内。如果钢瓶发生泄漏，无法封堵时可浸入水中。储罐区最好设水或稀酸喷洒设施。隔离泄漏区直至气体散尽。漏气容器要妥善处理，修复、检验后再用。 隔离与疏散距离：小量泄漏，初始隔离30m，下风向疏散白天100m、夜晚200m；大量泄漏，初始隔离150m，下风向疏散白天800m、夜晚2300m。

3. 液化石油气

特别警示	极易燃气体。
理化特性	由石油加工过程中得到的一种无色挥发性液体，主要组分为丙烷、丙烯、丁烷、丁烯，并含有少量戊烷、戊烯和微量硫化氢等杂质。不溶于水。熔点-160~-107℃，沸点-12~4℃，闪点-80~-60℃，相对密度(水=1)0.5~0.6，相对蒸气密度(空气=1)1.5~2.0，爆炸极限5%~33%(体积比)，自燃温度426~537℃。 主要用途：主要用作民用燃料、发动机燃料、制氢原料、加热炉燃料以及打火机的气体燃料等，也可用作石油化工的原料。
危害信息	【燃烧和爆炸危险性】 极易燃，与空气混合能形成爆炸性混合物，遇热源或明火有燃烧爆炸危险。比空气重，能在较低处扩散到相当远的地方，遇点火源会着火回燃。 【活性反应】 与氟、氯等接触会发生剧烈的化学反应。 【健康危害】 主要侵犯中枢神经系统。急性液化气轻度中毒主要表现为头昏、头痛、咳嗽、食欲减退、乏力、失眠等；重者失去知觉、小便失禁、呼吸变浅变慢。 职业接触限值：PC-TWA(时间加权平均容许浓度)(mg/m^3)：1000；PC-STEL(短时间接触容许浓度)(mg/m^3)：1500。

安全措施	【一般要求】 操作人员必须经过专门培训，严格遵守操作规程，熟练掌握操作技能，具备应急处置知识。 密闭操作，避免泄漏，工作场所提供良好的自然通风条件。远离火种、热源，工作场所严禁吸烟。 生产、储存、使用液化石油气的车间及场所应设置泄漏检测报警仪，使用防爆型的通风系统和设备，配备两套以上重型防护服。穿防静电工作服，工作场所浓度超标时，建议操作人员应该佩戴过滤式防毒面具。可能接触液体时，应防止冻伤。储罐等压力容器和设备应设置安全阀、压力表、液位计、温度计，并应装有带压力、液位、温度远传记录和报警功能的安全装置，设置整流装置与压力机、动力电源、管线压力、通风设施或相应的吸收装置的联锁装置。储罐等设置紧急切断装置。 避免与氧化剂、卤素接触。 生产、储存区域应设置安全警示标志。在传送过程中，钢瓶和容器必须接地和跨接，防止产生静电。搬运时轻装轻卸，防止钢瓶及附件破损。禁止使用电磁起重机和用链绳捆扎、或将瓶阀作为吊运着力点。配备相应品种和数量的消防器材及泄漏应急处理设备。 【特殊要求】 【操作安全】 （1）充装液化石油气钢瓶，必须在充装站内按工艺流程进行。禁止槽车、贮灌、或大瓶向小瓶直接充装液化气。禁止漏气、超重等不合格的钢瓶运出充装站。 （2）用户使用装有液化石油气钢瓶时：不准擅自更改钢瓶的颜色和标记；不准把钢瓶放在曝日下、卧室和办公室内及靠近热源的地方；不准用明火、蒸气、热水等热源对钢瓶加热或用明火检漏；不准倒卧或横卧使用钢瓶；不准摔碰、滚动液化气钢瓶；不准钢瓶之间互充液化气；不准自行处理液化气残液。 （3）液化石油气的储罐在首次投入使用前，要求罐内含氧量小于3%。首次灌装液化石油气时，应先开启气相阀门待两罐压力平衡后，进行缓慢灌装。 （4）液化石油气槽车装卸作业时，凡有以下情况之一时，槽车应立即停止装卸作业，并妥善处理： ——附近发生火灾； ——检测出液化气体泄漏； ——液压异常； ——其他不安全因素。 （5）充装时，使用万向节管道充装系统，严防超装。 【储存安全】 （1）储存于阴凉、通风的易燃气体专用库房。远离火种、热源。库房温度不宜超过30℃。 （2）应与氧化剂、卤素分开存放，切忌混储。照明线路、开关及灯具应符合防爆规范，地面应采用不产生火花的材料或防静电胶垫，管道法兰之间应用导电跨接。压力表必须有技术监督部门有效的检定合格证。储罐站必须加强安全管理。站内严禁烟火。进站人员不得穿易产生静电的服装和穿带钉鞋。入站机动车辆排气管出口应有消火装置，车速不得超过5km/h。

续表

<table>
<tr><td>安全措施</td><td>液化石油气供应单位和供气站点应设有符合消防安全要求的专用钢瓶库；建立液化石油气实瓶入库验收制度，不合格的钢瓶不得入库；空瓶和实瓶应分开放置，并应设置明显标志。储存区应备有泄漏应急处理设备。
（3）液化石油气储罐、槽车和钢瓶应定期检验。
（4）注意防雷、防静电，厂（车间）内的液化石油气储罐应按《建筑物防雷设计规范》（GB 50057）的规定设置防雷、防静电设施。
【运输安全】
（1）运输车辆应有危险货物运输标志、安装具有行驶记录功能的卫星定位装置。未经公安机关批准，运输车辆不得进入危险化学品运输车辆限制通行的区域。
（2）槽车运输时要用专用槽车。槽车安装的阻火器（火星熄灭器）必须完好。槽车和运输卡车要有导静电拖线；槽车上要备有2只以上干粉或二氧化碳灭火器和防爆工具。
（3）车辆运输钢瓶时，瓶口一律朝向车辆行驶方向的右方，堆放高度不得超过车辆的防护栏板，并用三角木垫卡牢，防止滚动。不准同车混装有抵触性质的物品和让无关人员搭车。运输途中远离火种，不准在有明火地点或人多地段停车，停车时要有人看管。发生泄漏或火灾要开到安全地方进行灭火或堵漏。
（4）输送液化石油气的管道不应靠近热源敷设；管道采用地上敷设时，应在人员活动较多和易遭车辆、外来物撞击的地段，采取保护措施并设置明显的警示标志；液化石油气管道架空敷设时，管道应敷设在非燃烧体的支架或栈桥上。在已敷设的液化石油气管道下面，不得修建与液化石油气管道无关的建筑物和堆放易燃物品；液化石油气管道外壁颜色、标志应执行《工业管道的基本识别色、识别符号和安全标识》（GB 7231）的规定。</td></tr>
<tr><td>应急处置原则</td><td>【急救措施】
吸入：迅速脱离现场至空气新鲜处。保持呼吸道通畅。如呼吸困难，立即输氧。如呼吸停止，立即进行人工呼吸并就医。
皮肤接触：如果发生冻伤，将患部浸泡于保持在38～42℃的温水中复温。不要涂擦。不要使用热水或辐射热。使用清洁、干燥的敷料包扎。如有不适感，就医。
【灭火方法】
切断气源。若不能切断气源，则不允许熄灭泄漏处的火焰。喷水冷却容器，尽可能将容器从火场移至空旷处。
灭火剂：泡沫、二氧化碳、雾状水。
【泄漏应急处置】
消除所有点火源。根据气体的影响区域划定警戒区，无关人员从侧风、上风向撤离至安全区；静风泄漏时，液化石油气沉在底部并向低洼处流动，无关人员应向高处撤离。建议应急处理人员戴正压自给式空气呼吸器，穿防静电、防寒服。作业时使用的所有设备应接地。禁止接触或跨越泄漏物。尽可能切断泄漏源。若可能翻转容器，使之逸出气体而非液体。喷雾状水抑制蒸气或改变蒸气云流向，避免水流接触泄漏物。禁止用水直接冲击泄漏物或泄漏源。防止气体通过下水道、通风系统和密闭性空间扩散。隔离泄漏区直至气体散尽。
作为一项紧急预防措施，泄漏隔离距离至少为100m。如果为大量泄漏，下风向的初始疏散距离应至少为800m。</td></tr>
</table>

4. 硫化氢

特别警示	强烈的神经毒物，高浓度吸入可发生猝死，谨慎进入工业下水道(井)、污水井、取样点、化粪池、密闭容器，下敞开式、半敞开式坑、槽、罐、沟等危险场所；极易燃气体。
理化特性	无色气体，低浓度时有臭鸡蛋味，高浓度时使嗅觉迟钝。溶于水、乙醇、甘油、二硫化碳。分子量为34.08，熔点-85.5℃，沸点-60.7℃，相对密度(水=1)1.539g/L，相对蒸气密度(空气=1)1.19，临界压力9.01MPa，临界温度100.4℃，饱和蒸气压2026.5kPa(25.5℃)，闪点-60℃，爆炸极限4.0%~46.0%(体积比)，自燃温度260℃，最小点火能0.077mJ，最大爆炸压力0.490MPa。 主要用途：主要用于制造无机硫化物，还用作化学分析如鉴定金属离子。
危害信息	【燃烧和爆炸危险性】 极易燃，与空气混合能形成爆炸性混合物，遇明火、高热能引起燃烧爆炸。气体比空气重，能在较低处扩散到相当远的地方，遇火源会着火回燃。 【活性反应】 与浓硝酸、发烟硝酸或其他强氧化剂剧烈反应可发生爆炸。 【健康危害】 本品是强烈的神经毒物，对粘膜有强烈刺激作用。 急性中毒：高浓度(1000mg/m^3以上)吸入可发生闪电型死亡。严重中毒可留有神经、精神后遗症。急性中毒出现眼和呼吸道刺激症状，急性气管-支气管炎或支气管周围炎，支气管肺炎，头痛，头晕，乏力，恶心，意识障碍等。重者意识障碍程度达深昏迷或呈植物状态，出现肺水肿、多脏器衰竭。对眼和呼吸道有刺激作用。 慢性影响：长期接触低浓度的硫化氢，可引起神经衰弱综合征和植物神经功能紊乱等。 职业接触限值：MAC(最高容许浓度)(mg/m^3)：10。
安全措施	【一般要求】 操作人员必须经过专门培训，严格遵守操作规程，熟练掌握操作技能，具备应急处置知识。 严加密闭，防止泄漏，工作场所建立独立的局部排风和全面通风，远离火种、热源。工作场所严禁吸烟。 硫化氢作业环境空气中硫化氢浓度要定期测定，并设置硫化氢泄漏检测报警仪，使用防爆型的通风系统和设备，配备两套以上重型防护服。戴化学安全防护眼镜，穿防静电工作服，戴防化学品手套，工作场所浓度超标时，操作人员应该佩戴过滤式防毒面具。 储罐等压力设备应设置压力表、液位计、温度计，并应装有带压力、液位、温度远传记录和报警功能的安全装置。设置整流装置与压力机、动力电源、管线压力、通风设施或相应的吸收装置的联锁装置。重点储罐等设置紧急切断设施。 避免与强氧化剂、碱类接触。 生产、储存区域应设置安全警示标志。防止气体泄漏到工作场所空气中。搬运时轻装轻卸，防止钢瓶及附件破损。配备相应品种和数量的消防器材及泄漏应急处理设备。

续表

安全措施	【特殊要求】 【操作安全】 (1) 产生硫化氢的生产设备应尽量密闭。对含有硫化氢的废水、废气、废渣，要进行净化处理，达到排放标准后方可排放。 (2) 进入可能存在硫化氢的密闭容器、坑、窑、地沟等工作场所，应首先测定该场所空气中的硫化氢浓度，采取通风排毒措施，确认安全后方可操作。操作时做好个人防护措施，佩戴正压自给式空气呼吸器，使用便携式硫化氢检测报警仪，作业工人腰间缚以救护带或绳子。要设监护人员做好互保，发生异常情况立即救出中毒人员。 (3) 脱水作业过程中操作人员不能离开现场，防止脱出大量的酸性气。脱出的酸性气要用氢氧化钙或氢氧化钠溶液中和，并有隔离措施，防止过路行人中毒。 【储存安全】 储存于阴凉、通风仓库内，库房温度不宜超过30℃。储罐远离火种、热源，防止阳光直射，保持容器密封。采用防爆型照明、通风设施。禁止使用易产生火花的机械设备和工具。储存区应备有泄漏应急处理设备。 【运输安全】 (1) 运输车辆应有危险货物运输标志、安装具有行驶记录功能的卫星定位装置。未经公安机关批准，运输车辆不得进入危险化学品运输车辆限制通行的区域。夏季应早晚运输，防止日光曝晒。 (2) 运输时运输车辆应配备相应品种和数量的消防器材。装运该物品的车辆排气管必须配备阻火装置，禁止使用易产生火花的机械设备和工具装卸。 (3) 采用钢瓶运输时必须戴好钢瓶上的安全帽。钢瓶一般平放，瓶口一律朝向车辆行驶方向的右方，堆放高度不得超过车辆的防护栏板，并用三角木垫卡牢，防止滚动。严禁与氧化剂、碱类、食用化学品等混装混运。运输途中远离火种，不准在有明火地点或人多地段停车，停车时要有人看管。 (4) 输送硫化氢的管道不应靠近热源敷设；管道采用地上敷设时，应在人员活动较多和易遭车辆、外来物撞击的地段，采取保护措施并设置明显的警示标志；硫化氢管道架空敷设时，管道应敷设在非燃烧体的支架或栈桥上。在已敷设的硫化氢管道下面，不得修建与硫化氢管道无关的建筑物和堆放易燃物品。硫化氢管道外壁颜色、标志应执行《工业管道的基本识别色、识别符号和安全标识》(GB 7231)的规定。
应急处置原则	【急救措施】 吸入：迅速脱离现场至空气新鲜处。保持呼吸道通畅。如呼吸困难，给氧。呼吸心跳停止时，立即进行人工呼吸和胸外心脏按压术。就医。 【灭火方法】 切断气源。若不能切断气源，则不允许熄灭泄漏处的火焰。喷水冷却容器，尽可能将容器从火场移至空旷处。 灭火剂：雾状水、泡沫、二氧化碳、干粉。

续表

应急处置原则	【泄漏应急处置】 根据气体扩散的影响区域划定警戒区，无关人员从侧风、上风向撤离至安全区。消除所有点火源(泄漏区附近禁止吸烟、消除所有明火、火花或火焰)。作业时所有设备应接地。应急处理人员戴正压自给式空气呼吸器，泄漏、未着火时应穿全封闭防化服。在保证安全的情况下堵漏。隔离泄漏区直至气体散尽。 隔离与疏散距离：小量泄漏，初始隔离 30m，下风向疏散白天 100m、夜晚 100m；大量泄漏，初始隔离 600m，下风向疏散白天 3500m、夜晚 8000m。

5. 甲烷、天然气

特别警示	极易燃气体。
理化特性	无色、无臭、无味气体。微溶于水，溶于醇、乙醚等有机溶剂。分子量 16.04，熔点 -182.5℃，沸点-161.5℃，气体密度 0.7163g/L，相对蒸气密度(空气=1)0.6，相对密度(水=1)0.42(-164℃)，临界压力 4.59MPa，临界温度-82.6℃，饱和蒸气压 53.32kPa(-168.8℃)，爆炸极限 5.0%~16%(体积比)，自燃温度 537℃，最小点火能 0.28mJ，最大爆炸压力 0.717MPa。 主要用途：主要用作燃料和用于炭黑、氢、乙炔、甲醛等的制造。
危害信息	【燃烧和爆炸危险性】 极易燃，与空气混合能形成爆炸性混合物，遇热源和明火有燃烧爆炸危险。 【活性反应】 与五氧化溴、氯气、次氯酸、三氟化氮、液氧、二氟化氧及其他强氧化剂剧烈反应。 【健康危害】 纯甲烷对人基本无毒，只有在极高浓度时成为单纯性窒息剂。皮肤接触液化气体可致冻伤。天然气主要组分为甲烷，其毒性因其他化学组成的不同而异。
安全措施	【一般要求】 操作人员必须经过专门培训，严格遵守操作规程，熟练掌握操作技能，具备应急处置知识。 密闭操作，严防泄漏，工作场所全面通风，远离火种、热源，工作场所严禁吸烟。 在生产、使用、贮存场所设置可燃气体监测报警仪，使用防爆型的通风系统和设备，配备两套以上重型防护服。穿防静电工作服，必要时戴防护手套，接触高浓度时应戴化学安全防护眼镜，佩带供气式呼吸器。进入罐或其他高浓度区作业，须有人监护。储罐等压力容器和设备应设置安全阀、压力表、液位计、温度计，并应装有带压力、液位、温度远传记录和报警功能的安全装置，重点储罐需设置紧急切断装置。 避免与氧化剂接触。 生产、储存区域应设置安全警示标志。在传送过程中，钢瓶和容器必须接地和跨接，防止产生静电。搬运时轻装轻卸，防止钢瓶及附件破损。禁止使用电磁起重机和用链绳捆扎、或将瓶阀作为吊运着力点。配备相应品种和数量的消防器材及泄漏应急处理设备。

安全措施	【特殊要求】 【操作安全】 （1）天然气系统运行时，不准敲击，不准带压修理和紧固，不得超压，严禁负压。 （2）生产区域内，严禁明火和可能产生明火、火花的作业（固定动火区必须距离生产区30m以上）。生产需要或检修期间需动火时，必须办理动火审批手续。配气站严禁烟火，严禁堆放易燃物，站内应有良好的自然通风并应有事故排风装置。 （3）天然气配气站中，不准独立进行操作。非操作人员未经许可，不准进入配气站。 （4）含硫化氢的天然气生产作业现场应安装硫化氢监测系统。进行硫化氢监测，应符合以下要求： ——含硫化氢作业环境应配备固定式和携带式硫化氢监测仪； ——重点监测区应设置醒目的标志； ——硫化氢监测仪报警值设定：阈限值为1级报警值；安全临界浓度为2级报警值；危险临界浓度为3级报警值； ——硫化氢监测仪应定期校验，并进行检定。 （5）充装时，使用万向节管道充装系统，严防超装。 【储存安全】 （1）储存于阴凉、通风的易燃气体专用库房。远离火种、热源。库房温度不宜超过30℃。 （2）应与氧化剂等分开存放，切忌混储。采用防爆型照明、通风设施。禁止使用易产生火花的机械设备和工具。储存区应备有泄漏应急处理设备。 （3）天然气储气站中： ——与相邻居民点、工矿企业和其他公用设施安全距离及站场内的平面布置，应符合国家现行标准； ——天然气储气站内建（构）筑物应配置灭火器，其配置类型和数量应符合建筑灭火器配置的相关规定； ——注意防雷、防静电，应按《建筑物防雷设计规范》（GB 50057）的规定设置防雷设施，工艺管网、设备、自动控制仪表系统应按标准安装防雷、防静电接地设施，并定期进行检查和检测。 【运输安全】 （1）运输车辆应有危险货物运输标志、安装具有行驶记录功能的卫星定位装置。未经公安机关批准，运输车辆不得进入危险化学品运输车辆限制通行的区域。 （2）槽车和运输卡车要有导静电拖线；槽车上要备有2只以上干粉或二氧化碳灭火器和防爆工具。 （3）车辆运输钢瓶时，瓶口一律朝向车辆行驶方向的右方，堆放高度不得超过车辆的防护栏板，并用三角木垫卡牢，防止滚动。不准同车混装有抵触性质的物品和让无关人员搭车。运输途中远离火种，不准在有明火地点或人多地段停车，停车时要有人看管。发生泄漏或火灾时要把车开到安全地方进行灭火或堵漏。

续表

安全措施	（4）采用管道输送时： ——输气管道不应通过城市水源地、飞机场、军事设施、车站、码头。因条件限制无法避开时，应采取保护措施并经国家有关部门批准； ——输气管道沿线应设置里程桩、转角桩、标志桩和测试桩； ——输气管道采用地上敷设时，应在人员活动较多和易遭车辆、外来物撞击的地段，采取保护措施并设置明显的警示标志； ——输气管道管理单位应设专人定期对管道进行巡线检查，及时处理输气管道沿线的异常情况，并依据天然气管道保护的有关法律法规保护管道。
应急处置原则	【急救措施】 吸入：迅速脱离现场至空气新鲜处。保持呼吸道通畅。如呼吸困难，给氧。如呼吸停止，立即进行人工呼吸。就医。 皮肤接触：如果发生冻伤：将患部浸泡于保持在38~42℃的温水中复温。不要涂擦。不要使用热水或辐射热。使用清洁、干燥的敷料包扎。如有不适感，就医。 【灭火方法】 切断气源。若不能切断气源，则不允许熄灭泄漏处的火焰。喷水冷却容器，尽可能将容器从火场移至空旷处。 灭火剂：雾状水、泡沫、二氧化碳、干粉。 【泄漏应急处置】 消除所有点火源。根据气体的影响区域划定警戒区，无关人员从侧风、上风向撤离至安全区。应急处理人员戴正压自给式空气呼吸器，穿防静电服。作业时使用的所有设备应接地。禁止接触或跨越泄漏物。尽可能切断泄漏源。若可能翻转容器，使之逸出气体而非液体。喷雾状水抑制蒸气或改变蒸气云流向，避免水流接触泄漏物。禁止用水直接冲击泄漏物或泄漏源。防止气体通过下水道、通风系统和密闭性空间扩散。隔离泄漏区直至气体散尽。 作为一项紧急预防措施，泄漏隔离距离至少为100m。如果为大量泄漏，下风向的初始疏散距离应至少为800m。

6. 原油

特别警示	易燃黏稠液体。
理化特性	原油即石油，是一种黏稠的、深褐色(有时有点绿色的)流动或半流动黏稠液，略轻于水。原油相对密度一般在0.75~0.95之间，少数大于0.95或小于0.75，相对密度在0.9~1.0之间的称为重质原油，小于0.9的称为轻质原油。原油黏度范围很宽，凝固点差别很大(-60~30℃)，沸点范围为常温到500℃以上。它由不同的碳氢化合物混合组成，其主要组成成分是烷烃，还含有硫、氧、氮、磷、钒等元素。可溶于多种有机溶剂，不溶于水，但可与水形成乳状液。不同油田的石油成分和外观可以有很大差别。 主要用途：原油主要被用来作为燃油和生产各种油品等，也是许多化学工业产品，如溶剂、化肥、杀虫剂和塑料等的原料。

续表

危害信息	【燃烧和爆炸危险性】 易燃，遇明火或热源有燃烧爆炸危险。 【健康危害】 石油对健康的危害取决于石油的组成成分，对健康危害最典型的是苯及其衍生物，含苯的新鲜石油对人体危害的急性反应症状有：味觉反应迟钝、昏迷、反应迟缓、头痛、眼睛流泪等，长期接触可引起白血病发病率的增加。
安全措施	【一般要求】 操作人员必须经过专门培训，严格遵守操作规程，熟练掌握操作技能，具备应急处置知识。 严加密闭，防止泄漏，工作场所提供充分的局部排风和全面通风，远离火种、热源，工作现场严禁吸烟。 在可能泄漏原油的场所内，应该设置可燃气体报警仪，使用防爆型的通风系统和设备，配备两套以上重型防护服。戴安全防护眼镜。穿相应的防护服。戴防护手套。高浓度环境中，应该佩戴防毒口罩。必要时应佩戴自给式呼吸器。储罐等压力设备应设置液位计、温度计，并应带有远传记录和报警功能的安全装置。 避免与强氧化剂接触。 生产、储存区域应设置安全警示标志。搬运时要轻装轻卸，防止包装及容器损坏。配备相应品种和数量的消防器材及泄漏应急处理设备。倒空的容器可能存在残留有害物时应及时处理。 【特殊要求】 【操作安全】 (1) 往油罐或油罐汽车装油时，输油管要插入油面以下或接近罐的底部，以减少油料的冲击和与空气的摩擦。 (2) 当进行灌装原油时，邻近的汽车、拖拉机的排气管要戴上防火帽后才能发动，存原油地点附近严禁检修车辆。 (3) 注意仓库及操作场所的通风，使油蒸气容易逸散。 【储存安全】 (1) 储存于阴凉、通风的仓库内。远离火种、热源。库房内温度不宜超过30℃。 (2) 保持容器密闭。应与氧化剂、酸类物质分开存放。储存间采用防爆型照明、通风等设施。禁止使用产生火花的机械设备和工具。储存区应备有泄漏应急处理设备。灌装时，注意流速不超过3m/s，且有接地装置，防止静电积聚。 (3) 注意防雷、防静电，厂(车间)内的储罐应按《建筑物防雷设计规范》(GB 50057)的规定设置防雷、防静电设施。 【运输安全】 (1) 运输车辆应有危险货物运输标志、安装具有行驶记录功能的卫星定位装置。未经公安机关批准，运输车辆不得进入危险化学品运输车辆限制通行的区域。 (2) 严禁与氧化剂、食用化学品等混装混运。运输时所用的槽(罐)车应有导静电拖线，槽内可设孔隔板以减少震荡产生静电。装运该物品的车辆排气管必须配备阻火装置，禁止使

续表

安全措施	用易产生火花的机械设备和工具装卸。运输时运输车辆应配备相应品种和数量的消防器材。运输途中应防曝晒、防雨淋、防高温。中途停留时应远离火种、热源、高温区，勿在居民区和人口稠密区停留。 （3）输油管道地下铺设时，沿线应设置里程桩、转角桩、标志桩和测试桩，并设警示标志。运行应符合有关法律法规规定。
应急处置原则	【急救措施】 吸入：将中毒者移到空气新鲜处，观察呼吸。如果出现咳嗽或呼吸困难，考虑呼吸道刺激、支气管炎或局部性肺炎。必要时给吸氧，帮助通气。 食入：禁止催吐。可给予1~2杯水稀释。尽快就医。 皮肤接触：脱去污染的衣物，用大量水冲洗皮肤或淋浴。 眼睛接触：用大量清水冲洗至少15分钟，尽快就医。冲洗之前应先摘除隐形眼镜。 【灭火方法】 消防人员须佩戴防毒面具、穿全身消防服，在上风向灭火。尽可能将容器从火场移至空旷处。喷水保持火场容器冷却，直至灭火结束。处在火场中的容器若已变色或从安全泄压装置中产生声音，必须马上撤离。 用泡沫、干粉、二氧化碳、砂土灭火。 【泄漏应急处置】 根据液体流动和蒸气扩散的影响区域划定警戒区，无关人员从侧风、上风向撤离至安全区。消除所有点火源(泄漏区附近禁止吸烟、消除所有明火、火花或火焰)。作业时所有设备应接地。禁止接触或跨越泄漏物。在保证安全的情况下堵漏。防止泄漏物进入水体、下水道、地下室或密闭空间。用泡沫覆盖抑制蒸气产生。用干土、砂或其他不燃性材料吸收或覆盖并收集于容器中。用洁净非火花工具收集吸收材料。大量泄漏：在液体泄漏物前方筑堤堵截以备处理。雾状水能抑制蒸气的产生，但在密闭空间中的蒸气仍能被引燃。 作为一项紧急预防措施，泄漏隔离距离周围至少为50m。如果为大量泄漏，下风向的初始疏散距离应至少为300m。

7. 汽油(含甲醇汽油、乙醇汽油)、石脑油

特别警示	高度易燃液体；不得使用直流水扑救(用水灭火无效)。
理化特性	无色到浅黄色的透明液体。 依据《车用无铅汽油》(GB 17930)生产的车用无铅汽油，按研究法辛烷值(RON)分为90号、93号和95号三个牌号，相对密度(水=1)0.70~0.80，相对蒸气密度(空气=1)3~4，闪点-46℃，爆炸极限1.4~7.6%(体积比)，自燃温度415~530℃，最大爆炸压力0.813MPa；石脑油主要成分为C_4~C_6的烷烃，相对密度0.78~0.97，闪点-2℃，爆炸极限1.1%~8.7%(体积比)。 主要用途：汽油主要用作汽油机的燃料，可用于橡胶、制鞋、印刷、制革、颜料等行业，也可用作机械零件的去污剂；石脑油主要用作裂解、催化重整和制氨原料，也可作为化工原料或一般溶剂，在石油炼制方面是制作清洁汽油的主要原料。

危害信息	【燃烧和爆炸危险性】 高度易燃，蒸气与空气能形成爆炸性混合物，遇明火、高热能引起燃烧爆炸。高速冲击、流动、激荡后可因产生静电火花放电引起燃烧爆炸。蒸气比空气重，能在较低处扩散到相当远的地方，遇火源会着火回燃和爆炸。 【健康危害】 汽油为麻醉性毒物，高浓度吸入出现中毒性脑病，极高浓度吸入引起意识突然丧失、反射性呼吸停止。误将汽油吸入呼吸道可引起吸入性肺炎。 职业接触限值：PC-TWA(时间加权平均容许浓度)(mg/m^3)：300(汽油)。
安全措施	【一般要求】 操作人员必须经过专门培训，严格遵守操作规程，熟练掌握操作技能，具备应急处置知识。 密闭操作，防止泄漏，工作场所全面通风。远离火种、热源，工作场所严禁吸烟。配备易燃气体泄漏监测报警仪，使用防爆型通风系统和设备，配备两套以上重型防护服。操作人员穿防静电工作服，戴耐油橡胶手套。 储罐等容器和设备应设置液位计、温度计，并应装有带液位、温度远传记录和报警功能的安全装置。 避免与氧化剂接触。 生产、储存区域应设置安全警示标志。灌装时应控制流速，且有接地装置，防止静电积聚。搬运时要轻装轻卸，防止包装及容器损坏。配备相应品种和数量的消防器材及泄漏应急处理设备。 【特殊要求】 【操作安全】 (1) 油罐及贮存桶装汽油附近要严禁烟火。禁止将汽油与其他易燃物放在一起。 (2) 往油罐或油罐汽车装油时，输油管要插入油面以下或接近罐的底部，以减少油料的冲击和与空气的摩擦。沾油料的布、油棉纱头、油手套等不要放在油库、车库内，以免自燃。不要用铁器工具敲击汽油桶，特别是空汽油桶更危险。因为桶内充满汽油与空气的混合气，而且经常处于爆炸极限之内，一遇明火，就能引起爆炸。 (3) 当进行灌装汽油时，邻近的汽车、拖拉机的排气管要戴上防火帽后才能发动，存汽油地点附近严禁检修车辆。 (4) 汽油油罐和贮存汽油区的上空，不应有电线通过。油罐、库房与电线的距离要为电杆长度的 1.5 倍以上。 (5) 注意仓库及操作场所的通风，使油蒸气容易逸散。 【储存安全】 (1) 储存于阴凉、通风的库房。远离火种、热源。库房温度不宜超过 30℃。炎热季节应采取喷淋、通风等降温措施。 (2) 应与氧化剂分开存放，切忌混储。用储罐、铁桶等容器盛装，不要用塑料桶来存放汽油。盛装时，切不可充满，要留出必要的安全空间。

续表

安全措施	（3）采用防爆型照明、通风设施。禁止使用易产生火花的机械设备和工具。储存区应备有泄漏应急处理设备和合适的收容材料。罐储时要有防火防爆技术措施。对于1000m^3及以上的储罐顶部应有泡沫灭火设施等。 【运输安全】 （1）运输车辆应有危险货物运输标志、安装具有行驶记录功能的卫星定位装置。未经公安机关批准，运输车辆不得进入危险化学品运输车辆限制通行的区域。 （2）汽油装于专用的槽车（船）内运输，槽车（船）应定期清理；用其他包装容器运输时，容器须用盖密封。运送汽油的油罐汽车，必须有导静电拖线。对有每分钟0.5m^3以上的快速装卸油设备的油罐汽车，在装卸油时，除了保证铁链接地外，更要将车上油罐的接地线插入地下并不得浅于100mm。运输时运输车辆应配备相应品种和数量的消防器材。装运该物品的车辆排气管必须配备阻火装置，禁止使用易产生火花的机械设备和工具装卸。汽车槽罐内可设孔隔板以减少震荡产生静电。 （3）严禁与氧化剂等混装混运。夏季最好早晚运输，运输途中应防曝晒、防雨淋、防高温。中途停留时应远离火种、热源、高温区及人口密集地段。 （4）输送汽油的管道不应靠近热源敷设；管道采用地上敷设时，应在人员活动较多和易遭车辆、外来物撞击的地段，采取保护措施并设置明显的警示标志；汽油管道架空敷设时，管道应敷设在非燃烧体的支架或栈桥上。在已敷设的汽油管道下面，不得修建与汽油管道无关的建筑物和堆放易燃物品；汽油管道外壁颜色、标志应执行《工业管道的基本识别色、识别符号和安全标识》（GB 7231）的规定。 （5）输油管道地下铺设时，沿线应设置里程桩、转角桩、标志桩和测试桩，并设警示标志。运行应符合有关法律法规规定。
应急处置原则	【急救措施】 吸入：迅速脱离现场至空气新鲜处。保持呼吸道通畅。如呼吸困难，给氧。如呼吸停止，立即进行人工呼吸。就医。 食入：给饮牛奶或用植物油洗胃和灌肠。就医。 皮肤接触：立即脱去污染的衣着，用肥皂水和清水彻底冲洗皮肤。就医。 眼睛接触：立即提起眼睑，用大量流动清水或生理盐水彻底冲洗至少15分钟。就医。 【灭火方法】 喷水冷却容器，尽可能将容器从火场移至空旷处。 灭火剂：泡沫、干粉、二氧化碳。用水灭火无效。 【泄漏应急处置】 消除所有点火源。根据液体流动和蒸气扩散的影响区域划定警戒区，无关人员从侧风、上风向撤离至安全区。建议应急处理人员戴正压自给式空气呼吸器，穿防毒、防静电服。作业时使用的所有设备应接地。禁止接触或跨越泄漏物。尽可能切断泄漏源。防止泄漏物进入水体、下水道、地下室或密闭性空间。小量泄漏：用砂土或其他不燃材料吸收。使用洁净的无火花工具收集吸收材料。大量泄漏：构筑围堤或挖坑收容。用泡沫覆盖，减少蒸发。喷水雾能减少蒸发，但不能降低泄漏物在受限制空间内的易燃性。用防爆泵转移至槽车或专用收集器内。 作为一项紧急预防措施，泄漏隔离距离至少为50m。如果为大量泄漏，下风向的初始疏散距离应至少为300m。

8. 氢

特别警示	极易燃气体。
理化特性	无色、无臭的气体。很难液化。液态氢无色透明。极易扩散和渗透。微溶于水，不溶于乙醇、乙醚。分子量 2.02，熔点-259.2℃，沸点-252.8℃，气体密度 0.0899g/L，相对密度(水=1)0.07(-252℃)，相对蒸气密度(空气=1)0.07，临界压力 1.30MPa，临界温度-240℃，饱和蒸气压 13.33kPa(-257.9℃)，爆炸极限 4%~75%(体积比)，自燃温度 500℃，最小点火能 0.019mJ，最大爆炸压力 0.720MPa。 主要用途：主要用于合成氨和甲醇等，石油精制，有机物氢化及作火箭燃料。
危害信息	【燃烧和爆炸危险性】 极易燃，与空气混合能形成爆炸性混合物，遇热或明火即发生爆炸。比空气轻，在室内使用和储存时，漏气上升滞留屋顶不易排出，遇火星会引起爆炸。在空气中燃烧时，火焰呈蓝色，不易被发现。 【活性反应】 与氟、氯、溴等卤素会剧烈反应。 【健康危害】 为单纯性窒息性气体，仅在高浓度时，由于空气中氧分压降低才引起缺氧性窒息。在很高的分压下，呈现出麻醉作用。
安全措施	【一般要求】 操作人员必须经过专门培训，严格遵守操作规程，熟练掌握操作技能，具备应急处置知识。 密闭操作，严防泄漏，工作场所加强通风。远离火种、热源，工作场所严禁吸烟。 生产、使用氢气的车间及贮氢场所应设置氢气泄漏检测报警仪，使用防爆型的通风系统和设备。建议操作人员穿防静电工作服。储罐等压力容器和设备应设置安全阀、压力表、温度计，并应装有带压力、温度远传记录和报警功能的安全装置。 避免与氧化剂、卤素接触。 生产、储存区域应设置安全警示标志。在传送过程中，钢瓶和容器必须接地和跨接，防止产生静电。搬运时轻装轻卸，防止钢瓶及附件破损。配备相应品种和数量的消防器材及泄漏应急处理设备。 【特殊要求】 【操作安全】 (1) 氢气系统运行时，不准敲击，不准带压修理和紧固，不得超压，严禁负压。制氢和充灌人员工作时，不可穿戴易产生静电的服装及带钉的鞋作业，以免产生静电和撞击起火。 (2) 当氢气作焊接、切割、燃料和保护气等使用时，每台(组)用氢设备的支管上应设阻火器。因生产需要，必须在现场(室内)使用氢气瓶时，其数量不得超过 5 瓶，并且氢气瓶与盛有易燃、易爆、可燃物质及氧化性气体的容器或气瓶的间距不应小于 8m，与空调装置、空气压缩机和通风设备等吸风口的间距不应小于 20m。 (3) 管道、阀门和水封装置冻结时，只能用热水或蒸汽加热解冻，严禁使用明火烘烤。不准在室内排放氢气。吹洗置换，应立即切断气源，进行通风，不得进行可能发生火花的一切操作。

续表

安全措施	（4）使用氢气瓶时注意以下事项： ——必须使用专用的减压器，开启时，操作者应站在阀口的侧后方，动作要轻缓； ——气瓶的阀门或减压器泄漏时，不得继续使用。阀门损坏时，严禁在瓶内有压力的情况下更换阀门； ——气瓶禁止敲击、碰撞，不得靠近热源，夏季应防止曝晒； ——瓶内气体严禁用尽，应留有0.5MPa的剩余压力。 【储存安全】 （1）储存于阴凉、通风的易燃气体专用库房。远离火种、热源。库房温度不宜超过30℃。 （2）应与氧化剂、卤素分开存放，切忌混储。采用防爆型照明、通风设施。禁止使用易产生火花的机械设备和工具。储存区应备有泄漏应急处理设备。储存室内必须通风良好，保证空气中氢气最高含量不超过1%（体积比）。储存室建筑物顶部或外墙的上部设气窗或排气孔。排气孔应朝向安全地带，室内换气次数每小时不得小于3次，事故通风每小时换气次数不得小于7次。 （3）氢气瓶与盛有易燃、易爆、可燃物质及氧化性气体的容器或气瓶的间距不应小于8m；与空调装置、空气压缩机或通风设备等吸风口的间距不应小于20m；与明火或普通电气设备的间距不应小于10m。 【运输安全】 （1）运输车辆应有危险货物运输标志、安装具有行驶记录功能的卫星定位装置。未经公安机关批准，运输车辆不得进入危险化学品运输车辆限制通行的区域。 （2）槽车运输时要用专用槽车。槽车安装的阻火器（火星熄灭器）必须完好。槽车和运输卡车要有导静电拖线；槽车上要备有2只以上干粉或二氧化碳灭火器和防爆工具；要有遮阳措施，防止阳光直射。 （3）在使用汽车、手推车运输氢气瓶时，应轻装轻卸。严禁抛、滑、滚、碰。严禁用电磁起重机和链绳吊装搬运。装运时，应妥善固定。汽车装运时，氢气瓶头部应朝向同一方向，装车高度不得超过车厢高度，直立排放时，车厢高度不得低于瓶高的2/3。不能和氧化剂、卤素等同车混运。夏季应早晚运输，防止日光曝晒。中途停留时应远离火种、热源。 （4）氢气管道输送时，管道敷设应符合下列要求： ——氢气管道宜采用架空敷设，其支架应为非燃烧体。架空管道不应与电缆、导电线敷设在同一支架上； ——氢气管道与燃气管道、氧气管道平行敷设时，中间宜有不燃物料管道隔开，或净距不小于250mm。分层敷设时，氢气管道应位于上方。氢气管道与建筑物、构筑物或其他管线的最小净距可参照有关规定执行； ——室内管道不应敷设在地沟中或直接埋地，室外地沟敷设的管道，应有防止氢气泄漏、积聚或窜入其他沟道的措施。埋地敷设的管道埋深不宜小于0.7m。含湿氢气的管道应敷设在冰冻层以下； ——管道应避免穿过地沟、下水道及铁路汽车道路等，必须穿过时应设套管保护； ——氢管道外壁颜色、标志应执行《工业管道的基本识别色、识别符号和安全标识》（GB 7231）的规定。

续表

应急处置原则	【急救措施】 吸入：迅速脱离现场至空气新鲜处。保持呼吸道通畅。如呼吸困难，给氧。如呼吸停止，立即进行人工呼吸。就医。 【灭火方法】 切断气源。若不能切断气源，则不允许熄灭泄漏处的火焰。喷水冷却容器，尽可能将容器从火场移至空旷处。 氢火焰肉眼不易察觉，消防人员应佩戴自给式呼吸器，穿防静电服进入现场，注意防止外露皮肤烧伤。 灭火剂：雾状水、泡沫、二氧化碳、干粉。 【泄漏应急处置】 消除所有点火源。根据气体的影响区域划定警戒区，无关人员从侧风、上风向撤离至安全区。建议应急处理人员戴正压自给式空气呼吸器，穿防静电服。作业时使用的所有设备应接地。尽可能切断泄漏源。喷雾状水抑制蒸气或改变蒸气云流向。防止气体通过下水道、通风系统和密闭性空间扩散。若泄漏发生在室内，宜采用吸风系统或将泄漏的钢瓶移至室外，以避免氢气四处扩散。隔离泄漏区直至气体散尽。 作为一项紧急预防措施，泄漏隔离距离至少为100m。如果为大量泄漏，下风向的初始疏散距离应至少为800m。

9. 苯(含粗苯)

特别警示	确认人类致癌物；易燃液体，不得使用直流水扑救(闪点很低，用水灭火无效)。
理化特性	无色透明液体，有强烈芳香味。微溶于水，与乙醇、乙醚、丙酮、四氯化碳、二硫化碳和乙酸混溶。分子量78.11，熔点5.51℃，沸点80.1℃，相对密度(水=1)0.88，相对蒸气密度(空气=1)2.77，临界压力4.92MPa，临界温度288.9℃，饱和蒸气压10kPa(20℃)，折射率1.4979(25℃)，闪点-11℃，爆炸极限1.2%~8.0%(体积比)，自燃温度560℃，最小点火能0.20mJ，最大爆炸压力0.880MPa。 主要用途：主要用作溶剂及合成苯的衍生物、香料、染料、塑料、医药、炸药、橡胶等。
危害信息	【燃烧和爆炸危险性】 高度易燃，蒸气与空气能形成爆炸性混合物，遇明火、高热能引起燃烧爆炸。蒸气比空气重，能在较低处扩散到相当远的地方，遇火源会着火回燃和爆炸。 【健康危害】 吸入高浓度苯对中枢神经系统有麻醉作用，引起急性中毒；长期接触苯对造血系统有损害，引起白细胞和血小板减少，重者导致再生障碍性贫血。可引起白血病。具有生殖毒性。皮肤损害有脱脂、干燥、皲裂、皮炎。 职业接触限值：PC-TWA(时间加权平均容许浓度)(mg/m^3)：6(皮)；PC-STEL(短时间接触容许浓度)(mg/m^3)：10(皮)。 IARC：确认人类致癌物。

续表

<table>
<tr>
<td>安全措施</td>
<td>【一般要求】
操作人员必须经过专门培训，严格遵守操作规程，熟练掌握操作技能，具备应急处置知识。
密闭操作，防止泄漏，加强通风。远离火种、热源，工作场所严禁吸烟。生产、使用苯的车间及贮苯场所应设置泄漏检测报警仪，使用防爆型的通风系统和设备，配备两套以上重型防护服。戴化学安全防护眼镜，穿防静电工作服，戴橡胶手套，建议操作人员佩戴过滤式防毒面具(半面罩)。
储罐等容器和设备应设置液位计、温度计，并应装有带液位、温度远传记录和报警功能的安全装置，重点储罐等应设置紧急切断装置。
避免与氧化剂、酸类、碱金属接触。
生产、储存区域应设置安全警示标志。灌装时应控制流速，且有接地装置，防止静电积聚。配备相应品种和数量的消防器材及泄漏应急处理设备。
【特殊要求】
【操作安全】
(1) 一旦发生物品着火，应用干粉灭火器、二氧化碳灭火器、砂土灭火。
(2) 苯生产和使用过程中注意以下事项：
——必须穿戴好劳动保护用品；
——系统漏气时要站在上风口，同时佩戴好防毒面具进行作业；
——接触高温设备时要防止烫伤；
——设备的水压、油压保持正常，有关管线要畅通。
(3) 生产设备的清洗污水及生产车间内部地坪的冲洗水须收入应急池，经处理合格后才可排放。
(4) 充装时使用万向节管道充装系统，严防超装。
【储存安全】
(1) 储存于阴凉、通风良好的专用库房或储罐内，远离火种、热源。库房温度不宜超过37℃，保持容器密封。
(2) 应与氧化剂、酸类、碱金属等分开存放，切忌混储。采用防爆型照明、通风设施。禁止使用易产生火花的机械设备和工具。在苯储罐四周设置围堰，围堰的容积等于储罐的容积。储存区应备有泄漏应急处理设备和合适的收容材料。
(3) 注意防雷、防静电，厂(车间)内的储罐应按《建筑物防雷设计规范》(GB 50057)的规定设置防雷防静电设施。
(4) 每天不少于两次对各储罐进行巡检，并做好记录，发现跑、冒、滴、漏等隐患要及时联系处理，重大隐患要及时上报。
【运输安全】
(1) 运输车辆应有危险货物运输标志、安装具有行驶记录功能的卫星定位装置。未经公安机关批准，运输车辆不得进入危险化学品运输车辆限制通行的区域。
(2) 苯装于专用的槽车(船)内运输，槽车(船)应定期清理；用其他包装容器运输时，容器须用盖密封。槽车安装的阻火器(火星熄灭器)必须完好。槽车上要备有2只以上干粉或二</td>
</tr>
</table>

续表

<table>
<tr><td>安全措施</td><td>氧化碳灭火器和防爆工具。禁止使用易产生火花的机械设备和工具装卸。运输车辆进入厂区，必须安装静电接地装置和阻火器，车速不超过5km/h。
（3）严禁与氧化剂、酸类、碱金属等混装混运。运输时运输车辆应配备泄漏应急处理设备。不得在人口稠密区和有明火等场所停靠。高温季节应早晚运输，防止日光暴晒。运输苯容器时，应轻装轻卸。严禁抛、滑、滚、碰。严禁用电磁起重机和链绳吊装搬运。装运时，应妥善固定。
（4）苯管道输送时，注意以下事项：
——苯管道架空敷设时，苯管道应敷设在非燃烧体的支架或栈桥上。在已敷设的苯管道下面，不得修建与苯管道无关的建筑物和堆放易燃物品；
——管道不应穿过非生产苯所使用的建筑物；
——管道消除静电接地装置和防雷接地线，单独接地。防雷的接地电阻值不大于10Ω，防静电的接地电阻值不大于100Ω；
——苯管道不应靠近热源敷设；
——管道采用地上敷设时，应在人员活动较多和易遭车辆、外来物撞击的地段，采取保护措施并设置明显的警示标志；
——苯管道外壁颜色、标志应执行《工业管道的基本识别色、识别符号和安全标识》(GB 7231)的规定；
——室内管道不应敷设在地沟中或直接埋地，室外地沟敷设的管道，应有防止泄漏、积聚或窜入其他沟道的措施。</td></tr>
<tr><td>应急处置原则</td><td>【急救措施】
吸入：迅速脱离现场至空气新鲜处。保持呼吸道通畅。如呼吸困难，给氧。如呼吸停止，立即进行人工呼吸。就医。
食入：饮足量温水，催吐。就医。
皮肤接触：脱去污染的衣着，用肥皂水或清水彻底冲洗皮肤。
眼睛接触：提起眼睑，用流动清水或生理盐水冲洗。就医。
【灭火方法】
喷水冷却容器，尽可能将容器从火场移至空旷处。处在火场中的容器若已变色或从安全泄压装置中产生声音，必须马上撤离。
灭火剂：泡沫、干粉、二氧化碳、砂土。用水灭火无效。
【泄漏应急处置】
消除所有点火源。根据液体流动和蒸气扩散的影响区域划定警戒区，无关人员从侧风、上风向撤离至安全区。建议应急处理人员戴正压自给式空气呼吸器，穿防毒、防静电服。作业时使用的所有设备应接地。禁止接触或跨越泄漏物。尽可能切断泄漏源。防止泄漏物进入水体、下水道、地下室或密闭性空间。小量泄漏：用砂土或其他不燃材料吸收。使用洁净的无火花工具收集吸收材料。大量泄漏：构筑围堤或挖坑收容。用泡沫覆盖，减少蒸发。喷水雾能减少蒸发，但不能降低泄漏物在受限制空间内的易燃性。用防爆泵转移至槽车或专用收集器内。
作为一项紧急预防措施，泄漏隔离距离至少为50m。如果为大量泄漏，下风向的初始疏散距离应至少为300m。</td></tr>
</table>

10. 碳酰氯(光气)

特别警示	剧毒气体，吸入可致死；高浓度泄漏区，喷氨水或其他稀碱液中和。
理化特性	无色或淡黄色气体，有强烈刺激性气味。易液化。微溶于水，并逐渐水解。易溶于苯、甲苯、四氯化碳、氯仿等有机溶剂。分子量为98.92，熔点-118℃，沸点8.2℃，相对密度(水=1)1.381，相对蒸气密度(空气=1)3.4，临界压力5.67MPa，临界温度182℃，饱和蒸气压161.6kPa(20℃)。 主要用途：主要用于有机合成，特别是制造异氰酸酯和聚氨酯等，还用于制造染料、橡胶、农药和塑料等。
危害信息	【燃烧和爆炸危险性】 不燃。 【活性反应】 与氨、强氧化剂等反应剧烈。 【健康危害】 主要损害呼吸道，导致化学性支气管炎、肺炎、肺水肿。光气毒性比氯气大10倍，光气浓度30~50mg/m^{3}时，即可引起中毒；在100~300mg/m^{3}时，接触15~30分钟，即可引起严重中毒，甚至死亡。 列入《剧毒化学品目录》。 职业接触限值：MAC(最高容许浓度)(mg/m^3)：0.5。
安全措施	【一般要求】 操作人员必须经过专门培训，严格遵守操作规程，熟练掌握操作技能，具备应急处置知识。 严加密闭，提供充分的局部排风和全面通风。采用隔离式操作。工作现场禁止吸烟。 生产、使用光气的车间及贮光气场所应设置光气泄漏检测报警仪，配备两套以上重型防护服。操作人员佩戴过滤式防毒面具(全面罩)或自给式呼吸器，穿胶布防毒衣，戴橡胶手套。 储罐等压力容器和设备应设置安全阀、压力表、温度计，并应装有带压力、温度远传记录和报警功能的安全装置，输入、输出管线等设置紧急切断装置。 避免与醇类、碱类、水接触。 生产、储存区域应设置安全警示标志。搬运时轻装轻卸，防止钢瓶及附件破损。配备泄漏应急处理设备。 【特殊要求】 【操作安全】 (1) 光气的制造和生产必须密闭，反应器和管道均应保持负压；合成装置应安装自动控制系统，减少接触机会。反应器及管道内应保持负压，输料须用真空抽吸。注意设备的经常维修，采用耐腐蚀的泵、阀和管道，防止跑、冒、滴、漏，并加强生产场所的通风。防止气体或蒸气泄漏到工作场所空气中。 (2) 当泄漏微量光气时，可用水蒸气冲散；较大量光气泄漏时，可用氨水喷淋解毒；废水可用碱性物质，如氢氧化钠、碳酸钠处理。 (3) 进入光气生产单元的人员都必须佩带个人防护器材，围护式厂房内配备逃生防护设施，进出围护式厂房必须得到批准，携带小型光气/CO检测仪，一旦出现警报立即撤离。

续表

<table>
<tr><td>安全措施</td><td>（4）构筑围堤或挖坑收容产生的大量废水。漏气容器要妥善处理，修复、检验后再用。
（5）液态光气装置系统要严格控制水的混入。其冷却器、冷凝器和贮槽的冷却宜采用非水性液体做冷却剂，如使用水或水性溶液作冷却剂，必须有可靠的防护措施。
【储存安全】
（1）储存于阴凉、干燥、通风良好的库房。远离火种、热源。库房内温不宜超过30℃。
（2）应与醇类、碱类、食用化学品分开存放，切忌混储。储罐用特殊规定的容器盛装、储存，并配稀碱、稀氨水喷淋吸收装置。储存区应备有泄漏应急处理设备。
（3）液态光气贮槽类的设备台数及单台贮存量应降至最低，符合以下要求：贮槽的总贮量必须严格控制，单台贮槽的容积不应大于5m^3，单台贮槽的装料系统应控制在75%以下；必须使用相应的系统容量事故槽；贮槽应装设安全阀，在安全阀前装设爆破片，安全阀后必须接到应急破坏系统，宜在片与阀之间装超压报警器；液态光气贮槽的材质应采用16MnR钢，宜采用双壁槽。
（4）液态光气的贮槽及其输送泵宜布置在封闭的单独房间里，槽四周应设围堰，其高度不应低于20cm，堰内容量应大于槽容量，并设有防渗漏层。
（5）应严格执行剧毒化学品“双人收发，双人保管”制度。
【运输安全】
（1）严禁从外地或本地区的其他生产厂运输光气为原料进行产品生产。
（2）由贮槽向各生产岗位输送物料不宜采用气压输送，当采用密封性能可靠的耐腐蚀泵输送时，泵的数量应降至最低；输送含光气的物料应采用无缝钢管，并宜采用套管；含光气物料管道连接应采用对焊焊接，开车之前应做气密性试验，严禁采用丝扣连接。</td></tr>
<tr><td>应急处置原则</td><td>【急救措施】
吸入：迅速脱离现场至空气新鲜处。保持呼吸道通畅。如呼吸困难，给氧。如呼吸停止，立即进行人工呼吸。吸入β2激动剂、口服或注射皮质类固醇治疗支气管痉挛。就医。
皮肤接触：脱去污染的衣着，用流动清水冲洗。
眼睛接触：提起眼睑，用流动清水或生理盐水冲洗。就医。
【火火方法】
本品不燃，但周围起火时应切断气源。喷水冷却容器，尽可能将容器从火场移至空旷处。消防人员必须佩戴正压自给式空气呼吸器，穿全身防火防毒服，在上风向灭火。由于火场中可能发生容器爆破的情况，消防人员须在防爆掩蔽处操作。万一有光气漏逸，微量时可用水蒸气冲散，较大时，可用氨水喷雾冲洗。
灭火剂：根据周围着火原因选择适当灭火剂灭火。可用干粉、二氧化碳、水(雾状水)。
【泄漏应急处置】
根据气体的影响区域划定警戒区，无关人员从侧风、上风向撤离至安全区。建议应急处理人员穿内置正压自给式空气呼吸器的全封闭防化服。禁止接触或跨越泄漏物。尽可能切断泄漏源。防止气体通过下水道、通风系统和密闭性空间扩散。高浓度泄漏区，喷氨水或其他稀碱液中和。构筑围堤或挖坑收容液体泄漏物。隔离泄漏区直至气体散尽。
小量泄漏，初始隔离200m，下风向疏散白天1100m、夜晚4000m；大量泄漏，初始隔离1000m，下风向疏散白天7500m、夜晚11000m。</td></tr>
</table>

11. 二氧化硫

特别警示	对粘膜有强烈的刺激作用。
理化特性	无色有刺激性气味的气体。溶于水，水溶液呈酸性。溶于丙酮、乙醇、甲酸等有机溶剂。分子量64.06，熔点-75.5℃，沸点-10℃，气体密度3.049g/L，相对密度(水=1)1.4(-10℃)，相对蒸气密度(空气=1)2.25，临界压力7.87MPa，临界温度157.8℃，饱和蒸气压330kPa(20℃)。 主要用途：主要用于制造硫酸和保险粉等。
危害信息	【燃烧和爆炸危险性】 不燃。 【健康危害】 对眼及呼吸道粘膜有强烈的刺激作用，大量吸入可引起肺水肿、喉水肿、声带痉挛而致窒息。液体二氧化硫可引起皮肤及眼灼伤，溅入眼内可立即引起角膜浑浊，浅层细胞坏死。严重者角膜形成瘢痕。 职业接触限值：PC-TWA(时间加权平均容许浓度)(mg/m^3)：5；PC-STEL(短时间接触容许浓度)(mg/m^3)：10。
安全措施	【一般要求】 操作人员必须经过专门培训，严格遵守操作规程，熟练掌握操作技能，具备应急处置知识。 严加密闭，防止气体泄漏到工作场所空气中，提供充分的局部排风和全面通风。提供安全淋浴和洗眼设备。 生产、使用及贮存场所设置二氧化硫泄漏检测报警仪，配备两套以上重型防护服。空气中浓度超标时，操作人员应佩戴自吸过滤式防毒面具(全面罩)。紧急事态抢救或撤离时，建议佩戴正压自给式空气呼吸器。建议操作人员穿聚乙烯防毒服、戴橡胶手套。 储罐等压力容器和设备应设置安全阀、压力表、液位计、温度计，并应装有带压力、液位、温度远传记录和报警功能的安全装置，设置整流装置与压力机、动力电源、管线压力、通风设施或相应的吸收装置的联锁装置。重点储罐、输入输出管线等设置紧急切断装置。 避免与氧化剂、还原剂接触，远离易燃、可燃物。 生产、储存区域应设置安全警示标志。工作现场禁止吸烟、进食或饮水。搬运时轻装轻卸，防止钢瓶及附件破损。禁止使用电磁起重机和用链绳捆扎、或将瓶阀作为吊运着力点。配备相应品种和数量的消防器材及泄漏应急处理设备。倒空的容器可能存在残留有害物时应及时处理。 支气管哮喘和肺气肿等患者不宜接触二氧化硫。 【特殊要求】 【操作安全】 (1) 在生产企业设置必要紧急排放系统及事故通风设施。设置碱池，进行废气处理。 (2) 根据职工人数及巡检需要配置便携式二氧化硫浓度检测报警仪。进入密闭受限空间或二氧化硫有可能泄漏的空间之前应先进行检测，并进行强制通风，其浓度达到安全要求后进行操作，操作人员应佩戴防毒面具，并派专人监护。

续表

安全措施	【储存安全】 (1) 储存于阴凉、通风的库房。远离火种、热源。库房内温不宜超过30℃。 (2) 应与易(可)燃物、氧化剂、还原剂、食用化学品分开存放，切忌混储。储存区应备有泄漏应急处理设备。 【运输安全】 (1) 运输车辆应有危险货物运输标志、安装具有行驶记录功能的卫星定位装置。未经公安机关批准，运输车辆不得进入危险化学品运输车辆限制通行的区域。 (2) 车辆运输钢瓶，立放时，车厢高度应在瓶高的2/3以上；卧放时，瓶阀端应朝向车辆行驶的右方，用三角木垫卡牢，防止滚动，垛高不得超过5层且不得超过车厢高度。不准同车混装有抵触性质的物品和让无关人员搭车。禁止在居民区和人口稠密区停留。高温季节应早晚运输，防止日光曝晒。 (3) 搬运人员必须注意防护，按规定穿戴必要的防护用品；搬运时，管理人员必须到现场监卸监装；夜晚或光线不足时、雨天不宜搬运。若遇特殊情况必须搬运时，必须得到部门负责人的同意，还应有遮雨等相关措施；严禁在搬运时吸烟。
应急处置原则	【急救措施】 吸入：迅速脱离现场至空气新鲜处。保持呼吸道通畅。如呼吸困难，给氧。如呼吸停止，立即进行人工呼吸。就医。 皮肤接触：立即脱去污染的衣着，用大量流动清水冲洗。就医。 眼睛接触：提起眼睑，用流动清水或生理盐水冲洗。就医。 【灭火方法】 本品不燃，但周围起火时应切断气源。喷水冷却容器，尽可能将容器从火场移至空旷处。消防人员必须佩戴正压自给式空气呼吸器，穿全身防火防毒服，在上风向灭火。由于火场中可能发生容器爆破的情况，消防人员须在防爆掩蔽处操作。有二氧化硫泄漏时，使用细水雾驱赶泄漏的气体，使其远离未受波及的区域。 灭火剂：根据周围着火原因选择适当灭火剂灭火。可用二氧化碳、水(雾状水)或泡沫。 【泄漏应急处置】 根据气体的影响区域划定警戒区，无关人员从侧风、上风向撤离至安全区。建议应急处理人员穿内置正压自给式空气呼吸器的全封闭防化服。如果是液化气体泄漏，还应注意防冻伤。禁止接触或跨越泄漏物。尽可能切断泄漏源。防止气体通过下水道、通风系统和密闭性空间扩散。若可能翻转容器，使之逸出气体而非液体。喷雾状水抑制蒸气或改变蒸气云流向，避免水流接触泄漏物。禁止用水直接冲击泄漏物或泄漏源。隔离泄漏区直至气体散尽。 隔离与疏散距离：小量泄漏，初始隔离60m，下风向疏散白天300m、夜晚1200m；大量泄漏，初始隔离400m，下风向疏散白天2100m、夜晚5700m。

12. 一氧化碳

特别警示	极易燃气体，有毒，吸入可因缺氧致死。
理化特性	无色、无味、无臭气体。微溶于水，溶于乙醇、苯等有机溶剂。分子量 28.01，熔点 -205℃，沸点-191.4℃，气体密度 1.25g/L，相对密度(水=1)0.79，相对蒸气密度(空气=1)0.97，临界压力 3.50MPa，临界温度-140.2℃，爆炸极限 12%~74%(体积比)，自燃温度 605℃，最大爆炸压力 0.720MPa。 主要用途：主要用于化学合成，如合成甲醇、光气等，及用作精炼金属的还原剂。
危害信息	【燃烧和爆炸危险性】 极易燃，与空气混合能形成爆炸性混合物，遇明火、高热能引起燃烧爆炸。 【健康危害】 一氧化碳在血中与血红蛋白结合而造成组织缺氧。 急性中毒：轻度中毒者出现剧烈头痛、头晕、耳鸣、心悸、恶心、呕吐、无力，轻度至中度意识障碍但无昏迷，血液碳氧血红蛋白浓度可高于 10%；中度中毒者除上述症状外，意识障碍表现为浅至中度昏迷，但经抢救后恢复且无明显并发症，血液碳氧血红蛋白浓度可高于 30%；重度患者出现深度昏迷或去大脑强直状态、休克、脑水肿、肺水肿、严重心肌损害、锥体系或锥体外系损害、呼吸衰竭等，血液碳氧血红蛋白可高于 50%。部分患意识障碍恢复后，约经 2~60 天的“假愈期”，又可能出现迟发性脑病，以意识精神障碍、锥体系或锥体外系损害为主。 慢性影响：能否造成慢性中毒，是否对心血管有影响，无定论。 职业接触限值：PC-TWA(时间加权平均容许浓度)(mg/m^3)：20；PC-STEL(短时间接触容许浓度)(mg/m^3)：30。
安全措施	【一般要求】 操作人员必须经过专门培训，严格遵守操作规程，熟练掌握操作技能，具备应急处置知识。 密闭隔离，提供充分的局部排风和全面通风。远离火种、热源，工作场所严禁吸烟。 生产、使用及贮存场所应设置一氧化碳泄漏检测报警仪，使用防爆型的通风系统和设备。空气中浓度超标时，操作人员必须佩戴自吸过滤式防毒面具(半面罩)，穿防静电工作服。紧急事态抢救或撤离时，建议佩戴正压自给式空气呼吸器。 储罐等压力容器和设备应设置安全阀、压力表、温度计，并应装有带压力、温度远传记录和报警功能的安全装置。 生产和生活用气必须分路。防止气体泄漏到工作场所空气中。 避免与强氧化剂接触。 在可能发生泄漏的场所设置安全警示标志。配备相应品种和数量的消防器材及泄漏应急处理设备。 患有各种中枢神经或周围神经器质性疾患、明显的心血管疾患者，不宜从事一氧化碳作业。

续表

安全措施	【特殊要求】 【操作安全】 （1）配备便携式一氧化碳检测仪。进入密闭受限空间或一氧化碳有可能泄漏的空间之前应先进行检测，并进行强制通风，其浓度达到安全要求后进行操作，操作人员佩戴自吸过滤式防毒面具，要求同时有2人以上操作，万一发生意外，能及时互救，并派专人监护。 （2）充装容器应符合规范要求，并按期检测。 【储存安全】 （1）储存于阴凉、通风的库房。远离火种、热源，防止阳光直晒。库房内温不宜超过30℃。 （2）禁止使用易产生火花的机械设备和工具。储存区应备有泄漏应急处理设备。搬运储罐时应轻装轻卸，防止钢瓶及附件破损。 （3）注意防雷、防静电，厂（车间）内的储罐应按《建筑物防雷设计规范》（GB 50057）的规定设置防雷设施。 【运输安全】 （1）运输车辆应有危险货物运输标志、安装具有行驶记录功能的卫星定位装置。未经公安机关批准，运输车辆不得进入危险化学品运输车辆限制通行的区域。 （2）装运该物品的车辆排气管必须配备阻火装置，禁止使用易产生火花的机械设备和工具装卸。在传送过程中，钢瓶和容器必须接地和跨接，防止产生静电。槽车上要备有2只以上干粉或二氧化碳灭火器和防爆工具。高温季节应早晚运输，防止日光暴晒。 （3）车辆运输钢瓶时，瓶口一律朝向车辆行驶方向的右方，堆放高度不得超过车辆的防护栏板，并用三角木垫卡牢，防止滚动。不准同车混装有抵触性质的物品和让无关人员搭车。中途停留时应远离火种、热源。禁止在居民区和人口稠密区停留。
应急处置原则	【急救措施】 吸入：迅速脱离现场至空气新鲜处。保持呼吸道通畅。如呼吸困难，给氧。呼吸心跳停止时，立即进行人工呼吸和胸外心脏按压术。就医。 【灭火方法】 灭火剂：雾状水、泡沫、二氧化碳、干粉。切断气源。若不能切断气源，则不允许熄灭泄漏处的火焰。喷水冷却容器，尽可能将容器从火场移至空旷处。 【泄漏应急处置】 消除所有点火源。根据气体的影响区域划定警戒区，无关人员从侧风、上风向撤离至安全区。建议应急处理人员戴正压自给式空气呼吸器，穿防静电服。作业时使用的所有设备应接地。尽可能切断泄漏源。喷雾状水抑制蒸气或改变蒸气云流向。防止气体通过下水道、通风系统和密闭性空间扩散。隔离泄漏区直至气体散尽。 隔离与疏散距离：小量泄漏，初始隔离30m，下风向疏散白天100m、夜晚100m；大量泄漏，初始隔离150m，下风向疏散白天700m、夜晚2700m。

13. 甲醇

特别警示	有毒液体，可引起失明、死亡。
理化特性	无色透明的易挥发液体，有刺激性气味。溶于水，可混溶于乙醇、乙醚、酮类、苯等有机溶剂。分子量32.04，熔点-97.8℃，沸点64.7℃，相对密度（水=1）0.79，相对蒸气密度（空气=1）1.1，临界压力7.95MPa，临界温度240℃，饱和蒸气压12.26kPa（20℃），折射率1.3288，闪点11℃，爆炸极限5.5%～44.0%（体积比），自燃温度464℃，最小点火能0.215mJ。 主要用途：主要用于制甲醛、香精、染料、医药、火药、防冻剂、溶剂等。
危害信息	【燃烧和爆炸危险性】 高度易燃，蒸气与空气能形成爆炸性混合物，遇明火、高热能引起燃烧爆炸。蒸气比空气重，能在较低处扩散到相当远的地方，遇火源会着火回燃和爆炸。 【健康危害】 易经胃肠道、呼吸道和皮肤吸收。 急性中毒：表现为头痛、眩晕、乏力、嗜睡和轻度意识障碍等，重者出现昏迷和癫痫样抽搐，直至死亡。引起代谢性酸中毒。甲醇可致视神经损害，重者引起失明。 慢性影响：主要为神经系统症状，有头晕、无力、眩晕、震颤性麻痹及视觉损害。皮肤反复接触甲醇溶液，可引起局部脱脂和皮炎。 解毒剂：口服乙醇或静脉输乙醇、碳酸氢钠、叶酸、4-甲基吡唑。 职业接触限值：PC-TWA（时间加权平均容许浓度）（mg/m^3）：25（皮）；PC-STEL（短时间接触容许浓度）（mg/m^3）：50（皮）。
安全措施	【一般要求】 操作人员必须经过专门培训，严格遵守操作规程，熟练掌握操作技能，具备应急处置知识。 密闭操作，防止泄漏，加强通风。远离火种、热源，工作场所严禁吸烟。使用防爆型的通风系统和设备。戴化学安全防护眼镜，穿防静电工作服，戴橡胶手套，建议操作人员佩戴过滤式防毒面具（半面罩）。 储罐等压力设备应设置压力表、液位计、温度计，并应装有带压力、液位、温度远传记录和报警功能的安全装置。 避免与氧化剂、酸类、碱金属接触。 生产、储存区域应设置安全警示标志。灌装时应控制流速，且有接地装置，防止静电积聚。配备相应品种和数量的消防器材及泄漏应急处理设备。 【特殊要求】 【操作安全】 (1) 打开甲醇容器前，应确定工作区通风良好且无火花或引火源存在；避免让释出的蒸气进入工作区的空气中。生产、贮存甲醇的车间要有可靠的防火、防爆措施。一旦发生物品着火，应用干粉灭火器、二氧化碳灭火器、砂土灭火。

安全措施	（2）设备罐内作业时注意以下事项： ——进入设备内作业，必须办理罐内作业许可证。入罐作业前必须严格执行安全隔离、清洗、置换的规定。做到物料不切断不进入；清洗置换不合格不进入；行灯不符合规定不进入；没有监护人员不进入；没有事故抢救后备措施不进入； ——入罐作业前30分钟取样分析，易燃易爆、有毒有害物质浓度及氧含量合格方可进入作业。视具体条件加强罐内通风；对通风不良环境，应采取间歇作业； ——在罐内动火作业，除了执行动火规定外，还必须符合罐内作业条件，有毒气体浓度低于国家规定值，严禁向罐内充氧。焊工离开作业罐时不准将焊(割)具留在罐内。 （3）生产设备的清洗污水及生产车间内部地坪的冲洗水须收入应急池，经处理合格后才可排放。 【储存安全】 （1）储存于阴凉、通风良好的专用库房或储罐内，远离火种、热源。库房温度不宜超过37℃，保持容器密封。 （2）应与氧化剂、酸类、碱金属等分开存放，切忌混储。采用防爆型照明、通风设施。禁止使用易产生火花的机械设备和工具。在甲醇储罐四周设置围堰，围堰的容积等于储罐的容积。储存区应备有泄漏应急处理设备和合适的收容材料。 （3）注意防雷、防静电，厂(车间)内的储罐应按《建筑物防雷设计规范》(GB 50057)的规定设置防雷防静电设施。 【运输安全】 （1）运输车辆应有危险货物运输标志、安装具有行驶记录功能的卫星定位装置。未经公安机关批准，运输车辆不得进入危险化学品运输车辆限制通行的区域。 （2）甲醇装于专用的槽车(船)内运输，槽车(船)应定期清理；用其他包装容器运输时，容器须用盖密封。严禁与氧化剂、酸类、碱金属等混装混运。运输时运输车辆应配备2只以上干粉或二氧化碳灭火器和防爆工具。运输途中应防曝晒、防雨淋、防高温。不准在有明火地点或人多地段停车，高温季节应早晚运输。 （3）在使用汽车、手推车运输甲醇容器时，应轻装轻卸。严禁抛、滑、滚、碰。严禁用电磁起重机和链绳吊装搬运。装运时，应妥善固定。 （4）甲醇管道输送时，注意以下事项： ——甲醇管道架空敷设时，甲醇管道应敷设在非燃烧体的支架或栈桥上；在已敷设的甲醇管道下面，不得修建与甲醇管道无关的建筑物和堆放易燃物品； ——管道消除静电接地装置和防雷接地线，单独接地。防雷的接地电阻值不大于10Ω，防静电的接地电阻值不大于100Ω； ——甲醇管道不应靠近热源敷设； ——管道采用地上敷设时，应在人员活动较多和易遭车辆、外来物撞击的地段，采取保护措施并设置明显的警示标志； ——甲醇管道外壁颜色、标志应执行《工业管道的基本识别色、识别符号和安全标识》(GB 7231)的规定； ——室内管道不应敷设在地沟中或直接埋地，室外地沟敷设的管道，应有防止泄漏、积聚或窜入其他沟道的措施。

续表

应急处置原则	【急救措施】 吸入：迅速脱离现场至空气新鲜处。保持呼吸道通畅。如呼吸困难，给氧。如呼吸停止，立即进行人工呼吸。就医。 食入：饮足量温水，催吐。用清水或1%硫代硫酸钠溶液洗胃。就医。 皮肤接触：脱去污染的衣着，用肥皂水和清水彻底冲洗皮肤。 眼睛接触：提起眼睑，用流动清水或生理盐水冲洗。就医。 【灭火方法】 尽可能将容器从火场移至空旷处。喷水保持火场容器冷却，直至灭火结束。处在火场中的容器若已变色或从安全泄压装置中产生声音，必须马上撤离。 灭火剂：抗溶性泡沫、干粉、二氧化碳、砂土。 【泄漏应急处置】 消除所有点火源。根据液体流动和蒸气扩散的影响区域划定警戒区，无关人员从侧风、上风向撤离至安全区。建议应急处理人员戴正压自给式空气呼吸器，穿防毒、防静电服。作业时使用的所有设备应接地。禁止接触或跨越泄漏物。尽可能切断泄漏源。防止泄漏物进入水体、下水道、地下室或密闭性空间。小量泄漏：用砂土或其他不燃材料吸收。使用洁净的无火花工具收集吸收材料。大量泄漏：构筑围堤或挖坑收容。用抗溶性泡沫覆盖，减少蒸发。喷水雾能减少蒸发，但不能降低泄漏物在受限制空间内的易燃性。用防爆泵转移至槽车或专用收集器内。喷雾状水驱散蒸气、稀释液体泄漏物。 作为一项紧急预防措施，泄漏隔离距离至少为50m。如果为大量泄漏，在初始隔离距离的基础上加大下风向的疏散距离。

14. 丙烯腈

特别警示	可疑人类致癌物，剧毒液体，火场温度下易发生危险的聚合反应。
理化特性	无色透明液体。微溶于水，与苯、丙酮、甲醇等有机溶剂互溶。分子量为53.06，熔点-83.6℃，沸点77.3℃，相对密度(水=1)0.81，相对蒸气密度(空气=1)1.83，临界温度263℃，临界压力3.5MPa，饱和蒸气压11.0kPa(20℃)，折射率1.3911，闪点-1℃，爆炸极限2.8%~17%(体积比)，自燃温度480℃，最小点火能0.16mJ。 主要用途：用于制造聚丙烯腈、丁腈橡胶、染料、合成树脂、医药等。
危害信息	【燃烧和爆炸危险性】 高度易燃，蒸气与空气能形成爆炸性混合物，遇明火、高热易引起燃烧或爆炸，并放出有毒气体。 【活性反应】 与氧化剂、强酸、强碱、胺类、溴反应剧烈。在高温下，可发生聚合放热反应。 【健康危害】 可经呼吸道、胃肠道和完整皮肤进入体内。在体内析出氰根，抑制呼吸酶；对呼吸中枢有直接麻痹作用。重度中毒出现癫痫大发作样抽搐、昏迷、肺水肿。 解毒剂：亚硝酸异戊酯、亚硝酸钠、硫代硫酸钠、4-二甲基氨基苯酚。

续表

<table>
<tr><td>危害信息</td><td>列入《剧毒化学品目录》。
职业接触限值：PC-TWA(时间加权平均容许浓度)(mg/m^3)：1(皮)；PC-STEL(短时间接触容许浓度)(mg/m^3)：2(皮)。
IARC：可疑人类致癌物。</td></tr>
<tr><td>安全措施</td><td>【一般要求】
操作人员必须经过专门培训，严格遵守操作规程。熟练掌握操作技能，具备应急处置知识。
操作应严加密闭。有局部排风设施和全面通风。远离火种、热源，工作场所严禁吸烟。在作业现场应提供安全淋浴和洗眼设备，安全喷淋洗眼器应在生产装置开车时进行校验。
设置固定式可燃气体报警器，或配备便携式可燃气体报警器。使用防爆型的通风系统和设备，配备两套以上重型防护服。戴化学安全防护眼镜，穿防静电工作服，戴橡胶手套。可能接触其蒸气时，必须佩戴自吸过滤式全面罩防毒面具，穿连体式胶布防毒衣。
储罐等容器和设备应设置液位计、温度计，并应装有带液位、温度远传记录和报警功能的安全装置，重点储罐需设置紧急切断装置。选用无泄漏泵来输送本介质，如屏蔽泵或磁力泵输送，最大限度的减少其泄漏的可能性。
禁止与氧化剂、强酸、强碱、胺类、溴等接触。在火场高温下能发生聚合放热，使容器破裂。
生产、储存区域应设置安全警示标志。在传送过程中，容器、管道必须接地和跨接，防止产生静电。搬运时轻装轻卸，防止钢瓶及附件破损。配备相应品种和数量的消防器材及泄漏应急处理设备。倒空的容器可能存在残留有害物时应及时处理。
【特殊要求】
【操作安全】
(1) 设置必要的安全联锁及紧急排放系统以及正常及事故通风设施，通风设施应每年进行一次检查。配备便携式可燃气体报警仪。生产装置重要岗位设置工业电视监控。
(2) 在生产企业设置DCS集散控制系统，同时设置安全联锁与紧急停车系统(ESD)并独立设置；设置HCN浓度监测系统；根据职工人数及巡检需要配置多台便携式氢氰酸浓度检测报警仪。生产装置内使用在线氧分析仪，用以检测反应气体氧含量，以免形成爆炸性混合物。
(3) 对有可能失控的工艺过程，采取的应急措施有：排出物料或停止加入物料；紧急泄压；停止供热或由加热转为冷却；加入稀释物料；加入易挥发性物料；通入惰性气体；与灭火系统联锁。
(4) 丙烯腈物料有自聚性质，因此管道系统法兰应采用高等级密封法兰，要注意对操作温度的检查和按规定添加阻聚剂，防止物料发生高温自聚而堵塞设备和管道，设计应为泄放上述介质的安全阀设置连续吹氮系统。丙烯腈的水溶液或成品在碱性条件下更易发生聚合而引起爆炸，因此，要加强碱性物料，如碱性污水等的管理，禁止将碱性物料送到承装介质的容器或废水槽中。
(5) 大型生产装置应设置或依托急救站。</td></tr>
</table>

安全措施	【储存安全】 （1）通常商品加有稳定剂。储存于阴凉、通风仓库内。远离火种、热源。库房温度不宜超过30℃。防止阳光直射。包装要求密封，商品不可与空气接触。不宜大量储存或久存。 （2）应与氧化剂、酸类、碱类、胺类、溴分开存放。储存间内的照明、通风等设施应采用防爆型。配备相应品种和数量的消防器材。定期检查是否有泄漏现象。搬运时要轻装轻卸，防止包装及容器损坏。 （3）储罐应设固定或移动式消防冷却水系统。 （4）应严格执行剧毒化学品“双人收发，双人保管”制度。 【运输安全】 （1）运输车辆应有危险货物运输标志、安装具有行驶记录功能的卫星定位装置。未经公安机关批准，运输车辆不得进入危险化学品运输车辆限制通行的区域。 （2）槽车运输时要用专用槽车。槽车安装的阻火器（火星熄灭器）必须完好。槽车和运输卡车要有导静电拖线；槽车上要备有二只以上干粉或二氧化碳灭火器和防爆工具；要有遮阳措施，防止阳光直射。严禁与氧化剂、酸、碱、胺类、溴等混装混运。
应急处置原则	【急救措施】 吸入：迅速脱离现场至空气新鲜处。保持呼吸道通畅。如呼吸困难，给氧。呼吸心跳停止时，立即进行人工呼吸（勿用口对口）和胸外心脏按压术。给吸入亚硝酸异戊酯，就医。 食入：饮足量温水，催吐。用1：5000高锰酸钾溶液或5%硫代硫酸钠溶液洗胃。就医。 皮肤接触：立即脱去污染的衣着，用流动清水或5%硫代硫酸钠溶液彻底冲洗至少20分钟。就医。 眼睛接触：提起眼睑，用流动清水或生理盐水冲洗。就医。 【灭火方法】 消防人员必须穿特殊防护服，在掩蔽处操作。 灭火剂：抗溶性泡沫、二氧化碳、干粉、砂土。用水灭火无效，但须用水保持火场容器冷却。 【泄漏应急处置】 消除所有点火源。根据液体流动和蒸气扩散的影响区域划定警戒区，无关人员从侧风、上风向撤离至安全区。建议应急处理人员戴正压自给式空气呼吸器，穿防毒、防静电服。作业时使用的所有设备应接地。禁止接触或跨越泄漏物。尽可能切断泄漏源。防止泄漏物进入水体、下水道、地下室或密闭性空间。小量泄漏：用砂土或其他不燃材料吸收。使用洁净的无火花工具收集吸收材料。大量泄漏：构筑围堤或挖坑收容。用石灰粉吸收大量液体。用抗溶性泡沫覆盖，减少蒸发。喷水雾能减少蒸发，但不能降低泄漏物在受限制空间内的易燃性。用防爆泵转移至槽车或专用收集器内。喷雾状水驱散蒸气、稀释液体泄漏物。 作为一项紧急预防措施，泄漏隔离距离至少为50m。如果为大量泄漏，在初始隔离距离的基础上加大下风向的疏散距离。

15. 环氧乙烷

特别警示	确认人类致癌物；极易燃气体；加热时剧烈分解，有着火和爆炸危险。
理化特性	常温下为无色气体，低温时为无色易流动液体。易溶于水以及乙醇、乙醚等有机溶剂。分子量 44.05，熔点-111.3℃，沸点 10.7℃，气体密度 1.795g/L(20℃)，相对密度(水=1) 0.87，相对蒸气密度(空气=1)1.5，临界压力 7.19MPa，临界温度 195.8℃，饱和蒸气压 145.91kPa(20℃)，折射率 1.3597(7℃)，闪点<-18℃，爆炸极限 3.0%~100%(体积比)，自燃温度 429℃，最小点火能 0.065mJ，最大爆炸压力 0.970MPa。 主要用途：主要用于制造乙二醇、表面活性剂、洗涤剂、增塑剂以及树脂等。
危害信息	【燃烧和爆炸危险性】 极易燃，蒸气能与空气形成范围广阔的爆炸性混合物，遇高热和明火有燃烧爆炸危险。蒸气比空气重，能在较低处扩散到相当远的地方，遇火源会着火回燃和爆炸。与空气的混合物快速压缩时，易发生爆炸。 【活性反应】 接触碱金属、氢氧化物或高活性催化剂如铁、锡和铝的无水氯化物及铁和铝的氧化物可大量放热。 【健康危害】 可致中枢神经系统、呼吸系统损害，重者引起昏迷和肺水肿。可出现心肌损害和肝损害。可致皮肤损害和眼灼伤。 职业接触限值：PC-TWA(时间加权平均容许浓度)(mg/m^3)：2(皮)。 IARC：确认人类致癌物。
安全措施	【一般要求】 操作人员必须经过专门培训，严格遵守操作规程，熟练掌握操作技能，具备应急处置知识。 严加密闭，防止泄漏，工作场所提供充分的局部排风和全面通风，远离火种、热源，工作场所严禁吸烟。 生产、使用及贮存场所应设置泄漏检测报警仪，使用防爆型的通风系统和设备，配备两套以上重型防护服。穿防静电工作服，戴橡胶手套，工作场所浓度超标的，操作人员应该佩戴自吸过滤式防毒面具。 储罐等压力容器和设备应设置安全阀、压力表、液位计、温度计，并应装有带压力、液位、温度远传记录和报警功能的安全装置，重点储罐需设置紧急切断装置。 避免与酸类、碱类、醇类接触。 生产、储存区域应设置安全警示标志。在传送过程中，钢瓶和容器必须接地和跨接，防止产生静电。禁止撞击和震荡。运输环氧乙烷瓶时，应轻装轻卸。严禁抛、滑、滚、碰。严禁用电磁起重机和链绳吊装搬运。配备相应品种和数量的消防器材及泄漏应急处理设备。 【特殊要求】 【操作安全】 (1) 环氧乙烷作业场所的浓度必须定期测定，并及时公布于现场。生产区域内，严禁明火和可能产生明火、火花的作业(固定动火区必须距离生产区 30m 以上)。生产需要或检修期间需动火时，必须办理动火审批手续。

续表

安全措施	(2) 环氧乙烷系统运行时，不准敲击，不准带压修理和紧固，不得超压，严禁负压。 (3) 环氧乙烷设备、容器及管道在动火进行大、小修之前应作充氮吹扫。所用氮气的纯度应大于98%。 (4) 厂(车间)内的环氧乙烷设备、管道应按《化工企业静电接地设计技术规定》要求采取防静电措施，并在避雷保护范围之内。 【储存安全】 (1) 储存于阴凉、通风的易燃气体专用库房。远离火种、热源。避免光照。库房温度不宜超过30℃。 (2) 应与酸类、碱类、醇类、食用化学品分开存放，切忌混储。采用防爆型照明、通风设施。禁止使用易产生火花的机械设备和工具。 (3) 储存环氧乙烷的固定式储罐应符合以下要求： ——环氧乙烷储罐应设置水冷却喷淋装置，并应有充足的水源提供； ——尽量使操作温度范围在-10~20℃； ——环氧乙烷储罐外保冷材料应采用不燃材料，厚度应根据保冷要求确定，保温外皮不得使用铝皮； ——储罐的密封垫片应采用聚四氟乙烯材料，禁止使用石棉、橡胶材料； ——注意防雷、防静电，厂(车间)内储罐应按《建筑物防雷设计规范》(GB 50057)的规定设置防雷设施。 【运输安全】 (1) 运输车辆应有危险货物运输标志、安装具有行驶记录功能的卫星定位装置。未经公安机关批准，运输车辆不得进入危险化学品运输车辆限制通行的区域。 (2) 车辆运输钢瓶时，瓶口一律朝向车辆行驶方向的右方，堆放高度不得超过车辆的防护栏板，并用三角木垫卡牢，防止滚动。不准同车混装有抵触性质的物品和让无关人员搭车。运输途中远离火种，不准在有明火地点或人多地段停车，停车时要有人看管。 (3) 运输环氧乙烷汽车罐车应符合以下要求： ——罐体材料应优先采用不锈钢或不锈钢复合板； ——物料装卸应采用上装上卸方式，装卸管道应为不锈钢金属波纹软管，不得采用带橡胶密封圈的快速连接接头； ——盛装环氧乙烷的汽车罐车应配置高纯氮气瓶，并应设有与罐体连接的接口； ——置换用氮气纯度应不低于99.9%，氮封中的氧含量不得大于0.5%； ——汽车罐车应带有阻火器装置和导静电拖线。 盛装环氧乙烷的汽车罐车，除应符合以上要求之外，还应符合《液化气体罐车安全监察规程》和相应国家标准的规定。严禁使用盛装其他介质的汽车罐车充装或改装后充装环氧乙烷。 (4) 输送环氧乙烷的管道不应靠近热源敷设；管道采用地上敷设时，应在人员活动较多和易遭车辆、外来物撞击的地段，采取保护措施并设置明显的警示标志；环氧乙烷管道架空敷设时，管道应敷设在非燃烧体的支架或栈桥上。在已敷设的环氧乙烷管道下面，不得修建与环氧乙烷管道无关的建筑物和堆放易燃物品；环氧乙烷管道外壁颜色、标志应执行《工业管道的基本识别色、识别符号和安全标识》(GB 7231)的规定。

续表

应急处置原则	【急救措施】 吸入：迅速脱离现场至空气新鲜处。保持呼吸道通畅。如呼吸困难，给氧。如呼吸停止，立即进行人工呼吸。呼吸心跳停止时，立即进行人工呼吸和胸外心脏按压术。 皮肤接触：立即脱去污染的衣着，用大量流动清水冲洗至少 15 分钟。就医。 眼睛接触：立即提起眼睑，用大量流动清水或生理盐水彻底冲洗至少 15 分钟。就医。 【灭火方法】 切断气源。若不能切断气源，则不允许熄灭泄漏处的火焰。喷水冷却容器，尽可能将容器从火场移至空旷处。 灭火剂：雾状水、抗溶性泡沫、干粉、二氧化碳。 【泄漏应急处置】 消除所有点火源。根据气体的影响区域划定警戒区，无关人员从侧风、上风向撤离至安全区。建议应急处理人员戴正压自给式空气呼吸器，穿防静电服。作业时使用的所有设备应接地。禁止接触或跨越泄漏物。尽可能切断泄漏源。喷雾状水抑制蒸气或改变蒸气云流向，避免水流接触泄漏物。禁止用水直接冲击泄漏物或泄漏源。防止气体通过下水道、通风系统和密闭性空间扩散。隔离泄漏区直至气体散尽。 隔离与疏散距离：小量泄漏，初始隔离 30m，下风向疏散白天 100m、夜晚 200m；大量泄漏，初始隔离 150m，下风向疏散白天 800m、夜晚 2500m。

16. 乙炔

特别警示	极易燃气体；经压缩或加热可造成爆炸；火场温度下易发生危险的聚合反应。
理化特性	无色无臭气体，工业品有使人不愉快的大蒜气味。微溶于水，溶于乙醇、丙酮、氯仿、苯。分子量 26.04，熔点 -80.8℃，沸点 -83.8℃，气体密度 1.17g/L，相对密度（水 = 1）0.62，相对蒸气密度（空气 = 1）0.91，临界压力 6.19MPa，临界温度 35.2℃，饱和蒸气压 4460kPa（20℃），爆炸极限 2.1%~80%（体积比），自燃温度 305℃，最小点火能 0.02mJ。 主要用途：主要是有机合成的重要原料之一。亦是合成橡胶、合成纤维和塑料的原料，也用于氧炔焊割。
危害信息	【燃烧和爆炸危险性】 易燃烧爆炸。能与空气形成爆炸性混合物，爆炸范围非常宽，遇明火、高热和氧化剂有燃烧、爆炸危险。 【活性反应】 与氧化剂接触猛烈反应。与氟、氯等接触会发生剧烈的化学反应。能与铜、银、汞等的化合物生成爆炸性物质。 【健康危害】 具有弱麻醉作用，麻醉恢复快，无后作用，高浓度吸入可引起单纯窒息。

续表

安全措施	【一般要求】 操作人员必须经过专门培训，应具有防火、防爆、防静电事故和预防职业病的知识和操作能力，严格遵守操作规程。 密闭操作，避免泄漏，全面通风，防止乙炔气体泄漏到工作场所空气中。远离火种、热源，工作场所严禁吸烟。 在发生或合成、使用、储存乙炔的场所，设置可燃气体检测报警仪，并与应急通风联锁，使用防爆型的通风系统和设备。操作人员应穿防静电工作服，禁止穿戴易产生静电衣物和钉鞋。 避免与氧化剂、酸类、卤素接触。 生产、储存区域应设置安全警示标志。搬运时轻装轻卸，防止钢瓶及附件破损。配备相应品种和数量的消防器材及泄漏应急处理设备。 【特殊要求】 【操作安全】 （1）在有乙炔存在或使用乙炔作业的人员，应配备便携式可燃气体检测报警仪。不能接触铜、银和汞。要避免使用含铜66%以上的黄铜、含铜银的焊接材料和含汞的压力表。 （2）进入有乙炔存在或泄漏密闭有限空间前，应首先检测乙炔浓度，强制机械通风10分钟以上，直至乙炔浓度低于爆炸下限20%，作业过程中有人监护，每隔30分钟监测一次，可燃气体含量不得高于爆炸下限的20%。 （3）凡可能与易燃、易爆物相通的设备，管道等部位的动火均应加堵盲板与系统彻底隔离、切断，必要时应拆掉一段连接管道。 （4）电石库禁止带水入内。 （5）使用乙炔气瓶，应注意： ——注意固定，防止倾倒，严禁卧放使用，对已卧放的乙炔瓶，不准直接开气使用，使用前必须先立牢静止15分钟，再接减压器使用，否则危险。轻装轻卸气瓶，禁止敲击、碰撞等粗暴行为； ——同时使用乙炔瓶和氧气瓶时，两瓶之间的距离应超过10m。不得将瓶内的气体使用干净，必须留有0.05MPa以上的剩余压力气体； ——乙炔气瓶不得靠近热源和电器设备，夏季要有遮阳措施防止暴晒，与明火的距离要大于10m。气瓶的瓶阀冻结时，严禁用火烘烤，可用10℃以下温水解冻； ——乙炔气瓶在使用时必须设专用减压器。回火防止器，工作前必须检查是否好用，否则禁止使用，开启时，操作者应站在阀门的侧后方，动作要轻缓。 （6）在乙炔站内应注意： ——站房内允许冬季取暖时，不得用电热明火，宜采用光管散热器，以免积尘及静电感应，并应离乙炔发生器1m以上，当气温在0℃以下时，可用氯化钠的水溶液代替发生器及回火防止器的用水，以防冰冻的发生。乙炔发生器管道冻结可用热水解冻。移动式乙炔发生器在夏季应遮阳，防高温和热辐射； ——乙炔发生器设备运行时，操作者应密切注意各部位压力和温度的变化。若发现压力表读数骤升或有气体从安全阀逸出，或者启动数分钟压力表的指针没有上升应停止作业，排除故障。严禁超出规定压力和温度；

续表

安全措施	（7）乙炔设备、容器及管道在动火进行大、小修之前应作充氮吹扫。所用氮气的纯度应大于98%，吹扫口化验乙炔含量低于0.5%时，才能动火作业，并应事先得到有关部门批准，设专人监护和采取必要的防火、防爆措施。 【储存安全】 （1）乙炔瓶储存于阴凉、通风的易燃气体专用库房。远离火种、热源。库房温度不宜超过30℃。 （2）应与氧化剂、酸类、卤素分开存放，切忌混储。采用防爆型照明、通风设施。禁止使用易产生火花的机械设备和工具。储存区应备有泄漏应急处理设备。乙炔瓶贮存时要保持直立，并有防倒措施，严禁与氧气、氯气瓶及易燃品同向贮存。乙炔瓶严禁放在通风不良及有放射线的场所，不得放在橡胶等绝缘体上，瓶库或贮存间有专人管理，要有消防器材和醒目的防火标志。 （3）储存室内必须通风良好，保证空气中乙炔最高含量不超过1%（体积比）。储存室建筑物顶部或外墙的上部设气窗或排气孔。排气孔应朝向安全地带，室内换气次数每小时不得小于3次，事故通风每小时换气次数不得小于7次。 【运输安全】 （1）运输车辆应有危险货物运输标志、安装具有行驶记录功能的卫星定位装置。未经公安机关批准，运输车辆不得进入危险化学品运输车辆限制通行的区域。 （2）槽车运输时要用专用槽车。槽车安装的阻火器（火星熄灭器）必须完好。槽车和运输卡车要有导静电拖线；槽车上要备有2只以上干粉或二氧化碳灭火器和防爆工具；要有遮阳措施，防止阳光直射。 （3）车辆运输钢瓶时，瓶口一律朝向车辆行驶方向的右方，装车高度不得超过车箱高度，直立排放时，车厢高度不得低于瓶高的2/3。不准同车混装有抵触性质的物品和让无关人员搭车。运输途中远离火种，不准在有明火地点或人多地段停车，停车时要有人看管。发生泄漏或火灾要开到安全地方进行灭火或堵漏。 （4）输送乙炔的管道不应靠近热源敷设；管道采用地上敷设时，应在人员活动较多和易遭车辆、外来物撞击的地段，采取保护措施并设置明显的警示标志，乙炔管道架空敷设时，管道应敷设在非燃烧体的支架或栈桥上。在已敷设的乙炔管道下面，不得修建与乙炔管道无关的建筑物和堆放易燃物品；乙炔管道外壁颜色、标志应执行《工业管道的基本识别色、识别符号和安全标识》（GB 7231）的规定。
应急处置原则	【急救措施】 吸入：迅速脱离现场至空气新鲜处。保持呼吸道通畅。如呼吸困难，给氧。如呼吸停止，立即进行人工呼吸。就医。 【灭火方法】 切断气源。若不能切断气源，则不允许熄灭泄漏处的火焰。喷水冷却容器，尽可能将容器从火场移至空旷处。 灭火剂：雾状水、泡沫、二氧化碳、干粉。

续表

应急处置原则	【泄漏应急处置】 消除所有点火源。根据气体的影响区域划定警戒区，无关人员从侧风、上风向撤离至安全区。建议应急处理人员戴正压自给式空气呼吸器，穿防静电服。作业时使用的所有设备应接地。禁止接触或跨越泄漏物。尽可能切断泄漏源。若可能翻转容器，使之逸出气体而非液体。喷雾状水抑制蒸气或改变蒸气云流向，避免水流接触泄漏物。如有可能，将残余气或漏出气用排风机送至水洗塔或与塔相连的通风橱内。禁止用水直接冲击泄漏物或泄漏源。防止气体通过下水道、通风系统和密闭性空间扩散。隔离泄漏区直至气体散尽。 作为一项紧急预防措施，泄漏隔离距离至少为100m。如果为大量泄漏，下风向的初始疏散距离应至少为800m。

17. 氟化氢、氢氟酸

特别警示	有毒气体，对呼吸道黏膜及皮肤有强烈刺激和腐蚀作用。
理化特性	无色气体，有强刺激性气味。分子量为20.01，熔点-83.55℃，沸点19.5℃，相对密度(水=1)0.988，相对蒸气密度(空气=1)1.27，饱和蒸气压122kPa(25℃)，临界温度188℃，临界压力6.48 MPa。溶于水，生成氢氟酸并放出热量，氢氟酸为无色透明有刺激性臭味的液体。微溶于乙醚。具有强腐蚀性。不易被氧化。 主要用途：氢氟酸主要用于蚀刻玻璃，以及制氟化合物。氢氟酸用作分析试剂、高纯氟化物的制备、玻璃蚀刻及电镀表面处理等。
危害信息	【燃烧和爆炸危险性】 不燃。 【活性反应】 反应性极强，能与各种物质发生反应。腐蚀性极强。 【健康危害】 有强烈的刺激和腐蚀作用。急性中毒可发生眼和上呼吸道刺激、支气管炎、肺炎，重者发生肺水肿。极高浓度时可发生反射性窒息。 职业接触限值：MAC(最高容许浓度)(mg/m^3)：2。
安全措施	【一般要求】 操作人员必须经过专门培训，严格遵守操作规程，熟练掌握操作技能，具备应急处置知识。 严加密闭，防止泄漏，提供充分的局部排风和全面通风或采用露天设置，提供安全淋浴和洗眼设备。作业现场应设置氟化氢有毒气体检测报警仪。配备两套以上重型防护服。穿橡胶耐酸碱服，戴橡胶耐酸碱手套，工作场所浓度超标的，操作人员应该佩戴自吸过滤式防毒面具。宜采用隔离式、机械化、自动化操作。避免产生酸雾。 储罐等压力容器和设备应设置安全阀、压力表、液位计、温度计，并应装有带压力、液位、温度远传记录和报警功能的安全装置，设置整流装置与压力机、动力电源、管线压力、通风设施或相应的吸收装置的联锁装置。重点储罐需设置紧急切断装置。

续表

<table>
<tr><td>安全措施</td><td>避免与氧化剂、酸类、碱类接触。
生产、储存区域应设置安全警示标志。搬运时轻装轻卸，防止钢瓶及附件破损。吊装时，应将气瓶放置在符合安全要求的专用筐中进行吊运。禁止使用电磁起重机和用链绳捆扎，或将瓶阀作为吊运着力点。配备相应品种和数量的消防器材及泄漏应急处理设备。工作现场禁止吸烟、进食和饮水。保持良好的卫生习惯。车间应配备急救设备及药品。倒空的容器可能残留有害物应及时处理。
【特殊要求】
【操作安全】
（1）打开氢氰酸容器时，确定工作区通风良好且无火花或引火源存在，避免让释出的蒸气进入工作区的空气中，并有随时可以用于灭火及处理泄漏的紧急应变装置。一旦发生物品着火，应用干粉灭火器、二氧化碳灭火器、砂土灭火，切忌水流冲击物品。
（2）生产设备的清洗污水及生产车间内部地坪的冲洗水须收入应急池，经处理合格后才可排放。
（3）充装时使用万向节管道充装系统，严防超装。
【储存安全】
（1）储存于阴凉、干燥、通风良好的专用库房内。库房温度不宜超过30℃。包装要求密封。氢氰酸若留存时间长，则因少量水分的作用而发生聚合，生成黑褐色的聚合物。由于聚合是放热反应，且有自动催化作用，有时会突然爆炸，为此，储存时要特别小心，贮存时间不宜太长，并注意添加稳定剂。
（2）氢氰酸储存区设置围堰，地面进行防渗透处理，并配备倒装罐或储液池。储存区应备有合适的材料收容泄漏物。
（3）应与氧化剂、酸类、食用化学品分开存放，切忌混储。
（4）定期检查氢氰酸的储罐、槽车、阀门和泵等，防止泄漏。
【运输安全】
（1）运输车辆应有危险货物运输标志、安装具有行驶记录功能的卫星定位装置。未经公安机关批准，运输车辆不得进入危险化学品运输车辆限制通行的区域。
（2）用其他包装容器运输时，容器须用耐腐蚀材料的盖密封。运输车辆应符合符合消防安全要求，配备相应的消防器材。运输车辆进入厂区，保持安全车速。
（3）氢氰酸搬运人员必须注意防护，按规定穿戴必要的防护用品；搬运时，管理人员必须到现场监卸监装；夜晚或光线不足时、雨天不宜搬运。若遇特殊情况必须搬运时，必须得到部门负责人的同意，还应有遮雨等相关措施；严禁在搬运时吸烟。禁止在居民区和人口稠密区停留。</td></tr>
<tr><td>应急处置原则</td><td>【急救措施】
吸入：迅速脱离现场至空气新鲜处。保持呼吸道通畅。如呼吸困难，给氧。如呼吸停止，立即进行人工呼吸。就医。
食入：用水漱口，给饮牛奶或蛋清。就医。
皮肤接触：立即脱去污染的衣着，用大量流动清水冲洗至少15分钟。就医。
眼睛接触：立即提起眼睑，用大量流动清水或生理盐水彻底冲洗至少15分钟。就医。</td></tr>
</table>

续表

应急处置原则	【灭火方法】 用雾状水、泡沫灭火。消防人员必须穿特殊防护服，在掩蔽处操作。喷水保持火场容器冷却，直至灭火结束。 【泄漏应急处置】 根据液体流动和蒸气扩散的影响区域划定警戒区，无关人员从侧风、上风向撤离至安全区。建议应急处理人员戴正压自给式空气呼吸器，穿防酸碱服。作业时使用的所有设备应接地。穿上适当的防护服前严禁接触破裂的容器和泄漏物。喷雾状水抑制蒸气或改变蒸气云流向，避免水流接触泄漏物。勿使水进入包装容器内。尽可能切断泄漏源。防止泄漏物进入水体、下水道、地下室或密闭性空间。小量泄漏：用干燥的砂土或其他不燃材料覆盖泄漏物。大量泄漏：构筑围堤或挖坑收容。用石灰粉吸收大量液体。用农用石灰(CaO)、碎石灰石($CaCO_3$)或碳酸氢钠($NaHCO_3$)中和。用抗溶性泡沫覆盖，减少蒸发。用耐腐蚀泵转移至槽车或专用收集器内。 隔离与疏散距离：小量泄漏，初始隔离 30m，下风向疏散白天 100m、夜晚 500m；大量泄漏，初始隔离 300m，下风向疏散白天 1700m、夜晚 3600m。

18. 氯乙烯

特别警示	确认人类致癌物；极易燃气体；火场温度下易发生危险的聚合反应。
理化特性	无色、有醚样气味的气体。难溶于水，溶于乙醇、乙醚、丙酮和二氯乙烷。分子量 62.50，熔点-153.7℃，沸点-13.3℃，气体密度 2.15g/L，相对密度(水=1)0.91，相对蒸气密度(空气=1)2.2，临界压力 5.57MPa，临界温度 151.5℃，饱和蒸气压 346.53kPa(25℃)，闪点-78℃，爆炸极限 3.6%～31.0%(体积比)，自燃温度 472℃，最大爆炸压力 0.666MPa。 主要用途：主要用作塑料原料及用于有机合成，也用作冷冻剂等。
危害信息	【燃烧和爆炸危险性】 极易燃，与空气混合能形成爆炸性混合物，遇热源和明火有燃烧爆炸的危险。比空气重，能在较低处扩散到相当远的地方，遇火源会着火回燃。 【活性反应】 燃烧或无抑制时可发生剧烈聚合。 【健康危害】 经呼吸道进入体内，液体污染皮肤也可经皮肤吸收进入人体。可致肝血管肉瘤。 急性中毒：主要为麻醉作用，严重者可发生昏迷、抽搐、呼吸循环衰竭，甚至死亡。液体可致皮肤冻伤。 慢性影响：表现为神经衰弱综合征、肝损害、雷诺氏现象及肢端溶骨症。重度中毒可引起肝硬化。可致皮肤损害，少数人出现硬皮病样改变。 职业接触限值：PC-TWA(时间加权平均容许浓度)(mg/m^3)：10。 IARC：确认人类致癌物。

续表

<table>
<tr><td>安全措施</td><td>【一般要求】
操作人员必须经过专门培训，严格遵守操作规程，熟练掌握操作技能，具备应急处置知识。
密闭操作，严防泄漏，工作场所全面通风。远离火种、热源，工作场所严禁吸烟。生产、使用及贮存场所应设置泄漏检测报警仪，使用防爆型的通风系统和设备。戴化学安全防护眼镜，穿防静电工作服，戴防化学品手套，工作场所浓度超标的，操作人员应该佩戴过滤式防毒面具。
避免与氧化剂接触。
生产、储存区域应设置安全警示标志。在传送过程中，钢瓶和容器必须接地和跨接，防止产生静电。搬运时轻装轻卸，防止钢瓶及附件破损。配备相应品种和数量的消防器材及泄漏应急处理设备。
【特殊要求】
【操作安全】
（1）氯乙烯作业场所的氯乙烯浓度必须定期测定，生产区域内，严禁明火和可能产生明火、火花的作业(固定动火区必须距离生产区 30m 以上)。生产需要或检修期间需动火时，必须办理动火审批手续。
（2）氯乙烯聚合系统的动力、仪表、仪表、照明和冷却水系统应有备用电源，并应具备防止停电的安全措施。
（3）厂(车间)内的氯乙烯设备、管道应按《化工企业静电接地设计技术规定》要求采取防静电措施，并在避雷保护范围之内。
【储存安全】
（1）储存于阴凉、通风的易燃气体专用库房。远离火种、热源。库房温度不宜超过 30℃。应与氧化剂分开存放，切忌混储。
（2）贮存时应注意容器的密闭和氮封，并添加少量阻聚剂。采用防爆型照明、通风设施。禁止使用易产生火花的机械设备和工具。储存区应备有泄漏应急处理设备。
（3）注意防雷、防静电：厂(车间)内各类建、构筑物、露天装置、储罐应按《建筑物防雷设计规范》(GB 50057)的规定设置防雷设施。氯乙烯合成、精馏、聚合系统属第Ⅱ类防雷建、构筑物；防雷接地线与防静电接地线应分别设置，单独接地。防雷的接地电阻值不大于 10Ω，静电的接地电阻值不大于 100Ω。
（4）储存室内必须通风良好，保证空气中氯乙烯最高含量不超过 1%(体积比)。储存室外墙的下部设排气孔。排气孔应朝向安全地带，室内换气次数每小时不得小于 3 次，事故通风每小时换气次数不得小于 7 次。
【运输安全】
（1）运输车辆应有危险货物运输标志、安装具有行驶记录功能的卫星定位装置。未经公安机关批准，运输车辆不得进入危险化学品运输车辆限制通行的区域。
（2）使用专用槽车运输，槽车安装的阻火器(火星熄灭器)必须完好。槽车和运输卡车要有导静电拖线；槽车上要备有 2 只以上干粉或二氧化碳灭火器和防爆工具；要有遮阳措施，防止阳光直射。运输途中远离火种，禁止在居民区和人口稠密区停留，停车时要有人看管。发生泄漏或火灾要开到安全地方进行灭火或堵漏。</td></tr>
</table>

续表

安全措施	（3）氯乙烯管道输送时，注意以下事项： ——氯乙烯管道输送时，管道宜采用架空敷设，必要时可沿地敷设，但不宜埋地敷设； ——氯乙烯管道应敷设在非燃烧体的支架或栈桥上。在已敷设的氯乙烯管道下面，不得修建与氯乙烯管道无关的建筑物和堆放易燃物品； ——氯乙烯管道不应穿过非氯乙烯生产使用的建筑物； ——氯乙烯管道消除静电接地装置和防雷接地线，单独接地。防雷的接地电阻值不大于10Ω，防静电的接地电阻值不大于100Ω； ——氯乙烯管道不应靠近热源敷设； ——氯乙烯管道外壁颜色、标志应执行《工业管道的基本识别色、识别符号和安全标识》(GB 7231)的规定。气、液氯乙烯管道应标明介质流向，反扣(向)阀门应指示旋向； ——架空氯乙烯管道与建筑物、道路的最小水平净距，应符合化工工艺设计的要求；架空氯乙烯管道与道路路面最小垂直净距不小于5m。
应急处置原则	【急救措施】 吸入：迅速脱离现场至空气新鲜处。保持呼吸道通畅。如呼吸困难，给氧。如呼吸停止，立即进行人工呼吸。就医。 皮肤接触：立即脱去污染的衣着，用肥皂水和清水彻底冲洗皮肤。就医。 眼睛接触：提起眼睑，用流动清水或生理盐水冲洗。就医。 【灭火方法】 切断气源。若不能切断气源，则不允许熄灭泄漏处的火焰。喷水冷却容器，尽可能将容器从火场移至空旷处。 灭火剂：雾状水、泡沫、二氧化碳。 【泄漏应急处置】 消除所有点火源。根据气体的影响区域划定警戒区，无关人员从侧风、上风向撤离至安全区。建议应急处理人员戴正压自给式空气呼吸器，穿防静电服。液化气体泄漏时穿防静电、防寒服。作业时使用的所有设备应接地。禁止接触或跨越泄漏物。尽可能切断泄漏源。若可能翻转容器，使之逸出气体而非液体。喷雾状水抑制蒸气或改变蒸气云流向，避免水流接触泄漏物。禁止用水直接冲击泄漏物或泄漏源。防止气体通过下水道、通风系统和密闭性空间扩散。隔离泄漏区直至气体散尽。 作为一项紧急预防措施，泄漏隔离距离至少为100m。如果为大量泄漏，下风向的初始疏散距离应至少为800m。

19. 甲苯

特别警示	高度易燃液体，用水灭火无效，不能使用直流水扑救。
理化特性	无色透明液体，有芳香气味。不溶于水，与乙醇、乙醚、丙酮、氯仿等混溶。分子量92.14，熔点-94.9℃，沸点110.6℃，相对密度(水=1)0.87，相对蒸气密度(空气=1)3.14，临界压力4.11MPa，临界温度318.6℃，饱和蒸气压3.8kPa(25℃)，折射率1.4967，闪点4℃，爆炸极限1.2%~7.0%(体积比)，自燃温度535℃，最小点火能2.5mJ，最大爆炸压力0.784MPa。 主要用途：主要用于掺合汽油组成及作为生产甲苯衍生物、炸药、染料中间体、药物等的主要原料。

续表

危害信息	【燃烧和爆炸危险性】 高度易燃，蒸气与空气能形成爆炸性混合物，遇明火、高热能引起燃烧爆炸。蒸气比空气重，能在较低处扩散到相当远的地方，遇火源会着火回燃和爆炸。 【健康危害】 短时间内吸入较高浓度本品表现为麻醉作用，重症者可有躁动、抽搐、昏迷。对眼和呼吸道有刺激作用。直接吸入肺内可引起吸入性肺炎。可出现明显的心脏损害。 职业接触限值：PC-TWA(时间加权平均容许浓度)(mg/m^3)：50(皮)；PC-STEL(短时间接触容许浓度)(mg/m^3)：100(皮)。
安全措施	【一般要求】 操作人员必须经过专门培训，严格遵守操作规程。熟练掌握操作技能，具备应急处置知识。 操作应严加密闭。要求有局部排风设施和全面通风。 设置固定式可燃气体报警器，或配备便携式可燃气体报警器、宜增设有毒气体报警仪。采用防爆型的通风系统和设备。穿防静电工作服，戴橡胶防护手套。空气中浓度超标时，佩戴防毒面具。紧急事态抢救或撤离时，佩戴自给式呼吸器。选用无泄漏泵来输送本介质，如屏蔽泵或磁力泵输送。甲苯储罐采取人工脱水方式时，应增配检测有毒气体检测报警仪(固定式或便携式)。采样宜采用循环密闭采样系统。在作业现场应提供安全淋浴和洗眼设备。安全喷淋和洗眼器应在生产装置开车时进行校验。操作现场严禁吸烟。进入罐、限制性空间或其他高浓度区作业，须有人监护。 储罐等容器和设备应设置液位计、温度计，并应装有带液位、温度远传记录和报警功能的安全装置。 禁止与强氧化剂接触。 生产、储存区域应设置安全警示标志。在传送过程中，容器、管道必须接地和跨接，防止产生静电。输送过程中易产生静电积聚，相关防护知识应加强培训。 【特殊要求】 【操作安全】 (1) 选用无泄漏泵来输送本介质，如屏蔽泵或磁力泵输送。甲苯储罐采取人工脱水方式时，应增配检测有毒气体检测报警仪(固定式的或便携式的)。采样宜采用循环密闭采样系统。设置必要的安全联锁及紧急排放系统，通风设施应每年进行一次检查。 (2) 在生产企业设置DCS集散控制系统，同时设置安全联锁、紧急停车系统(ESD)以及正常及事故通风设施并独立设置。 (3) 装置内配备防毒面具等防护用品，操作人员在操作、取样、检维修时宜佩戴防毒面具。装置区所有设备、泵以及管线的放净均排放到密闭排放系统，保证职工健康不受损害。 (4) 介质为高温、有毒或强腐蚀性的设备及管线上的压力表与设备之间应有能隔离介质的装置或切断阀。另外，装置中的设备和管道应有惰性气体置换设施。 (5) 充装时使用万向节管道充装系统，严防超装。

续表

安全措施	【储存安全】 （1）储存于阴凉、通风仓库内。远离火种、热源。库房温度不宜超过30℃。防止阳光直射，保持容器密封。 （2）应与氧化剂分开存放。储存间内的照明、通风等设施应采用防爆型。罐储时要有防火防爆技术措施。禁止使用易产生火花的机械设备和工具。灌装时应注意流速（不超过3m/s），且有接地装置，防止静电积聚。搬运时要轻装轻卸，防止包装及容器损坏。 （3）储罐采用金属浮舱式的浮顶或内浮顶罐。储罐应设固定或移动式消防冷却水系统。 （4）生产装置重要岗位如罐区设置工业电视监控。 （5）介质为高温、有毒或强腐蚀性的设备及管线上的压力表与设备之间应有能隔离介质的装置或切断阀。另外，装置中的甲、乙类设备和管道应有惰性气体置换设施。 【运输安全】 （1）运输车辆应有危险货物运输标志、安装具有行驶记录功能的卫星定位装置。未经公安机关批准，运输车辆不得进入危险化学品运输车辆限制通行的区域。 （2）槽车和运输卡车要有导静电拖线；槽车上要备有2只以上干粉或二氧化碳灭火器和防爆工具；要有遮阳措施，防止阳光直射。 （3）车辆运输钢瓶时，瓶口一律朝向车辆行驶方向的右方，堆放高度不得超过车辆的防护栏板，并用三角木垫卡牢，防止滚动。不准同车混装有抵触性质的物品和让无关人员搭车。运输途中远离火种，不准在有明火地点或人多地段停车，停车时要有人看管。发生泄漏或火灾要开到安全地方进行灭火或堵漏。
应急处置原则	【急救措施】 吸入：迅速脱离现场至空气新鲜处。保持呼吸道通畅。如呼吸困难，给氧。如呼吸停止，立即进行人工呼吸。就医。 食入：饮足量温水，催吐。就医。 皮肤接触：脱去污染的衣着，用肥皂水和清水彻底冲洗皮肤。 眼睛接触：提起眼睑，用流动清水或生理盐水冲洗。就医。 【灭火方法】 喷水冷却容器，尽可能将容器从火场移至空旷处。处在火场中的容器若已变色或从安全泄压装置中产生声音，必须马上撤离。 灭火剂：泡沫、干粉、二氧化碳、砂土。用水灭火无效。 【泄漏应急处置】 消除所有点火源。根据液体流动和蒸气扩散的影响区域划定警戒区，无关人员从侧风、上风向撤离至安全区。建议应急处理人员戴正压自给式空气呼吸器，穿防毒、防静电服。作业时使用的所有设备应接地。禁止接触或跨越泄漏物。尽可能切断泄漏源。防止泄漏物进入水体、下水道、地下室或密闭性空间。小量泄漏：用砂土或其他不燃材料吸收。使用洁净的无火花工具收集吸收材料。大量泄漏：构筑围堤或挖坑收容。用石灰粉吸收大量液体。用泡沫覆盖，减少蒸发。喷水雾能减少蒸发，但不能降低泄漏物在受限制空间内的易燃性。用防爆泵转移至槽车或专用收集器内。 作为一项紧急预防措施，泄漏隔离距离至少为50m。如果为大量泄漏，下风向的初始疏散距离应至少为300m。

20. 氰化氢、氢氰酸

特别警示	剧毒液体，极易燃，火场温度下易发生危险的聚合反应。
理化特性	无色液体，有苦杏仁味。溶于水、醇、醚等。分子量 27.03，熔点-13.4℃，沸点 25.7℃，相对密度(水=1)0.69，相对蒸气密度(空气=1)0.94，饱和蒸气压 82.46kPa(20℃)，临界温度 183.5℃，临界压力 4.95 MPa，辛醇/水分配系数：0.35~1.07，闪点-17.8℃，引燃温度 538℃，爆炸极限 5.6%~40.0%(体积比)。 主要用途：主要用于丙烯腈和丙烯酸树脂及农药杀虫剂的制造。
危害信息	【燃烧和爆炸危险性】 极易燃，其蒸气与空气可形成爆炸性混合物，遇明火、高热能引起燃烧爆炸。 【活性反应】 长期放置则因水分而聚合，聚合物本身有自催化作用，可引起爆炸。 【健康危害】 抑制呼吸酶，造成细胞内窒息。短时间内吸入高浓度氰化氢气体，可立即因呼吸停止而死亡。非骤死者临床分为 4 期：前驱期有粘膜刺激、呼吸加快加深、乏力、头痛；口服有舌尖、口腔发麻等。呼吸困难期有呼吸困难、血压升高、皮肤粘膜呈鲜红色等。惊厥期出现抽搐、昏迷、呼吸衰竭。麻痹期全身肌肉松弛，呼吸心跳停止而死亡。可致眼、皮肤灼伤，吸收引起中毒。慢性影响表现为神经衰弱综合征、皮炎。 列入《剧毒化学品目录》。 职业接触限值：MAC(最高容许浓度)(mg/m^3)：1(皮)。
安全措施	【一般要求】 操作人员必须经过三级安全教育和安全、消防、职业卫生的专业培训，具备掌握氰化氢和氢氰酸方面的知识。严格遵守工艺规程和安全操作规程。熟练掌握操作技能和具备应急处理能力。 严加密闭，防止泄漏，提供充分的局部排风和全面通风或采用露天设置。提供安全淋浴和洗眼设备。 作业现场应设置氰化氢有毒气体检测仪。使用防爆型的通风系统和设备，配备两套以上重型防护服。穿连衣式防毒衣，戴橡胶手套，工作场所浓度超标的，操作人员应该佩戴隔离式呼吸器。紧急事态抢救或撤离时，必须佩戴正压式空气呼吸器。工作现场禁止吸烟、进食和饮水。远离火种、热源，工作场所严禁吸烟。使用防爆型的通风系统和设备。宜采用隔离式、机械化、自动化操作。 储罐等压力容器和设备应设置安全阀、压力表、液位计、温度计，并应装有带压力、液位、温度远传记录和报警功能的安全装置，重点储罐需设置紧急切断装置。 避免与氧化剂、酸类、碱类接触。 生产、储存区域应设置安全警示标志。搬运时轻装轻卸，防止钢瓶及附件破损。配备相应品种和数量的消防器材及泄漏应急处理设备。倒空的容器可能残留有害物应及时处理。车间应配备急救设备及药品。作业人员应学会自救互救。

安全措施	【特殊要求】 【操作安全】 （1）避免直接接触氢氰酸，操作人员应配戴必要的防护用品；避免吸入氰化氢，应戴上防毒面具。打开氢氰酸容器时，确定工作区通风良好且无火花或引火源存在；避免让释出的蒸气进入工作区的空气中。 （2）氰化氢气体比空气略轻，发生泄漏后气体向上扩散，应注意风向和人站立位置。巡检人员配备便携式氰化氢气体检测仪。 （3）氢氰酸易聚合，工艺操作中要防止碱性物质和保持低温状态。 （4）严禁利用氢氰酸管道做电焊接地线。严禁用铁器敲击管道与阀体，以免引起火花。 （5）生产区域内，严禁明火和可能产生明火、火花的作业。生产需要或检修期间需动火时，必须办理动火审批手续；要有可靠的防火、防爆措施。一旦发生物品着火，应用干粉灭火器、二氧化碳灭火器、砂土灭火。 （6）氢氰酸运转设备的外漏部分或危及人身安全的部位，应设置防护罩、安全护栏挡板，防止无关人员靠近。 （7）在氢氰酸环境中作业还应采用以下防护措施： ——根据不同作业环境配备相应的固定式氰化氢检测仪及防护装置，并落实人员管理，使氰化氢检测仪及防护装置处于完好状态； ——作业环境应设立方向标和逃生疏散通道标志； ——作业人员应使用隔离式呼吸器，如使用由空气压缩机供气的装置，则应将供气装置的空气压缩机应置于上风侧； ——重点检测区应设置醒目的标志、氰化氢检测仪、报警器及排风扇；在可能发生氰化氢中毒的主要出入口应设置醒目的中文危险危害因素告知牌； ——在涉及氢氰酸系统进行检修和抢修作业时，应携带便携式氰化氢检测仪和佩戴正压自给式空气呼吸器。 （8）工作场所配备洗眼器、喷淋装置。生产车间和作业场所应配备急救药品和相应滤毒器材、正压自给式空气呼吸器、防尘器材、防溅面罩、防护眼镜和耐碱的胶皮手套等防护用品。 （9）生产设备的清洗污水及生产车间内部地坪的冲洗水须收入应急池，经处理合格后才可排放。 （10）进入密闭有限空间前应强制机械通风，并对氰化氢气体和氧气浓度进行检测，其中氰化氢浓度小于国家规定的空气中最高容许浓度，氧含量>19.5%方可进入，作业过程中有专人监护，每隔 30 分钟监测一次。 （11）为减少氢氰酸在输送过程中发生泄漏，应采用以下措施： ——泵应采用密封性较好的无泄漏泵（如屏蔽泵、磁力泵等）； ——阀门应采用密封性较好无泄漏阀门（如波纹阀等）； ——输送管道、阀门等宜采用焊接式连接，管道、阀门的使用等级比常规要求提高一个等级； ——氢氰酸取样阀应采用双阀控制。

续表

安全措施	【储存安全】 （1）储存于阴凉、干燥、通风良好的专用库房内。库房温度不宜超过30℃。包装要求密封，不可与空气接触。应与氧化剂、酸类、碱类、食用化学品分开存放，切忌混储。储存区应备有合适的材料收容泄漏物。 氢氰酸若留存时间长，则因少量水分的作用而发生聚合，生成黑褐色的聚合物。由于聚合是放热反应，且有自动催化作用，有时会突然爆炸，为此，储存时要特别小心，贮存时间不宜太长，并注意添加稳定剂。 （2）采用防爆型照明、通风设施。禁止使用易产生火花的机械设备和工具。储存区应备有泄漏应急处理设备。氢氰酸储存区设置围堰，地面进行防渗透处理，并配备倒装罐或储液池。 （3）注意防雷、防静电，厂(车间)内的储罐应按《建筑物防雷设计规范》(GB 50057)的规定设置防雷设施。存储存区域应远离频繁出入处和紧急出口。 （4）应严格执行剧毒化学品“双人收发，双人保管”制度。 【运输安全】 （1）运输车辆应有危险货物运输标志、安装具有行驶记录功能的卫星定位装置。未经公安机关批准，运输车辆不得进入危险化学品运输车辆限制通行的区域。 （2）运输车辆应符合符合消防安全要求，配备相应的消防器材。运输车辆进入厂区，保持安全车速。运输时所用的槽(罐)车应有接地链，槽内可设孔隔板以减少震荡产生静电。中途停留时应远离火种、热源。禁止在居民区和人口稠密区停留。 （3）严禁与易燃物或可燃物、氧化剂、酸类、碱类、食用化学品等混装混运。运输时运输车辆应配备泄漏应急处理设备。运输途中应防曝晒、防雨淋、防高温。 （4）输送氢氰酸溶液的管道不应靠近热源敷设；氢氰酸管道宜采用架空敷设，必要时亦可近地面敷设；管道采用地上敷设时，应在人员活动较多和易遭车辆、外来物撞击的地段，采取保护措施并设置明显的警示标志；氢氰酸管道架空敷设时，管道应敷设在非燃烧体的支架或栈桥上。在已敷设的氢氰酸管道下面，不得修建与氢氰酸管道无关的建筑物和堆放易燃物品；氢氰酸管道外壁颜色、标志应执行《工业管道的基本识别色、识别符号和安全标识》(GB 7231)的规定。
应急处置原则	【急救措施】 吸入：迅速脱离现场至空气新鲜处。保持呼吸道通畅。如呼吸困难，给氧。呼吸心跳停止时，立即进行人工呼吸(勿用口对口)和胸外心脏按压术。给吸入亚硝酸异戊酯，就医。 食入：饮足量温水，催吐。用1:5000高锰酸钾溶液或5%硫代硫酸钠溶液洗胃。就医。 皮肤接触：立即脱去污染的衣着，用流动清水或5%硫代硫酸钠溶液彻底冲洗至少20分钟。就医。 眼睛接触：立即提起眼睑，用大量流动清水或生理盐水彻底冲洗至少15分钟。就医。 【灭火方法】 切断泄漏源。若不能切断泄漏源，则不允许熄灭泄漏处的火焰。消防人员必须穿戴全身专用防护服，佩戴氧气呼吸器，在安全距离以外或有防护措施处操作。

续表

应急处置原则	灭火剂：干粉、抗溶性泡沫、二氧化碳。用水灭火无效，但须用水保持火场容器冷却。用雾状水驱散蒸气。 【泄漏应急处置】 消除所有点火源。根据气体的影响区域划定警戒区，无关人员从侧风、上风向撤离至安全区。建议应急处理人员戴正压自给式空气呼吸器，穿防毒、防静电服。作业时使用的所有设备应接地。禁止接触或跨越泄漏物。尽可能切断泄漏源。喷雾状水抑制蒸气或改变蒸气云流向，避免水流接触泄漏物。禁止用水直接冲击泄漏物或泄漏源。防止气体通过下水道、通风系统和密闭性空间扩散。隔离泄漏区直至气体散尽。可考虑引燃漏出气，以消除有毒气体的影响。 当作为无水稳定的氰化氢时：小量泄漏，初始隔离 60m，下风向疏散白天 200m、夜晚 600m；大量泄漏，初始隔离 400m，下风向疏散白天 1600m、夜晚 4100m。 当在氰化氢含量小于 45% 的乙醇溶液中时：小量泄漏，初始隔离 30m，下风向疏散白天 100m、夜晚 300m；大量泄漏，初始隔离 200m，下风向疏散白天 500m、夜晚 1900m。 当作为稳定的氰化氢（被吸收的）时：小量泄漏，初始隔离 60m，下风向疏散白天 200m、夜晚 600m；大量泄漏，初始隔离 150m，下风向疏散白天 600m、夜晚 1700m。

21. 乙烯

特别警示	极易燃气体，有较强的麻醉作用；火场温度下易发生危险的聚合反应。
理化特性	无色气体，带有甜味。不溶于水，微溶于乙醇，溶于乙醚、丙酮和苯。分子量 28.05，熔点 -169.4℃，沸点 -103.9℃，气体密度 1.260g/L，相对密度（水=1）0.61，相对蒸气密度（空气=1）0.98，临界压力 5.04MPa，临界温度 9.2℃，饱和蒸气压 8100kPa（15℃），爆炸极限 2.7%~36.0%（体积比），自燃温度 425℃，最小点火能 0.096mJ。 主要用途：主要用于制聚乙烯、聚氯乙烯、醋酸等。
危害信息	【燃烧和爆炸危险性】 极易燃，与空气混合能形成爆炸性混合物，遇明火、高热或接触氧化剂，有引起燃烧爆炸的危险。 【活性反应】 与氟、氯等接触会发生剧烈的化学反应。 【健康危害】 具有较强的麻醉作用。 急性中毒：吸入高浓度乙烯可立即引起意识丧失，液态乙烯可致皮肤冻伤。 慢性影响：长期接触，可引起头昏、全身不适、乏力、思维不集中。
安全措施	【一般要求】 操作人员必须经过专门培训，严格遵守操作规程，熟练掌握操作技能，具备应急处置知识。 密闭操作，严防泄漏，工作场所全面通风。 生产、使用及贮存场所应设置泄漏检测报警仪，使用防爆型的通风系统和设备。远离火种、热源，工作场所严禁吸烟。操作人员应该穿防静电工作服。

续表

<table>
<tr><td>危害信息</td><td>储罐等压力容器和设备应设置安全阀、压力表、液位计、温度计，并应装有带压力、液位、温度远传记录和报警功能的安全装置，输入、输出管线等设置紧急切断装置。
避免与氧化剂、卤素接触。
生产、储存区域应设置安全警示标志。搬运时轻装轻卸，防止钢瓶及附件破损。在传送过程中，钢瓶和容器必须接地和跨接，防止产生静电。配备相应品种和数量的消防器材及泄漏应急处理设备。
【特殊要求】
【操作安全】
(1) 乙烯作业场所的乙烯浓度必须定期测定，并及时公布于现场。
(2) 生产区域内，严禁明火和可能产生明火、火花的作业(固定动火区必须距离生产区30m以上)。生产需要或检修期间需动火时，必须办理动火审批手续。乙烯设备、容器及管道在动火进行大、小修之前应作充氮吹扫。所用氮气的纯度应大于98%，吹扫口化验乙烯含量低于0.5%时，才能动火修理，并应事先得到有关部门批准，设专人监护和采取必要的防火、防爆措施。
(3) 乙烯管道、阀门和水封装置冻结时，只能用热水或蒸汽加热解冻，严禁使用明火烘烤。乙烯系统运行时，不准敲击，不准带压修理和紧固，不得超压，严禁负压。
(4) 充装时使用万向节管道充装系统，严防超装。
【储存安全】
(1) 储存容器应有正确的标识。保持容器密闭，储存于阴凉、通风的易燃气体专用库房，库房温度不宜超过30℃。
(2) 远离热源、点火源和酸类、卤素、氧化剂。储存区电路必须接地以避免产生电火花，采用防爆型照明、通风设施。禁止使用易产生火花的机械设备和工具。
(3) 乙烯瓶与盛有易燃、易爆、可燃物质及氧化性气体的容器和气瓶的间距不应小于8m；与空调装置、空气压缩机和通风设备等吸风口的间距不应小于20m；与明火或普通电气设备的间距不应小于10m。
(4) 对于储罐，定期校验安全阀、液位计、压力计等，并按标准要求定期对储罐进行耐压试验，同时对罐壁腐蚀情况进行一次系统测试。
(5) 注意防雷、防静电，厂(车间)内的储罐应按《建筑物防雷设计规范》(GB 50057)的规定设置防雷设施。
(6) 储存区应设置气体检测器以便及时发现物料的泄漏并采取措施。储存区应备有泄漏应急处理设备。
【运输安全】
(1) 运输车辆应有危险货物运输标志、安装具有行驶记录功能的卫星定位装置。未经公安机关批准，运输车辆不得进入危险化学品运输车辆限制通行的区域。
(2) 槽车运输时要用专用槽车。槽车安装的阻火器(火星熄灭器)必须完好。槽车和运输卡车要有导静电拖线；槽车上要备有2只以上干粉或二氧化碳灭火器和防爆工具；要有遮阳措施，防止阳光直射。</td></tr>
</table>

续表

危害信息	（3）车辆运输钢瓶时，瓶口一律朝向车辆行驶方向的右方，堆放高度不得超过车辆的防护栏板，并用三角木垫卡牢，防止滚动，直立排放时，车厢高度不得低于瓶高的2/3。运输途中远离火种，不准在有明火地点或人多地段停车，停车时要有人看管。发生泄漏或火灾要开到安全地方进行灭火或堵漏。 （4）乙烯采用管道输送时应注意以下事项： ——输气管道不应通过城市水源地、飞机场、军事设施、车站、码头。因条件限制无法避开时，应采取保护措施并经国家有关部门批准； ——输气管道沿线应设置里程桩、转角桩、标志桩和测试桩； ——输气管道采用地上敷设时，应在人员活动较多和易遭车辆、外来物撞击的地段，采取保护措施并设置明显的警示标志；乙烯管道应敷设在非燃烧体的支架或栈桥上。在已敷设的管道下面，不得修建与管道无关的建筑物和堆放易燃物品； ——输气管道管理单位应设专人定期对管道进行巡线检查，及时处理输气管道沿线的异常情况。
应急处置原则	【急救措施】 吸入：迅速脱离现场至空气新鲜处。保持呼吸道通畅。如呼吸困难，给氧。如呼吸停止，立即进行人工呼吸。就医。 皮肤接触：如果发生冻伤：将患部浸泡于保持在38~42℃的温水中复温。不要涂擦。不要使用热水或辐射热。使用清洁、干燥的敷料包扎。如有不适感，就医。 【灭火方法】 切断气源。若不能切断气源，则不允许熄灭泄漏处的火焰。喷水冷却容器，尽可能将容器从火场移至空旷处。 灭火剂：雾状水、泡沫、二氧化碳、干粉。 【泄漏应急处置】 消除所有点火源。根据气体的影响区域划定警戒区，无关人员从侧风、上风向撤离至安全区。建议应急处理人员戴正压自给式空气呼吸器，穿防静电服。作业时使用的所有设备应接地。接触液体时，防止冻伤。禁止接触或跨越泄漏物。尽可能切断泄漏源。若可能翻转容器，使之逸出气体而非液体。喷雾状水抑制蒸气或改变蒸气云流向，避免水流接触泄漏物。禁止用水直接冲击泄漏物或泄漏源。防止气体通过下水道、通风系统和密闭性空间扩散。隔离泄漏区直至气体散尽。 作为一项紧急预防措施，泄漏隔离距离至少为100m。如果为大量泄漏，下风向的初始疏散距离应至少为800m。

22. 三氯化磷

特别警示	剧毒液体，有腐蚀性；遇水猛烈分解，产生大量的热和浓烟，甚至爆炸。
理化特性	无色澄清的发烟液体。置于潮湿空气中能水解成亚磷酸和氯化氢。溶于苯、乙醚、氯仿、二硫化碳和四氯化碳。分子量137.332，熔点-111.8℃，沸点74.2℃，相对密度(水=1)1.57，相对蒸气密度(空气=1)4.57，饱和蒸气压13.33kPa(21℃)，折射率1.520(15.4℃)。 主要用途：主要用于制造有机磷化合物，也用作试剂等。

危害信息	【燃烧和爆炸危险性】 不燃。 【活性反应】 遇水猛烈分解，产量大量的热和浓烟，在潮湿空气存在下对很多金属有腐蚀性。 【健康危害】 急性中毒引起结膜炎、支气管炎、肺炎和肺水肿。液体或较高浓度的气体可引起皮肤灼伤，亦可造成严重眼损害，甚至失明。 列入《剧毒化学品目录》。 职业接触限值：PC-TWA（时间加权平均容许浓度）（mg/m^3）：1；PC-STEL（短时间接触容许浓度）（mg/m^3）：2。
安全措施	【一般要求】 操作人员必须经过专门培训，严格遵守操作规程，熟练掌握操作技能，具备三氯化磷应急处置知识。 密闭操作，注意通风。尽可能机械化、自动化，提供安全淋浴和洗眼设备。配备两套以上重型防护服。戴化学安全防护眼镜，穿橡胶耐酸碱服，戴橡胶耐酸碱手套。可能接触其蒸气时，必须佩戴自吸过滤式防毒面具（全面罩）或隔离式呼吸器。紧急事态抢救或撤离时，建议佩戴正压自给式空气呼吸器。 储罐等容器和设备应设置液位计、温度计，并应装有带液位、温度远传记录和报警功能的安全装置，重点储罐需设置紧急切断装置。 工作现场禁止吸烟、进食和饮水。工作完毕，淋浴更衣。单独存放被毒物污染的衣服，洗后备用。保持良好的卫生习惯。 避免与强碱、强氧化剂、水、酸类、醇类、钠、钾、金属氧化物等接触。 生产、储存区域应设置安全警示标志。搬运时应轻装、轻卸，严防撞击和包装容器破损。分装和搬运作业要注意个人防护。 【特殊要求】 【操作安全】 （1）开三氯化磷容器时，确定工作区通风良好，避免让释出的蒸气进入工作区的空气中。 （2）三氯化磷生产和使用过程中注意以下事项： ——必须穿戴好劳动保护用品； ——系统漏气时要站在上风口，同时佩戴好防毒面具进行作业； ——接触高温设备时要防止烫伤。 （3）净化三氯化磷设备时注意以下事项： ——进入塔器工作时，须穿戴好耐酸劳动保护用品及防毒面具，外面要有人监护； ——凡是电器、设备着火，不得用水灭火，应用二氧化碳灭火器灭火； ——所有玻璃钢设备、管线动火时必须做好防护； ——当容器内有人时，严禁关闭上部或下部的任何一个人孔，以防止中毒。 （4）生产设备的清洗污水及生产车间内部地坪的冲洗水须收入应急池，经处理合格后才可排放。 （5）充装时使用万向节管道充装系统，严防超装。

续表

安全措施	【储存安全】 (1) 贮存在阴凉、干燥、通风良好的仓库内，远离火种、热源，与碱类物品分开存放。 (2) 贮存地点要设置明显的安全标志，储罐要密封加盖。在三氯化磷储罐四周设置围堰，围堰的容积等于储罐的容积，围堰与地面作防腐处理。 (3) 采用玻璃瓶包装时，瓶塞(盖)应密封良好，并装入相应的铁桶或牢固的木箱中；采用铁桶包装时，桶应有螺丝口盖、垫圈等封口件，配套完好；槽车包装必须密封良好，并符合有关规定。 (4) 每天不少于 2 次对各储罐进行巡检，并做好记录，发现跑、冒、滴、漏等隐患要及时联系处理，重大隐患要及时上报。 (5) 应严格执行剧毒化学品"双人收发，双人保管"制度。 【运输安全】 (1) 运输车辆应有危险货物运输标志、安装具有行驶记录功能的卫星定位装置。未经公安机关批准，运输车辆不得进入危险化学品运输车辆限制通行的区域。 (2) 雨天不宜运输。应轻装、轻卸，严防撞击和包装破损，有防雨、雪和防晒的措施。 (3) 含有三氯化磷的物料管道避免与碱管伴行，严防泄漏。管道外壁颜色、标志应执行《工业管道的基本识别色、识别符号和安全标识》(GB 7231)的规定。
应急处置原则	【急救措施】 吸入：迅速脱离现场至空气新鲜处。保持呼吸道通畅。如呼吸困难，给氧。如呼吸停止，立即进行人工呼吸。就医。 食入：用水漱口，无腐蚀症状者洗胃。忌服油类。就医。 皮肤接触：立即脱去污染的衣着，立即用清洁棉花或布等吸去液体。用大量流动清水冲洗。就医。 眼睛接触：立即提起眼睑，用大量流动清水或生理盐水彻底冲洗至少 15 分钟。就医。 【灭火方法】 消防人员必须穿全身耐酸碱消防服。 灭火剂：干粉、二氧化碳、干燥砂土。禁止用水。 【泄漏应急处置】 根据液体流动和蒸气扩散的影响区域划定警戒区，无关人员从侧风、上风向撤离至安全区。建议应急处理人员戴正压自给式空气呼吸器，穿防酸碱服。穿上适当的防护服前严禁接触破裂的容器和泄漏物。尽可能切断泄漏源。勿使泄漏物与可燃物质(如木材、纸、油等)接触。防止泄漏物进入水体、下水道、地下室或密闭性空间。小量泄漏：用干燥的砂土或其他不燃材料覆盖泄漏物，用洁净的无火花工具收集泄漏物，置于一盖子较松的塑料容器中，待处置。大量泄漏：构筑围堤或挖坑收容。用石灰粉吸收大量液体。用农用石灰(CaO)、碎石灰石($CaCO_3$)或碳酸氢钠($NaHCO_3$)中和。用耐腐蚀泵转移至槽车或专用收集器内。 在陆地上泄漏时：小量泄漏，初始隔离 30m，下风向疏散白天 200m、夜晚 700m；大量泄漏，初始隔离 150m，下风向疏散白天 1500m、夜晚 3000m。在水体中泄漏时：小量泄漏，初始隔离 30m，下风向疏散白天 100m、夜晚 400m；大量泄漏，初始隔离 60m，下风向疏散白天 800m、夜晚 2800m。

23. 硝基苯

特别警示	可疑致癌物。
理化特性	淡黄色透明油状液体，有苦杏仁味。不溶于水，溶于乙醇、乙醚、苯等多数有机溶剂。分子量 123.11，熔点 5.7℃，沸点 210.8℃，相对密度(水=1)1.20，相对蒸气密度(空气=1)4.25，饱和蒸气压 0.02kPa(20℃)，辛醇/水分配系数 1.85~1.88，闪点 87.7℃，引燃温度 482℃，爆炸极限 1.8%(93℃)~40%(体积比)。 主要用途：主要用作溶剂，制造苯胺、染料等。
危害信息	【燃烧和爆炸危险性】 遇明火、高热可燃烧爆炸。 【活性反应】 与硝酸发生强烈反应。 【健康危害】 经呼吸道和皮肤吸收。主要引起高铁血红蛋白血症，可引起溶血及肝损害。 解毒剂：静脉注射亚甲蓝。 职业接触限值：PC-TWA(时间加权平均容许浓度)(mg/m^3)：2(皮)。 IARC：可疑人类致癌物。
安全措施	【一般要求】 操作人员必须经过专门培训，严格遵守操作规程，熟练掌握操作技能，具备应急处置知识。 密闭操作，提供充分的局部排风。远离火种、热源，工作场所严禁吸烟。生产、使用及贮存场所应设置泄漏检测报警仪，使用防爆型的通风系统和设备。操作人员应该佩戴过滤式防毒面具，戴安全防护眼镜，穿透气型防毒服，戴耐油橡胶手套。 储罐等容器和设备应设置液位计、温度计，并应装有带液位、温度远传记录和报警功能的安全装置。 避免与氧化剂、还原剂、碱类接触。 生产、储存区域应设置安全警示标志。搬运时要轻装轻卸，防止包装及容器损坏。配备相应品种和数量的消防器材及泄漏应急处理设备。倒空的容器可能存在残留有害物时应及时处理。 【特殊要求】 【操作安全】 (1) 打开硝基苯容器时，确定工作区通风良好且无火花或引火源存在；避免让释出的蒸气进入工作区的空气中。生产区域内，严禁明火和可能产生明火、火花的作业。生产需要或检修期间需动火时，必须办理动火审批手续。 (2) 生产、贮存硝基苯的车间要有可靠的防火、防爆措施。一旦发生物品着火，应用干粉灭火器、二氧化碳灭火器、砂土灭火。 (3) 硝基苯运转设备的外漏部分或危及人身安全的部位，应设置防护罩、安全护栏挡板，防止无关人员靠近。 (4) 生产设备的清洗污水及生产车间内部地坪的冲洗水须收入应急池，经处理合格后才可排放。

续表

安全措施	【储存安全】 (1) 储存于阴凉、干燥、通风良好的专用库房内。 (2) 应与氧化剂、酸类、食用化学品分开存放，切忌混储。储存区应备有合适的材料收容泄漏物。硝基苯储存区设置围堰，地面进行防渗透处理，并配备倒装罐或储液池。 (3) 注意防雷、防静电，厂(车间)内的储罐应按《建筑物防雷设计规范》(GB 50057)的规定设置防雷防静电设施。 (4) 定期检查硝基苯的储罐、槽车、阀门和泵等，防止滴漏。 【运输安全】 (1) 运输车辆应有危险货物运输标志、安装具有行驶记录功能的卫星定位装置。未经公安机关批准，运输车辆不得进入危险化学品运输车辆限制通行的区域。不得在人口稠密区和有明火等场所停靠。夏季应早晚运输，防止日光曝晒。 (2) 硝基苯应用专用槽车运输，用其他包装容器运输时，容器须用盖密封。运输车辆应符合符合消防安全要求，配备相应的消防器材。运输车辆进入厂区，保持安全车速。 (3) 严禁与氧化剂、还原剂、碱类等混装混运。运输时运输车辆应配备泄漏应急处理设备。运输途中应防曝晒、防雨、防高温。 (4) 输送硝基苯溶液的管道不应靠近热源敷设；管道采用地上敷设时，应在人员活动较多和易遭车辆、外来物撞击的地段采取保护措施并设置明显的警示标志；硝基苯管道架空敷设时，管道应敷设在非燃烧体的支架或栈桥上。在已敷设的管道下面，不得修建与管道无关的建筑物和堆放易燃物品；硝基苯管道外壁颜色、标志应执行《工业管道的基本识别色、识别符号和安全标识》(GB 7231)的规定。
应急处置原则	【急救措施】 吸入：迅速脱离现场至空气新鲜处。保持呼吸道通畅。如呼吸困难，给氧。如呼吸停止，立即进行人工呼吸。就医。 食入：饮足量温水，催吐。就医。 皮肤接触：立即脱去污染的衣着，用肥皂水和清水彻底冲洗皮肤。就医。 眼睛接触：提起眼睑，用流动清水或生理盐水冲洗。就医。 【灭火方法】 消防人员须佩戴防毒面具、穿全身消防服，在上风向灭火。喷水冷却容器，尽可能将容器从火场移至空旷处。 灭火剂：雾状水、抗溶性泡沫、二氧化碳、砂土。 【泄漏应急处置】 根据液体流动和蒸气扩散的影响区域划定警戒区，无关人员从侧风、上风向撤离至安全区。消除所有点火源。建议应急处理人员戴正压自给式空气呼吸器，穿防毒服。穿上适当的防护服前严禁接触破裂的容器和泄漏物。尽可能切断泄漏源。防止泄漏物进入水体、下水道、地下室或密闭性空间。小量泄漏：用干燥的砂土或其他不燃材料吸收或覆盖，收集于容器中。大量泄漏：构筑围堤或挖坑收容。用石灰粉吸收大量液体。用泵转移至槽车或专用收集器内。 作为一项紧急预防措施，泄漏隔离距离对于液体至少为100m，固体至少为25m。如果为大量泄漏，下风向的初始疏散距离在隔离距离基础上进一步加大。

24. 苯乙烯

特别警示	可疑人类致癌物。易燃液体，火场温度下易发生危险的聚合反应，不得使用直流水扑救。
理化特性	无色透明油状液体，有芳香味。不溶于水，溶于乙醇和乙醚。分子量 104.14，熔点 -30.6℃，沸点 146℃，相对密度(水=1)0.906(25℃)，相对蒸气密度(空气=1)3.6，临界压力 3.81MPa，临界温度 369℃，饱和蒸气 0.670kPa(20℃)，折射率 1.5467，闪点 32℃，爆炸极限 1.1%~6.1%(体积比)，自燃温度 490℃。 主要用途：主要用于制聚苯乙烯、合成橡胶、离子交换树脂等。
危害信息	【燃烧和爆炸危险性】 易燃，蒸气与空气能形成爆炸性混合物，遇明火、高热能引起燃烧爆炸。蒸气比空气重，能在较低处扩散到相当远的地方，遇火源会着火回燃和爆炸。 【活性反应】 与硫酸、氯化铁、氯化铝可发生猛烈聚合，放出大量热量。 【健康危害】 对眼、皮肤、粘膜和呼吸道有刺激作用，高浓度时有麻醉作用。 职业接触限值：PC-TWA(时间加权平均容许浓度)(mg/m^3)：50；PC-STEL(短时间接触容许浓度)(mg/m^3)：100。 IARC：可疑人类致癌物。
安全措施	【一般要求】 操作人员必须经过专门培训，严格遵守操作规程。熟练掌握操作技能，具备应急处置知识。 操作应严加密闭。要求有局部排风设施和全面通风。 设置固定式可燃气体报警器，或配备便携式可燃气体报警器，宜增设有毒气体报警仪。选用屏蔽泵或磁力泵等无泄漏泵来输送本介质。苯乙烯储罐采取人工脱水方式时，应增配检测有毒气体检测报警仪(固定式或便携式)。采样宜采用循环密闭采样系统。使用防爆型的通风系统和设备，穿工作服，戴防护手套。空气中浓度超标时，佩戴防毒面具。紧急事态抢救或撤离时，佩戴正压自给式空气呼吸器。在作业现场应提供安全淋浴和洗眼设备。安全喷淋、洗眼器应在生产装置开车时进行校验。工作场所严禁吸烟。 储罐等容器和设备应设置液位计、温度计，并应装有带液位、温度远传记录和报警功能的安全装置。 生产中为防止自聚所用到的阻聚剂属于高毒或剧毒类化学品，加注时除应采用自吸式的设备或装置外，还应在加注岗位附近设置冲洗设施以备应急之用。对加注的阻聚剂的安全和职业卫生防护知识应进行针对性培训。 与氧化剂、酸类等反应。能发生聚合放热，避免接触光照、接触空气。 【特殊要求】 【操作安全】 (1) 设置必要的安全联锁及紧急排放系统、有毒有害易燃物质检测报警系统以及正常及事故通风设施，通风设施应每年进行一次检查。

续表

安全措施	(2) 在传送过程中，容器、管道必须接地和跨接，防止产生静电。 (3) 在生产企业设置 DCS 集散控制系统，同时并独立设置安全联锁与紧急停车系统(ESD)。 (4) 苯乙烯物料有自聚性质，因此要注意对操作温度的检查和按规定添加阻聚剂，防止物料发生高温自聚而堵塞设备和管道。 (5) 装置区所有设备、泵以及管线的放空均排放到密闭排放系统，保证职工健康不受损害。 【储存安全】 (1) 通常加有稳定剂。储存于阴凉、通风仓库内。远离火种、热源。库房温度不宜超过37℃。防止阳光直射。包装要求密封，不可与空气接触。不宜大量或久存。 (2) 应与氧化剂、酸类分开存放。储存间内的照明、通风等设施应采用防爆型。罐储时要有防火防爆技术措施。禁止使用易产生火花的机械设备和工具。灌装时应注意流速(不超过3m/s)，且有接地装置，防止静电积聚。搬运时要轻装轻卸，防止包装及容器损坏。 (3) 储罐宜采用氮封系统或者内浮顶，但采用内浮顶罐储存苯乙烯时应有相应的对策措施防范可能出现的苯乙烯自聚，并确保内浮盘良好的密封性能。生产装置重要岗位如罐区设置工业电视监控。储罐应设固定或移动式消防冷却水系统。 (4) 介质为高温、有毒或强腐蚀性的设备及管线上的压力表与设备之间应有能隔离介质的装置或切断阀。另外，装置中的甲、乙类设备和管道应有惰性气体置换设施。 【运输安全】 (1) 运输车辆应有危险货物运输标志、安装具有行驶记录功能的卫星定位装置。未经公安机关批准，运输车辆不得进入危险化学品运输车辆限制通行的区域。 (2) 槽车运输时要用专用槽车。槽车安装的阻火器(火星熄灭器)必须完好。槽车和运输卡车要有导静电拖线；槽车上要备有 2 只以上干粉或二氧化碳灭火器和防爆工具。 (3) 车辆运输钢瓶时，瓶口一律朝向车辆行驶方向的右方，堆放高度不得超过车辆的防护栏板，并用三角木垫卡牢，防止滚动。不准同车混装有抵触性质的物品和让无关人员搭车。运输途中远离火种，不准在有明火地点或人多地段停车，停车时要有人看管。
应急处置原则	【急救措施】 吸入：迅速脱离现场至空气新鲜处。保持呼吸道通畅。如呼吸困难，给氧。如呼吸停止，立即进行人工呼吸。就医。 食入：饮足量温水，催吐。就医。 皮肤接触：脱去污染的衣着，用肥皂水和清水彻底冲洗皮肤。 眼睛接触：立即提起眼睑，用大量流动清水或生理盐水彻底冲洗至少 15 分钟。就医。 【灭火方法】 尽可能将容器从火场移至空旷处。喷水保持火场容器冷却，直至灭火结束。 灭火剂：泡沫、干粉、二氧化碳、砂土。用水灭火无效。遇大火，消防人员须在有防护掩蔽处操作。

应急处置原则	【泄漏应急处置】 消除所有点火源。根据液体流动和蒸气扩散的影响区域划定警戒区，无关人员从侧风、上风向撤离至安全区。建议应急处理人员戴正压自给式空气呼吸器，穿防静电服。作业时使用的所有设备应接地。禁止接触或跨越泄漏物。尽可能切断泄漏源。防止泄漏物进入水体、下水道、地下室或密闭性空间。小量泄漏：用砂土或其他不燃材料吸收。使用洁净的无火花工具收集吸收材料。大量泄漏：构筑围堤或挖坑收容。用石灰粉吸收大量液体。用泡沫覆盖，减少蒸发。喷水雾能减少蒸发，但不能降低泄漏物在受限制空间内的易燃性。用防爆泵转移至槽车或专用收集器内。 作为一项紧急预防措施，泄漏隔离距离至少为 100m。如果为大量泄漏，下风向的初始疏散距离应至少为 800m。

25. 环氧丙烷

特别警示	可疑人类致癌物。极易燃液体。
理化特性	无色透明的易挥发液体，有类似乙醚的气味。溶于水以及乙醇、乙醚等有机溶剂。分子量 58.08，熔点-112.1℃，沸点 34.2℃，相对密度(水=1)0.83，相对蒸气密度(空气=1)2.0，临界温度 209.1℃(临界压力 4.92MPa)，饱和蒸气压 75.86kPa(20℃)，折射率 1.3664，闪点-37℃，爆炸极限 2.3%~36.0%(体积比)，自燃温度 449℃，最小点火能 0.19mJ，最大爆炸压力 0.804MPa。 主要用途：主要是有机合成的重要原料。用于润滑剂合成、表面活性剂、去垢剂及制造杀虫剂等。
危害信息	【燃烧和爆炸危险性】 极易燃，与空气可形成爆炸性混合物，遇明火、高热有燃烧爆炸的危险。蒸气比空气重，能在较低处扩散到相当远的地方，遇火源会着火回燃和爆炸。 【活性反应】 与铁、锡、铝的无水氯化物，铁、铝的过氧化物以及碱金属氢氧化物等催化剂的活性表面接触能聚合放热，使容器破裂。遇氨水、氯磺酸、氟化氢、硝酸、硫酸、发烟硫酸猛烈反应，有爆炸危险。 【健康危害】 接触高浓度蒸气，会出现眼和呼吸道刺激症状，中枢神经系统抑制症状。重者可见有烦躁不安、多语、谵妄，甚至昏迷。少数出现中毒性肠麻痹、消化道出血以及心、肝、肾损害。眼和皮肤接触可致灼伤。 职业接触限值：PC-TWA(时间加权平均容许浓度)(mg/m^3)：5(敏)。 IARC：可疑人类致癌物。
安全措施	【一般要求】 操作人员必须经过专门培训，严格遵守操作规程，熟练掌握操作技能，具备应急处置知识。 密闭操作，防止泄漏，全面通风。

续表

<table>
<tr><td>安全措施</td><td>生产、使用及贮存场所应设置泄漏检测报警仪，使用防爆型的通风系统和设备。操作人员应佩戴自吸过滤式防毒面具，穿防静电工作服，戴耐油橡胶手套。远离火种、热源，工作场所严禁吸烟。
储罐等压力容器和设备应设置安全阀、压力表、液位计、温度计，并应装有带压力、液位、温度远传记录和报警功能的安全装置。
避免与氧化剂、酸类、碱类接触。
生产、储存区域应设置安全警示标志。搬运时要轻装轻卸，防止包装及容器损坏。配备相应品种和数量的消防器材及泄漏应急处理设备。
【特殊要求】
【操作安全】
（1）打开环氧丙烷容器时，确定工作区通风良好且无火花或引火源存在；避免让释出的蒸气进入工作区的空气中。生产、贮存环氧丙烷的车间要有可靠的防火、防爆措施。一旦发生物品着火，应用干粉灭火器、二氧化碳灭火器、砂土灭火。
（2）环氧丙烷系统漏气时要站在上风口，同时佩戴好防毒面具进行作业。
（3）保持设备的水压、油压正常，有关管线要畅通。维护保养好设备，消除跑、冒、滴、漏等现象，使设备处于完好状态。
（4）生产区域内，严禁明火和可能产生明火、火花的作业。生产需要或检修期间需动火时，必须办理动火审批手续。
（5）生产设备的清洗污水及生产车间内部地坪的冲洗水须收入应急池，经处理合格后才可排放。
【储存安全】
（1）储存于阴凉、通风良好的专用库房或储罐内，远离火种、热源。库房温度不宜超过29℃，保持容器密封。
（2）应与氧化剂、酸类、碱金属等分开存放，切忌混储。采用防爆型照明、通风设施。禁止使用易产生火花的机械设备和工具。储存区应备有泄漏应急处理设备和合适的收容材料。在环氧丙烷储罐四周设置围堰，围堰的容积等于储罐的容积。
（3）注意防雷、防静电，厂（车间）内的储罐应按《建筑物防雷设计规范》（GB 50057）的规定设置防雷防静电设施。
【运输安全】
（1）运输车辆应有危险货物运输标志、安装具有行驶记录功能的卫星定位装置。未经公安机关批准，运输车辆不得进入危险化学品运输车辆限制通行的区域。
（2）环氧丙烷装于专用的槽车（船）内运输，槽车（船）应定期清理；用其他包装容器运输时，容器须用盖密封。运输车辆应符合符合消防安全要求（阻火器、危险品标志牌、静电导链），配备相应的消防器材。运输车辆进入厂区，必须安装静电接地装置和阻火器，保持安全车速。
（3）严禁与易燃物或可燃物、氧化剂、酸类、碱类、食用化学品等混装混运。运输时运输车辆应配备泄漏应急处理设备。运输途中应防曝晒、防雨，防高温。
（4）环氧丙烷管道输送时，注意以下事项：</td></tr>
</table>

续表

安全措施	——环氧丙烷管道架空敷设时，管道应敷设在非燃烧体的支架或栈桥上；在已敷设的管道下面，不得修建与管道无关的建筑物和堆放易燃物品； ——环氧丙烷管道不应靠近热源敷设； ——管道采用地上敷设时，应在人员活动较多和易遭车辆、外来物撞击的地段，采取保护措施并设置明显的警示标志； ——环氧丙烷管道外壁颜色、标志应执行《工业管道的基本识别色、识别符号和安全标识》(GB 7231)的规定。
应急处置原则	【急救措施】 吸入：迅速脱离现场至空气新鲜处。保持呼吸道通畅。如呼吸困难，给氧。如呼吸停止，立即进行人工呼吸。就医。 食入：用水漱口，给饮牛奶或蛋清。就医。 皮肤接触：立即脱去污染的衣着，用大量流动清水冲洗至少 15 分钟。就医。 眼睛接触：立即提起眼睑，用大量流动清水或生理盐水彻底冲洗至少 15 分钟。就医。 【灭火方法】 尽可能将容器从火场移至空旷处。喷水保持火场容器冷却，直至灭火结束。处在火场中的容器若已变色或从安全泄压装置中产生声音，必须马上撤离。 灭火剂：抗溶性泡沫、二氧化碳、干粉、砂土。用水灭火无效。 【泄漏应急处置】 消除所有点火源。根据液体流动和蒸气扩散的影响区域划定警戒区，无关人员从侧风、上风向撤离至安全区。建议应急处理人员戴正压自给式空气呼吸器，穿防毒、防静电服。作业时使用的所有设备应接地。禁止接触或跨越泄漏物。尽可能切断泄漏源。防止泄漏物进入水体、下水道、地下室或密闭性空间。小量泄漏：用砂土或其他不燃材料吸收。使用洁净的无火花工具收集吸收材料。大量泄漏：构筑围堤或挖坑收容。用石灰粉吸收大量液体。用抗溶性泡沫覆盖，减少蒸发。喷水雾能减少蒸发，但不能降低泄漏物在受限制空间内的易燃性。用防爆泵转移至槽车或专用收集器内。喷雾状水驱散蒸气、稀释液体泄漏物。 作为一项紧急预防措施，泄漏隔离距离至少为 50m。如果为大量泄漏，下风向的初始疏散距离应至少为 300m。

26. 一氯甲烷

特别警示	极易燃气体。
理化特性	无色易液化的气体，具有弱的醚味。分子量 50.49，熔点-97.7℃，沸点-23.7℃，相对密度(水=1)0.92，相对蒸气密度(空气=1)1.8，闪点<0℃，自燃点 632.22℃，爆炸极限 8.1%~17.2%(体积比)。易溶于水，溶于醇，与氯仿、乙醚、冰醋酸混溶。高温时水解成甲醇和盐酸。 主要用途：主要用作致冷剂、甲基化剂，还用于有机合成。

续表

<table>
<tr><td>危害信息</td><td>【燃烧和爆炸危险性】
极易燃，与空气混合能形成爆炸性混合物。遇热、明火、强氧化剂易燃，并生成光气。
【活性反应】
接触铝及其合金能生成自燃性的铝化合物。
【健康危害】
对中枢神经系统有麻醉作用，亦能引起肝、肾损害。严重中毒时，可出现谵妄、躁动、抽搐、震颤、视力障碍、昏迷，呼气中有酮体味。尿中检出甲酸盐和酮体有助于诊断。
职业接触限值：PC-TWA(时间加权平均容许浓度)(mg/m^3)：60(皮)；PC-STEL(短时间接触容许浓度)(mg/m^3)：120(皮)。</td></tr>
<tr><td>安全措施</td><td>【一般要求】
操作人员必须经过专门培训，严格遵守操作规程，熟练掌握操作技能，具备应急处置知识。
提供充分的局部排风和全面通风。远离明火、热源。提供安全淋浴和洗眼设备。
生产、使用及贮存场所应设置泄漏检测报警仪，使用防爆型的通风系统和设备，操作人员佩戴过滤式防毒面具(半面罩)，戴化学安全防护眼镜，穿透气型防毒服，戴防化学品手套。接触液体时防止冻伤。
储罐等压力容器和设备应设置安全阀、压力表、液位计、温度计，并应装有带压力、液位、温度远传记录和报警功能的安全装置，重点储罐需设置紧急切断装置。
避免与氧化剂接触。
生产、储存区域应设置安全警示标志。工作场所严禁吸烟。搬运时轻装轻卸，防止钢瓶及附件破损。配备相应品种和数量的消防器材及泄漏应急处理设备。
【特殊要求】
【操作安全】
(1) 氯甲烷遇水能产生具有强腐蚀作用的盐酸，为了防止设备腐蚀，在生产过程中的氯甲烷脱除、冷却、回收、干燥、塔再生工序都需要加入适量氢氧化钠进行中和。
(2) 充装时使用万向节管道充装系统，严防超装。
【储存安全】
(1) 储存于阴凉、干燥、通风良好的库房。远离火种、热源。库房内温度不宜超过 30℃。
(2) 应与氧化剂分开存放，切忌混储。采用防爆型照明、通风设施。禁止使用易产生火花的机械设备和工具。储存区应备有泄漏应急处理设备。
(3) 注意防雷、防静电，厂(车间)内的储罐应按《建筑物防雷设计规范》(GB 50057)的规定设置防雷防静电设施。
【运输安全】
(1) 运输车辆应有危险货物运输标志、安装具有行驶记录功能的卫星定位装置。未经公安机关批准，运输车辆不得进入危险化学品运输车辆限制通行的区域。
(2) 采用刚瓶运输时必须戴好钢瓶上的安全帽。钢瓶一般平放，瓶口朝向车辆行驶方向的右方，堆放高度不得超过车辆的防护栏板，并用三角木垫卡牢，防止滚动。</td></tr>
</table>

安全措施	（3）运输时运输车辆应配备相应品种和数量的消防器材，车辆排气管必须配备阻火装置，禁止使用易产生火花的机械设备和工具装卸。严禁与氧化剂、食用化学品等混装混运。中途停留时应远离火种、热源。夏季应早晚运输，防止日光曝晒。
应急处置原则	【急救措施】 吸入：迅速脱离现场至空气新鲜处。保持呼吸道通畅。如呼吸困难，给氧。如呼吸停止，立即进行人工呼吸。就医。 皮肤接触：如果发生冻伤：将患部浸泡于保持在38~42℃的温水中复温。不要涂擦。不要使用热水或辐射热。使用清洁、干燥的敷料包扎。如有不适感，就医。 【灭火方法】 切断气源。若不能切断气源，则不允许熄灭泄漏处的火焰。喷水冷却容器，尽可能将容器从火场移至空旷处。 灭火剂：雾状水、泡沫、二氧化碳。 【泄漏应急处置】 消除所有点火源。根据气体的影响区域划定警戒区，无关人员从侧风、上风向撤离至安全区。建议应急处理人员穿内置正压自给式空气呼吸器的全封闭防化服。如果是液化气体泄漏，还应注意防冻伤。作业时使用的所有设备应接地。禁止接触或跨越泄漏物。尽可能切断泄漏源。若可能翻转容器，使之逸出气体而非液体。喷雾状水抑制蒸气或改变蒸气云流向，避免水流接触泄漏物。禁止用水直接冲击泄漏物或泄漏源。防止气体通过下水道、通风系统和密闭性空间扩散。隔离泄漏区直至气体散尽。 作为一项紧急预防措施，泄漏隔离距离至少为100m。如果为大量泄漏，下风向的初始疏散距离应至少为800m。

27. 1，3-丁二烯

特别警示	极易燃气体，火场温度下易发生危险的聚合反应。
理化特性	无色气体，有芳香味。易液化。在有氧气存在下易聚合。工业品含有0.02%的对叔丁基邻苯二酚阻聚剂。不溶于水，易溶于醇或醚，溶于丙酮、苯、二氯乙烷等。分子量54.09，熔点-108.9℃，沸点-4.5℃，气体密度2.428g/L，相对密度(水=1)0.6，相对蒸气密度(空气=1)1.87，临界压力4.33MPa，临界温度152.0℃，饱和蒸气压245.27kPa(21℃)，闪点-76℃，爆炸极限1.4%~16.3%(体积比)，自燃温度415℃，最小点火能0.17mJ。 主要用途：主要用于合成橡胶ABS树脂、酸酐等。
危害信息	【燃烧和爆炸危险性】 极易燃，与空气混合能形成爆炸性混合物，遇高热、明火或氧化剂易发生燃烧爆炸。比空气重，能在较低处扩散到相当远的地方，遇火源会着火回燃。 【健康危害】 具有麻醉和刺激作用，重度中毒出现酒醉状态、呼吸困难、脉速等，后转入意识丧失和抽搐。脱离接触后，迅速恢复。皮肤直接接触可发生灼伤或冻伤。 职业接触限值：PC-TWA(时间加权平均容许浓度)(mg/m^3)：5。

续表

安全措施	【一般要求】 操作人员必须经过专门培训，严格遵守操作规程，熟练掌握操作技能，具备应急处置知识。 生产过程密闭，全面通风。远离明火、热源。 生产、使用及贮存场所应设置泄漏检测报警仪，使用防爆型的通风系统和设备，穿防静电工作服，高浓度接触时可佩戴自吸过滤式防毒面具(半面罩)，必要时，戴化学安全防护眼镜，戴一般作业防护手套。工作现场严禁吸烟。 储罐等压力容器和设备应设置安全阀、压力表、液位计、温度计，并应装有带压力、液位、温度远传记录和报警功能的安全装置，重点储罐需设置紧急切断装置。 避免与氧化剂、卤素接触。 生产、储存区域应设置安全警示标志。搬运时轻装轻卸，防止钢瓶及附件破损。配备相应品种和数量的消防器材及泄漏应急处理设备。 【特殊要求】 【操作安全】 (1) 严格控制操作温度。丁二烯属于易于自聚的物质，其生成端基过氧化自聚物的倾向十分明显。丁二烯端基聚合物坚硬且不溶于已知溶剂，即便加热也不能熔融，很容易沉积在浓缩层中，黏附在器壁和管道上，造成管道、阀门和设备堵塞或涨裂。在60~80℃或光照、撞击、摩擦时能发生爆炸。 (2) 严格控制系统氧含量。生产过程对于氧含量、水含量等要求非常严格，丁二烯在少量的氧存在的情况下就可能被氧化生成过氧化物，引发自聚。过氧化自聚物在空气中的允许浓度仅为100mg/m^3，并在125℃以上就可以发生分解爆炸。 (3) 夏季环境温度超过30℃时应对储罐采取冷却喷淋措施。 (4) 物料储存过程应采取倒罐措施，避免产生丁二烯自聚。 (5) 置换含有丁二烯自聚的设备，应用蒸汽或氮气多次置换、吹扫后，再打开人孔，注入水，加入硫酸亚铁并通蒸汽蒸煮，以破坏过氧化物。清除下来的过氧化物不得放在热的设备内、阳光下或扔到垃圾箱内，应及时送堆埋场烧掉。 (6) 充装时使用万向节管道充装系统，严防超装。 【储存安全】 (1) 储存于阴凉、通风的库房，库房内温度不宜超过30℃。 (2) 应与氧化剂、卤素等分开存放。储罐远离火种、热源。采用防爆型照明、通风设施。不宜久存，如需长时间储存应加阻聚剂并经常检验。 【运输安全】 (1) 运输车辆应有危险货物运输标志、安装具有行驶记录功能的卫星定位装置。未经公安机关批准，运输车辆不得进入危险化学品运输车辆限制通行的区域。 (2) 运输时运输车辆应配备相应品种和数量的消防器材。装运该物品的车辆排气管必须配备阻火装置，禁止使用易产生火花的机械设备和工具装卸。严禁与氧化剂、卤素、食用化学品等混装混运。采用钢瓶运输时必须戴好钢瓶上的安全帽。钢瓶一般平放，并应将瓶口朝车辆行驶方向的右方，堆放高度不得超过车辆的防护栏板，并用三角木垫卡牢，防止滚动。夏季应早晚运输，防止日光曝晒。中途停留时应远离火种、热源。

应急处置原则	【急救措施】 吸入：迅速脱离现场至空气新鲜处。保持呼吸道通畅。如呼吸困难，给氧。如呼吸停止，立即进行人工呼吸。就医。 皮肤接触：立即脱去污染的衣着，用大量流动清水冲洗至少 15 分钟。就医。 眼睛接触：提起眼睑，用流动清水或生理盐水冲洗。就医。 【灭火方法】 切断气源。若不能切断气源，则不允许熄灭泄漏处的火焰。喷水冷却容器，尽可能将容器从火场移至空旷处。 灭火剂：雾状水、泡沫、二氧化碳、干粉。 【泄漏应急处置】 消除所有点火源。根据气体的影响区域划定警戒区，无关人员从侧风、上风向撤离至安全区。建议应急处理人员戴正压自给式空气呼吸器，穿防静电服。作业时使用的所有设备应接地。禁止接触或跨越泄漏物。尽可能切断泄漏源。喷雾状水抑制蒸气或改变蒸气云流向，避免水流接触泄漏物。禁止用水直接冲击泄漏物或泄漏源。防止气体通过下水道、通风系统和密闭性空间扩散。隔离泄漏区直至气体散尽。 作为一项紧急预防措施，泄漏隔离距离至少为 100m。如果为大量泄漏，下风向的初始疏散距离应至少为 800m。

28. 硫酸二甲酯

特别警示	可疑人类致癌物。剧毒液体，火场温度下可发生剧烈分解，引起容器破裂或爆炸事故。
理化特性	无色或浅黄色透明液体，微带洋葱臭味。微溶于水，溶于醇。分子量 126.13，pH 值小于 7(1%溶液)，熔点-31.8℃，沸点 188℃(分解)，相对密度(水=1) 1.33，相对蒸气密度(空气=1) 4.35，饱和蒸气压 2.00kPa (76℃)，$lg^{K}ow$(辛醇/水分配系数)-0.82～-0.66，闪点 83℃，引燃温度 188℃。 主要用途：主要用于制造染料及作为胺类和醇类的甲基化剂。
危害信息	【燃烧和爆炸危险性】 遇热源、明火、氧化剂有燃烧爆炸的危险。若遇高热可发生剧烈分解，引起容器破裂或爆炸事故。 【活性反应】 与氨水反应强烈。 【健康危害】 本品对粘膜和皮肤有强烈的刺激作用。误服灼伤消化道；可致眼、皮肤灼伤。长期接触低浓度，可致眼和上呼吸道刺激。 列入《剧毒化学品目录》。 职业接触限值：PC-TWA(时间加权平均容许浓度)(mg/m^3)：0.5(皮)。 IARC：可能人类致癌物。

续表

安全措施	【一般要求】 操作人员必须经过专门培训，严格遵守操作规程，熟练掌握操作技能，具备应急处置知识。 密闭操作，提供充分的局部排风。远离火种、热源，工作场所严禁吸烟。 生产、使用及贮存场所应设置泄漏检测报警仪，配备两套以上重型防护服。工作场所配备洗眼器、喷淋装置。操作尽可能机械化、自动化。操作人员应佩戴自吸过滤式防毒面具，戴化学安全防护眼镜，穿胶布防毒衣，戴橡胶手套。 储罐等容器和设备应设置液位计、温度计，并应装有带液位、温度远传记录和报警功能的安全装置，重点储罐需设置紧急切断装置。 避免与氧化剂、碱类接触。 搬运时要轻装轻卸，防止包装及容器损坏。配备相应品种和数量的消防器材及泄漏应急处理设备。 【特殊要求】 【操作安全】 （1）打开硫酸二甲酯容器时，确定工作区通风良好且无火花或引火源存在；避免让释出的蒸气进入工作区的空气中。避免直接接触硫酸二甲酯，操作人员应配戴必要的防护用品；避免吸入有毒气体，应戴上防毒面具。 （2）严禁利用硫酸二甲酯管道做电焊接地线。严禁用铁器敲击管道与阀体，以免引起火花。 （3）生产区域内，严禁明火和可能产生明火、火花的作业。生产需要或检修期间需动火时，必须办理动火审批手续；要有可靠的防火、防爆措施。一旦发生物品着火，应用干粉灭火器、二氧化碳灭火器、砂土灭火。 （4）在硫酸二甲酯环境中作业还应采用以下防护措施： ——根据不同作业环境配备相应的硫酸二甲酯检测仪及防护装置，并落实人员管理，使硫酸二甲酯检测仪及防护装置处于备用状态； ——作业环境应设立风向标； ——供气装置的空气压缩机应置于上风侧； ——重点检测区应设置醒目的标志、硫酸二甲酯检测仪、报警器及排风扇；在可能发生硫酸二甲酯中毒的主要出入口应设置醒目的中文危险危害因素告知牌，在作业的场所应设置醒目的中文警示标志； ——进行检修和抢修作业时，应携带硫酸二甲酯检测仪和正压式空气呼吸器。 （5）生产车间和作业场所应配备相应滤毒器材、空气呼吸器、防尘器材、防溅面罩、防护眼镜和耐碱的胶皮手套等防护用品。 （6）生产设备的清洗污水及生产车间内部地坪的冲洗水须收入应急池，经处理合格后才可排放。 （7）充装时使用万向节管道充装系统，严防超装。 【储存安全】 （1）储存于阴凉、干燥、通风良好的专用库房内。防止雨淋和曝晒，远离火源、热源。工业用硫酸二甲酯自出厂之日起，保质期为 6 个月；逾期可重新检验，检验结果符合要求时，方可继续使用。库房温度不超过 32℃，相对湿度不超过 80%。

续表

安全措施	(2) 应与氧化剂、酸类、食用化学品分开存放，切忌混储。储存区应备有合适的材料收容泄漏物。储存区设置围堰，地面进行防渗透处理，并配备倒装罐或储液池。 (3) 注意防雷、防静电，厂(车间)内的储罐应按《建筑物防雷设计规范》(GB 50057)的规定设置防雷设施。 (4) 定期检查硫酸二甲酯的储罐、槽车、阀门和泵等，防止滴漏。 (5) 应严格执行剧毒化学品“双人收发，双人保管”制度。 【运输安全】 (1) 运输车辆应有危险货物运输标志、安装具有行驶记录功能的卫星定位装置。未经公安机关批准，运输车辆不得进入危险化学品运输车辆限制通行的区域。 (2) 硫酸二甲酯应用专用槽车运输。用其他包装容器运输时，容器须用盖密封(用过的空桶也必须密封)。运输车辆应符合符合消防安全要求，配备相应的消防器材。运输车辆进入厂区，保持安全车速。严禁与易燃物或可燃物、氧化剂、碱类、食用化学品等混装混运。运输时运输车辆应配备泄漏应急处理设备。运输途中应防曝晒、防雨、防高温。 (3) 输送硫酸二甲酯的管道不应靠近热源敷设；硫酸二甲酯管道宜采用架空敷设，必要时亦可近地面敷设；管道采用地上敷设时，应在人员活动较多和易遭车辆、外来物撞击的地段，采取保护措施并设置明显的警示标志；硫酸二甲酯管道架空敷设时，管道应敷设在非燃烧体的支架或栈桥上。在已敷设的硫酸二甲酯管道下面，不得修建与管道无关的建筑物和堆放易燃物品；硫酸二甲酯管道外壁颜色、标志应执行《工业管道的基本识别色、识别符号和安全标识》(GB 7231)的规定。
应急处置原则	【急救措施】 吸入：迅速脱离现场至空气新鲜处。保持呼吸道通畅。如呼吸困难，给氧。如呼吸停止，立即进行人工呼吸。就医。 食入：用水漱口，给饮牛奶或蛋清。就医。 皮肤接触：立即脱去污染的衣着，用大量流动清水冲洗至少 15 分钟。就医。 眼睛接触：立即提起眼睑，用大量流动清水或生理盐水彻底冲洗至少 15 分钟。就医。 【灭火方法】 消防人员须佩戴防毒面具、穿全身消防服，在上风向灭火。 灭火剂：雾状水、二氧化碳、泡沫、砂土。 【泄漏应急处置】 根据液体流动和蒸气扩散的影响区域划定警戒区，无关人员从侧风、上风向撤离至安全区。建议应急处理人员戴正压自给式空气呼吸器，穿防毒服。作业时使用的所有设备应接地。穿上适当的防护服前严禁接触破裂的容器和泄漏物。尽可能切断泄漏源。防止泄漏物进入水体、下水道、地下室或密闭性空间。严禁用水处理。小量泄漏：用干燥的砂土或其他不燃材料覆盖泄漏物。大量泄漏：构筑围堤或挖坑收容。用泵转移至槽车或专用收集器内。 隔离与疏散距离：小量泄漏，初始隔离 30m，下风向疏散白天 100m、夜晚 200m；大量泄漏，初始隔离 60m，下风向疏散白天 500m、夜晚 700m。

29. 氰化钠

特别警示	剧毒固体，遇酸产生剧毒、易燃的氰化氢气体。
理化特性	白色或略带颜色的块状或结晶状颗粒，有微弱的苦杏仁味。易溶于水，溶液呈弱碱性，并缓慢反应生成剧毒的氰化氢气体，其溶液在空气存在下能溶解金和银。微溶于乙醇。分子量49.0，熔点563.7℃，沸点1496℃，相对密度(水=1)1.596，饱和蒸气压0.13kPa(817℃)。 主要用途：主要用于提炼金、银等贵重金属和淬火，并用于塑料、农药、医药、染料等有机合成工业。
危害信息	【燃烧和爆炸危险性】 不燃。 【活性反应】 与硝酸盐、亚硝酸盐、氯酸盐反应剧烈，有发生爆炸的危险。遇酸会产生剧毒、易燃的氰化氢气体。在潮湿空气或二氧化碳中即缓慢发出微量氰化氢气体。 【健康危害】 吸入、口服或经皮吸收均可引起急性中毒。氰化钠抑制呼吸酶，造成细胞内窒息。口服50~100mg即可引起猝死。 解毒剂：亚硝酸异戊酯、亚硝酸钠、硫代硫酸钠、4-二甲基氨基苯酚。 列入《剧毒化学品目录》。
安全措施	【一般要求】 操作人员必须经过专门培训，严格遵守操作规程，熟练掌握操作技能，具备应急处置知识。 严加密闭，防止泄漏，工作场所提供充分的局部排风和全面通风。 生产、使用及贮存场所应设置泄漏检测报警仪，配备两套以上重型防护服，操作尽可能机械化、自动化。操作人员应该佩戴过滤式防尘呼吸器，穿连衣式防毒衣，戴橡胶手套。 避免产生粉尘。避免与氧化剂、酸类接触。 生产、储存区域应设置安全警示标志。搬运时要轻装轻卸，防止包装及容器损坏。分装和搬运作业要注意个人防护。配备泄漏应急处理设备。 【特殊要求】 【操作安全】 (1) 避免直接接触氰化钠，操作人员应配戴必要的防护用品；避免吸入含氢氰酸的气体，必要时应戴上防毒面具。 (2) 配备便携式氰化氢气体检测仪。 (3) 生产车间、化验室和采样等各工作岗位的工作人员不得带任何未愈的伤口上岗，并且必须有2人以上时方可开展工作。 (4) 氰化钠运转设备的外漏部分或危及人身安全的部位，应设置防护罩、安全护栏挡板，防止无关人员靠近。 (5) 工作场所配备洗眼器、喷淋装置。生产车间和作业场所应配备急救药品和相应滤毒器材、正压自给式空气呼吸器、防尘器材、防溅面罩、防护眼镜和耐碱的胶皮手套等防护用品。

安全措施	（6）生产设备的清洗污水及生产车间内部地坪的冲洗水须收入应急池，经处理合格后才可排放。 【储存安全】 （1）储存于阴凉、干燥、通风良好的专用库房内，库内相对湿度不超过80%。包装密封。 （2）应与氧化剂、酸类、食用化学品单独存放，不能混储。搬运时要轻装轻卸，防止包装和容器损坏，储存区域应备有合适的材料、容器收集散落、泄漏物。氰化钠溶液应贮存于专用储罐。氰化钠溶液储罐应采用耐碱性材质，设有夹套，夏日能进行冷却，保持氰化钠溶液储罐在25℃以下，防止其聚合。氰化钠溶液储存区设置围堰，地面进行防渗透处理，并配备倒装罐或储液池。 （3）定期检查氰化钠溶液的储罐、槽车、阀门和泵等，防止滴漏。 （4）应严格执行剧毒化学品“双人收发，双人保管”制度。 【运输安全】 （1）运输车辆应有危险货物运输标志、安装具有行驶记录功能的卫星定位装置。未经公安机关批准，运输车辆不得进入危险化学品运输车辆限制通行的区域。 （2）工业氰化钠溶液应用专用槽车运输，容器须用盖密封。工业固体氰化钠应用厢式车辆运输。包装应符合《固体氰化物包装》（GB 19268—2003），每桶（袋）净含量25kg、40kg、50kg、70kg、380kg、1000kg。 （3）公路运输时必须有氰化钠采购证、准运证，押运人员的押运证，槽（罐）车准用证，配备相应的劳动防护用品和防护器材。要按规定路线行驶，因转载、休息、事故等需要暂时停放时，要选择安全的场所。禁止在居民区和人口稠密区停留。在装好氰化钠行车前，要认真检查货物捆绑是否扎实，阀门是否滴漏，行车途中要经常停车检查货物是否松绑、雨淋等状况，发现问题及时解决。 （4）输送氰化钠溶液的管道不应靠近热源敷设。液体氰化钠管道宜采用架空敷设，必要时亦可近地面敷设，但不宜埋地敷设。输送管道需安装扫线装置，宜采用半固定吹扫接头，在输送完毕后应用惰性气体将液体反吹回储罐，排液口应设废液回收装置。氰化钠管道外壁颜色、标志应执行《工业管道的基本识别色、识别符号和安全标识》（GB 7231）的规定。
应急处置原则	【急救措施】 吸入：迅速脱离现场至空气新鲜处。保持呼吸道通畅。如呼吸困难，给氧。呼吸心跳停止时，立即进行人工呼吸（勿用口对口）和胸外心脏按压术。给吸入亚硝酸异戊酯，就医。 食入：饮足量温水，催吐。用1∶5000高锰酸钾溶液或5%硫代硫酸钠溶液洗胃。就医。 皮肤接触：立即脱去污染的衣着，用流动清水或5%硫代硫酸钠溶液彻底冲洗至少20分钟。就医。 眼睛接触：立即提起眼睑，用大量流动清水或生理盐水彻底冲洗至少15分钟。就医。 【灭火方法】 本品不燃，但周围起火时应切断气源。发生火灾时应尽量抢救商品，防止包装破损，引起环境污染。消防人员必须佩戴防毒面具，穿全身防火防毒服，在上风向灭火。由于火场中可能发生容器爆破的情况，消防人员须在防爆掩蔽处操作。

续表

应急处置原则	灭火剂：根据周围着火原因选择适当灭火剂灭火。可用干粉、砂土。禁止用二氧化碳和酸碱灭火剂灭火。 【泄漏应急处置】 隔离泄漏污染区，限制出入。建议应急处理人员戴防尘口罩，穿防毒服。作业时使用的所有设备应接地。穿上适当的防护服前严禁接触破裂的容器和泄漏物。尽可能切断泄漏源。小量泄漏：用干燥的砂土或其他不燃材料覆盖泄漏物，然后用塑料布覆盖，减少飞散、避免雨淋。用洁净的铲子收集泄漏物，置于干净、干燥、盖子较松的容器中，将容器移离泄漏区。 作为一项紧急预防措施，固体泄漏隔离距离至少为25m。如果为大量泄漏，则在初始隔离距离的基础上加大下风向的疏散距离。在水体中泄漏时：组织民众远离水源污染区域。

30. 丙烯、1-丙烯

特别警示	极易燃气体，火场温度下易发生危险的聚合反应。
理化特性	无色气体，略带烃类特有的气味。微溶于水，溶于乙醇和乙醚。熔点-185.25℃，沸点-47.7℃，气体密度1.7885g/L(20℃)，相对密度(水=1)0.5，相对蒸气密度(空气=1)1.5，临界压力4.62MPa，临界温度91.9℃，饱和蒸气压61158kPa(25℃)，闪点-108℃，爆炸极限1.0%～15.0%(体积比)，自燃温度455℃，最小点火能0.282mJ，最大爆炸压力0.882MPa。 主要用途：主要用于制聚丙烯、丙烯腈、环氧丙烷、丙酮等。
危害信息	【燃烧和爆炸危险性】 极易燃，与空气混合能形成爆炸性混合物，遇热源或明火有燃烧爆炸危险。比空气重，能在较低处扩散到相当远的地方，遇火源会着火回燃。 【活性反应】 与二氧化氮、四氧化二氮、氧化二氮等易发生剧烈化合反应，与其他氧化剂发生剧烈反应。 【健康危害】 主要经呼吸道侵入人体，有麻醉作用。直接接触液态产品可引起冻伤。
安全措施	【一般要求】 操作人员必须经过专门培训，严格遵守操作规程，熟练掌握操作技能，具备应急处置知识。 密闭操作，严防泄漏，全面通风。远离火种、热源，工作场所严禁吸烟。生产、使用及贮存场所应设置泄漏检测报警仪，使用防爆型的通风系统和设备。穿防静电工作服。 储罐等压力容器和设备应设置安全阀、压力表、液位计、温度计，并应装有带压力、液位、温度远传记录和报警功能的安全装置，重点储罐需设置紧急切断装置。 避免与氧化剂、酸类接触。 生产、储存区域应设置安全警示标志。搬运时轻装轻卸，防止钢瓶及附件破损。在传送过程中，钢瓶和容器必须接地和跨接，防止产生静电。配备相应品种和数量的消防器材及泄漏应急处理设备。

续表

安全措施	【特殊要求】 【操作安全】 （1）丙烯系统运行时，不准敲击，不准带压修理和紧固，不得超压，严禁负压。 （2）管道、阀门和水封装置冻结时，只能用热水或蒸汽加热解冻，严禁使用明火烘烤。不准在室内排放丙烯。吹洗置换，应立即切断气源，进行通风，不得进行可能发生火花的一切操作。 （3）使用丙烯瓶时注意以下事项： ——必须使用专用的减压器，开启时，操作者应站在阀口的侧后方，动作要轻缓； ——气瓶的阀门或减压器泄漏时，不得继续使用。阀门损坏时，严禁在瓶内有压力的情况下更换阀门； ——气瓶禁止敲击、碰撞，不得靠近热源，夏季应防止曝晒； ——瓶内气体严禁用尽，应保留规定的余压。 （4）厂(车间)内的丙烯设备、管道应按《化工企业静电接地设计技术规定》要求采取防静电措施，并在避雷保护范围之内。 （5）充装时使用万向节管道充装系统，严防超装。 【储存安全】 （1）储存于阴凉、通风的易燃气体专用库房。远离火种、热源。库房温度不宜超过30℃。 （2）应与氧化剂、酸类分开存放，切忌混储。采用防爆型照明、通风设施。丙烯瓶与盛有易燃、易爆、可燃物质及氧化性气体的容器和气瓶的间距不应小于8m；与空调装置、空气压缩机和通风设备等吸风口的间距不应小于20m；与明火或普通电气设备的间距不应小于10m。 （3）储存室内必须通风良好，保证空气中丙烯最高含量不超过1%(体积比)。储存室建筑物顶部或外墙的上部设气窗或排气孔。排气孔应朝向安全地带，室内换气次数每小时不得小于3次，事故通风每小时换气次数不得小于7次。 （4）注意防雷、防静电，厂(车间)内的储罐应按《建筑物防雷设计规范》(GB 50057)的规定设置防雷防静电设施。 【运输安全】 （1）运输车辆应有危险货物运输标志、安装具有行驶记录功能的卫星定位装置。未经公安机关批准，运输车辆不得进入危险化学品运输车辆限制通行的区域。 （2）槽车运输时要用专用槽车。槽车安装的阻火器(火星熄灭器)必须完好。槽车和运输卡车要有导静电拖线；槽车上要备有2只以上干粉或二氧化碳灭火器和防爆工具；要有遮阳措施，防止阳光直射。运输途中远离火种，不准在有明火地点或人多地段停车，停车时要有人看管。发生泄漏或火灾要开到安全地方进行灭火或堵漏。 （3）汽车装运丙烯瓶，丙烯瓶头部应朝向车辆行驶的右方，装车高度不得超过车厢高度，直立排放时，车厢高度不得低于瓶高的2/3。 （4）输送丙烯的管道不应靠近热源敷设；管道采用地上敷设时，应在人员活动较多和易遭车辆、外来物撞击的地段，采取保护措施并设置明显的警示标志；丙烯管道架空敷设时，管道应敷设在非燃烧体的支架或栈桥上。在已敷设的丙烯管道下面，不得修建与丙烯管道无关的建筑物和堆放易燃物品；丙烯管道外壁颜色、标志应执行《工业管道的基本识别色、识别符号和安全标识》(GB 7231)的规定。

续表

应急处置原则	【急救措施】 吸入：迅速脱离现场至空气新鲜处。保持呼吸道通畅。如呼吸困难，给氧。如呼吸停止，立即进行人工呼吸。就医。 【灭火方法】 切断气源。若不能切断气源，则不允许熄灭泄漏处的火焰。喷水冷却容器，尽可能将容器从火场移至空旷处。 灭火剂：雾状水、泡沫、二氧化碳、干粉。 【泄漏应急处置】 消除所有点火源。根据气体的影响区域划定警戒区，无关人员从侧风、上风向撤离至安全区。建议应急处理人员戴正压自给式空气呼吸器，穿防静电服。作业时使用的所有设备应接地。处理液体时，应防止冻伤。禁止接触或跨越泄漏物。尽可能切断泄漏源。喷雾状水抑制蒸气或改变蒸气云流向，避免水流接触泄漏物。禁止用水直接冲击泄漏物或泄漏源。防止气体通过下水道、通风系统和密闭性空间扩散。隔离泄漏区直至气体散尽。 作为一项紧急预防措施，泄漏隔离距离至少为100m。如果为大量泄漏，下风向的初始疏散距离应至少为800m。

31. 苯胺

特别警示	有毒液体，易经皮肤吸收。
理化特性	无色至浅黄色透明液体，有强烈气味。暴露在空气中或在日光下变成棕色。微溶于水，溶于乙醇、乙醚、苯。分子量93.13，2%的溶液pH值约8，熔点-6.2℃，沸点184.4℃，相对密度(水=1)1.02，相对蒸气密度(空气=1)3.3，饱和蒸气压2.00 kPa(25℃)，燃烧热3389.8 kJ/mol，临界温度425.6℃，临界压力5.30MPa，辛醇/水分配系数0.94，闪点70℃，引燃温度615℃，爆炸极限1.2%~11.0%(体积比)。 主要用途：可用来测定油品的苯胺点，也用作染料中间体、农药、橡胶助剂及其他有机合成等的原料。
危害信息	【燃烧和爆炸危险性】 遇明火、高热可燃。 【活性反应】 与酸类、卤素、醇类、胺类发生强烈反应，会引起燃烧。 【健康危害】 本品主要引起高铁血红蛋白血症、溶血性贫血和肝、肾损害。易经皮肤吸收。可出现溶血性黄疸、中毒性肝炎及肾损害。可出现化学性膀胱炎。眼接触引起结膜角膜炎。慢性中毒患者有神经衰弱综合征表现，伴有轻度紫绀、贫血和肝、脾肿大。皮肤接触可引起湿疹。 解毒剂：静脉注射维生素C和亚甲蓝。 职业接触限值：PC-TWA(时间加权平均容许浓度)(mg/m^3)：3(皮)。

续表

<table>
<tr><td>安全措施</td><td>【一般要求】
操作人员必须经过专门培训，严格遵守操作规程，熟练掌握操作技能，具备应急处置知识。
密闭操作，提供充分的局部排风。远离火种、热源，工作场所严禁吸烟。操作尽可能机械化、自动化。
生产、使用及贮存场所应设置泄漏检测报警仪，使用防爆型的通风系统和设备，配备两套以上重型防护服。操作人员应该佩戴过滤式防毒面具，戴安全防护眼镜，穿防毒物渗透工作服，戴耐油橡胶手套。
储罐等容器和设备应设置液位计、温度计，并应装有带液位、温度远传记录和报警功能的安全装置，重点储罐需设置紧急切断装置。
避免与氧化剂、酸类接触。
生产、储存区域应设置安全警示标志。搬运时要轻装轻卸，防止包装及容器损坏。配备相应品种和数量的消防器材及泄漏应急处理设备。
【特殊要求】
【操作安全】
（1）打开苯胺容器时，确定工作区通风良好且无火花或引火源存在；避免让释出的蒸气进入工作区的空气中。避免直接接触苯胺，操作人员应配戴必要的防护用品；避免吸入有毒气体，应戴上防毒面具。
（2）严禁利用苯胺管道做电焊接地线。严禁用铁器敲击管道与阀体，以免引起火花。
（3）生产区域内，严禁明火和可能产生明火、火花的作业。生产需要或检修期间需动火时，必须办理动火审批手续；要有可靠的防火、防爆措施。一旦发生物品着火，应用干粉灭火器、二氧化碳灭火器、砂土灭火。
（4）在苯胺环境中作业还应采用以下防护措施：
——根据不同作业环境配备相应的苯胺检测仪及防护装置，并落实人员管理，使苯胺检测仪及防护装置处于备用状态；
——作业环境应设立风向标；
——供气装置的空气压缩机应置于上风侧；
——重点检测区应设置醒目的标志、苯胺检测仪、报警器及排风扇；在可能发生苯胺中毒的主要出入口应设置醒目的危险危害因素告知牌；
——进行检修和抢修作业时，应携带苯胺检测仪和正压式空气呼吸器。
（5）生产设备的清洗污水及生产车间内部地坪的冲洗水须收入应急池，经处理合格后才可排放。
（6）充装时使用万向节管道充装系统，严防超装。
【储存安全】
（1）储存于阴凉、干燥、通风良好的专用库房内。库房温度不超过32℃，相对湿度不超过80%。
（2）应与氧化剂、酸类、食用化学品分开存放，切忌混储。储存区应备有合适的材料收容泄漏物。储存区设置围堰，地面进行防渗透处理，并配备倒装罐或储液池。</td></tr>
</table>

续表

安全措施	（3）注意防雷、防静电，厂（车间）内的储罐应按《建筑物防雷设计规范》（GB 50057）的规定设置防雷设施。 （4）定期检查苯胺的储罐、槽车、阀门和泵等，防止滴漏。 【运输安全】 （1）运输车辆应有危险货物运输标志、安装具有行驶记录功能的卫星定位装置。未经公安机关批准，运输车辆不得进入危险化学品运输车辆限制通行的区域。 （2）苯胺应用专用槽车运输。用其他包装容器运输时，容器须用盖密封。运输车辆应符合符合消防安全要求，配备相应的消防器材。运输车辆进入厂区，保持安全车速。 （3）严禁与氧化剂、酸类、食用化学品等混装混运。运输时运输车辆应配备泄漏应急处理设备。运输途中应防曝晒、防雨淋、防高温。 （4）输送苯胺的管道不应靠近热源敷设；管道采用地上敷设时，应在人员活动较多和易遭车辆、外来物撞击的地段，采取保护措施并设置明显的警示标志；苯胺管道架空敷设时，管道应敷设在非燃烧体的支架或栈桥上。在已敷设的苯胺管道下面，不得修建与苯胺管道无关的建筑物和堆放易燃物品；苯胺管道外壁颜色、标志应执行《工业管道的基本识别色、识别符号和安全标识》（GB 7231）的规定。
应急处置原则	【急救措施】 吸入：迅速脱离现场至空气新鲜处。保持呼吸道通畅。如呼吸困难，给氧。如呼吸停止，立即进行人工呼吸。就医。 食入：饮足量温水，催吐。就医。 皮肤接触：立即脱去污染的衣着，用肥皂水和清水彻底冲洗皮肤。就医。 眼睛接触：立即提起眼睑，用大量流动清水或生理盐水彻底冲洗至少 15 分钟。就医。 【灭火方法】 消防人员须戴好防毒面具，在安全距离以外，在上风向灭火。 灭火剂：雾状水、泡沫、二氧化碳、砂土。 【泄漏应急处置】 根据液体流动和蒸气扩散的影响区域划定警戒区，无关人员从侧风、上风向撤离至安全区。消除所有点火源。建议应急处理人员戴正压自给式空气呼吸器，穿防毒服。穿上适当的防护服前严禁接触破裂的容器和泄漏物。尽可能切断泄漏源。防止泄漏物进入水体、下水道、地下室或密闭性空间。小量泄漏：用干燥的砂土或其他不燃材料吸收或覆盖，收集于容器中。大量泄漏：构筑围堤或挖坑收容。用石灰粉吸收大量液体。用泵转移至槽车或专用收集器内。 作为一项紧急预防措施，液体泄漏隔离距离至少为 50m，如果为大量泄漏，则在初始隔离距离的基础上加大下风向的疏散距离。

32. 甲醚

特别警示	极易燃气体。
理化特性	无色气体，有醚类特有的气味。溶于水、醇、乙醚。分子量 46.07，熔点-141.5℃，沸点-23.6℃，相对密度（水=1）0.61，相对蒸气密度（空气=1）1.6，饱和蒸气压 533.2kPa（20℃），燃烧热 1453kJ/mol，临界温度 127℃，临界压力 5.33MPa，辛醇/水分配系数 0.10，闪点-41℃，引燃温度 350℃，爆炸极限 3.4%~26.7%（体积比）。 主要用途：主要用作致冷剂、溶剂、萃取剂、聚合物的催化剂和稳定剂。

续表

<table>
<tr><td>危害信息</td><td>【燃烧和爆炸危险性】
极易燃气体。与空气混合能形成爆炸性混合物，接触热、火星、火焰或氧化剂易燃烧爆炸。气体比空气重，沿地面扩散并易积存于低洼处，遇火源会着火回燃。若遇高热，容器内压增大，有开裂和爆炸的危险。
【活性反应】
接触空气或在光照条件下可生成具有潜在爆炸危险性的过氧化物。
【健康危害】
对中枢神经系统有抑制作用，麻醉作用弱。吸入后可引起麻醉、窒息感。对皮肤有刺激性，引起发红、水肿、起疱，长期反复接触，可使皮肤敏感性增加。</td></tr>
<tr><td>安全措施</td><td>【一般要求】
操作人员必须经过专门培训，严格遵守操作规程，熟练掌握操作技能，具备应急处置知识。
密闭操作，防止泄漏，工作场所全面通风，设置可燃气体报警仪。远离火种、热源，工作场所严禁吸烟。
使用防爆型的通风系统和设备。戴化学安全防护眼镜，穿防静电工作服，戴防化学品手套，工作场所浓度超标的，操作人员应该佩戴自吸过滤式防毒面具。
储罐等压力容器和设备应设置安全阀、压力表、温度计，并应装有带压力、温度远传记录和报警功能的安全装置。
避免与氧化剂、酸类、卤素接触。
生产、储存区域应设置安全警示标志。在传送过程中，钢瓶和容器必须接地和跨接，防止产生静电。搬运时轻装轻卸，防止钢瓶及附件破损。配备相应品种和数量的消防器材及泄漏应急处理设备。
【特殊要求】
【操作安全】
（1）操作人员必须会使用二氧化碳和干粉灭火器等消防器材。禁止携带火种(如打火机、火柴等)和易产生碰撞火花的器具(如钉鞋等)进入；作业区内，严禁使用非防爆型的无线电通讯设备。
（2）甲醚系统运行时，不准敲击，不准带压修理和紧固，不得超压，严禁负压。
（3）管道、阀门和水封装置冻结时，只能用热水或蒸汽加热解冻，严禁使用明火烘烤。不准在室内排放甲醚。吹洗置换，应立即切断气源，进行通风，不得进行可能发生火花的一切操作。
（4）厂(车间)内的甲醚设备、管道应按《化工企业静电接地设计技术规定》要求采取防静电措施，并在避雷保护范围之内。
（5）使用甲醚瓶时注意以下事项：
——甲醚的充装应符合《液化气体气瓶充装规定》(GB 14193)的相关规定，甲醚瓶和灌装车灌装的甲醚量要符合《气瓶安全监察规程》的甲醚灌装量，不得超过按充装为 0.58kg/L 计算的充装量。气瓶颜色标记应符合《气瓶颜色标志》(GB 7144)的规定；充装甲醚的气瓶阀及瓶颈螺纹连接处不得泄漏；必须戴好安全帽；</td></tr>
</table>

续表

<table>
<tr><td>安全措施</td><td>——包装和贮存容器内保持正压，防止空气进入。使用气瓶时，应有称重衡器，使用前和使用后均应登记重量，瓶内甲醚不能用尽，应留有不少于 0.5%～1.0%规定充装量的剩余气体；
——必须使用专用的减压器，开启时，操作者应站在阀口的侧后方，动作要轻缓；
——气瓶的阀门或减压器泄漏时，不得继续使用。阀门损坏时，严禁在瓶内有压力的情况下更换阀门；
——气瓶禁止敲击、碰撞，不得靠近热源，夏季应防止曝晒。
【储存安全】
(1) 储存于阴凉、通风的易燃气体专用库房。远离火种、热源。库房温度不宜超过 30℃。贮存于储罐中时，储罐应设置在阴凉处，不得靠近火源及热源，严禁烈日曝晒，夏季储罐应装有降温装置。
(2) 应与氧化剂、酸类、卤素分开存放，切忌混储。采用防爆型照明、通风设施。禁止使用易产生火花的机械设备和工具。储存区应备有泄漏应急处理设备。
(3) 甲醚瓶与盛有易燃、易爆、可燃物质及氧化性气体的容器和气瓶的间距不应小于 8m；与空调装置、空气压缩机和通风设备等吸风口的间距不应小于 20m；与明火或普通电气设备的间距不应小于 10m。
(4) 储存室内必须通风良好，保证空气中甲醚最高含量不超过 1%(体积比)。储存室建筑物顶部或外墙的上部设气窗或排气孔。排气孔应朝向安全地带，室内换气次数每小时不得小于 3 次，事故通风每小时换气次数不得小于 7 次。
(5) 注意防雷、防静电，厂(车间)内的储罐应按《建筑物防雷设计规范》(GB 50057)的规定设置防雷防静电设施。
【运输安全】
(1) 运输车辆应有危险货物运输标志、安装具有行驶记录功能的卫星定位装置。未经公安机关批准，运输车辆不得进入危险化学品运输车辆限制通行的区域。
(2) 不能与氧化剂、酸类、卤素等同车混运。槽车运输时要用专用槽车。槽车安装的阻火器(火星熄灭器)必须完好。槽车和运输卡车要有导静电拖线；槽车上要备有 2 只以上干粉或二氧化碳灭火器和防爆工具；要有遮阳措施，防止阳光直射。运输途中远离火种，不准在有明火地点或人多地段停车，停车时要有人看管。发生泄漏或火灾要开到安全地方进行灭火或堵漏。
(3) 在使用汽车、手推车运输甲醚瓶时，应轻装轻卸。严禁抛、滑、滚、碰。严禁用电磁起重机和链绳吊装搬运。采用车辆运输时，甲醚瓶应妥善固定。立放时，车厢高度应在瓶高的 2/3 以上；卧放时，瓶阀端应朝向车辆行驶的右方，垛高不得超过 5 层且不得超过车厢高度。
(4) 输送甲醚的管道不应靠近热源敷设；管道采用地上敷设时，应在人员活动较多和易遭车辆、外来物撞击的地段，采取保护措施并设置明显的警示标志；甲醚管道架空敷设时，管道应敷设在非燃烧体的支架或栈桥上。在已敷设的甲醚管道下面，不得修建与管道无关的建筑物和堆放易燃物品；甲醚管道外壁颜色、标志应执行《工业管道的基本识别色、识别符号和安全标识》(GB 7231)的规定。</td></tr>
</table>

续表

应急处置原则	【急救措施】 吸入：迅速脱离现场至空气新鲜处。保持呼吸道通畅。如呼吸困难，给氧。如呼吸停止，立即进行人工呼吸。就医。 【灭火方法】 切断气源。若不能切断气源，则不允许熄灭泄漏处的火焰。喷水冷却容器，尽可能将容器从火场移至空旷处。 灭火剂：雾状水、抗溶性泡沫、干粉、二氧化碳、砂土。 【泄漏应急处置】 消除所有点火源。根据气体的影响区域划定警戒区，无关人员从侧风、上风向撤离至安全区。建议应急处理人员戴正压自给式空气呼吸器，穿防静电服。作业时使用的所有设备应接地。禁止接触或跨越泄漏物。尽可能切断泄漏源。喷雾状水抑制蒸气或改变蒸气云流向，避免水流接触泄漏物。禁止用水直接冲击泄漏物或泄漏源。防止气体通过下水道、通风系统和密闭性空间扩散。隔离泄漏区直至气体散尽。 作为一项紧急预防措施，泄漏隔离距离至少为100m。如果为大量泄漏，下风向的初始疏散距离应至少为800m。

33. 丙烯醛、2-丙烯醛

特别警示	剧毒，高度易燃液体，火场温度下易发生危险的聚合反应，不得使用直流水扑救。
理化特性	无色或淡黄色液体，有恶臭。溶于水，易溶于醇、丙酮、等多数有机溶剂。分子量56.06，熔点-87.7℃，沸点52.5℃，相对密度(水=1)0.84，相对蒸气密度(空气=1)1.94，饱和蒸气压29.33kPa(20℃)，燃烧热93.1kJ/mol，辛醇/水分配系数0.9，闪点-26℃，引燃温度234℃，爆炸极限2.8%~31.0%(体积比)。 主要用途：主要为合成树脂工业的重要原料之一，也大量用于有机合成与药物合成。
危害信息	【燃烧和爆炸危险性】 高度易燃，其蒸气与空气可形成爆炸性混合物，遇明火、高热极易燃烧爆炸。受热分解释放出有毒蒸气。在空气中久置后能生成有爆炸性的过氧化物。 【活性反应】 与酸类、碱类、氨、胺类、二氧化硫、硫脲、金属盐类、氧化剂等猛烈反应。在火场高温下，能发生聚合放热反应，使容器破裂。 【健康危害】 本品有强烈刺激性。吸入蒸气损害呼吸道，出现咽喉炎、胸部压迫感、支气管炎；大量吸入可致肺炎、肺水肿，还可出现休克、肾炎及心力衰竭。可致死。液体及蒸气损害眼睛；皮肤接触可致灼伤。口服引起口腔及胃刺激或灼伤。 列入《剧毒化学品目录》。 职业接触限值：MAC(最高容许浓度)(mg/m^3)：1(皮)。

续表

<table>
<tr><td>安全措施</td><td>【一般要求】
操作人员必须经过专门培训，严格遵守操作规程，熟练掌握操作技能，具备应急处置知识。
密闭操作，防止泄漏，提供充分的局部排风。远离火种、热源，工作场所严禁吸烟。
生产、使用及贮存场所应设置泄漏检测报警仪，使用防爆型的通风系统和设备，配备两套以上重型防护服。操作人员佩戴自吸过滤式防毒面具(全面罩)，穿防静电工作服，戴耐油橡胶手套。
储罐等容器和设备应设置液位计、温度计，并应装有带液位、温度远传记录和报警功能的安全装置，重点储罐需设置紧急切断装置。
避免与氧化剂、还原剂、酸类、碱类接触。
生产、储存区域应设置安全警示标志。灌装时应控制流速，且有接地装置，防止静电积聚。搬运时要轻装轻卸，防止包装及容器损坏。配备相应品种和数量的消防器材及泄漏应急处理设备。倒空的容器可能存在残留有害物时应及时处理。
【特殊要求】
【操作安全】
(1) 打开丙烯醛容器时，确定工作区通风良好且无火花或引火源存在；避免让释出的蒸气进入工作区的空气中。
(2) 生产、贮存丙烯醛的车间要有可靠的防火、防爆措施。一旦发生物品着火，应用干粉灭火器、二氧化碳灭火器、砂土灭火。
(3) 丙烯醛生产和使用过程中注意以下事项：
——必须穿戴好劳动保护用品；
——系统漏气时要站在上风口，同时佩戴好防毒面具进行作业；
——接触高温设备时要防止烫伤；
——设备的水压、油压保持正常，有关管线要畅通；
——维护保养好设备，消除跑、冒、滴、漏等现象，使设备处于完好状态。
(4) 生产区域内，严禁明火和可能产生明火、火花的作业(固定动火区必须距离生产区30m以上)。生产需要或检修期间需动火时，必须办理动火审批手续。
(5) 生产设备的清洗污水及生产车间内部地坪的冲洗水须收入应急池，经处理合格后才可排放。
(6) 充装时使用万向节管道充装系统，严防超装。
【储存安全】
(1) 储存于阴凉、通风良好的专用库房或储罐内，远离火种、热源。库房温度不宜超过37℃，保持容器密封。
(2) 应与氧化剂、酸类、碱金属等分开存放，切忌混储。采用防爆型照明、通风设施。禁止使用易产生火花的机械设备和工具。储存区应备有泄漏应急处理设备和合适的收容材料。在丙烯醛储罐四周设置围堰，围堰的容积等于储罐的容积。
(3) 每天不少于两次对各储罐进行巡检，并做好记录，发现跑、冒、滴、漏等隐患要及时联系处理，重大隐患要及时上报。
(4) 注意防雷、防静电，厂(车间)内的储罐应按《建筑物防雷设计规范》(GB 50057)的规定设置防雷设施。</td></tr>
</table>

安全措施	(5) 应严格执行剧毒化学品"双人收发，双人保管"制度。 【运输安全】 (1) 运输车辆应有危险货物运输标志、安装具有行驶记录功能的卫星定位装置。未经公安机关批准，运输车辆不得进入危险化学品运输车辆限制通行的区域。 (2) 运输车辆应符合符合消防安全要求(阻火器、危险品标志牌、静电导链)，配备相应的消防器材。运输车辆进入厂区，必须安装静电接地装置和阻火器，保持安全车速。厂区限速 5km/h，厂区应设限速、限高标志。 (3) 严禁与易燃物或可燃物、氧化剂、还原剂、酸类、碱类、食用化学品等混装混运。运输时运输车辆应配备泄漏应急处理设备。运输途中应防曝晒、防雨淋、防高温。 (4) 在使用汽车、手推车运输丙烯醛容器时，应轻装轻卸。严禁抛、滑、滚、碰。严禁用电磁起重机和链绳吊装搬运。装运时，应妥善固定。
应急处置原则	【急救措施】 吸入：迅速脱离现场至空气新鲜处。保持呼吸道通畅。如呼吸困难，给氧。如呼吸停止，立即进行人工呼吸。就医。 食入：用水漱口，给饮牛奶或蛋清。就医。 皮肤接触：立即脱去污染的衣着，用大量流动清水冲洗至少 15 分钟。 眼睛接触：立即提起眼睑，用大量流动清水或生理盐水彻底冲洗至少 15 分钟。就医。 【灭火方法】 消防人员须戴好防毒面具，在安全距离以外，在上风向灭火。 灭火剂：抗溶性泡沫、二氧化碳、干粉、砂土。用水灭火无效。 【泄漏应急处置】 消除所有点火源。根据液体流动和蒸气扩散的影响区域划定警戒区，无关人员从侧风、上风向撤离至安全区。建议应急处理人员戴正压自给式空气呼吸器，穿防静电、防腐、防毒服。作业时使用的所有设备应接地。禁止接触或跨越泄漏物。尽可能切断泄漏源。防止泄漏物进入水体、下水道、地下室或密闭性空间。少量泄漏：用砂土或其他不燃材料吸收。使用洁净的无火花工具收集吸收材料。大量泄漏：构筑围堤或挖坑收容。用硫酸氢钠($NaHSO_4$)中和。用抗溶性泡沫覆盖，减少蒸发。喷水雾能减少蒸发，但不能降低泄漏物在受限制空间内的易燃性。用防爆、耐腐蚀泵转移至槽车或专用收集器内。喷雾状水驱散蒸气、稀释液体泄漏物。 隔离与疏散距离：小量泄漏，初始隔离 100m，下风向疏散白天 1100m、夜晚 3300m；大量泄漏，初始隔离 1000m，下风向疏散白天 11000m、夜晚 11000m。

34. 氯苯(氯化苯)

特别警示	易燃，对中枢神经系统有抑制和麻醉作用。
理化特性	无色透明液体，具有不愉快的苦杏仁味。不溶于水，溶于乙醇、乙醚、氯仿、二硫化碳、苯等多数有机溶剂。分子量 112.56，熔点-45.2℃，沸点 131.7℃，相对密度(水=1) 1.11，相对蒸气密度(空气=1) 3.88，饱和蒸气压 1.17 kPa (20℃)，燃烧热 3100kJ/mol，临界温度 359.2℃，临界压力 4.52MPa，辛醇/水分配系数 2.89，闪点 29℃，引燃温度 638℃，爆炸下限 1.3%~11%(体积比)。 主要用途：主要作为有机合成的重要原料。

续表

危害信息	【燃烧和爆炸危险性】 易燃，遇明火、高热或与氧化剂接触，有引起燃烧爆炸的危险。 【活性反应】 与过氯酸银、二甲亚砜反应剧烈。 【健康危害】 对中枢神经系统有抑制和麻醉作用；对皮肤和粘膜有刺激性。急性中毒表现为接触高浓度可引起麻醉症状，甚至昏迷。脱离现场，积极救治后，可较快恢复，但数日内仍有头痛、头晕、无力、食欲减退等症状。液体对皮肤有轻度刺激性，但反复接触，则起红斑或有轻度浅性表坏死。慢性中毒常有眼痛、流泪、结膜充血；早期有头痛、失眠、记忆力减退等神经衰弱症状；重者引起中毒性肝炎，个别可发生肾脏损害。 职业接触限值：PC-TWA(时间加权平均容许浓度)(mg/m^3)：50。
安全措施	【一般要求】 操作人员必须经过专门培训，严格遵守操作规程。熟练掌握操作技能，具备氯苯应急处置知识。 严加密闭，防止泄漏，禁止人员进入，减少接触的机会。工作场所提供充分的局部排风和全面通风。工作现场严禁吸烟。 设置氯苯检测报警仪，使用防爆型的通风系统和设备。空气中浓度超标时，应该佩戴自吸过滤式防毒面具(半面罩)；一般不需要特殊防护，高浓度接触时可戴化学安全防护眼镜；穿防毒物渗透工作服；戴耐油橡胶手套。 储罐等容器和设备应设置液位计、温度计，并应装有带液位、温度远传记录和报警功能的安全装置。 避免与强氧化剂、过氯酸银、二甲亚枫接触。 生产、储存区域应设置安全警示标志。灌装时应控制流速，且有接地装置，防止静电积聚。搬运时要轻装轻卸，防止包装及容器损坏。 【特殊要求】 【操作安全】 (1) 配备便携式氯化苯报警仪。进入密闭有限空间前检测，强制机械通风 10 分钟，氧含量>19.5%方可进入，作业过程中有人监护，每隔 30 分钟监测一次。 (2) 氯化反应设备必须有良好的冷却系统，控制好氯气流量，以免反应剧烈，温度骤升而引起事故，使用过程中其设备应选用耐腐蚀性材料。 【储存安全】 (1) 储存于阴凉、通风的库房。远离火种、热源。库房内温度不宜超过 30℃。保持容器密封。 (2) 应与氧化剂分开存放，切忌混储。采用防爆型照明、通风设施。禁止使用易产生火花的机械设备和工具。储存区应备有泄漏应急处理设备和合适的收容材料。 【运输安全】 (1) 运输车辆应有危险货物运输标志、安装具有行驶记录功能的卫星定位装置。未经公安机关批准，运输车辆不得进入危险化学品运输车辆限制通行的区域。

续表

安全措施	(2) 运输时运输车辆应配备相应品种和数量的消防器材及泄漏应急处理设备。运输时所用的槽(罐)车应有接地链，槽内可设孔隔板以减少震荡产生静电。装运该物品的车辆排气管必须配备阻火装置，禁止使用易产生火花的机械设备和工具装卸。严禁与氧化剂、食用化学品等混装混运。运输途中应防曝晒、防雨淋、防高温。中途停留时应远离火种、热源、高温区，勿在居民区和人口稠密区停留。高温季节应早晚运输。
应急处置原则	【急救措施】 吸入：迅速脱离现场至空气新鲜处。保持呼吸道通畅。如呼吸困难，给氧。如呼吸停止，立即进行人工呼吸。就医。 食入：饮足量温水，催吐。就医。 皮肤接触：脱去污染的衣着，用肥皂水和清水彻底冲洗皮肤。 眼睛接触：提起眼睑，用流动清水或生理盐水冲洗。就医。 【灭火方法】 喷水冷却容器，尽可能将容器从火场移至空旷处。 灭火剂：雾状水、泡沫、干粉、二氧化碳、砂土。 【泄漏应急处置】 消除所有点火源。根据液体流动和蒸气扩散的影响区域划定警戒区，无关人员从侧风、上风向撤离至安全区。建议应急处理人员戴正压自给式空气呼吸器，穿防静电服。作业时使用的所有设备应接地。禁止接触或跨越泄漏物。尽可能切断泄漏源。防止泄漏物进入水体、下水道、地下室或密闭性空间。小量泄漏：用砂土或其他不燃材料吸收。使用洁净的无火花工具收集吸收材料。大量泄漏：构筑围堤或挖坑收容。用石灰粉吸收大量液体。用泡沫覆盖，减少蒸发。喷水雾能减少蒸发，但不能降低泄漏物在受限制空间内的易燃性。用防爆泵转移至槽车或专用收集器内。 作为一项紧急预防措施，泄漏隔离距离至少为50m。如果为大量泄漏，下风向的初始疏散距离应至少为300m。

35. 乙酸乙烯酯

特别警示	可疑致癌物，高度易燃液体。
理化特性	无色透明液体，有水果香味。微溶于水，溶于醇、醚、丙酮、苯、氯仿。分子量 86.09，熔点-93.2℃，沸点 71.8~73℃，相对密度(水=1)0.93，相对蒸气密度(空气=1)3.0，饱和蒸气压 15.33kPa(25℃)，燃烧热 1953.6kJ/mol，临界温度 252℃，临界压力 4.25MPa，辛醇/水分配系数 0.73，闪点-8℃，引燃温度 402℃，爆炸极限 2.6%~13.4%(体积比)。 主要用途：用于有机合成，主要用于合成维尼纶，也用于粘结剂和涂料工业等。
危害信息	【燃烧和爆炸危险性】 高度易燃，其蒸气与空气可形成爆炸性混合物，遇明火、高热能引起燃烧爆炸。蒸气比空气重，沿地面扩散并易积存于低洼处，遇火源会着火回燃。 【活性反应】 与氧化剂能发生强烈反应。极易受热、光或微量的过氧化物作用而聚合，含有抑制剂的商品与过氧化物接触也能猛烈聚合。

续表

<table>
<tr><td>危害信息</td><td>【健康危害】
本品对眼睛、皮肤、粘膜和上呼吸道有刺激性。长时间接触有麻醉作用。
职业接触限值：PC-TWA(时间加权平均容许浓度)(mg/m^3)：10；PC-STEL(短时间接触容许浓度)(mg/m^3)：15。
IARC：可疑人类致癌物。</td></tr>
<tr><td>安全措施</td><td>【一般要求】
操作人员必须经过专门培训，持证上岗，严格遵守操作规程。熟练掌握操作技能，具备乙酸乙烯酯应急处置知识。
严加密闭，防止泄漏。工作场所提供充分的局部排风和全面通风、换气。工作现场严禁烟火。
作业现场设置乙酸乙烯酯检测报警仪、声光报警器、视频监控装置并导入DCS系统，DCS系统设置UPS不间断电源。设置独立于DCS控制系统外的安全联锁系统，使用防爆型的通风系统和设备。穿戴防静电作业服，佩戴化学安全防护眼镜和口罩，可能接触其蒸气时，应该佩戴过滤式防毒面具(半面)。紧急事态抢救或撤离时，佩戴正压自给式空气呼吸器。戴橡胶耐酸手套。戴化学安全防护眼镜。戴安全帽。
严格控制工艺参数，关键参数设置温度、压力、液位上下限报警装置，防止发生自聚反应。生产装置设置放空系统，自动联锁保护装置，装置内所有带压设备及管道设安全阀及备阀，装置内关键转动设备设有备台，生产仪表按所处区域的防爆等级选用防爆型号。主要设备的裙座均设置防火层，对高温设备和管道均进行隔热保温，加热炉设置阻火器及长明灯，安装防爆门，并设置灭火蒸汽管。设立应急氮气装置直送各工序，保证事故状态下的氮气使用。
避免与氧化剂、酸类、碱类接触。
灌装时应注意流速(不超过3m/s)，且设置接地装置，并采用增湿作业方法导除静电，防止静电积聚。搬运时轻装轻卸，防止包装及容器损坏。配备相应品种和数量的消防器材及泄漏应急处理设备。
【特殊要求】
【操作安全】
(1) 严禁用铁器敲击设备、管道、建筑物和地面，不准穿带有钉子的鞋进入生产装置区。在易燃易爆场所内临时加热设备或管道时，只能使用蒸汽或热水，禁止使用明火。各种设备严禁超温、超压、超流速、超流量、超容量储存。严禁私自进行试验性的操作。倒空容器不得留有残留有害物。
(2) 进入有限空间检测，先通入空气进行置换，分析检测氧含量及易燃易爆气体[氧含量>19.5%、易燃易爆气体含量小于或等于爆炸下限的20%(体积比)]合格后方可进入，作业过程中专人监护，每隔30分钟检测一次。要做到：a. 停车倒空；b. 加堵盲板；c. 清洗置换；d. 分析合格；e. 监护：事先规定好联系信号，监护人不得脱离岗位。
(3) 动火作业时事先指派专人负责做好设备动火前的清洗、置换、中和、吹扫、隔离等工作，并落实其他安全防护措施。在危险性较大的重点区域动火作业时，要安排消防车和消防人员到现场，作好应急响应准备。</td></tr>
</table>

续表

安全措施	(4) 动火分析一般不要早于动火前30分钟进行，如动火中断30分钟以上，应重新进行取样分析。分析检测使用测爆仪时，被测对象的气体或蒸气的浓度应小于或等于爆炸下限的20%(体积比)，作业过程中有人监护。 (5) 除设计允许的排空、排放地点外，所有物料的设备、管道应保持密闭、防止泄漏。所有易燃易爆物料的加热设备、管道，在进料前应以氮气置换到含氧量小于1%，生产中也应维持氧含量1%以下。 (6) 推荐充装时使用万向节管道充装系统，严防超装。 【储存安全】 (1) 通常加有阻聚剂。储存于阴凉、通风库房内。库房内温度不宜超过37℃。远离火种、热源。包装要求密封，不可与空气接触。不宜大量或久存。 (2) 应与氧化剂、酸类、碱类食用化学品分开存放，切忌混淆。配备相应品种和数量的消防器材。储存间内的照明、通风等设施应采用防爆型，开关设在仓外。搬运时要轻装轻卸，防止包装及容器损坏。仓库内设置乙酸乙烯酯检测报警仪。 (3) 罐储时要有防火防爆技术措施。禁止使用易产生火花的机械设备和工具。为了预防铁锈引发形成聚合物，在制造新的储罐时，建议使用不锈钢制造储罐，并充入干燥氮气保护，罐区四周设置围堰、事故存液池。设置乙酸乙烯酯检测报警仪、声光报警器。 【运输安全】 (1) 运输车辆应有危险货物运输标志、安装具有行驶记录功能的卫星定位装置。未经公安机关批准，运输车辆不得进入危险化学品运输车辆限制通行的区域。 (2) 采用专用槽罐车运输，配备相应品种和数量的消防器材及泄漏应急处理设备。运输时所用的槽(罐)车应有接地链，槽内可设孔隔板以减少震荡产生静电。装运该物品的车辆排气管必须配备阻火装置，禁止使用易产生火花的机械设备和工具装卸，禁止溜放。严禁与氧化剂、酸类、碱类、食用化学品等混装混运。运输途中应防曝晒、防雨淋，防高温。中途停留时应远离火种、热源、高温区，勿在居民区和人口稠密区停留。高温季节最好早晚运输。 (3) 管道阀兰设置防静电跨接，管道每50m设置静电跨接线。
应急处置原则	【急救措施】 吸入：迅速脱离现场至空气新鲜处。保持呼吸道通畅。如呼吸困难，给氧。如呼吸停止，立即进行人工呼吸。就医。 食入：饮足量温水，催吐。就医。 皮肤接触：脱去污染的衣着，用肥皂水和清水彻底冲洗皮肤。 眼睛接触：提起眼睑，用流动清水或生理盐水冲洗。就医。 【灭火方法】 遇大火，消防人员须在有防护掩蔽处操作。用水灭火无效，但须用水保持火场容器冷却。 灭火剂：抗溶性泡沫、二氧化碳、干粉、砂土。 【泄漏应急处置】 消除所有点火源。根据液体流动和蒸气扩散的影响区域划定警戒区，无关人员从侧风、上风向撤离至安全区。建议应急处理人员戴正压自给式空气呼吸器，穿防静电服。作业时使用的所有设备应接地。禁止接触或跨越泄漏物。尽可能切断泄漏源。防止泄漏物进入水体、下

续表

应急处置原则	水道、地下室或密闭性空间。小量泄漏：用砂土或其他不燃材料吸收。使用洁净的无火花工具收集吸收材料。大量泄漏：构筑围堤或挖坑收容。用石灰粉吸收大量液体。用抗溶性泡沫覆盖，减少蒸发。喷水雾能减少蒸发，但不能降低泄漏物在受限制空间内的易燃性。用防爆泵转移至槽车或专用收集器内。喷雾状水驱散蒸气、稀释液体泄漏物。 作为一项紧急预防措施，所有方向上的泄漏隔离距离至少为 50m。如果为大量泄漏，下风向的初始疏散距离应至少为 300m。

36. 二甲胺

特别警示	极易燃气体，液态二甲胺可致皮肤灼伤。
理化特性	无色气体，高浓度的带有氨味，低浓度的有烂鱼味。易溶于水，溶于乙醇、乙醚。分子量 45.08，熔点-92.2℃，沸点 7.0℃，相对密度(水=1)0.68，相对蒸气密度(空气=1)1.6，饱和蒸气压 203 kPa（25℃），临界温度 164.5℃，临界压力 5.31 MPa，闪点-17.8℃，引燃温度 400℃，爆炸极限 2.8%~14.4%(体积比)。 主要用途：主要用于有机合成及沉淀氢氧化锌等。
危害信息	【燃烧和爆炸危险性】 极易燃，与空气混合能形成爆炸性混合物，遇热源和明火有燃烧爆炸的危险。气体比空气重，沿地面扩散并易积存于低洼处，遇火源会着火回燃。 【活性反应】 与氧化剂接触猛烈反应。 【健康危害】 对眼和呼吸道有强烈刺激作用，吸入后引起咳嗽、呼吸困难，重者发生肺水肿。液态二甲胺可致眼和皮肤灼伤。 职业接触限值：PC-TWA(时间加权平均容许浓度)(mg/m^3)：5；PC-STEL(短时间接触容许浓度)(mg/m^3)：10。
安全措施	【一般要求】 操作人员必须经过专门培训，严格遵守操作规程。熟练掌握操作技能，具备二甲胺应急处置知识。 生产过程密闭，加强通风。工作现场禁止吸烟、进食和饮水。提供安全沐浴和洗眼设备。 生产、使用及贮存场所应设置泄漏检测报警仪，使用防爆型的通风系统和设备。穿防静电工作服。带橡胶手套。空气浓度中超标时，必须佩带自吸过滤式防毒面具(全面罩)，紧急事态抢救或撤离时，建议佩带氧气呼吸器或正压自给式空气呼吸器。 储罐等压力容器和设备应设置安全阀、压力表、液位计、温度计，并应装有带压力、液位、温度远传记录和报警功能的安全装置。 避免与氧化剂、酸类、卤素接触。 生产、储存区域应设置安全警示标志。在传送过程中，钢瓶和容器必须接地和跨接，防止产生静电。搬运时轻装轻卸，防止钢瓶和附件破损。配备相应品种和数量的消防器材及设备泄漏应急处理设备。

安全措施	【特殊要求】 【操作安全】 (1) 严禁利用二甲胺管道做电焊接地线。严禁用铁器敲击管道与阀体，以免引起火花。 (2) 在含二甲胺环境中作业应采用以下防护措施： ——根据不同作业环境配备相应的检测仪及防护装置，并落实人员管理，使检测仪及防护装置处于备用状态； ——进行检修和抢修作业时，应携带检测仪和正压自给式空气呼吸器。 【储存安全】 (1) 储存于阴凉、通风的储罐。远离火种、热源。储罐温度不宜超过30℃。保持容器密封。 (2) 应与氧化剂、酸类、卤素、食用化学品等分开存放，切忌混储。采用防爆型照明、通风设施。禁止使用易产生火花的机械设备和工具。储存区应备有泄漏应急处理设备。 【运输安全】 (1) 运输车辆应有危险货物运输标志、安装具有行驶记录功能的卫星定位装置。未经公安机关批准，运输车辆不得进入危险化学品运输车辆限制通行的区域。 (2) 采用钢瓶运输时必须戴好钢瓶上的安全帽。钢瓶一般平放，并应将瓶口朝车辆前进的右方，堆放高度不得超过车辆的防护栏板，并用三角木垫卡牢，防止滚动。运输时运输车辆应配备相应品种和数量的消防器材。装运该物品的车辆排气管必须配备阻火装置，禁止使用易产生火花的机械设备和工具装卸。严禁与氧化剂、酸类、卤素、食用化学品等混装、混运。高温季节应早晚运输，防止日光曝晒。中途停留时应远离火种、热源，禁止在居民区和人口稠密区停留。
应急处置原则	【急救措施】 吸入：迅速脱离现场至空气新鲜处。保持呼吸道通畅。如呼吸困难，给氧。如呼吸停止，立即进行人工呼吸。就医。 皮肤接触：立即脱去污染的衣着，用大量流动清水冲洗至少15分钟。就医。 眼睛接触：立即提起眼睑，用大量流动清水或生理盐水彻底冲洗至少15分钟。就医。 【灭火方法】 切断气源。若不能切断气源，则不允许熄灭泄漏处的火焰。喷水冷却容器，尽可能将容器从火场移至空旷处。 灭火剂：雾状水、抗溶性泡沫、干粉、二氧化碳。 【泄漏应急处置】 消除所有点火源。根据气体的影响区域划定警戒区，无关人员从侧风、上风向撤离至安全区。建议应急处理人员戴正压自给式空气呼吸器，穿防静电、防腐、防毒服。如果是液化气体泄漏，还应注意防冻伤。作业时使用的所有设备应接地。禁止接触或跨越泄漏物。尽可能切断泄漏源。若可能翻转容器，使之逸出气体而非液体。喷雾状水抑制蒸气或改变蒸气云流向，避免水流接触泄漏物。禁止用水直接冲击泄漏物或泄漏源。构筑围堤或挖坑收容液体泄漏物。用硫酸氢钠($NaHSO_4$)中和。 作为气体时，泄漏隔离距离至少为100m；如果为大量泄漏，下风向的初始疏散距离应至少为800m。作为液体时，泄漏隔离距离至少为50m；如果为大量泄漏，在初始隔离距离的基础上加大下风向的疏散距离。

37. 苯酚

特别警示	有毒固体，对皮肤、黏膜有强烈的腐蚀作用。
理化特性	无色或白色晶体，有特殊气味。在空气中及光线作用下变为粉红色甚至红色。可混溶于乙醇、醚、氯仿、甘油。分子量94.11，熔点40.6℃，沸点181.9℃，相对密度(水=1)1.132，相对蒸气密度(空气=1)3.24，饱和蒸气压0.13kPa(40.1℃)，燃烧热3050.6kJ/mol，临界温度419.2℃，临界压力6.13MPa，辛醇/水分配系数1.46，闪点79℃，引燃温度595℃，爆炸极限1.3%~9.5%(体积比)。 主要用途：主要用于生产酚醛树脂、双酚A、己内酰胺、苯胺、烷基酚等。在石油炼制工业中用作润滑油精制的选择性抽提溶剂，也用于塑料和医药工业。
危害信息	【燃烧和爆炸危险性】 遇明火、高热可燃。 【健康危害】 苯酚对皮肤、粘膜有强烈的腐蚀作用，可抑制中枢神经和损害肝、肾功能。吸入高浓度蒸气可致头痛、头晕、乏力、视物模糊、肺水肿等。误服引起消化道灼伤。眼接触可致灼伤。可经灼伤皮肤吸收引起中毒，表现为心律失常、休克、代谢性酸中毒、肾损害等，甚至引起急性肾功能衰竭。慢性中毒可引起头痛、头晕、咳嗽、食欲减退、恶心、呕吐，严重者引起蛋白尿。可致皮炎。 职业接触限值：PC-TWA(时间加权平均容许浓度)(mg/m^3)：10(皮)。
安全措施	【一般要求】 操作人员必须经过专门培训，严格遵守操作规程，熟练掌握操作技能，具备应急处置知识。 严加密闭，提供充分的局部排风。工作现场禁止吸烟、进食和饮水。尽可能采取隔离操作。戴化学安全防护眼镜，穿透气型防毒服，戴防化学品手套。可能接触其粉尘时，佩戴自吸过滤式防尘口罩。紧急事态抢救或撤离时，应该佩戴自给式呼吸器。提供安全淋浴和洗眼设备。 避免与氧化剂、酸类、碱类接触。 生产、储存区域应设置安全警示标志。搬运时要轻装轻卸，防止包装及容器损坏。配备相应品种和数量的消防器材及泄漏应急处理设备。倒空的容器可能存在残留有害物时应及时处理。 【特殊要求】 【操作安全】 (1)生产区域内，严禁明火和可能产生明火、火花的作业。 (2)进行检修和抢修作业时，应携带苯酚检测仪和正压自给式空气呼吸器。 (3)生产设备的清洗污水及生产车间内部地坪的冲洗水须收入应急池，经处理合格后才可排放。 【储存安全】 (1)储存于阴凉、干燥、通风良好的专用库房内。库房温度不超过35℃，相对湿度不超过80%。应与氧化剂、酸类、碱类、食用化学品分开存放，切忌混储。储存区应备有合适的材料收容泄漏物。

安全措施	(2) 苯酚储存区设置围堰，地面进行防渗透处理，并配备倒装罐或储液池。 (3) 定期检查苯酚的储罐、槽车、阀门和泵等，防止泄漏。 【运输安全】 (1) 运输车辆应有危险货物运输标志、安装具有行驶记录功能的卫星定位装置。未经公安机关批准，运输车辆不得进入危险化学品运输车辆限制通行的区域。 (2) 运输前应先检查包装容器是否完整、密封，运输过程中要确保容器不泄漏、不倒塌、不坠落、不损坏。严禁与酸类、氧化剂、碱类、食用化学品混运。运输途中应防曝晒、防雨淋、防高温。
应急处置原则	【急救措施】 吸入：迅速脱离现场至空气新鲜处。保持呼吸道通畅。如呼吸困难，给氧。如呼吸停止，立即进行人工呼吸。就医。 食入：立即给饮植物油 15~30mL。催吐。就医。 皮肤接触：立即脱去污染的衣着，用甘油、聚乙烯乙二醇或聚乙烯乙二醇和酒精混合液(7:3)抹洗，然后用水彻底清洗。或用大量流动清水冲洗至少 15 分钟。就医。 眼睛接触：立即提起眼睑，用大量流动清水或生理盐水彻底冲洗至少 15 分钟。就医。 【灭火方法】 消防人员须佩戴防毒面具、穿全身消防服，在上风向灭火。 灭火剂：雾状水、抗溶性泡沫、干粉、二氧化碳。 【泄漏应急处置】 隔离泄漏污染区，限制出入。消除所有点火源。建议应急处理人员戴防尘口罩，穿防毒服。穿上适当的防护服前严禁接触破裂的容器和泄漏物。尽可能切断泄漏源。用塑料布覆盖泄漏物，减少飞散。勿使水进入包装容器内。用洁净的铲子收集泄漏物，置于干净、干燥、盖子较松的容器中，将容器移离泄漏区待处置。 固体泄漏隔离距离至少为 25m；如果为大量泄漏，则在初始隔离距离的基础上加大下风向的疏散距离。

38. 四氯化钛

特别警示	易与水反应，放出有毒的腐蚀性烟气。
理化特性	无色或微黄色液体，有刺激性酸味。具极强的吸湿性，在空气中发烟(生成二氧化钛和氯化氢)。溶于水、盐酸、氢氟酸、乙醇等。分子量 189.71，熔点-25℃，沸点 136.4℃，相对密度(水=1)1.73，临界温度 358℃，饱和蒸气压 1.33kPa(21.3℃)。 主要用途：主要用于制造钛盐、虹彩剂、人造珍珠、烟幕、颜料、织物媒染剂等。
危害信息	【燃烧和爆炸危险性】 不燃。 【活性反应】 受热或遇水分解放热，放出有毒的腐蚀性烟气，具有较强的腐蚀性。 【健康危害】 急性中毒引起喘息性支气管炎、化学性肺炎，可发展成肺水肿。皮肤直接接触其液体，可引起严重灼伤，治愈后可见有黄色色素沉着。

续表

<table>
<tr><td>安全措施</td><td>【一般要求】
操作人员必须经过专门培训，严格遵守操作规程，熟练掌握操作技能，具备应急处置知识。
密闭操作，工作场所局部排风。避免产生烟雾。防止烟雾和蒸气释放到工作场所空气中。配备两套以上重型防护服。操作人员应该佩戴自吸过滤式防毒面具，穿橡胶耐酸碱服，戴橡胶耐酸碱手套。
储罐等容器和设备应设置液位计、温度计，并应装有带液位、温度远传记录和报警功能的安全装置。
避免与易(可)燃物、还原剂、碱类、活性金属、水及含水物质接触。尤其要注意避免与含水物质接触。
生产、储存区域应设置安全警示标志。搬运时要轻装轻卸，防止包装及容器损坏。配备泄漏应急处理设备。
【特殊要求】
【操作安全】
(1) 开四氯化钛容器时，确定工作区通风良好；避免让释出的蒸气进入工作区的空气中。
(2) 四氯化钛生产和使用过程中注意以下事项：
——必须穿戴好劳动保护用品；
——系统漏气时要站在上风口，同时佩戴好防毒面具进行作业。
(3) 生产设备的清洗污水及生产车间内部地坪的冲洗水须收入应急池，经处理合格后才可排放。
(4) 充装时使用万向节充装管道系统。
【储存安全】
(1) 四氯化钛贮存地点要设置明显的安全标志，储罐要密封加盖，应设有计量装置，储存时保留一定空间。
(2) 四氯化钛宜储存在干燥通风的库房内，防止受潮，库内相对湿度不超过75%，如发现库内有烟雾应先行通风后再检查包装容器有无渗漏破损或封口不严现象。
(3) 应与易(可)燃物、还原剂、碱类、活性金属、水及含水物质、食用化学品等分开存放，切忌混储。储存区内备有泄漏应急处理设备和合适的收容材料。在四氯化钛储罐四周设置围堰，围堰的容积等于储罐的容积，围堰与地面作防腐处理。
(4) 每天不少于两次对各储罐进行巡检，并做好记录，发现跑、冒、滴、漏等隐患要及时联系处理，重大隐患要及时上报。
【运输安全】
(1) 运输车辆应有危险货物运输标志、安装具有行驶记录功能的卫星定位装置。未经公安机关批准，运输车辆不得进入危险化学品运输车辆限制通行的区域。
(2) 四氯化钛装于专用的槽车内运输，槽车应定期清理；灌装和卸货后，应将进料口盖严盖紧，防止行驶中车辆的晃动导致四氯化钛溅出；卸料时，应保证导管与阀门的连接牢固后，逐渐缓慢开启阀门。用其他包装容器运输时，容器须用耐腐蚀材料的盖密封。四氯化钛装卸人员应站在上风处，搬运人员必须注意防护，按规定穿戴必要的防护用品；搬运时，管理人员必须到现场监卸监装；夜晚或光线不足时、雨天不宜搬运。
(3) 严禁与易(可)燃物、还原剂、碱类、活性金属、水及含水物质、食用化学品等混装混运。运输时运输车辆应配备泄漏应急处理设备。运输途中应防曝晒、防雨淋、防高温。</td></tr>
</table>

续表

应急处置原则	【急救措施】 吸入：迅速脱离现场至空气新鲜处。保持呼吸道通畅。如呼吸困难，给氧。如呼吸停止，立即进行人工呼吸。就医。 食入：用水漱口，给饮牛奶或蛋清。就医。 皮肤接触：立即脱去污染的衣着，立即用清洁棉花或布等吸去液体。用大量流动清水冲洗。就医。 眼睛接触：立即提起眼睑，用大量流动清水或生理盐水彻底冲洗至少15分钟。就医。 【灭火方法】 消防人员必须穿全身耐酸碱消防服。 灭火剂：干燥砂土。禁止用水、泡沫、酸碱灭火剂灭火。 【泄漏应急处置】 根据液体流动和蒸气扩散的影响区域划定警戒区，无关人员从侧风、上风向撤离至安全区。建议应急处理人员戴正压自给式空气呼吸器，穿防酸碱服。穿上适当的防护服前严禁接触破裂的容器和泄漏物。尽可能切断泄漏源。勿使泄漏物与可燃物质(如木材、纸、油等)接触。防止泄漏物进入水体、下水道、地下室或密闭性空间。小量泄漏：用干燥的砂土或其他不燃材料覆盖泄漏物，用洁净的无火花工具收集泄漏物，置于一盖子较松的塑料容器中，待处置。大量泄漏：构筑围堤或挖坑收容。用石灰粉吸收大量液体。用耐腐蚀泵转移至槽车或专用收集器内。 在陆地上泄漏时：小量泄漏，初始隔离30m，下风向疏散白天100m、夜晚200m；大量泄漏，初始隔离60m，下风向疏散白天500m、夜晚800m。在水体中泄漏时：小量泄漏，初始隔离30m，下风向疏散白天100m、夜晚200m；大量泄漏，初始隔离60m，下风向疏散白天600m、夜晚1900m。

39. 甲苯二异氰酸酯

特别警示	可疑人类致癌物。吸入剧毒，遇水反应放出有毒气体，不得使用直流水扑救。
理化特性	有2，4-TDI和2，6-TDI两种异构体。按异构体含量的不同，工业上有三种规格的产品：1. TDI-65，含2，4-TDI 65%、2，6-TDI 35%；2. TDI-80，含2，4-TDI 80%、2，6-TDI 20%；3. TDI-100，含2，4-TDI 100%。无色或浅黄色透明液体，有刺激性臭味。与丙酮、乙醚、二甘醇、四氯化碳、苯、氯苯、煤油、橄榄油混溶。分子量174.16，熔点3.5~5.5℃(TDI-65)；11.5~13.5℃(TDI-80)；19.5~21.5(TDI-100)，沸点251℃，相对密度(水=1)1.22，相对蒸气密度(空气=1)6.0，饱和蒸气压3.07Pa(25℃)，折射率1.569，闪点132.2℃(TDI-80)，爆炸极限0.9%~9.5%(TDI-100，体积比)。 主要用途：主要用于有机合成、生产泡沫塑料、涂料和用作化学试剂。
危害信息	【燃烧和爆炸危险性】 可燃，蒸气与空气能形成爆炸性混合物，遇明火、高热能引起燃烧或爆炸。蒸气比空气重，能在较低处扩散到相当远的地方，遇火源会着火回燃和爆炸。 【活性反应】 与氧化剂可发生反应，与胺类、醇、碱类和温水反应剧烈，能引起燃烧或爆炸。加热或燃烧时可分解生成有毒气体。

续表

危害信息	【健康危害】 高浓度接触直接损害呼吸道粘膜，发生喘息性支气管炎，可引起肺炎和肺水肿。蒸气和液体对眼有刺激性。部分工人在多次接触本品后产生过敏，以后即使接触极微量，也能引起典型的哮喘发作。对皮肤有致敏性。 列入《剧毒化学品目录》。 职业接触限值：PC-TWA(时间加权平均容许浓度)(mg/m^3)：0.1(敏)；PC-STEL(短时间接触容许浓度)(mg/m^3)：0.2(敏)。 IARC：可疑人类致癌物。
安全措施	【一般要求】 操作人员必须经过专门培训，严格遵守操作规程，熟练掌握操作技能，具备应急处置知识。 密闭操作，防止泄漏，提供充分的局部排风。工作现场禁止吸烟。 生产、使用及贮存场所应设置泄漏检测报警仪，使用防爆型的通风系统和设备，配备两套以上重型防护服。操作人员应该佩戴自吸过滤式防毒面具，戴化学安全防护眼镜，穿防毒物渗透工作服，戴耐油橡胶手套。 储罐等压力容器和设备应设置安全阀、压力表、液位计、温度计，并应装有带压力、液位、温度远传记录和报警功能的安全装置，重点储罐需设置紧急切断装置。 避免与氧化剂、酸类、碱类、醇类、胺类接触。 生产、储存区域应设置安全警示标志。搬运时要轻装轻卸，防止包装及容器损坏。配备相应品种和数量的消防器材及泄漏应急处理设备。 【特殊要求】 【操作安全】 (1) 本品容易与胺、水、醇、酸、碱发生反应，特别是与氢氧化钠和叔胺发生难以控制反应，并放出大量热。 (2) 在常温下聚合反应速度很慢，但加热至45℃以上或催化剂存在下能自聚生成二聚物。能与强氧化剂发生反应。加热后会分解放出氰化物和氮氧化物。所以应严格控制加热温度。 (3) 当承装TDI桶因被水污染后释放二氧化碳而膨胀时，应首先将桶退回供应商，然后用长锥或铁勾刺破桶顶，注意要将破损的桶放置在专门的管理区内，并注意排气通风。 (4) 当桶翻倒入水时，应检查是否有泄漏，若无泄漏，将桶重新盖上并擦干；若有泄漏，将桶在水下密封，或送至陆上后再密封，在此过程中应该密切注意水污染引起的任何桶的压力上升。 (5) 当桶翻倒和爆裂时，应将干沙或化学品吸收剂铺在受污染区(大面积)，并将损坏的桶放入(过)大桶内，将用过的沙或化学品吸收剂收集在开口桶内做适当处理，并通过(过)大桶的排气盖排放气体。另外还要用二异氰酸酯中和液彻底清洗污染区。 (6) 对于TDI及废桶的处置可先与多元醇反应，产生泡沫，然后弃置或焚化。或者与液态除污剂的反应生成尿素衍生物。 (7) 对于盛装过TDI的桶可以先向桶内注入2至5公升除污液，用喷洒或滚动方法将其清洗干净，然后将桶打开4至6小时，使之充分反应，最后用水冲洗。

续表

<table>
<tr><td>安全措施</td><td>(8) 充装时使用万向节管道充装系统，严防超装。
【储存安全】
(1) 储存于阴凉、干燥、通风良好的不燃材料结构的库房中，防止容器受损和受潮。储存温度控制在20~35℃。
(2) 远离热源和火源、与胺类、醇、碱类和含水物品隔离储运。
(3) 应严格执行剧毒化学品“双人收发，双人保管”制度。
【运输安全】
(1) 运输车辆应有危险货物运输标志、安装具有行驶记录功能的卫星定位装置。未经公安机关批准，运输车辆不得进入危险化学品运输车辆限制通行的区域。
(2) 应用专用槽车运输。用其他包装容器运输时，容器须用盖密封。严禁与氧化剂、胺类、醇、碱类和含水物品等混装混运。运输时运输车辆应配备泄漏应急处理设备。运输途中应防曝晒、防雨淋、防高温。
(3) 输送管道不应靠近热源敷设；宜采用架空敷设，必要时亦可近地面敷设；管道采用地上敷设时，应在人员活动较多和易遭车辆、外来物撞击的地段，采取保护措施并设置明显的警示标志。</td></tr>
<tr><td>应急处置原则</td><td>【急救措施】
吸入：迅速脱离现场至空气新鲜处。保持呼吸道通畅。如呼吸困难，给氧。如呼吸停止，立即进行人工呼吸(切勿口对口)。就医。
食入：用水漱口，给饮牛奶或蛋清。禁止催吐。就医。
皮肤接触：脱去污染的衣着，立即使用肥皂和大量流动清水冲洗。
眼睛接触：提起眼睑，用流动清水或生理盐水冲洗至少15分钟。就医。
【灭火方法】
消防人员必须佩戴自供气式呼吸器。禁止污染的灭火用水流入土壤，地下水或地表水中。尽可能将容器从火场移至空旷处。喷水保持火场容器冷却，直至灭火结束。用干粉、二氧化碳、砂土灭火。
【泄漏应急处置】
根据液体流动和蒸气扩散的影响区域划定警戒区，无关人员从侧风、上风向撤离至安全区。建议应急处理人员戴正压自给式空气呼吸器，穿防毒服。作业时使用的所有设备应接地。穿上适当的防护服前严禁接触破裂的容器和泄漏物。尽可能切断泄漏源。防止泄漏物进入水体、下水道、地下室或密闭性空间。严禁用水处理。小量泄漏：用干燥的砂土或其他不燃材料覆盖泄漏物。大量泄漏：构筑围堤或挖坑收容。用泵转移至槽车或专用收集器内。
泄漏隔离距离对于液体周围至少为50m，对于固体至少为25m。如果为大量泄漏，在初始隔离距离的基础上加大下风向的疏散距离。</td></tr>
</table>

40. 过氧乙酸

特别警示	有腐蚀性，严禁与易燃物或可燃物接触。
理化特性	无色液体，有难闻气味。一般商品过乙酸不超过40%，过氧化氢不超过6%，含水和微量硫酸。分子量76.05，熔点0.1℃，沸点105℃，相对密度(水=1)1.15(20℃)，相对蒸气密度(空气=1)2.6，闪点40.56℃。易溶于水、乙醇、乙醚和硫酸。对许多金属有腐蚀作用，包括铝，是强氧化剂。 主要用途：主要用于漂白、催化剂、氧化剂及环氧化作用，也用作消毒剂。
危害信息	【燃烧和爆炸危险性】 遇热、明火易燃。加热至110℃左右或由于自发化学反应发生爆炸。 【活性反应】 在稍高温度下分解产生氧气。与还原剂、促进剂、有机物、可燃物等接触会发生剧烈反应。有强腐蚀性。 【健康危害】 对皮肤、粘膜有腐蚀性。口服可引起中毒性休克和肺水肿。
安全措施	【一般要求】 操作人员必须经过专门培训，严格遵守操作规程，熟练掌握操作技能，具备应急处置知识。 密闭操作，防止泄漏，全面通风。远离火种、热源，工作场所严禁吸烟。 生产、使用及贮存场所应设置泄漏检测报警仪，使用防爆型的通风系统和设备，一般操作时应该佩戴自吸过滤式防毒面具，戴橡胶手套。大量使用时穿聚乙烯防毒服，戴橡胶手套，戴化学防护眼镜。 储罐等容器和设备应设置液位计、温度计，并应装有带压力、液位、温度远传记录和报警功能的安全装置。 避免与易燃可燃物、还原剂、碱类、金属盐类接触。 搬运时要轻装轻卸，防止包装及容器损坏。禁止震动、撞击和摩擦。配备相应品种和数量的消防器材及泄漏应急处理设备。 【特殊要求】 【操作安全】 (1) 新采购或刚经过的运输过氧乙酸不宜立即使用，应当静置至少30分钟以上，消除运输过程中因震动等产生的静电，防止静电引起火灾或爆炸事故。 (2) 避免直接接触过氧乙酸，操作人员应配戴必要的防护用品。 (3) 打开过氧乙酸容器时，确定工作区通风良好，避免让释出的蒸气进入工作区的空气中。 (4) 在进行室内喷洒消毒时浓度不易过高，应按说明进行稀释。在对空气进行熏蒸消毒时，人员应脱离现场，熏蒸结束后要对室内进行通风后人员方可进入。 (5) 生产设备的清洗污水及生产车间内部地坪的冲洗水须收入应急池，经处理合格后才可排放。

续表

安全措施	【储存安全】 （1）应专库储存，专人保管，储存于有冷藏装置、通风良好、散热良好的不燃结构的库房内。远离火种、热源。库房温度不超过30℃，相对湿度不超过80%。避免光照，保持容器密封。 （2）注意储存的量不宜过大，尤其要注意储存时应该采用塑料容器，而不能用玻璃瓶等膨胀性较差的容器储存过氧乙酸。必须储存于低温、避光的阴凉处，并采取通风换气措施，防止挥发出的蒸气大量集聚形成爆炸性混合物。储存过氧乙酸的容器应当留有不少于5%的空隙，防止液体蒸发膨胀造成容器爆裂。严禁使用铁器或铝器等金属容器盛装存放。 （3）应与还原剂、碱类、金属盐类分开存放，切忌混储。采用防爆型照明、通风设施。禁止使用易产生火花的机械设备和工具。储存区应备有泄漏应急处理设备和合适的收容材料。禁止震动、撞击和摩擦。 （4）储存场所应当设置明显的禁止烟火的防火标志，严禁使用非防爆电气照明或明火，电气线路若非十分必要不得架设，必须设置时必须采用防爆设计或采取防爆措施。同时要注意与热源、明火、易燃可燃物质等分开。 【运输安全】 （1）运输车辆应有危险货物运输标志、安装具有行驶记录功能的卫星定位装置。未经公安机关批准，运输车辆不得进入危险化学品运输车辆限制通行的区域。 （2）搬运过程中要轻拿轻放，禁止摔、砸、碰、撞和长时间太阳照射，注意避免因受热、接触明火及受到摩擦、震动、撞击引起燃烧爆炸。 （3）过氧乙酸应用专用槽车运输。用其他包装容器运输时，容器须用盖密封。严禁与还原剂、碱类、金属盐类等混装混运。运输时运输车辆应配备泄漏应急处理设备。运输车辆应符合符合消防安全要求，配备相应的消防器材。运输车辆进入厂区，保持安全车速。运输途中应防曝晒、防雨淋、防高温。
应急处置原则	【急救措施】 吸入：迅速脱离现场至空气新鲜处。保持呼吸道通畅。如呼吸困难，给氧。如呼吸停止，立即进行人工呼吸。就医。 食入：用水漱口，给饮牛奶或蛋清。就医。 皮肤接触：用大量流动清水冲洗至少15分钟。就医。 眼睛接触：立即提起眼睑，用大量流动清水或生理盐水彻底冲洗至少15分钟。就医。 【灭火方法】 消防人员须在有防爆掩蔽处操作。 灭火剂：水、雾状水、抗溶性泡沫。遇大火切勿轻易接近。在物料附近失火，须用水保持容器冷却。禁止用砂土压盖。 【泄漏应急处置】 根据液体流动和蒸气扩散的影响区域划定警戒区，无关人员从侧风、上风向撤离至安全区。消除所有点火源。建议应急处理人员戴正压自给式空气呼吸器，穿防静电、防腐、防毒服。勿使泄漏物与可燃物质（如木材、纸、油等）接触。穿上适当的防护服前严禁接触破裂的容器和泄漏物。尽可能切断泄漏源。防止泄漏物进入水体、下水道、地下室或密闭性空间。小量泄漏：用惰性、湿润的不燃材料吸收泄漏物，用洁净的非火花工具收集于一盖子较松的塑料容器中，待处理。大量泄漏：构筑围堤或挖坑收容。用泡沫覆盖，减少蒸发。在专家指导下清除。

41. 六氯环戊二烯

特别警示	剧毒液体。
理化特性	黄色至琥珀色油状液体，有刺激性气味。不溶于水，溶于乙醚、四氯化碳等多数有机溶剂。分子量 272.77，熔点-9℃，沸点 238℃，相对密度(水=1)1.70，相对蒸气密度(空气=1)9.42，饱和蒸气压 0.012kPa（25℃）。 主要用途：主要用于制农药如灭蚁灵，也用作聚酯树脂和聚氨酯泡沫塑料的阻燃剂。
危害信息	【燃烧和爆炸危险性】 不易燃烧。 【活性反应】 受高热分解，放出腐蚀性、刺激性的烟雾。 【健康危害】 对粘膜和皮肤有明显刺激性。吸入高浓度本品蒸气可致化学性肺炎、肺水肿。皮肤接触可发生皮炎。长期吸入可能引起肝、肾损害。 列入《剧毒化学品目录》。 职业接触限值：PC-TWA(时间加权平均容许浓度)(mg/m^3)：0.1。
安全措施	【一般要求】 操作人员必须经过专门培训，严格遵守操作规程，熟练掌握操作技能，具备应急处置知识。 密闭操作，提供充分的局部排风。远离火种、热源，工作场所严禁吸烟。 生产、使用及贮存场所应设置泄漏检测报警仪，使用防爆型的通风系统和设备，配备两套以上重型防护服。防止蒸气泄漏到工作场所空气中。操作人员佩戴自吸过滤式防毒面具(半面罩)，戴化学安全防护眼镜，穿防毒物渗透工作服，戴耐油橡胶手套。 储罐等容器和设备应设置液位计、温度计，并应装有带液位、温度远传记录和报警功能的安全装置，重点储罐需设置紧急切断装置。 避免与氧化剂接触。 生产、储存区域应设置安全警示标志。搬运时要轻装轻卸，防止包装及容器损坏。倒空的容器可能存在残留有害物时应及时处理。配备相应品种和数量的消防器材及泄漏应急处理设备。 【特殊要求】 【操作安全】 (1) 配备便携式硫化氢报警仪等。进入密闭有限空间前检测，强制机械通风 30 分钟，氧含量>19.5%方可进入，作业过程中有人监护，每隔 30 分钟监测一次，氧含量不得低于 19.5%(GB 8959—2006)。 (2) 六氯环戊二烯本身不易燃烧，因不溶于水，溶于乙醇、甲苯等多数有机溶剂，因此，使用过程中，应考虑易燃溶剂的燃爆安全。 (3) 充装时使用万向节管道充装系统，严防超装。 【储存安全】 (1) 储存于阴凉、干燥、通风良好的库房。远离火种、热源。保持容器密封。

安全措施	（2）应与酸类、氧化剂、食用化学品分开存放，切忌混储。储存区应备有泄漏应急处理设备和合适的收容材料。 （3）应严格执行剧毒化学品“双人收发，双人保管”制度。 【运输安全】 （1）运输车辆应有危险货物运输标志、安装具有行驶记录功能的卫星定位装置。未经公安机关批准，运输车辆不得进入危险化学品运输车辆限制通行的区域。 （2）运输前应先检查包装容器是否完整、密封，运输过程中要确保容器不泄漏、不倒塌、不坠落、不损坏。严禁与酸类、氧化剂、食用化学品混运。运输时运输车辆应配备相应品种和数量的消防器材及泄漏应急处理设备。运输途中应防曝晒、防雨淋、防高温。
应急处置原则	【急救措施】 吸入：迅速脱离现场至空气新鲜处。保持呼吸道通畅。如呼吸困难，给氧。如呼吸停止，立即进行人工呼吸。就医。 食入：饮足量温水，催吐。就医。 皮肤接触：脱去污染的衣着，用大量流动清水冲洗。就医。 眼睛接触：提起眼睑，用流动清水或生理盐水冲洗。就医。 【灭火方法】 消防人员须佩戴防毒面具、穿全身消防服，在上风向灭火。尽可能将容器从火场移至空旷处。喷水保持火场容器冷却，直至灭火结束。处在火场中的容器若已变色或从安全泄压装置中产生声音，必须马上撤离。 灭火剂：雾状水、泡沫、干粉、二氧化碳、砂土。 【泄漏应急处置】 根据液体流动和蒸气扩散的影响区域划定警戒区，无关人员从侧风、上风向撤离至安全区。建议应急处理人员戴正压自给式空气呼吸器，穿防毒服。穿上适当的防护服前严禁接触破裂的容器和泄漏物。尽可能切断泄漏源。防止泄漏物进入水体、下水道、地下室或密闭性空间。小量泄漏：用干燥的砂土或其他不燃材料吸收或覆盖，收集于容器中。大量泄漏：构筑围堤或挖坑收容。用石灰粉吸收大量液体。用泵转移至槽车或专用收集器内。 隔离与疏散距离：小量泄漏，初始隔离 30m，下风向疏散白天 100m、夜晚 100m；大量泄漏，初始隔离 30m，下风向疏散白天 400m、夜晚 500m。

42. 二硫化碳

特别警示	高度易燃，可损害神经，不得使用直流水扑救(闪点很低，用水灭火无效)。
理化特性	无色或淡黄色透明液体，有刺激性气味，易挥发。不溶于水，溶于乙醇、乙醚等多数有机溶剂。分子量 76.14，熔点-111.5℃，沸点 46.3℃，相对密度(水=1)1.26，相对蒸气密度(空气=1)2.63，饱和蒸气压 40kPa(20℃)，燃烧热 1029.4kJ/mol，临界温度 280℃，临界压力 7.39MPa，辛醇/水分配系数 1.94，闪点-30℃，引燃温度 90℃，爆炸极限 1.3%~50.0%(体积比)。 主要用途：主要用于制造人造丝、杀虫剂、促进剂，也用作溶剂。

续表

<table>
<tr><td>危害信息</td><td>【燃烧和爆炸危险性】
高度易燃，蒸气能与空气形成范围广阔的爆炸性混合物，摩擦、受热、明火或接触氧化剂均易引起燃烧爆炸。蒸气比空气重，能在较低处扩散到相当远的地方，遇火源会着火回燃和爆炸。高速冲击、流动、激荡后可因产生静电火花放电引起燃烧爆炸。
【活性反应】
与铝、锌、钾、氟、氯、叠氮化物等反应剧烈，有燃烧爆炸危险。
【健康危害】
急性轻度中毒表现为麻醉症状，重度中毒出现中毒性脑病，甚至呼吸衰竭死亡。皮肤接触二硫化碳可引起局部红斑，甚至大疱。慢性中毒表现有神经衰弱综合征，植物神经功能紊乱，中毒性脑病，中毒性神经病。眼底检查出现视网膜微动脉瘤。
职业接触限值：PC-TWA(时间加权平均容许浓度)(mg/m^3)：5(皮)；PC-STEL(短时间接触容许浓度)(mg/m^3)：10(皮)。</td></tr>
<tr><td>安全措施</td><td>【一般要求】
操作人员必须经过专门培训，严格遵守操作规程。熟练掌握操作技能，具备应急处置知识。
密闭操作。局部排风。工作现场严禁吸烟。提供安全淋浴和洗眼设备。
生产、使用及贮存场所应设置泄漏检测报警仪，使用防爆型的通风系统和设备。穿防静电工作服，戴防护手套。可能接触其蒸气时，必须佩戴自吸过滤式防毒面具(半面罩)。必要时戴化学安全防护眼镜。
储罐等容器和设备应设置液位计、温度计，并应装有带液位、温度远传记录和报警功能的安全装置。
避免与强氧化剂、胺类、碱金属接触。
生产、储存区域应设置安全警示标志。
【特殊要求】
【操作安全】
(1) 避免接触光照。防止蒸气泄漏到工作场所空气中。
(2) 避免与氧化剂、胺类、碱金属接触。
(3) 灌装时应控制流速，且有接地装置，防止静电积聚。配备相应品种和数量的消防器材及泄漏应急处理设备。
(4) 倒空的容器可能存在残留有害物时应及时处理。
【储存安全】
(1) 储存于阴凉、通风的库房。远离火种、热源。库房内温度不宜超过30℃。在室温下易挥发，因此容器内可用水封盖表面。
(2) 保持容器密封。应与氧化剂、胺类、碱金属、食用化学品分开存放，切忌混储。采用防爆型照明、通风设施。禁止使用易产生火花的机械设备和工具。储存区应备有泄漏应急处理设备和合适的收容材料。
(3) 储存罐安装于地下，上有通风阴凉的房子防日晒。为防止夏天高温和防止泄漏事故，储存罐用循环水加以冷却降温。因二硫化碳比重比水重，一旦发生泄漏只能沉在水底层，降低危险性。</td></tr>
</table>

安全措施	(4) 储存库四周应有防火安全标志，提示注意防火重点区；在库房周围 30m 范围内禁止一切动火。 (5) 注意防雷、防静电，厂(车间)内的储罐应按《建筑物防雷设计规范》(GB 50057)的规定设置防雷设施。 【运输安全】 (1) 运输车辆应有危险货物运输标志、安装具有行驶记录功能的卫星定位装置。未经公安机关批准，运输车辆不得进入危险化学品运输车辆限制通行的区域。 (2) 必须穿戴好规定的防护用品，不准穿带铁钉的鞋；工作人员不准带火种、手机、手表、钥匙等金属物；二硫化碳运输车和水池内二硫化碳储罐进口连接时，要把导除静电的接地线连接好。严禁与氧化剂、胺类、碱金属混装混运。 (3) 开关阀门时，工具要轻拿轻放，以免撞出火花，阀门要逐渐开大。
应急处置原则	【急救措施】 吸入：迅速脱离现场至空气新鲜处。保持呼吸道通畅。如呼吸困难，给氧。如呼吸停止，立即进行人工呼吸。就医。 食入：饮足量温水，催吐。就医。 皮肤接触：立即脱去污染的衣着，用大量流动清水冲洗至少 15 分钟。就医。 眼睛接触：提起眼睑，用流动清水或生理盐水冲洗。就医。 【灭火方法】 喷水冷却容器，尽可能将容器从火场移至空旷处。处在火场中的容器若已变色或从安全泄压装置中产生声音，必须马上撤离。 灭火剂：雾状水、泡沫、干粉、二氧化碳、砂土。 【泄漏应急处置】 消除所有点火源。根据液体流动和蒸气扩散的影响区域划定警戒区，无关人员从侧风、上风向撤离至安全区。建议应急处理人员戴正压自给式空气呼吸器，穿防毒、防静电服。作业时使用的所有设备应接地。禁止接触或跨越泄漏物。尽可能切断泄漏源。防止泄漏物进入水体、下水道、地下室或密闭性空间。小量泄漏：用砂土或其他不燃材料吸收。使用洁净的无火花工具收集吸收材料。大量泄漏：构筑围堤或挖坑收容。用石灰粉吸收大量液体。用泡沫覆盖，减少蒸发。喷水雾能减少蒸发，但不能降低泄漏物在受限制空间内的易燃性。用防爆泵转移至槽车或专用收集器内。 作为一项紧急预防措施，泄漏隔离距离至少为 50m。如果为大量泄漏，在初始隔离距离的基础上加大下风向的疏散距离。

43. 乙烷

特别警示	极易燃气体。
理化特性	无色无臭气体。微溶于水和丙酮，溶于苯。分子量 30.08，熔点-183.3℃，沸点-88.6℃，气体密度 1.36g/L，相对密度(水=1)0.45，相对蒸气密度(空气=1)1.05，临界压力 4.87MPa，临界温度 32.2℃，饱和蒸气压 3850kPa(20℃)，爆炸极限 3.0%~16.0%(体积比)，自燃温度 472℃，最小点火能 0.31mJ。 主要用途：主要用于制乙烯、氯乙烯、氯乙烷、冷冻剂等。

续表

危害信息	【燃烧和爆炸危险性】 极易燃，与空气混合能形成爆炸性混合物，遇热源和明火有燃烧爆炸危险。 【活性反应】 与氟、氯等接触会发生剧烈的化学反应。 【健康危害】 高浓度有窒息和轻度麻醉作用。空气中浓度大于6%时，出现眩晕、恶心和轻度麻醉作用。
安全措施	【一般要求】 操作人员必须经过专门培训，严格遵守操作规程。熟练掌握操作技能，具备应急处置知识。 生产过程密闭。全面通风。工作现场严禁吸烟。 设置固定式可燃气体报警器，或配备便携式可燃气体报警器，使用防爆型通风系统和设备。高浓度环境中，佩戴供气式呼吸器。戴化学安全防护眼镜。穿工作服。戴防护手套。避免长期反复接触。进入罐、限制性空间或其他高浓度区作业，须有人监护。 储罐等压力容器和设备应设置安全阀、压力表、温度计，并应装有带压力、温度远传记录和报警功能的安全装置。 避免与强氧化剂、卤化物接触。 生产、储存区域应设置安全警示标志。 【特殊要求】 【操作安全】 （1）严禁用铁器敲击管道与阀体，以免引起火花。 （2）防止气体泄漏到工作场所空气中。 【储存安全】 （1）储存于阴凉、通风的库房。远离火种、热源。库房内温度不宜超过30℃。 （2）应与氧化剂、卤素分开存放，切忌混储。采用防爆型照明、通风设施。禁止使用易产生火花的机械设备和工具。储存区应备有泄漏应急处理设备。 【运输安全】 （1）运输车辆应有危险货物运输标志、安装具有行驶记录功能的卫星定位装置。未经公安机关批准，运输车辆不得进入危险化学品运输车辆限制通行的区域。 （2）采用钢瓶运输时必须戴好钢瓶上的安全帽。在传送过程中，钢瓶和容器必须接地和跨接，防止产生静电。搬运时轻装轻卸，防止钢瓶及附件破损。钢瓶一般平放，并应将瓶口朝车辆行驶的右方向，堆放高度不得超过车辆的防护栏板，并用三角木垫卡牢，防止滚动。运输时运输车辆应配备相应品种和数量的消防器材。装运该物品的车辆排气管必须配备阻火装置，禁止使用易产生火花的机械设备和工具装卸。严禁与氧化剂、卤素等混装混运。高温季节应早晚运输，防止日光曝晒。中途停留时应远离火种、热源，勿在居民区和人口稠密区停留。 （3）输送管道不应靠近热源敷设；管道采用地上敷设时，应在人员活动较多和易遭车辆、外来物撞击的地段，采取保护措施并设置明显的警示标志；管道架空敷设时，管道应敷设在非燃烧体的支架或栈桥上。在已敷设的管道下面，不得修建与管道无关的建筑物和堆放易燃物品；管道外壁颜色、标志应执行《工业管道的基本识别色、识别符号和安全标识》（GB 7231）的规定。

续表

应急处置原则	【急救措施】 吸入：迅速脱离现场至空气新鲜处。保持呼吸道通畅。如呼吸困难，给氧。如呼吸停止，立即进行人工呼吸。就医。 【灭火方法】 切断气源。若不能切断气源，则不允许熄灭泄漏处的火焰。喷水冷却容器，尽可能将容器从火场移至空旷处。 灭火剂：雾状水、泡沫、二氧化碳、干粉。 【泄漏应急处置】 消除所有点火源。根据气体的影响区域划定警戒区，无关人员从侧风、上风向撤离至安全区。建议应急处理人员戴正压自给式空气呼吸器，穿防静电服。作业时使用的所有设备应接地。禁止接触或跨越泄漏物。尽可能切断泄漏源。若可能翻转容器，使之逸出气体而非液体。喷雾状水抑制蒸气或改变蒸气云流向，避免水流接触泄漏物。禁止用水直接冲击泄漏物或泄漏源。防止气体向下水道、通风系统和密闭性空间扩散。隔离泄漏区直至气体散尽。

44. 环氧氯丙烷

特别警示	可能人类致癌物，皮肤直接接触液体可致灼伤。
理化特性	无色油状液体，有氯仿样刺激气味。微溶于水，可混溶于醇、醚、四氯化碳、苯。分子量92.53，熔点-57℃，沸点116℃，相对密度（水=1）1.18（20℃），相对蒸气密度（空气=1）3.29，饱和蒸气压1.8 kPa（20℃），辛醇/水分配系数0.3，闪点33℃，引燃温度411℃，爆炸极限3.8%～21%（体积比）。 主要用途：主要用于制环氧树脂，也是一种含氧物质的稳定剂和化学中间体。
危害信息	【燃烧和爆炸危险性】 易燃，其蒸气与空气可形成爆炸性混合物。遇明火、高温能引起分解爆炸和燃烧。若遇高热可发生剧烈分解，引起容器破裂或爆炸事故。 【健康危害】 蒸气对呼吸道有强烈刺激性。反复和长时间吸入能引起肺、肝和肾损害。高浓度吸入致中枢神经系统抑制，可致死。蒸气对眼有强烈刺激性，液体可致眼灼伤。皮肤直接接触液体可致灼伤。口服引起肝、肾损害，可致死。 职业接触限值：PC-TWA（时间加权平均容许浓度）（mg/m^3）：1（皮）；PC-STEL（短时间接触容许浓度）（mg/m^3）：2（皮）。 IARC：可能人类致癌物。
安全措施	【一般要求】 操作人员必须经过专门培训，严格遵守操作规程，熟练掌握操作技能，具备应急处置知识。 生产过程物料密闭输送，防止物料泄漏；建议采用DCS集中控制，以减少人员接触机会。装置现场设置可燃气体报警仪和有毒（氯气）气体报警仪，使用防爆型的通风系统和设备。穿戴常规劳动防护用品，佩戴护目镜或防护面罩。异常情况下的应急处置人员必须穿戴好防化服和防化学品手套、佩带正压自给式空气呼吸器。现场设置醒目的安全标志和职业危害告知；设置淋浴与洗眼器等职业卫生设施。

续表

<table>
<tr><td>安全措施</td><td>储罐等容器和设备应设置液位计、温度计，并应装有带液位、温度远传记录和报警功能的安全装置。
禁配物为胺类、酸碱物质。
生产、储存区域应设置安全警示标志。
【特殊要求】
【操作安全】
（1）生产区域内，严禁吸烟，严禁明火和可能产生明火、火花的作业。打开环氧氯丙烷容器时，确定工作区通风良好且无火花或引火源存在；避免让释出的蒸气进入工作区的空气中。
（2）装置检修作业，严格办理各项直接作业票证，落实安全防范措施：用火作业时，必须进行大气环境分析和设备(管道、容器)内可燃气体分析，可燃气体或液体蒸气浓度必须小于≤0.2%(体积比)；进入受限空间作业，可燃气体浓度执行《用火作业管理制度》，同时其氧含量为19.5%~23.5%，有毒有害气体浓度不超过“车间空气中有害物质的最高允许浓度”含量，作业过程中必须有两人同时监护，每4小时必须进行监控分析，使用安全电压。
（3）生产设备的清洗污水及生产车间内部地坪的冲洗水须收入应急池，经处理合格后才可排放。
（4）避免直接接触环氧氯丙烷，操作人员应配戴必要的防护用品；避免吸入有毒气体，应戴上防毒面具。
（5）严禁利用环氧氯丙烷管道做电焊接地线。严禁用铁器敲击管道与阀体，以免引起火花。
（6）在环氧氯丙烷环境中作业还应采用以下防护措施：
——根据不同作业环境配备相应的可燃气体检测仪及防护装置，并落实人员管理，使环氧氯丙烷检测仪及防护装置处于备用状态；
——作业环境应设立风向标；
——供气装置的空气压缩机应置于上风侧；
——重点检测区应设置醒目的标志、环氧氯丙烷检测仪、报警器及排风扇；在可能发生环氧氯丙烷中毒的主要出入口应设置醒目的中文危险危害因素告知牌，在作业的场所应设置醒目的中文警示标志；
——进行检修和抢修作业时，应携带环氧氯丙烷检测仪和正压式空气呼吸器。
【储存安全】
（1）储存于阴凉、干燥、通风良好的专用库房内。远离火种、热源，库房温度不宜超过30℃。
（2）应与胺类、酸类、碱类、食用化学品分开存放，切忌混储。储存区应备有合适的材料收容泄漏物。环氧氯丙烷罐区设置围堰，地面进行防渗透处理，并配备倒装罐或储液池。
（3）环氧氯丙烷储罐属于常压储罐，储罐顶部冷却系统、临时放空管设置合理、选材适当，防止积液或堵塞，避免储罐超压或储罐抽负压吸瘪事故。罐区应设有消防水系统，大型装置、罐区应设置消防泡沫站或适量的消防泡沫推车；现场配置适量的消防器材。
（4）注意防雷、防静电，厂(车间)内的储罐应按《建筑物防雷设计规范》(GB 50057)的规定设置防雷设施。</td></tr>
</table>

续表

安全措施	(5) 定期检查环氧氯丙烷的储罐、槽车、阀门和泵等，防止滴漏。 【运输安全】 (1) 运输车辆应有危险货物运输标志、安装具有行驶记录功能的卫星定位装置。未经公安机关批准，运输车辆不得进入危险化学品运输车辆限制通行的区域。 (2) 应用专用槽车运输。用其他包装容器运输时，容器须用盖密封，每层必须采用隔离措施。运输车辆、船舶符合消防安全要求，配备相应的消防器材。运输车辆进入厂区，保持安全车速。严禁与胺类、酸类、碱类、食用化学品等混装混运。运输时运输车辆、船舶应配备泄漏应急处理设备。运输途中应防曝晒、防雨淋、防高温。 (3) 输送环氧氯丙烷的管道不应靠近热源敷设；管道采用地上敷设时，应在人员活动较多和易遭车辆、外来物撞击的地段，采取保护措施并设置明显的警示标志；环氧氯丙烷管道架空敷设时，管道应敷设在非燃烧体的支架或栈桥上。在已敷设的环氧氯丙烷管道下面，不得修建与环氧氯丙烷管道无关的建筑物和堆放易燃物品；环氧氯丙烷管道外壁颜色、标志应执行《工业管道的基本识别色、识别符号和安全标识》(GB 7231)的规定。
应急处置原则	【急救措施】 吸入：迅速脱离现场至空气新鲜处。保持呼吸道通畅。如呼吸困难，给氧。如呼吸停止，立即进行人工呼吸。就医。 食入：饮足量温水，催吐。洗胃，导泄。就医。 皮肤接触：立即脱去污染的衣着，用大量流动清水冲洗至少 15 分钟。就医。 眼睛接触：立即提起眼睑，用大量流动清水或生理盐水彻底冲洗至少 15 分钟。就医。 【灭火方法】 消防人员必须佩戴过滤式防毒面具(全面罩)或隔离式呼吸器、穿全身防火防毒服，在上风向灭火。尽可能将容器从火场移至空旷处。喷水保持火场容器冷却，直至灭火结束。处在火场中的容器若已变色或从安全泄压装置中产生声音，必须马上撤离。 灭火剂：雾状水、泡沫、干粉、二氧化碳、砂土。 【泄漏应急处置】 消除所有点火源。根据液体流动和蒸气扩散的影响区域划定警戒区，无关人员从侧风、上风向撤离至安全区。建议应急处理人员戴防毒面具，穿防静电、防腐、防毒服。作业时使用的所有设备应接地。禁止接触或跨越泄漏物。尽可能切断泄漏源。防止泄漏物进入水体、下水道、地下室或密闭性空间。小量泄漏：用砂土或其他不燃材料吸收。使用洁净的无火花工具收集吸收材料。大量泄漏：构筑围堤或挖坑收容。用石灰粉吸收大量液体。用泡沫覆盖，减少蒸发。喷水雾能减少蒸发，但不能降低泄漏物在受限制空间内的易燃性。用防爆、耐腐蚀泵转移至槽车或专用收集器内。喷雾状水驱散蒸气、稀释液体泄漏物。 作为一项紧急预防措施，泄漏隔离距离至少为 50m。如果为大量泄漏，在初始隔离距离的基础上加大下风向的疏散距离。

45. 丙酮氰醇

<table>
<tr><td>特别警示</td><td>剧毒液体，120℃以上易分解生成氢氰酸和丙酮，不得使用直流水扑救。</td></tr>
<tr><td>理化特性</td><td>无色或亮黄色液体。易溶于水，易溶于乙醇、乙醚，溶于丙酮、苯，微溶于石油醚、二硫化碳。分子量 85.11，熔点-19℃，沸点 95℃，相对密度(水=1)0.932，相对蒸气密度(空气=1)2.93，饱和蒸气压 2.07kPa(20℃)，闪点 63.89℃，引燃温度 687.8℃，爆炸极限 2.25%~11.0%(体积比)。
主要用途：主要是有机玻璃单体—甲基丙烯酸甲酯的中间体，还用于有机合成、农药制造等。</td></tr>
<tr><td>危害信息</td><td>【燃烧和爆炸危险性】
遇明火、高热可燃。蒸气比空气重，沿地面扩散并易积存于低洼处，遇火源会着火回燃。若遇高热，容器内压增大，有开裂和爆炸的危险。
【活性反应】
与氧化剂可发生反应。受热分解成氢氰酸及丙酮。
【健康危害】
本品的蒸气或液体对皮肤、粘膜均有刺激作用，毒作用与氢氰酸相同。早期中毒症状有无力、头昏、头痛、胸闷、心悸、恶心、呕吐和食欲减退，严重者可致死。可引起皮炎。
解毒剂：亚硝酸异戊酯、亚硝酸钠、硫代硫酸钠、4-二甲基氨基苯酚。
列入《剧毒化学品目录》。
职业接触限值：MAC(最高容许浓度)(mg/m^3)：3(皮)。</td></tr>
<tr><td>安全措施</td><td>【一般要求】
操作人员必须经过专门培训，严格遵守操作规程，熟练掌握操作技能，具备应急处置知识。
严加密闭，提供充分的局部排风和全面通风。远离火种、热源。
生产、使用及贮存场所应设置泄漏检测报警仪，使用防爆型的通风系统和设备，配备两套以上重型防护服。穿密闭型防毒服。戴耐油橡胶手套。空气中浓度超标时，必须佩戴过滤式防毒面具(全面罩)。紧急事态抢救或撤离时，应佩戴正压自给式空气呼吸器。
避免与强酸、强碱、强氧化剂、强还原剂接触。
生产、储存区域应设置安全警示标志。搬运时要轻装轻卸，防止包装及容器损坏。
【特殊要求】
【操作安全】
(1) 避免直接接触丙酮氰醇，操作人员应配戴必要的防护用品；避免吸入有毒气体，应戴上防毒面具。打开丙酮氰醇容器时，确定工作区通风良好且无火花或引火源存在；避免让释出的蒸气进入工作区的空气中。
(2) 严禁利用丙酮氰醇管道做电焊接地线。严禁用铁器敲击管道与阀体，以免引起火花。
(3) 生产区域内，严禁明火和可能产生明火、火花的作业。生产需要或检修期间需动火时，必须办理动火审批手续；要有可靠的防火、防爆措施。一旦发生物品着火，应用干粉灭火器、二氧化碳灭火器、砂土灭火。
(4) 在丙酮氰醇环境中作业还应采用以下防护措施：</td></tr>
</table>

安全措施	——根据不同作业环境配备相应的丙酮氰醇检测仪及防护装置，并落实人员管理，使丙酮氰醇检测仪及防护装置处于备用状态； ——作业环境应设立风向标； ——供气装置的空气压缩机应置于上风侧； ——重点检测区应设置醒目的标志、丙酮氰醇检测仪、报警器及排风扇；在可能发生丙酮氰醇中毒的主要出入口应设置醒目的中文危险危害因素告知牌，在作业的场所应设置醒目的中文警示标志； ——进行检修和抢修作业时，应携带丙酮氰醇检测仪和正压自给式空气呼吸器。 （5）生产设备的清洗污水及生产车间内部地坪的冲洗水须收入应急池，经处理合格后才可排放。 （6）充装时使用万向节管道充装系统，严防超装。 【储存安全】 （1）储存于阴凉、通风良好的专用库房内，远离火种、热源。 （2）应与氧化剂、还原剂、酸类、碱类、食用化学品分开存放，切忌混储。配备相应品种和数量的消防器材。储存区应备有泄漏应急处理设备和合适的收容材料。 （3）应严格执行剧毒化学品“双人收发，双人保管”制度。 【运输安全】 （1）运输车辆应有危险货物运输标志、安装具有行驶记录功能的卫星定位装置。未经公安机关批准，运输车辆不得进入危险化学品运输车辆限制通行的区域。 （2）运输前应先检查包装容器是否完整、密封，运输过程中要确保容器不泄漏、不倒塌、不坠落、不损坏。严禁与氧化剂、还原剂、酸类、碱类、食用化学品混运。运输时运输车辆应配备相应品种和数量的消防器材及泄漏应急处理设备。运输途中应防曝晒、雨淋、防高温，勿在居民区和人口稠密区停留。
应急处置原则	【急救措施】 吸入：迅速脱离现场至空气新鲜处。保持呼吸道通畅。如呼吸困难，给氧。呼吸心跳停止时，立即进行人工呼吸（勿用口对口）和胸外心脏按压术。给吸入亚硝酸异戊酯。就医。 食入：用1:5000高锰酸钾或5%硫代硫酸钠溶液洗胃。就医。 皮肤接触：脱去污染的衣着，用大量流动清水冲洗。就医。 眼睛接触：提起眼睑，用流动清水或生理盐水冲洗。就医。 【灭火方法】 消防人员须佩戴防毒面具，穿全身消防服，在上风向灭火。尽可能将容器从火场移至空旷处。喷水保持火场容器冷却，直至灭火结束。用雾状水，抗溶性泡沫，干粉，二氧化碳，砂土灭火。 【泄漏应急处置】 根据液体流动和蒸气扩散的影响区域划定警戒区，无关人员从侧风、上风向撤离至安全区。消除所有点火源。建议应急处理人员戴正压自给式空气呼吸器，穿防毒服。作业时使用的所有设备应接地。穿上适当的防护服前严禁接触破裂的容器和泄漏物。尽可能切断泄漏源。防止泄漏物进入水体、下水道、地下室或密闭性空间。严禁用水处理。小量泄漏：用干燥的砂土或其他不燃材料覆盖泄漏物。大量泄漏：构筑围堤或挖坑收容。用石灰粉吸收大量液体。用泵转移至槽车或专用收集器内。喷雾状水驱散蒸气、稀释液体泄漏物。

续表

应急处置原则	隔离与疏散距离：立即在所有方向上隔离泄漏区至少 50m，如果为大量泄漏，则在初始隔离距离的基础上加大下风向的疏散距离。泄漏在水中时：小量泄漏，初始隔离 30m，下风向疏散白天 100m、夜晚 100m；大量泄漏，初始隔离 100m，下风向疏散白天 300m、夜晚 1000m。

46. 磷化氢

特别警示	剧毒气体，暴露在空气中能自燃。
理化特性	无色，有类似大蒜气味的气体。不溶于热水，微溶于冷水，溶于乙醇、乙醚。分子量 34.04，熔点-133℃，沸点-87.7℃，相对密度(水=1)0.8，相对蒸气密度(空气=1)1.17，饱和蒸气压 53.32kPa(-98.3℃)，临界温度 52℃，临界压力 6.58MPa，闪点-88℃，引燃温度 100~150℃，爆炸极限 1.8%~98%(体积比)。 主要用途：主要用于缩合催化剂，聚合引发剂及制备磷的有机化合物等。
危害信息	【燃烧和爆炸危险性】 极易燃，具有强还原性。遇热源和明火有燃烧爆炸的危险。 【活性反应】 暴露在空气中能自燃。与氧接触会爆炸，与卤素接触激烈反应。与氧化剂能发生强烈反应。 【健康危害】 磷化氢主要损害神经系统、呼吸系统、心脏、肾脏及肝脏。急性轻度中毒，病人有头痛、乏力、恶心、失眠、口渴、鼻咽发干、胸闷、咳嗽和低热等；中度中毒，病人出现轻度意识障碍、呼吸困难、心肌损伤；重度中毒则出现昏迷、抽搐、肺水肿及明显的心肌、肝脏及肾脏损害。 列入《剧毒化学品目录》。 职业接触限值：MAC(最高容许浓度)(mg/m^3)：0.3。
安全措施	【一般要求】 操作人员必须经过专门培训，严格遵守操作规程，熟练掌握操作技能，具备应急处置知识。 严加密闭，避免气体泄漏到工作场所空气中。工作场所提供充分的局部排风和全面通风。 安装磷化氢浓度检测报警装置，使用防爆型的通风系统和设备，配备两套以上重型防护服。操作人员佩戴导管式防毒面具，戴化学安全防护眼镜，穿带面罩式胶布防毒衣，戴橡胶手套。工作场所设置安全淋浴和洗眼设备。 储罐等压力容器和设备应设置安全阀、压力表、液位计、温度计，并应装有带压力、液位、温度远传记录和报警功能的安全装置，重点储罐需设置紧急切断装置。 远离火种、热源，工作场所严禁吸烟，避免与氧化剂接触。 生产、储存区域应设置安全警示标志。磷化氢气瓶装卸和搬运时，应轻装轻卸，防止钢瓶及附件破损，操作人员按照规定佩戴相应的防护用品，装卸时必须轻装轻卸，严禁摔拖、重压和摩擦，不得损毁包装容器，并注意标志，堆放稳妥，现场配备相应品种和数量的消防器材及泄漏应急处理设备。

续表

<table>
<tr><td>安全措施</td><td>【特殊要求】
【操作安全】
（1）产品生产和装卸过程中应密闭操作。
（2）严禁用铁器敲击管道与阀体，以免引起火花。
【储存安全】
（1）储存于阴凉、通风的库房。远离火种、热源。库房内温度不宜超过0℃。
（2）应与氧化剂、卤素、食用化学品分开存放，切忌混储。采用防爆型照明、通风设施。禁止使用易产生火花的机械设备和工具。储存区应备有泄漏应急处理设备。
（3）应严格执行剧毒化学品“双人收发，双人保管”制度。
【运输安全】
（1）运输车辆应有危险货物运输标志、安装具有行驶记录功能的卫星定位装置。未经公安机关批准，运输车辆不得进入危险化学品运输车辆限制通行的区域。
（2）要按规定路线行驶，禁止在居民区和人口稠密区停留。采用钢瓶运输时必须戴好钢瓶上的安全帽。钢瓶一般平放，并应将瓶口朝向车辆行驶的右方，堆放高度不得超过车辆的防护栏板，并用三角木垫卡牢，防止滚动。运输时运输车辆应配备相应品种和数量的消防器材。装运该物品的车辆排气管必须配备阻火装置，禁止使用易产生火花的机械设备和工具装卸。严禁与氧化剂、卤素、食用化学品等混装、混运。夏季应早晚运输，防止日光曝晒。中途停留时应远离火种、热源。
（3）输送磷化氢的管道不应靠近热源敷设；管道采用地上敷设时，应在人员活动较多和易遭车辆、外来物撞击的地段，采取保护措施并设置明显的警示标志；磷化氢管道架空敷设时，管道应敷设在非燃烧体的支架或栈桥上。在已敷设的磷化氢管道下面，不得修建与磷化氢管道无关的建筑物和堆放易燃物品；磷化氢管道外壁颜色、标志应执行《工业管道的基本识别色、识别符号和安全标识》（GB 7231）的规定。</td></tr>
<tr><td>应急处置原则</td><td>【急救措施】
吸入：迅速脱离现场至空气新鲜处。保持呼吸道通畅。如呼吸困难，给氧。如呼吸停止，立即进行人工呼吸。就医。
【灭火方法】
消防人员必须佩戴过滤式防毒面具（全面罩）或隔离式呼吸器、穿全身防火防毒服，在上风向灭火。切断气源。若不能切断气源，则不允许熄灭泄漏处的火焰。喷水冷却容器，尽可能将容器从火场移至空旷处。
灭火剂：雾状水、泡沫、干粉、二氧化碳。
【泄漏应急处置】
消除所有点火源。根据气体的影响区域划定警戒区，无关人员从侧风、上风向撤离至安全区。建议应急处理人员穿内置正压自给式空气呼吸器的全封闭防化服。如果是液化气体泄漏，还应注意防冻伤。作业时使用的所有设备应接地。禁止接触或跨越泄漏物。尽可能切断泄漏源。喷雾状水抑制蒸气或改变蒸气云流向，避免水流接触泄漏物。禁止用水直接冲击泄漏物或泄漏源。若可能翻转容器，使之逸出气体而非液体。防止气体通过下水道、通风系统和密闭性空间扩散。隔离泄漏区直至气体散尽。
隔离与疏散距离：小量泄漏，初始隔离100m，下风向疏散白天600m、夜晚2500m；大量泄漏，初始隔离800m，下风向疏散白天4400m、夜晚8900m。</td></tr>
</table>

47. 氯甲基甲醚

特别警示	剧毒液体，确认人类致癌物，高度易燃，不得使用直流水扑救。
理化特性	无色或微黄色液体，带有刺激性气味。溶于乙醇、乙醚等多数有机溶剂。分子量 80.51，熔点-103.5℃，沸点 59.5℃，相对密度(水=1)1.06，相对蒸气密度(空气=1) 2.8，饱和蒸气压 25.3 kPa(20℃)，辛醇/水分配系数 -0.21，闪点 15.56℃。 主要用途：主要作为氯甲基化剂。
危害信息	【燃烧和爆炸危险性】 高度易燃，其蒸气与空气混合，能形成爆炸性混合物。遇高热、明火、氧化剂有引起燃烧的危险。长期储存，可生成具有潜在爆炸性的过氧化物。 【活性反应】 遇潮气、水分分解出有毒的甲醛气体。 【健康危害】 本品蒸气对呼吸道有强烈刺激性。吸入较高浓度后立即发生流泪、咽痛、剧烈呛咳、胸闷、呼吸困难并有发热、寒战，脱离接触后可逐渐好转。但经数小时至 24 小时潜伏期后，可发生化学性肺炎、肺水肿，抢救不及时可死亡。眼及皮肤接触可致灼伤。慢性影响表现为长期接触本品可引起支气管炎。本品可致肺癌。 列入《剧毒化学品目录》。 职业接触限值：MAC(最高容许浓度)(mg/m^3)：0.005。 IARC：确认人类致癌物。
安全措施	【一般要求】 操作人员必须经过专门培训，严格遵守操作规程，熟练掌握操作技能，具备应急处置知识。 严加密闭，防止泄漏，提供充分的局部排风和全面通风。远离火种、热源。工作场所严禁吸烟。 生产、使用及贮存场所应设置泄漏检测报警仪，使用防爆型的通风系统和设备，配备两套以上重型防护服。穿连衣式防毒衣，戴橡胶手套，工作场所浓度超标的，操作人员应该佩戴隔离式呼吸器。 储罐等容器和设备应设置液位计、温度计，并应装有带液位、温度远传记录和报警功能的安全装置，重点储罐需设置紧急切断装置。 避免与氧化剂、酸类、碱类接触。 生产、储存区域应设置安全警示标志。搬运时轻装轻卸，防止钢瓶及附件破损。配备相应品种和数量的消防器材及泄漏应急处理设备。 【特殊要求】 【操作安全】 (1) 产品生产和装卸过程中应密闭操作，避免直接接触氯甲基甲醚，操作人员应配戴必要的防护用品；避免吸入氯甲基甲醚，应戴上防毒面具。工作场所配备洗眼器、喷淋装置。生产车间和作业场所应配备相应滤毒器材、正压自给式空气呼吸器、防尘器材、防溅面罩、防护眼镜和耐碱的胶皮手套等防护用品。

续表

安全措施	(2) 打开氯甲基甲醚容器时，确定工作区通风良好且无火花或引火源存在。避免让释出的蒸气进入工作区的空气中。作业重点检测区应设置醒目的标志、氯甲基甲醚检测仪、报警器及排风扇。在可能发生氯甲基甲醚中毒的主要出入口应设置醒目的中文危险危害因素告知牌，在作业的场所应设置醒目的中文警示标志。 (3)生产区域内，严禁明火和可能产生明火、火花的作业。生产需要或检修期间需动火时，必须办理动火审批手续；要有可靠的防火、防爆措施。一旦发生物品着火，应用干粉灭火器、二氧化碳灭火器、砂土灭火。生产设备的清洗污水及生产车间内部地坪的冲洗水须收入应急池，经处理合格后才可排放。 (4) 充装时使用万向节管道充装系统，严防超装。 【储存安全】 (1) 储存于阴凉、干燥、通风良好的专用库房内。包装要求密封，不可与空气接触。储存区应备有合适的材料收容泄漏物。储存区应有"禁止吸烟和使用明火"的告示牌。储存区域应远离频繁出入处和紧急出口。 (2) 氯甲基甲醚储罐区设置围堰，地面进行防渗透处理，并配备倒装罐或储液池。注意防雷、防静电，厂(车间)内的储罐应按《建筑物防雷设计规范》(GB 50057)的规定设置防雷设施。 (3) 定期检查氯甲基甲醚的储罐、槽车、阀门和泵等，防止滴漏。 (4) 应严格执行剧毒化学品"双人收发，双人保管"制度。 【运输安全】 (1) 运输车辆应有危险货物运输标志、安装具有行驶记录功能的卫星定位装置。未经公安机关批准，运输车辆不得进入危险化学品运输车辆限制通行的区域。 (2) 氯甲基甲醚应用专用槽车运输。用其他包装容器运输时，容器须用盖密封。运输车辆应符合符合消防安全要求，配备相应的消防器材。运输车辆进入厂区，保持安全车速。 (3) 输送氯甲基甲醚的管道不应靠近热源敷设；氯甲基甲醚管道宜采用架空敷设，必要时亦可近地面敷设；管道采用地上敷设时，应在人员活动较多和易遭车辆、外来物撞击的地段，采取保护措施并设置明显的警示标志；氯甲基甲醚管道架空敷设时，管道应敷设在非燃烧体的支架或栈桥上。在已敷设的氯甲基甲醚管道下面，不得修建与管道无关的建筑物和堆放易燃物品；氯甲基甲醚管道外壁颜色、标志应执行《工业管道的基本识别色、识别符号和安全标识》(GB 7231)的规定。
应急处置原则	【急救措施】 吸入：迅速脱离现场至空气新鲜处。保持呼吸道通畅。如呼吸困难，给氧。如呼吸停止，立即进行人工呼吸。就医。 食入：用水漱口，给饮牛奶或蛋清。就医。 皮肤接触：立即脱去污染的衣着，用大量流动清水冲洗至少 15 分钟。就医。 眼睛接触：立即提起眼睑，用大量流动清水或生理盐水彻底冲洗至少 15 分钟。就医。 【灭火方法】 尽可能将容器从火场移至空旷处。喷水保持火场容器冷却，直至灭火结束。处在火场中的容器若已变色或从安全泄压装置中产生声音，必须马上撤离。 灭火剂：抗溶性泡沫、干粉、二氧化碳、砂土。

续表

应急处置原则	【泄漏应急处置】 消除所有点火源。根据液体流动和蒸气扩散的影响区域划定警戒区，无关人员从侧风、上风向撤离至安全区。建议应急处理人员戴正压自给式空气呼吸器，穿防毒、防静电服。作业时使用的所有设备应接地。禁止接触或跨越泄漏物。尽可能切断泄漏源。防止泄漏物进入水体、下水道、地下室或密闭性空间。小量泄漏：用砂土或其他不燃材料吸收。使用洁净的无火花工具收集吸收材料。大量泄漏：构筑围堤或挖坑收容。用抗溶性泡沫覆盖，减少蒸发。喷水雾能减少蒸发，但不能降低泄漏物在受限制空间内的易燃性。用防爆泵转移至槽车或专用收集器内。喷雾状水驱散蒸气、稀释液体泄漏物。 隔离与疏散距离：小量泄漏，初始隔离 30m，下风向疏散白天 300m、夜晚 1100m；大量泄漏，初始隔离 200m，下风向疏散白天 2500m、夜晚 5100m。

48. 三氟化硼

特别警示	遇水发生爆炸性分解，强腐蚀性。
理化特性	无色气体，有窒息性，在潮湿空气中可产生浓密白烟。在乙醇中分解，易与乙醇形成稳定的络合物，溶于冷水。分子量 67.81，熔点 -126.8℃，沸点 -100℃，相对密度（水 = 1）0.003，相对蒸气密度（空气 = 1）2.38，饱和蒸气压 1013.25kPa（-58℃），临界温度 -12.26℃，临界压力 4.98 MPa。 主要用途：主要用作有机合成中的催化剂，半导体器件和集成电路生产的离子注入和掺杂，也用于制造火箭的高能燃料。
危害信息	【燃烧和爆炸危险性】 不燃，无特殊燃爆特性。 【活性反应】 化学反应活性很高，遇水发生爆炸性分解。与金属、有机物等发生激烈反应。暴露在空气中遇潮气时迅速水解成氟硼酸与硼酸，产生白色烟雾。腐蚀性很强，冷时也能腐蚀玻璃。 【健康危害】 急性中毒主要症状有干咳、气急、胸闷、胸部紧迫感；部分患者出现恶心、食欲减退、流涎；吸入量多时，有震颤及抽搐，亦可引起肺炎。皮肤接触可致灼伤。 列入《剧毒化学品目录》。 职业接触限值：MAC（最高容许浓度）（mg/m^3）：3。
安全措施	【一般要求】 操作人员必须经过专门培训，严格遵守操作规程，熟练掌握操作技能，具备应急处置知识。 密闭操作，防止泄漏，提供充分的局部排风和全面通风。防止蒸气泄漏到工作场所空气中。生产、使用及贮存场所应设置泄漏检测报警仪，配备两套以上重型防护服。操作人员佩戴导管式防毒面具，穿带面罩式胶布防毒衣，戴橡胶手套。 储罐等压力容器和设备应设置安全阀、压力表、温度计，并应装有带压力、温度远传记录和报警功能的安全装置，设置整流装置与压力机、动力电源、管线压力、通风设施或相应的吸收装置的联锁装置。输入、输出管线等设置紧急切断设施。

续表

安全措施	避免与醇类、碱类、水及含水物质、碱金属、碱土金属、烷基硝酸酯等接触。 生产、储存区域应设置安全警示标志。搬运钢瓶等可移动设备时轻装轻卸，戴好气瓶安全帽及防震橡皮圈，避免滚动和撞击，防止钢瓶及附件破损。吊装时，应将气瓶放置在符合安全要求的专用筐中进行吊运。禁止使用电磁起重机和用链绳捆扎、或将瓶阀作为吊运着力点。配备相应品种和数量的消防器材及泄漏应急处理设备。倒空的容器可能存在残留有害物时应及时处理。 【特殊要求】 【操作安全】 (1) 从事三氟化硼作业的人员应穿戴好防护用品，在现场应配备长管式防毒面具。发生事故时，必须使用自给正压式呼吸器、橡胶工作服和橡胶手套。 (2) 充装三氟化硼的气瓶阀及瓶颈螺纹连接处不得泄漏；必须戴好安全帽；返厂三氟化硼气瓶在充装前应进行加热、抽空处理。 (3) 气瓶和灌装车灌装的三氟化硼的压力要符合《气瓶安全监察规程》的规定：充气后在20℃时的压力，不得超过气瓶的公称工作压力。瓶内三氟化硼不能用尽，按规定应留有余压，并不低于0.05MPa。 (4) 搬运时要戴好气瓶安全帽及防震橡皮圈，避免滚动和撞击，防止容器受损。 (5) 在含三氟化硼环境中作业应采用以下防护措施：根据不同作业环境配备相应的三氟化硼气体检测仪及防护装置，并落实人员管理，使三氟化硼气体检测仪及防护装置处于备用状态；作业环境应设立风向标；重点检测区应设置醒目的标志、三氟化硼气体检测仪、报警器及排风扇；在可能发生三氟化硼中毒的主要出入口应设置醒目的中文危险危害因素告知牌。 (6) 进行检修和抢修作业时，应携带三氟化硼气体检测仪和正压自给式空气呼吸器。 【储存安全】 (1) 储存于阴凉、通风良好的专用库房，远离高温、热源。库房温度不宜超过30℃，保持容器密封。 (2) 应与醇类、碱类、水及含水物质、碱金属、碱土金属、烷基硝酸酯、食用化学品等分开存放，切忌混储。储存区应备有泄漏应急处理设备和合适的收容材料。 (3) 盛装三氟化硼的铝合金无缝气瓶应漆成银灰色，并用黑字标明。必须有安全罩，瓶外用橡皮圈或草绳包装。气瓶应贮存在低温、通风良好场所，避免日晒，远离高温物体；罐车的罐体外表均涂银灰色，并有明显的蓝色字体标明。 (4) 禁止将储罐设备及处理装置设置在学校、医院、居民区等人口稠密区附近，并远离频繁出入处和紧急通道。 (5) 应严格执行剧毒化学品“双人收发，双人保管”制度。 【运输安全】 (1) 运输车辆应有危险货物运输标志、安装具有行驶记录功能的卫星定位装置。未经公安机关批准，运输车辆不得进入危险化学品运输车辆限制通行的区域。 (2) 在使用汽车、手推车运输三氟化硼气瓶时，必须配戴好瓶帽(有防护罩的气瓶除外)、防震圈，轻装轻卸，严禁抛、滑、滚、碰；严禁使用电磁起重机和金属链绳吊装搬运。装运时，应妥善固定。夏季运输应有遮阳设施，避免曝晒；运输途中，不准在人多地段停车；停车时，驾驶与押运人员不得同时离开。发生泄漏要开到安全地方进行堵漏。

安全措施	(3) 采用车辆运输时，三氟化硼气瓶应妥善固定。立放时，车厢高度应在瓶高的2/3以上；卧放时，瓶阀端应朝向车辆行驶的右方，垛高不得超过5层且不得超过车厢高度。 (4) 不能与醇类、碱类、水及含水物质、碱金属、碱土金属、烷基硝酸酯、食用化学品等同车混运。 (5) 输送三氟化硼的管道不应靠近热源敷设；管道采用地上敷设时，应在人员活动较多和易遭车辆、外来物撞击的地段，采取保护措施并设置明显的警示标志；三氟化硼管道架空敷设时，管道应敷设在非燃烧体的支架或栈桥上。在已敷设的三氟化硼管道下面，不得修建与三氟化硼管道无关的建筑物和堆放易燃物品；三氟化硼管道外壁颜色、标志应执行《工业管道的基本识别色、识别符号和安全标识》(GB 7231)的规定。
应急处置原则	【急救措施】 吸入：迅速脱离现场至空气新鲜处。保持呼吸道通畅。如呼吸困难，给氧。如呼吸停止，立即进行人工呼吸，就医。 皮肤接触：立即脱去污染的衣着，用大量流动清水冲洗。就医。 眼睛接触：立即提起眼睑，用大量流动清水或生理盐水彻底冲洗至少15分钟。就医。 【灭火方法】 本品不燃。消防人员必须穿全身防火防毒服，在上风向灭火。切断气源。喷水冷却容器，尽可能将容器从火场移至空旷处。灭火剂：二氧化碳、干粉。禁止用水、泡沫、酸碱灭火器灭火。 【泄漏应急处置】 根据气体的影响区域划定警戒区，无关人员从侧风、上风向撤离至安全区。建议应急处理人员穿内置正压自给式空气呼吸器的全封闭防化服。禁止接触或跨越泄漏物。尽可能切断泄漏源。防止气体通过下水道、通风系统和密闭性空间扩散。喷雾状水抑制蒸气或改变蒸气云流向，避免水流接触泄漏物。禁止用水直接冲击泄漏物或泄漏源。隔离泄漏区直至气体散尽。 隔离与疏散距离：小量泄漏，初始隔离30m，下风向疏散白天100m、夜晚600m；大量泄漏，初始隔离300m，下风向疏散白天1900m、夜晚4800m。

49. 烯丙胺

特别警示	剧毒液体，高度易燃。
理化特性	无色液体，有强烈的氨味和焦灼味。溶于水、乙醇、乙醚、氯仿。分子量57.09，熔点-88.2℃，沸点55~58℃，相对密度(水=1)0.76，相对蒸气密度(空气=1)2.0，饱和蒸气压25.7kPa(20℃)，燃烧热2207.5kJ/mol，闪点-29℃，引燃温度371℃，爆炸极限2.2%~22.0%(体积比)。 主要用途：主要用于制造药品的中间体，及有机合成和制作溶剂等。
危害信息	【燃烧和爆炸危险性】 高度易燃，其蒸气与空气可形成爆炸性混合物，遇明火、高热或与氧化剂接触，有引起燃烧爆炸的危险。在火场高温下，能发生聚合放热，使容器破裂。

续表

危害信息	【活性反应】 燃烧时，放出剧毒的氰化氢气体。在酸性催化剂存在下能猛烈聚合爆炸。具有腐蚀性。 【健康危害】 蒸气对眼及上呼吸道有强刺激性，严重者伴有恶心、眩晕、头痛等。接触本品的生产工人可发生接触性皮炎。 列入《剧毒化学品目录》。
安全措施	【一般要求】 操作人员必须经过专门培训，严格遵守操作规程，熟练掌握操作技能，具备应急处置知识。 密闭操作，防止泄漏，加强通风。防止蒸气泄漏到工作场所空气中。远离火种、热源，工作场所严禁吸烟。 生产、使用及贮存场所应设置泄漏检测报警仪，使用防爆型的通风系统和设备，配备两套以上重型防护服。操作人员应该佩戴自吸过滤式防毒面具，穿防静电工作服，戴耐油橡胶手套。 储罐等压力容器和设备应设置安全阀、压力表、液位计、温度计，并应装有带压力、液位、温度远传记录和报警功能的安全装置，重点储罐需设置紧急切断装置。 避免与氧化剂、酸类接触。 生产、储存区域应设置安全警示标志。充装要控制流速，防止静电积聚。搬运时要轻装轻卸，防止包装及容器损坏。配备相应品种和数量的消防器材及泄漏应急处理设备。倒空的容器可能存在残留有害物时应及时处理。 【特殊要求】 【操作安全】 （1）打开烯丙胺容器时，确定工作区通风良好且无火花或引火源存在；避免让释出的蒸气进入工作区的空气中；穿戴大小合适的耐腐蚀的手套，长统靴和防护服及面罩，避免吸入含烯丙胺的气体，必要时应戴上防毒面具。 （2）生产、贮存甲醇的车间要有可靠的防火、防爆措施。一旦发生物品着火，应用干粉灭火器、二氧化碳灭火器、砂土灭火。 （3）烯丙胺生产和使用过程中注意以下事项： ——系统漏气时要站在上风口，同时佩戴好防毒面具进行作业； ——接触高温设备时要防止烫伤； ——设备的水压、油压保持正常，有关管线要畅通； ——维护保养好设备，消除跑、冒、滴、漏等现象，使设备处于完好状态。 （4）生产区域内，严禁明火和可能产生明火、火花的作业。生产需要或检修期间需动火时，必须办理动火审批手续。 （5）生产设备的清洗污水及生产车间内部地坪的冲洗水须收入应急池，经处理合格后才可排放。 （6）充装时使用万向节管道充装系统，严防超装。 【储存安全】 （1）储存于阴凉、通风良好的专用库房或储罐内，远离火种、热源。库房温度不宜超过29℃，保持容器密封。

续表

<table>
<tr><td>安全措施</td><td>(2) 应与氧化剂、酸类、食用化学品等分开存放，切忌混储。采用防爆型照明、通风设施。禁止使用易产生火花的机械设备和工具。储存区应备有泄漏应急处理设备和合适的收容材料。在烯丙胺储罐四周设置围堰，围堰的容积等于储罐的容积。
(3) 注意防雷、防静电，厂(车间)内的储罐应按《建筑物防雷设计规范》(GB 50057)的规定设置防雷防静电设施。
(4) 每天不少于两次对各储罐进行巡检，并做好记录，发现跑、冒、滴、漏等隐患要及时联系处理，重大隐患要及时上报。
(5) 应严格执行剧毒化学品“双人收发，双人保管”制度。
【运输安全】
(1) 运输车辆应有危险货物运输标志、安装具有行驶记录功能的卫星定位装置。未经公安机关批准，运输车辆不得进入危险化学品运输车辆限制通行的区域。
(2) 烯丙胺装于专用的槽车(船)内运输，槽车(船)应定期清理；用其他包装容器运输时，容器须用盖密封。运输车辆应符合符合消防安全要求(阻火器、危险品标志牌、静电导链)，配备相应的消防器材。运输车辆进入厂区，必须安装静电接地装置和阻火器，保持安全车速。严禁驾乘人员吸烟，无关人员不得随车。
(3) 严禁与氧化剂、酸类、食用化学品等混装混运。运输时运输车辆应配备泄漏应急处理设备。运输途中应防曝晒、防雨淋、防高温。
(4) 在使用汽车、手推车运输烯丙胺容器时，应轻装轻卸。严禁抛、滑、滚、碰。严禁用电磁起重机和链绳吊装搬运。装运时，应妥善固定。
(5) 输送烯丙胺溶液的管道不应靠近热源敷设；管道采用地上敷设时，应在人员活动较多和易遭车辆、外来物撞击的地段，采取保护措施并设置明显的警示标志；烯丙胺管道架空敷设时，管道应敷设在非燃烧体的支架或栈桥上。在已敷设的烯丙胺管道下面，不得修建与烯丙胺管道无关的建筑物和堆放易燃物品；烯丙胺管道外壁颜色、标志应执行《工业管道的基本识别色、识别符号和安全标识》(GB 7231)的规定。</td></tr>
<tr><td>应急处置原则</td><td>【急救措施】
吸入：迅速脱离现场至空气新鲜处。保持呼吸道通畅。如呼吸困难，给氧。如呼吸停止，立即进行人工呼吸。就医。
食入：用水漱口，给饮牛奶或蛋清。就医。
皮肤接触：脱去污染的衣着，用大量流动清水冲洗。就医。
眼睛接触：立即提起眼睑，用大量流动清水或生理盐水彻底冲洗至少 15 分钟。就医。
【灭火方法】
灭火方法：喷水冷却容器，尽可能将容器从火场移至空旷处。处在火场中的容器若已变色或从安全泄压装置中产生声音，必须马上撤离。
灭火剂：抗溶性泡沫、二氧化碳、干粉、砂土。用水灭火无效。
【泄漏应急处置】
消除所有点火源。根据液体流动和蒸气扩散的影响区域划定警戒区，无关人员从侧风、上风向撤离至安全区。建议应急处理人员戴正压自给式空气呼吸器，穿防毒、防静电服。作业时使用的所有设备应接地。禁止接触或跨越泄漏物。尽可能切断泄漏源。防止泄漏物进入水</td></tr>
</table>

续表

应急处置原则	体、下水道、地下室或密闭性空间。小量泄漏：用砂土或其他不燃材料吸收。使用洁净的无火花工具收集吸收材料。大量泄漏：构筑围堤或挖坑收容。用抗溶性泡沫覆盖，减少蒸发。喷水雾能减少蒸发，但不能降低泄漏物在受限制空间内的易燃性。用防爆泵转移至槽车或专用收集器内。 隔离与疏散距离：小量泄漏，初始隔离 30m，下风向疏散白天 200m、夜晚 600m；大量泄漏，初始隔离 150m，下风向疏散白天 1700m、夜晚 3000m。

50. 异氰酸甲酯

特别警示	剧毒液体，高度易燃、容易自聚，禁止喷水处理泄漏物或将水喷入容器。
理化特性	带有强烈气味的无色液体，有催泪性。溶于水。分子量 57.06，熔点-80℃，沸点 39.5℃，相对密度(水=1)0.96，相对蒸气密度(空气=1)1.42，饱和蒸气压 54kPa (20℃)，燃烧热 1126.1 kJ/mol，闪点-7℃，引燃温度 535℃，爆炸极限 5.3%~26%(体积比)。 主要用途：主要作为有机合成原料，用作农药西维因的中间体。
危害信息	【燃烧和爆炸危险性】 高度易燃，其蒸气与空气可形成爆炸性混合物，遇明火、高热能引起燃烧爆炸。在火场中，受热的容器有爆炸危险。 【活性反应】 化学反应性强，易聚合，易吸湿。遇水、酸类或与有机物、氧化剂接触，都可放出大量热而引起剧烈燃烧，并放出有毒和易燃的二氧化硫。遇水或水蒸气反应放出有毒和易燃的气体。 【健康危害】 吸入低浓度本品蒸气或雾对呼吸道有刺激性；高浓度吸入可因支气管和喉的炎症、痉挛，严重的肺水肿而致死。蒸气对眼有强烈的刺激性，引起流泪、角膜上皮水肿、角膜云翳。液态对皮肤有强烈的刺激性。口服刺激胃肠道。 列入《剧毒化学品目录》。 职业接触限值：PC-TWA(时间加权平均容许浓度)(mg/m^3)：0.05(皮)；PC-STEL(短时间接触容许浓度)(mg/m^3)：0.08(皮)。
安全措施	【一般要求】 操作人员必须经过专门培训，严格遵守操作规程，熟练掌握操作技能，具备应急处置知识。 密闭操作，防止泄漏，加强通风。工作现场禁止吸烟。 生产、使用及贮存场所应设置泄漏检测报警仪，使用防爆型的通风系统和设备，配备两套以上重型防护服。操作人员应该佩戴过滤式防毒面具或自给式呼吸器，穿连衣式防毒衣，戴耐油橡胶手套。 储罐等压力容器和设备应设置安全阀、压力表、液位计、温度计，并应装有带压力、液位、温度远传记录和报警功能的安全装置，重点储罐需设置紧急切断装置。 避免与氧化剂、酸类、醇类、碱类接触。

续表

安全措施	生产、储存区域应设置安全警示标志。搬运时要轻装轻卸，防止包装及容器损坏。配备相应品种和数量的消防器材及泄漏应急处理设备。 【特殊要求】 【操作安全】 (1) 避免与水接触。本品与水会起激烈之失控反应，生成二氧化碳及甲胺气体。 (2) 本品燃烧时会产生氰化氢与氮氧化物等刺激性与毒性气体，所以生产区域内，严禁明火和可能产生明火、火花的作业，生产过程严格控制操作温度和压力。在火灾热辐射状况下，靠火焰侧之容器壁施以水雾冷却，直至扑灭火灾，但不要直接将水喷入容器内。 (3) 发生泄漏时，应紧急封锁隔离泄漏区四周 300m 范围。小量泄漏时，由近而远逐一疏散下风处 2000m 内居民。大量泄漏时(大于十吨)，紧急封锁距离应扩大至四周 1000m，疏散距离应扩大至 5600m 以上。视气流状况与气云之扩散速率，疏散距离可扩大至 11000m。更大量泄漏(百吨以上)，疏散距离应再加倍。 (4) 泄漏区域需进行通风换气，再将其气体导入气体燃烧塔。 (5) 充装时使用万向节管道充装系统，严防超装。 【储存安全】 (1) 用特殊规定的容器盛装、储存。储存于阴凉、通风的有毒气体专用库房。远离火种、热源。库房温度不宜超过 30℃。 (2) 与氧化剂、酸类、醇类、碱类、食用化学品等分开存放，切忌混储。采用防爆型照明、通风设施。禁止使用易产生火花的机械设备和工具。储存区应备有泄漏应急处理设备和合适的收容材料。 (3) 应严格执行剧毒化学品“双人收发，双人保管”制度。 【运输安全】 (1) 运输车辆应有危险货物运输标志、安装具有行驶记录功能的卫星定位装置。未经公安机关批准，运输车辆不得进入危险化学品运输车辆限制通行的区域。 (2) 应采用专用槽车运输。用其他包装容器运输时，容器须用盖密封。运输车辆配备相应的消防器材。运输时运输车辆应配备泄漏应急处理设备。运输途中应防曝晒、防雨淋、防高温。 (3) 严禁与易燃物或可燃物、氧化剂、酸类、醇类、碱类、食用化学品等混装混运。 (4) 采用管道输送时输送管道不应靠近热源敷设。管道采用地上敷设时，应在人员活动较多和易遭车辆、外来物撞击的地段，采取保护措施并设置明显的警示标志；管道架空敷设时，管道应敷设在非燃烧体的支架或栈桥上。在已敷设的管道下面，不得修建与管道无关的建筑物和堆放易燃物品；管道外壁颜色、标志应执行《工业管道的基本识别色、识别符号和安全标识》(GB 7231)的规定。
应急处置原则	【急救措施】 吸入：迅速脱离现场至空气新鲜处。保持呼吸道通畅。如呼吸困难，给氧。如呼吸停止，立即进行人工呼吸。就医。 食入：用水漱口，给饮牛奶或蛋清。就医。 皮肤接触：立即脱去污染的衣着，用大量流动清水冲洗至少 15 分钟。就医。

续表

应急处置原则	眼睛接触：立即提起眼睑，用大量流动清水或生理盐水彻底冲洗至少 15 分钟。就医。 【灭火方法】 用二氧化碳、干粉、砂土灭火。禁止用水、泡沫、酸碱灭火器灭火。 【泄漏应急处置】 消除所有点火源。根据液体流动和蒸气扩散的影响区域划定警戒区，无关人员从侧风、上风向撤离至安全区。建议应急处理人员戴正压自给式空气呼吸器，穿防毒、防静电服。作业时使用的所有设备应接地。穿上适当的防护服前严禁接触破裂的容器和泄漏物。尽可能切断泄漏源。防止泄漏物进入水体、下水道、地下室或密闭性空间。严禁用水处理。小量泄漏：用干燥的砂土或其他不燃材料覆盖泄漏物。大量泄漏：构筑围堤或挖坑收容。用防爆泵转移至槽车或专用收集器内。 隔离与疏散距离：小量泄漏，初始隔离 300m，下风向疏散白天 2000m、夜晚 5300m；大量泄漏，初始隔离 1000m，下风向疏散白天 11000m、夜晚 11000m。

51. 甲基叔丁基醚

特别警示	高度易燃，对中枢神经系统有抑制作用和麻醉作用。
理化特性	无色透明、粘度低的可挥发性液体，具有醚样气味。不溶于水。分子量 88.15，熔点 −108.6℃，沸点 55.2℃，相对密度(水=1)0.74，相对蒸气密度(空气=1)3.1，饱和蒸气压 27kPa(20℃)，燃烧热 3360.7kJ/mol，辛醇/水分配系数 0.94～1.24，闪点−28℃，引燃温度 375℃，爆炸极限 1.6%～15.1%(体积比)。 主要用途：主要用作汽油添加剂。
危害信息	【燃烧和爆炸危险性】 高度易燃，其蒸气与空气可形成爆炸性混合物，遇明火、高热或与氧化剂接触，有引起燃烧爆炸的危险。与氧化剂接触猛烈反应。蒸气比空气重，沿地面扩散并易积存于低洼处，遇火源会着火回燃。 【健康危害】 本品对中枢神经系统有抑制作用和麻醉作用，对眼和呼吸道有轻度刺激性。国外曾有报道用其作为溶石剂治疗胆石症，患者出现意识浑浊、嗜睡、昏迷和无尿等。
安全措施	【一般要求】 操作人员必须经过专门培训，严格遵守操作规程，熟练掌握操作技能，具备应急处置知识。 密闭操作，全面通风。生产、使用及贮存场所应设置泄漏检测报警仪，使用防爆型的通风系统和设备。操作人员佩戴过滤式防毒面具(半面罩)，戴化学安全防护眼镜，穿防静电工作服，戴耐油橡胶手套。 储罐等压力容器和设备应设置安全阀、压力表、液位计、温度计，并应装有带压力、液位、温度远传记录和报警功能的安全装置。 避免与氧化剂接触。 生产、储存区域应设置安全警示标志。工作现场严禁吸烟。搬运时要轻装轻卸，防止包装及容器损坏。配备相应品种和数量的消防器材及泄漏应急处理设备。倒空的容器可能存在残留有害物时应及时处理。

续表

安全措施	【特殊要求】 【操作安全】 (1) 甲基叔丁基醚具有醚样气味，蒸气或雾对眼睛、黏膜和上呼吸道有刺激作用，对皮肤有刺激性。应防止进入下水道、排洪沟等限制性空间。 (2) 甲基叔丁基醚蒸气比空气重，能在较低处扩散到相当远的地方，遇明火会引着回燃。在作业场所进行相关受限空间作业对低洼处环境需加强分析和监控。 (3) 工作完毕后应淋浴更衣。 【储存安全】 (1) 储存于阴凉、通风的库房。远离火种、热源。库房内温度不宜超过30℃。保持容器密封。 (2) 应与氧化剂、食用化学品分开存放，切忌混储。采用防爆型照明、通风设施。禁止使用易产生火花的机械设备和工具。储存区应备有泄漏应急处理设备和合适的收容材料。 【运输安全】 (1) 运输车辆应有危险货物运输标志、安装具有行驶记录功能的卫星定位装置。未经公安机关批准，运输车辆不得进入危险化学品运输车辆限制通行的区域。 (2) 运输所用的槽(罐)车应有接地链，槽内可设孔隔板以减少震荡产生静电。装运该物品的车辆排气管必须配备阻火装置，禁止使用易产生火花的机械设备和工具装卸。严禁与氧化剂、食用化学品等混装混运。运输途中应防曝晒、防雨淋、防高温。运输时运输车辆应配备相应品种和数量的消防器材及泄漏应急处理设备。中途停留时应远离火种、热源、高温区，勿在居民区和人口稠密区停留。
应急处置原则	【急救措施】 吸入：立即脱离现场到空气新鲜处。保持呼吸道通畅。如呼吸困难，给氧。呼吸、心跳停止，立即进行心肺复苏。就医。 食入：漱口，给予1~2杯水稀释化学品，禁止催吐。就医。 皮肤接触：脱去污染的衣着，用肥皂水和清水彻底冲洗皮肤至少15分钟。如有不适感，就医。 眼睛接触：立即提起眼睑，用大量流动清水或生理盐水彻底冲洗至少15分钟。就医。 【灭火方法】 尽可能将容器从火场移至空旷处。喷水保持火场容器冷却，直至灭火结束。处在火场中的容器若已变色或从安全泄压装置中产生声音，必须马上撤离。灭火剂：抗溶性泡沫、干粉、二氧化碳、砂土。 【泄漏应急处置】 消除所有点火源。根据液体流动和蒸气扩散的影响区域划定警戒区，无关人员从侧风、上风向撤离至安全区。建议应急处理人员戴正压自给式空气呼吸器，穿防静电服。作业时使用的所有设备应接地。禁止接触或跨越泄漏物。尽可能切断泄漏源。防止泄漏物进入水体、下水道、地下室或密闭性空间。小量泄漏：用砂土或其他不燃材料吸收。使用洁净的无火花工具收集吸收材料。大量泄漏：构筑围堤或挖坑收容。用泡沫覆盖，减少蒸发。喷水雾能减少蒸发，但不能降低泄漏物在受限制空间内的易燃性。用防爆泵转移至槽车或专用收集器内。 作为一项紧急预防措施，泄漏隔离距离周围至少为50m。如果为大量泄漏，下风向的初始疏散距离应至少为300m。

52. 乙酸乙酯

特别警示	高度易燃，对眼、鼻、咽喉有刺激作用。
理化特性	无色澄清液体，有芳香气味，易挥发。微溶于水，溶于醇、酮、醚、氯仿等多数有机溶剂。分子量 88.10，熔点-83.6℃，沸点 77.2℃，相对密度(水=1)0.90，相对蒸气密度(空气=1)3.04，饱和蒸气压 10.1kPa(20℃)，燃烧热 2244.2kJ/mol，临界温度 250.1℃，临界压力 3.83MPa，辛醇/水分配系数 0.73，闪点-4℃，引燃温度 426.7℃，爆炸极限 2.2%~11.5%(体积比)。 主要用途：用途很广，主要用作溶剂，及用于染料和一些医药中间体的合成。
危害信息	【燃烧和爆炸危险性】 高度易燃，其蒸气与空气混合，能形成爆炸性混合物。遇明火、高热能引起燃烧爆炸。与氧化剂接触猛烈反应。蒸气比空气重，沿地面扩散并易积存于低洼处，遇火源会着火回燃。 【健康危害】 对眼、鼻、咽喉有刺激作用。高浓度吸入可引起进行性麻醉作用，急性肺水肿，肝、肾损害。持续大量吸入，可致呼吸麻痹。误服者可产生恶心、呕吐、腹痛、腹泻等。有致敏作用，因血管神经障碍而致牙龈出血；可致湿疹样皮炎。 慢性影响；长期接触本品有时可致角膜混浊、继发性贫血、白细胞增多等。 职业接触限值：PC-TWA(时间加权平均容许浓度)(mg/m³)：200；PC-STEL(短时间接触容许浓度)(mg/m³)：300。
安全措施	【一般要求】 操作人员必须经过专门培训，应具有防火、防爆、防静电事故和预防职业病的知识和操作能力，严格遵守操作规程。 生产过程密闭，全面通风。防止乙酸乙酯蒸气泄漏到工作场所空气中；在有乙酸乙酯存在或使用乙酸乙酯的场所，设置可燃气体检测报警仪，并与应急通风联锁。禁止接触高温和明火。可能接触其蒸气时，应佩戴自吸过滤式防毒面具，穿防静电工作服。戴乳胶手套。工作现场禁止吸烟。工作毕，沐浴更衣。注意个人清洁卫生。紧急事态抢救或撤离时，应佩戴正压自给式空气呼吸器。戴化学安全防护眼镜。提供安全淋浴和洗眼设备。 储罐等容器和设备应设置液位计、温度计，并应装有带液位、温度远传记录和报警功能的安全装置。 避免与强氧化剂、酸类、碱类接触。 生产、储存区域应设置安全警示标志。禁止使用易产生火花的机械设备和工具装卸。进入作业场所时，应去除身体携带的静电。 【特殊要求】 【操作安全】 (1) 乙酸乙酯挥发性极强，在大量存在乙酸乙酯的区域或使用乙酸乙酯作业的人员，应配备便携式可燃气体检测报警仪。 (2) 灌装时控制管道内流速小于 3m/s，且有良好接地装置，防止静电积聚。 (3) 避免将容器置于调温环境中，以免发生泄漏和爆炸。 (4) 生产装置中宜采用微负压操作，以免蒸气泄漏。

续表

安全措施	【储存安全】 （1）储存于阴凉，通风的库房。远离火种，热源。库房内温度不宜超过30℃。保持容器密封。 （2）应与氧化剂、酸类、碱类、食用化学品分开存放，切忌混储。库房内的照明、通风等设施应采用防爆型，开关设在室外。配备相应品种和数量的消防器材。禁止使用易产生火花的机械设备和工具。定期检查是否有泄漏现象。储存区应备有泄漏应急处理设备和合适的收容材料。 【运输安全】 （1）运输车辆应有危险货物运输标志、安装具有行驶记录功能的卫星定位装置。未经公安机关批准，运输车辆不得进入危险化学品运输车辆限制通行的区域。 （2）运输时所用的槽(罐)车应有接地链，槽内可设孔隔板以减少震荡产生静电。运输车辆应配备相应品种和数量的消防器材及泄漏应急处理设备。装运该物品的车辆排气管必须配备阻火装置，禁止使用易产生火花的机械设备和工具装卸。严禁与氧化剂、酸类、碱类、食用化学品等混装混运。运输途中应防爆晒、雨淋，防高温。中途停留时应远离火种、热源、高温区，勿在居民区和人口稠密区停留。高温季节最好早晚运输。
应急处置原则	【急救措施】 吸入：将患者移到空气新鲜处。保持呼吸道通畅，如果呼吸困难，给氧。若呼吸、心跳停止、给予心肺复苏。就医。 食入：饮足量温水，催吐。尽快就医。 皮肤接触：脱去污染的衣着，用肥皂水和清水彻底冲洗皮肤至少15分钟。如有不适感，就医。 眼睛接触：立即提起眼睑，用大量流动清水或生理盐水彻底冲洗至少15分钟。就医。 【灭火方法】 采用抗溶性泡沫、二氧化碳、干粉、砂土灭火。用水灭火无效，但可用水保持火场中容器冷却。 【泄漏应急处置】 消除所有点火源。根据液体流动和蒸气扩散的影响区域划定警戒区，无关人员从侧风、上风向撤离至安全区。建议应急处理人员戴正压自给式空气呼吸器，穿防静电服。作业时使用的所有设备应接地。禁止接触或跨越泄漏物。尽可能切断泄漏源。防止泄漏物进入水体、下水道、地下室或密闭性空间。小量泄漏：用砂土或其他不燃材料吸收。使用洁净的无火花工具收集吸收材料。大量泄漏：构筑围堤或挖坑收容。用泡沫覆盖，减少蒸发。喷水雾能减少蒸发，但不能降低泄漏物在受限制空间内的易燃性。用防爆泵转移至槽车或专用收集器内。喷雾状水驱散蒸气、稀释液体泄漏物。 作为一项紧急预防措施，泄漏隔离距离周围至少为50m。如果为大量泄漏，下风向的初始疏散距离应至少为300m。

53. 丙烯酸

特别警示	易燃液体，强烈刺激作用。
理化特性	无色液体，有刺激性气味。与水混溶，可混溶于乙醇、乙醚。分子量 72.06，熔点 13℃，沸点 141℃，相对密度（水=1）1.05，相对蒸气密度（空气=1）2.45，饱和蒸气压 1.33kPa（39.9℃），燃烧热 1366.9kJ/mol，辛醇/水分配系数 0.161~0.43，闪点 50℃，引燃温度 360℃，爆炸极限 2.0%~8.0%（体积比）。 主要用途：主要用于树脂制造、合成橡胶乳液制造等领域。
危害信息	【燃烧和爆炸危险性】 易燃，其蒸气与空气可形成爆炸性混合物，遇明火、高热能引起燃烧爆炸。与氧化剂能发生强烈反应。若遇高热，可发生聚合反应，放出大量热量而引起容器破裂和爆炸事故。 【活性反应】 遇热、光、水分、过氧化物及铁质易自聚而引起爆炸。 【健康危害】 本品对皮肤、眼睛有强烈刺激作用，伤处愈合慢。接触后可发生呼吸道刺激症状。 职业接触限值：PC-STEL（短时间接触容许浓度）（mg/m^3）：6（皮）。
安全措施	【一般要求】 操作人员必须经过专门培训，严格遵守操作规程，熟练掌握操作技能，具备应急处置知识。 密闭操作，防止泄漏，工作场所加强通风。远离火种、热源，工作场所严禁吸烟。 生产、使用及贮存场所应设置泄漏检测报警仪，使用防爆型的通风系统和设备，配备两套以上重型防护服。可能直接接触其蒸气时，操作人员应该佩戴自吸过滤式防毒面具，穿橡胶耐酸碱服，戴橡胶耐酸碱手套。 储罐等压力容器和设备应设置安全阀、压力表、液位计、温度计，并应装有带压力、液位、温度远传记录和报警功能的安全装置。 避免与氧化剂、碱类、过氧化物及铁质接触。 生产、储存区域应设置安全警示标志。搬运时要轻装轻卸，防止包装及容器损坏。配备相应品种和数量的消防器材及泄漏应急处理设备。 【特殊要求】 【操作安全】 （1）生产、贮存丙烯酸的车间要有可靠的防火、防爆措施。一旦发生物品着火，应用干粉灭火器、二氧化碳灭火器、砂土灭火。 （2）打开丙烯酸容器时，确定工作区通风良好且无火花或引火源存在；佩戴自吸式过滤式防毒面具，穿橡胶耐酸碱服，戴橡胶耐酸碱手套。 （3）丙烯酸生产和使用过程中注意以下事项： ——必须穿戴好劳动保护用品； ——系统漏气时要站在上风口，同时佩戴好防毒面具进行作业； ——接触高温设备时要防止烫伤； ——清理、筛分、填装触媒时，必须戴好防尘口罩；

续表

<table>
<tr><td>安全措施</td><td>——精馏丙烯酸过程中应防止发生聚合反应。
(4) 净化丙烯酸设备时注意以下事项：
——进入塔器工作时，须进行有毒有害气体分析，穿戴好耐酸劳动保护用品，外面要有人监护；
——用水冲洗地面时，不得将水溅到电机上；
——凡是电器、设备着火，不得用水灭火，应用二氧化碳灭火器灭火；
——所有玻璃钢设备、管线动火时必须做好防护；
——当容器内有人时，严禁关闭上部或下部的任何一个人孔。
(5) 生产设备的清洗污水及生产车间内部地坪的冲洗水须收入应急池，经处理合格后才可排放。
【储存安全】
(1) 储存丙烯酸时，储存于阴凉、通风库房。应与氧化剂、碱类、碱金属、食用化学品分开存放，切忌混储。储存区内备有泄漏应急处理设备和合适的收容材料。
(2) 丙烯酸贮存地点要设置明显的安全标志，储罐要密封加盖，应设有计量装置，储存时保留一定空间。
(3) 在丙烯酸储罐四周设置围堰，围堰的容积等于酸(储)罐的容积，围堰与地面作防腐处理。
(4) 每天不少于两次对各贮(储)罐进行巡检，并做好记录，发现跑、冒、滴、漏等隐患要及时联系处理，重大隐患要及时上报。
(5) 储罐要有防凝措施。
【运输安全】
(1) 运输车辆应有危险货物运输标志、安装具有行驶记录功能的卫星定位装置。未经公安机关批准，运输车辆不得进入危险化学品运输车辆限制通行的区域。
(2) 丙烯酸装于专用的槽车(船)内运输，槽车(船)应定期清理；用其他包装容器运输时，容器须用耐腐蚀材料的盖密封。运输车辆应符合符合消防安全要求(阻火器、危险品标志牌)，配备相应的消防器材。运输车辆进入厂区，保持安全车速。严禁驾乘人员吸烟，无关人员不得随车。
(3) 丙烯酸搬运人员必须注意防护，按规定穿戴必要的防护用品；搬运时，管理人员必须到现场监卸监装；夜晚或光线不足时、雨天不宜搬运。若遇特殊情况必须搬运时，必须得到部门负责人的同意，还应有遮雨等相关措施；严禁在搬运时吸烟。
(4) 严禁与氧化剂、碱类、碱金属、食用化学品等混装混运。运输时运输车辆应配备泄漏应急处理设备。运输途中应防曝晒、防雨淋、防高温。</td></tr>
<tr><td>应急处置原则</td><td>【急救措施】
吸入：迅速脱离现场至空气新鲜处。保持呼吸道通畅。如呼吸困难，给氧。如呼吸停止，立即进行人工呼吸。就医。
食入：用水漱口，给饮牛奶或蛋清。就医。
皮肤接触：立即脱去污染的衣着，用大量流动清水冲洗至少 15 分钟。就医。
眼睛接触：立即提起眼睑，用大量流动清水或生理盐水彻底冲洗至少 15 分钟。就医。</td></tr>
</table>

续表

应急处置原则	【灭火方法】 消防人员须戴好防毒面具，在安全距离以外，在上风向灭火。用水喷射逸出液体，使其稀释成不燃性混合物，并用雾状水保护消防人员。 灭火剂：雾状水、抗溶性泡沫、干粉、二氧化碳。 【泄漏应急处置】 消除所有点火源。根据液体流动和蒸气扩散的影响区域划定警戒区，无关人员从侧风、上风向撤离至安全区。建议应急处理人员戴正压自给式空气呼吸器，穿防静电、防腐、防毒服。作业时使用的所有设备应接地。禁止接触或跨越泄漏物。尽可能切断泄漏源。防止泄漏物进入水体、下水道、地下室或密闭性空间。小量泄漏：用砂土或其他不燃材料吸收。使用洁净的无火花工具收集吸收材料。大量泄漏：构筑围堤或挖坑收容。用抗溶性泡沫覆盖，减少蒸发。喷水雾能减少蒸发，但不能降低泄漏物在受限制空间内的易燃性。用碎石灰石（$CaCO_3$）、苏打灰（Na_2CO_3）或石灰（CaO）中和。用防爆、耐腐蚀泵转移至槽车或专用收集器内。 作为一项紧急预防措施，泄漏隔离距离至少为50m。如果为大量泄漏，则在初始隔离距离的基础上加大下风向的疏散距离。

54. 硝酸铵

特别警示	与易燃物、可燃物混合或急剧加热会发生爆炸。
理化特性	无色无臭的透明结晶或呈白色的小颗粒，有潮解性。易溶于水、乙醇、丙酮、氨水，不溶于乙醚。分子量 80.05，熔点 169.6℃，沸点 210℃（分解），相对密度（水=1）1.72。 主要用途：主要用作化肥、分析试剂、氧化剂、致冷剂、烟火和炸药原料。
危害信息	【燃烧和爆炸危险性】 助燃。与易（可）燃物混合或急剧加热会发生爆炸。受强烈震动也会起爆。 【活性反应】 强氧化剂，与还原剂、有机物、易燃物如硫、磷或金属粉末等混合可形成爆炸性混合物。 【健康危害】 对呼吸道、眼及皮肤有刺激性。接触后可引起恶心、呕吐、头痛、虚弱、无力和虚脱等。大量接触可引起高铁血红蛋白血症，影响血液的携氧能力，出现紫绀、头痛、头晕、虚脱，甚至死亡。口服引起剧烈腹痛、呕吐、血便、休克、全身抽搐、昏迷，甚至死亡。
安全措施	【一般要求】 操作人员必须经过专门培训，严格遵守操作规程，熟练掌握操作技能，具备应急处置知识。 生产过程密闭，加强通风。使用防爆型的通风系统和设备，提供安全淋浴和洗眼设备。可能接触其粉尘时，建议佩戴自吸过滤式防尘口罩。戴化学安全防护眼镜，戴橡胶手套。工作现场禁止吸烟、进食和饮水。 远离火种、热源。应与易（可）燃物、还原剂、酸类、活性金属粉末分开存放，切忌混储。 生产、储存区域应设置安全警示标志。禁止震动、撞击和摩擦。 【特殊要求】农用品应做改性处理。

续表

安全措施	【操作安全】 （1）操作人员佩戴自吸过滤式防尘口罩，戴化学安全防护眼镜，穿聚乙烯防毒服，戴橡胶手套。 （2）避免产生粉尘。避免与还原剂、酸类、活性金属粉末接触。搬运时要轻装轻卸，防止包装及容器损坏。配备相应品种和数量的消防器材及泄漏应急处理设备。 （3）严格执行工艺指标，按工艺规程或操作法进行操作，各种设备禁止超温、超压、超负荷运行。禁止将油和氯离子带入硝酸铵溶液系统，防止熔融液喷溅到人体上会导致接触部位严重烧伤，必须定期地将机械上(尤其转动与擦油部分)所沉积的硝酸铵和油等除去，生产中凡遇到危及人身或设备安全或可能发生火灾、爆炸事故等紧急情况，操作人员有权先停车后报告，停车后操作人员需要详细说明所遇到的紧急情况，等隐患消除后方能开车。 【储存安全】 （1）储存于阴凉、通风的库房。远离火种、热源。 （2）应与易(可)燃物、还原剂、酸类、活性金属粉末分开存放，切忌混储。储存区应备有合适的材料收容泄漏物。禁止震动、撞击和摩擦。 【运输安全】 （1）运输车辆应有危险货物运输标志、安装具有行驶记录功能的卫星定位装置。未经公安机关批准，运输车辆不得进入危险化学品运输车辆限制通行的区域。 （2）运输时单独装运，运输过程中要确保容器不泄漏、不倒塌、不坠落、不损坏。运输时运输车辆应配备相应品种和数量的消防器材。严禁与易(可)燃物、还原剂、酸类、活性金属粉末等并车混运。 （3）拥有齐全的危险化学品运输资质，必须配备押运人员，并随时处于押运人员的监管之下，不得超装、超载，不得进入危险化学品运输车辆禁止通行的区域；确需进入禁止通行区域的，应当事先向当地公安部门报告，运输时车速不宜过快，不得强行超车。运输车辆装卸前后，均应彻底清扫、洗净，严禁混入有机物、易燃物等杂质。
应急处置原则	【急救措施】 吸入：迅速脱离现场至空气新鲜处。保持呼吸道通畅。如呼吸困难，给氧。呼吸、心跳停止，立即进行心肺复苏术。就医。 食入：对于神志清醒患者，给予漱口，可给予催吐和洗胃。 皮肤接触：脱去污染的衣着，用肥皂水和清水彻底冲洗皮肤至少15分钟。如有不适感，就医。 眼睛接触：提起眼睑，用流动清水或生理盐水冲洗。如有不适感，就医。 【灭火方法】 消防人员须佩戴防毒面具、穿全身消防服，在上风向灭火。切勿将水流直接射至熔融物，以免引起严重的流淌火灾或引起剧烈的沸溅。遇大火，消防人员须在有防护掩蔽处操作。灭火剂：水、雾状水。禁止用砂土压盖。 【泄漏应急处置】 隔离泄漏污染区，限制出入。建议应急处理人员戴防尘口罩，穿防毒服。勿使泄漏物与可燃物质(如木材、纸、油等)接触。穿上适当的防护服前严禁接触破裂的容器和泄漏物。尽

续表

应急处置原则	可能切断泄漏源。勿使水进入包装容器内。小量泄漏：用洁净的铲子收集泄漏物，置于干净、干燥、盖子较松的容器中，将容器移离泄漏区。大量泄漏：泄漏物回收后，用水冲洗泄漏区。 作为一项紧急预防措施，泄漏隔离距离周围至少为25m。如果为大量泄漏，下风向的初始疏散距离应至少为100m。

55. 三氧化硫

特别警示	确认人类致癌物，有强烈的刺激和腐蚀作用，与水发生剧烈反应。
理化特性	无色透明液体或结晶，有刺激性气味。有四种晶体变形体：α、β、γ、δ。γ-三氧化硫为胶状晶体，熔点16.8℃，沸点44.8℃，相对密度(水=1)1.9224，相对蒸气密度(空气=1)2.8，β-三氧化硫为丝光石棉状结晶，熔点32.5℃。α-三氧化硫为针状结晶，熔点62.3℃。δ-三氧化硫为蜡状结晶，熔点95℃。通常是混合物，熔点不恒定，熔融时均转变为γ-三氧化硫。本品吸湿性极强，在空气中产生有毒的白烟。 主要用途：有机合成用磺化剂。
危害信息	【燃烧和爆炸危险性】 不燃，能助燃。 【活性反应】 强氧化剂。与水发生爆炸性剧烈反应。与氧气、氟、氧化铅、次亚氯酸、过氯酸、磷、四氟乙烯等接触剧烈反应。与有机材料如木、棉花或草接触，会着火。吸湿性极强，在空气中产生有毒的白烟。遇潮时对大多数金属有强腐蚀性。 【健康危害】 毒性及中毒表现见硫酸。对皮肤、粘膜等组织有强烈的刺激和腐蚀作用。可引起结膜炎、水肿、角膜浑浊，以致失明；引起呼吸道刺激症状，重者发生呼吸困难和肺水肿；高浓度引起喉痉挛或声门水肿而死亡。口服后引起消化道的烧伤以至溃疡形成。慢性影响有牙齿酸蚀症、慢性支气管炎、肺气肿和肝硬变等。 职业接触限值：PC-TWA(时间加权平均容许浓度)(mg/m^3)：1；PC-STEL(短时间接触容许浓度)(mg/m^3)：2。 IARC：确认人类致癌物。
安全措施	【一般要求】 操作人员必须经过专门培训，严格遵守操作规程。熟练掌握操作技能，具备三氧化硫应急处置的有关知识。 密闭操作，防止泄漏。工作场所注意通风，操作场所尽量机械化自动化。工作场所禁止进食和饮水。 生产、使用及贮存场所应设置泄漏检测报警仪，使用防爆型的通风系统和设备，配备两套以上重型防护服。操作人员佩戴防毒面具或自给式头盔，穿橡胶耐酸碱服，戴橡胶耐酸碱手套，耐酸长筒靴。 储罐等压力容器和设备应设置安全阀、压力表、液位计、温度计，并应装有带压力、液位、温度远传记录和报警功能的安全装置。

续表

<table>
<tr><td>安全措施</td><td>避免与还原剂、碱类、活性金属粉末接触，尤其要注意避免与水接触。远离易燃、可燃物。
生产、储存区域应设置安全警示标志。搬运时要轻装轻卸，防止包装及容器损坏。
【特殊要求】
【操作安全】
（1）开启三氧化硫容器时，确定工作区通风良好，避免让释出的蒸气进入工作区的空气中。
（2）系统漏气时要站在上风口，同时佩戴好防毒面具进行作业并采取措施尽快消除漏气。
（3）生产设备的清洗污水及生产车间内部地坪的冲洗水须收入应急池，经处理合格后才可排放。
【储存安全】
（1）储存于阴凉、通风库房，避免直晒。库房温度不超过35℃，相对湿度不超过85%。应与易(可)燃物、还原剂、碱类、碱金属、食用化学品分开存放，切忌混储。储存区内备有泄漏应急处理设备和合适的收容材料。
（2）三氧化硫贮存地点要设置明显的安全标志，储罐要密封加盖，装有呼吸阀，应设有计量装置，储存时保留一定空间。储存时间不宜过长。
（3）在三氧化硫储罐四周设置围堰，围堰的容积等于单个储罐的最大容积，围堰与地面作防腐处理，围堰内应有泄漏物的收集设施。
（4）每天不少于两次对储罐进行巡检，并做好记录，发现跑、冒、滴、漏等隐患，要及时联系处理，重大隐患要及时上报。
【运输安全】
（1）运输车辆应有危险货物运输标志、安装具有行驶记录功能的卫星定位装置。未经公安机关批准，运输车辆不得进入危险化学品运输车辆限制通行的区域。
（2）三氧化硫装于专用的槽车(船)内运输，槽车(船)应定期清理；用其他包装容器运输时，容器须用耐腐蚀材料的盖密封。搬运人员必须按规定穿戴必要的防护用品；装卸时现场有人监护；夜晚、下雨天不宜搬运。若遇特殊情况必须雨天搬运时，应有遮雨等相关措施；严禁在搬运时吸烟。运输车辆应符合消防安全要求，配备相应的消防器材。运输车辆从物流大门进出厂区，保持安全车速。严禁驾乘人员吸烟。
（3）严禁与易(可)燃物、还原剂、碱类、碱金属、食用化学品等混装混运。运输时运输车辆应配备泄漏应急处理设备。运输途中应防曝晒、防雨淋、防高温。
（4）输送三氧化硫的管道不应靠近热源敷设；管道采用地上敷设时，应在人员活动较多和易遭车辆、外来物撞击的地段，采取保护措施并设置明显的警示标志；在已敷设的管道下面，不得修建与管道无关的建筑物和堆放易燃物品；管道外壁颜色、标志应执行《工业管道的基本识别色、识别符号和安全标识》(GB 7231)的规定。
（5）液体三氧化硫槽车运输或管道输送时，容器或管道的温度应保持在30~44℃。</td></tr>
<tr><td>应急处置原则</td><td>【急救措施】
吸入：迅速脱离现场至空气新鲜处。保持呼吸道通畅。如呼吸困难，给氧。如呼吸停止，立即进行人工呼吸。就医。</td></tr>
</table>

续表

应急处置原则	食入：用水漱口，给饮牛奶或蛋清。就医。 皮肤接触：立即脱去污染的衣着，用大量流动清水冲洗至少 15 分钟。就医。 眼睛接触：立即提起眼睑，用大量流动清水或生理盐水彻底冲洗至少 15 分钟。就医。 【灭火方法】 本品不燃，但周围起火时应切断气源。喷水冷却容器，尽可能将容器从火场移至空旷处，直至灭火结束。消防人员必须佩戴过滤式防毒面具(全面罩)或隔离式呼吸器、穿全身防火防毒服，在上风向灭火。 灭火时尽量切断泄漏源，然后根据着火原因选择适当灭火剂灭火。禁止用水和泡沫灭火。 【泄漏应急处置】 根据液体流动和蒸气扩散的影响区域划定警戒区，无关人员从侧风、上风向撤离至安全区。建议应急处理人员戴正压自给式空气呼吸器，穿防酸碱服。穿上适当的防护服前严禁接触破裂的容器和泄漏物。尽可能切断泄漏源。勿使泄漏物与可燃物质(如木材、纸、油等)接触。防止泄漏物进入水体、下水道、地下室或密闭性空间。小量泄漏：用干燥的砂土或其他不燃材料覆盖泄漏物，用洁净的无火花工具收集泄漏物，置于一盖子较松的塑料容器中，待处置。大量泄漏：构筑围堤或挖坑收容。用耐腐蚀泵转移至槽车或专用收集器内。 隔离与疏散距离：小量泄漏，初始隔离 60m，下风向疏散白天 400m、夜晚 1000m；大量泄漏，初始隔离 300m，下风向疏散白天 2900m、夜晚 5700m。

56. 三氯甲烷

特别警示	可疑人类致癌物。受热可产生剧毒的光气。
理化特性	无色透明液体，极易挥发，有特殊香甜味。微溶于水，混溶于醇、醚、石油醚、四氯化碳、苯和挥发油。分子量 119.38，熔点-63.5℃，沸点 61.3℃，相对密度(水=1)1.50，相对蒸气密度(空气=1)4.12，临界压力 5.47MPa，临界温度 263.4℃，饱和蒸气压 21.3kPa(20℃)，折射率 1.4476。 主要用途：主要用于有机合成、溶剂及麻醉剂等。
危害信息	【燃烧和爆炸危险性】 一般不燃，但长期暴露于明火和高温环境下也能燃烧。 【活性反应】 与明火或灼热的物体接触时产生剧毒的光气、氯化氢和一氧化碳。 【健康危害】 能迅速经肺吸收，也能经消化道和皮肤吸收。主要作用于中枢神经系统，具有麻醉作用，对心、肝、肾有损害。可经乳汁和胎盘影响子代。具有较高的胚胎毒性和轻度致畸性。 职业接触限值：PC-TWA(时间加权平均容许浓度)(mg/m^3)：20。 IARC：可疑人类致癌物。

续表

<table>
<tr><td>安全措施</td><td>【一般要求】
操作人员必须经过专门培训，严格遵守操作规程，熟练掌握操作技能，具备应急处置知识。
生产三氯甲烷和大量使用三氯甲烷作为原料生产单位，现场反应、水洗、冷却、干燥、冷凝过程应密封，封闭作业场所应全面通风；防止三氯甲烷及其蒸气泄漏到工作场所空气中；在有三氯甲烷存在或使用三氯甲烷的场所，设置三氯甲烷检测报警仪，并与应急通风联锁；少量使用三氯甲烷时，应在通风橱(柜)内进行操作；禁止接触高温和明火。配备两套以上重型防护服。提供安全淋浴和洗眼设备。
储罐等容器和设备应设置液位计、温度计，并应装有液位、温度远传记录和报警功能的安全装置。
避免直接接触三氯甲烷，可能接触其蒸气时，应佩戴自吸过滤式防毒面具，穿防静电工作服。戴乳胶手套。工作现场禁止吸烟。工作毕，沐浴更衣。注意个人清洁卫生。紧急事态抢救或撤离时，应佩戴空气呼吸器，穿化学安全防护服。
避免与强氧化剂、碱类、铝接触。
生产、储存区域应设置安全警示标志。存在三氯甲烷蒸气的场所的管沟应充砂。
【特殊要求】
【操作安全】
(1) 三氯甲烷挥发性极强，在大量存在三氯甲烷的区域或使用三氯甲烷作业的人员，应配备便携式三氯甲烷检测报警仪，并落实人员管理，使三氯甲烷检测仪及防护装置处于备用状态。
(2) 作业环境应设立风向标。
(3) 供气装置的空气压缩机应置于年主导风向的上风向。
(4) 重点检测区应设置醒目的标志、三氯甲烷检测仪、报警器及排风扇；在可能发生三氯甲烷中毒的主要出入口应设置醒目的中文危险危害因素告知牌，在作业的场所应设置醒目的中文警示标志。
(5) 生产设备的清洗污水及生产车间内部地坪的冲洗水须收入应急池，经处理合格后才可排放。
【储存安全】
(1) 储存于阴凉、干燥、通风良好的专用库房内，仓库房温度不超过35℃，相对湿度不超过85%。应与碱类、铝、食用化学品分开存放，切忌混储。储存区应备有合适的材料收容泄漏物。
(2) 三氯甲烷储罐区设置围堰，地面进行防渗透处理，并配备倒装罐或储液池。
(3) 定期检查三氯甲烷的储罐、槽车、阀门和泵等，防止滴漏。
【运输安全】
(1) 运输车辆应有危险货物运输标志、安装具有行驶记录功能的卫星定位装置。未经公安机关批准，运输车辆不得进入危险化学品运输车辆限制通行的区域。
(2) 三氯甲烷应用专用槽车运输。用其他包装容器运输时，容器须用盖密封。运输车辆应符合符合消防安全要求(阻火器、危险品标志牌、静电导链)，配备相应的消防器材。运输</td></tr>
</table>

续表

安全措施	车辆进入厂区，保持安全车速。严禁与碱类、碱金属、食用化学品等混装混运。运输时运输车辆应配备泄漏应急处理设备。运输途中应防曝晒、防雨淋、防高温。公路运输时要按规定路线行驶，勿在居民区和人口稠密区停留。搬运时要轻装轻卸，防止包装及容器损坏。 (3) 输送三氯甲烷溶液的管道不应靠近热源敷设；管道采用地上敷设时，应在人员活动较多和易遭车辆、外来物撞击的地段，采取保护措施并设置明显的警示标志；三氯甲烷管道架空敷设时，管道应敷设在非燃烧体的支架或栈桥上。在已敷设的三氯甲烷管道下面，不得修建与三氯甲烷管道无关的建筑物和堆放易燃物品；三氯甲烷管道外壁颜色、标志应执行《工业管道的基本识别色、识别符号和安全标识》(GB 7231)的规定。
应急处置原则	【急救措施】 吸入：迅速脱离现场至空气新鲜处。保持呼吸道通畅。如呼吸困难，给氧。如呼吸停止，立即进行人工呼吸。就医。 食入：饮足量温水，催吐。就医。 皮肤接触：立即脱去污染的衣着，用大量流动清水冲洗至少 15 分钟。就医。 眼睛接触：立即提起眼睑，用大量流动清水或生理盐水彻底冲洗至少 15 分钟。就医。 【灭火方法】 消防人员必须佩戴过滤式防毒面具(全面罩)或隔离式呼吸器、穿全身防火防毒服，在上风向灭火。 灭火剂：雾状水、二氧化碳、砂土。 【泄漏应急处置】 根据液体流动和蒸气扩散的影响区域划定警戒区，无关人员从侧风、上风向撤离至安全区。建议应急处理人员戴正压自给式空气呼吸器，穿防毒服。穿上适当的防护服前严禁接触破裂的容器和泄漏物。尽可能切断泄漏源。防止泄漏物进入水体、下水道、地下室或密闭性空间。小量泄漏：用干燥的砂土或其他不燃材料吸收或覆盖，收集于容器中。大量泄漏：构筑围堤或挖坑收容。用石灰粉吸收大量液体。用泵转移至槽车或专用收集器内。 作为一项紧急预防措施，泄漏隔离距离对于液体周围至少为 50m。如果为大量泄漏，在初始隔离距离的基础上加大下风向的疏散距离。

57. 甲基肼

特别警示	剧毒液体，有腐蚀性，极易燃、高热时其蒸气能发生爆炸。
理化特性	无色透明液体，有氨的气味。溶于水、乙醇、乙醚。分子量 46.07，熔点-52.4℃，沸点 87.5℃，相对密度(水=1)0.874，相对蒸气密度(空气=1)1.6，饱和蒸气压 4.8 kPa(20℃)，燃烧热 1304.2kJ/mol，临界温度 312℃，临界压力 8.24MPa，辛醇/水分配系数-1.05，闪点-8.3℃，引燃温度 194℃，爆炸极限 2.5%~98.0%(体积比)。 主要用途：主要用作有机合成中间体、溶剂。
危害信息	【燃烧和爆炸危险性】 极易燃，其蒸气与空气可形成爆炸性混合物，遇明火、高热极易燃烧爆炸。在空气中遇尘土、石棉、木材等疏松性物质能自燃。遇过氧化氢或硝酸等氧化剂，也能自燃。高热时其蒸气能发生爆炸。具有腐蚀性。

续表

<table>
<tr><td>危害信息</td><td>【健康危害】
吸入甲基肼蒸气可出现流泪、喷嚏、咳嗽，以后可见眼充血、支气管痉挛、呼吸困难，继之恶心、呕吐。皮肤接触引起灼伤。慢性吸入甲基肼可致轻度高铁血红蛋白形成，可引起溶血。
列入《剧毒化学品目录》。
职业接触限值：MAC(最高容许浓度)(mg/m^3)：0.08(皮)。</td></tr>
<tr><td>安全措施</td><td>【一般要求】
操作人员必须经过专门培训，严格遵守操作规程，熟练掌握操作技能，具备应急处置知识。
生产过程密闭，加强通风。生产、使用及贮存场所应设置泄漏检测报警仪，使用防爆型的通风系统和设备，配备两套以上重型防护服。穿连衣式胶布防毒衣、戴耐油橡胶手套，正常工作情况下，佩带过滤式防毒面具(全面罩)。高浓度环境中，必须佩戴正压自给式空气呼吸器、氧气呼吸器或长管面具。紧急事态抢救或撤离时，建议佩戴正压自给式空气呼吸器。工作现场禁止吸烟、进食和饮水。提供安全淋浴和洗眼设备。
储罐等容器和设备应设置液位计、温度计，并应装有带液位、温度远传记录和报警功能的安全装置，重点储罐需设置紧急切断装置。避免与强氧化剂、氧、过氧化物接触。
生产、储存区域应设置安全警示标志。搬运时要轻装轻卸，防止包装及容器损坏。
【特殊要求】
【操作安全】
(1) 打开甲基肼容器时，确定工作区通风良好且无火花或引火源存在；避免让释出的蒸气进入工作区的空气中；穿戴大小合适的耐腐蚀的手套，长统靴和防护服及面罩。
(2) 生产、贮存甲基肼的车间要有可靠的防火、防爆措施。一旦发生物品着火，应用干粉灭火器、二氧化碳灭火器、砂土灭火。
(3) 甲基肼生产和使用过程中注意以下事项：
——系统漏气时要站在上风口，同时佩戴好防毒面具进行作业；
——接触高温设备时要防止烫伤；
——设备的水压、油压保持正常，有关管线要畅通；
——维护保养好设备，消除跑、冒、滴、漏等现象，使设备处于完好状态。
(4) 设备罐内作业时注意以下事项：
——进入设备内作业，必须办理罐内作业许可证。入罐作业前必须严格执行安全隔离、清洗、置换的规定。做到物料不切断不进入；清洗置换不合格不进入；行灯不符合规定不进入；没有监护人员不进入；没有事故抢救后备措施不进入；
——入罐作业前30分钟取样分析，易燃易爆、有毒有害物质浓度及氧含量合格方可进入作业。视具体条件加强罐内通风；对通风不良环境，应采取间歇作业；
——在罐内动火作业，除了执行动火规定外，还必须符合罐内作业条件，有毒气体浓度低于国家规定值，严禁向罐内充氧。焊工离开作业罐时不准将焊(割)具留在罐内。
(5) 生产区域内，严禁明火和可能产生明火、火花的作业。生产需要或检修期间需动火时，必须办理动火审批手续。</td></tr>
</table>

安全措施	(6) 生产设备的清洗污水及生产车间内部地坪的冲洗水须收入应急池，经处理合格后才可排放。 (7) 充装时使用万向节管道充装系统，严防超装。 【储存安全】 (1) 储存于阴凉、通风仓库内。远离火种、热源。库房温度不宜超过 30℃。防止阳光直射。包装要求密封，不可与空气接触。 (2) 应与氧化剂、酸类分开存放。储存间内的照明、通风等设施应采用防爆型，开关设在仓外。配备相应品种和数量的消防器材。禁止使用易产生火花的机械设备和工具。定期检查是否有泄漏现象。在氮气中操作处置。 (3) 应严格执行剧毒化学品“双人收发，双人保管”制度。 【运输安全】 (1) 运输车辆应有危险货物运输标志、安装具有行驶记录功能的卫星定位装置。未经公安机关批准，运输车辆不得进入危险化学品运输车辆限制通行的区域。 (2) 运输时所用的槽(罐)车应有接地链，槽内可设孔隔板以减少震荡产生静电。运输时运输车辆应配备相应品种和数量的消防器材及泄漏应急处理设备。装运该物品的车辆排气管必须配备阻火装置，禁止使用易产生火花的机械设备和工具装卸。严禁与氧化剂、过氧化物、食用化学品等混装混运。公路运输时要按规定路线行驶，运输途中应防曝晒、防雨淋、防高温。中途停留时应远离火种、热源、高温区，勿在居民区和人口稠密区停留。
应急处置原则	【急救措施】 吸入：迅速脱离现场至空气新鲜处。保持呼吸道通畅。如呼吸困难，给氧。如呼吸停止，立即进行人工呼吸。就医。 食入：用水漱口，给饮牛奶或蛋清。就医。 皮肤接触：立即脱去污染的衣着，用大量流动清水冲洗至少 15 分钟。就医。 眼睛接触：立即提起眼睑，用大量流动清水或生理盐水彻底冲洗至少 15 分钟。就医。 【灭火方法】 消防人员必须佩戴过滤式防毒面具(全面罩)或隔离式呼吸器、穿全身防火防毒服，在上风向灭火。遇大火，消防人员须在有防护掩蔽处操作。 灭火剂：抗溶性泡沫、雾状水、二氧化碳、干粉。禁止用砂土压盖。 【泄漏应急处置】 消除所有点火源。根据液体流动和蒸气扩散的影响区域划定警戒区，无关人员从侧风、上风向撤离至安全区。建议应急处理人员戴正压自给式空气呼吸器，穿防静电、防腐、防毒服。作业时使用的所有设备应接地。禁止接触或跨越泄漏物。尽可能切断泄漏源。防止泄漏物进入水体、下水道、地下室或密闭性空间。小量泄漏：用砂土或其他不燃材料吸收。使用洁净的无火花工具收集吸收材料。大量泄漏：构筑围堤或挖坑收容。用抗溶性泡沫覆盖，减少蒸发。喷水雾能减少蒸发，但不能降低泄漏物在受限制空间内的易燃性。用防爆、耐腐蚀泵转移至槽车或专用收集器内。喷雾状水驱散蒸气、稀释液体泄漏物。 隔离与疏散距离：小量泄漏，初始隔离 30m，下风向疏散白天 300m、夜晚 700m；大量泄漏，初始隔离 150m，下风向疏散白天 1500m、夜晚 2500m。

58. 一甲胺

特别警示	极易燃气体，强刺激性和腐蚀性，可致严重灼伤甚至死亡。
理化特性	无色气体，有似氨的气味。易溶于水，溶于乙醇、乙醚等。分子量 31.06，熔点-93.5℃，沸点-6.8℃，相对密度(水=1)0.66，相对蒸气密度(空气=1)1.08，饱和蒸气压 304kPa(20℃)，燃烧热 1085.6kJ/mol，临界温度 157.6℃，临界压力 7.614MPa，辛醇/水分配系数-0.57，闪点-10℃，引燃温度 430℃，爆炸极限 4.9%~20.7%(体积比)。 主要用途：主要用于橡胶硫化促进剂、染料、医药、杀虫剂、表面活性剂的合成等。
危害信息	【燃烧和爆炸危险性】 极易燃，与空气混合能形成爆炸性混合物，接触热、火星、火焰或氧化剂易燃烧爆炸。气体比空气重，沿地面扩散并易积存于低洼处，遇火源会着火回燃。 【健康危害】 本品具有强烈刺激性和腐蚀性。吸入后，可引起咽喉炎、支气管炎、支气管肺炎，重者可致肺水肿、呼吸窘迫综合征而死亡；极高浓度吸入引起声门痉挛、喉水肿而很快窒息死亡。可致呼吸道灼伤。对眼和皮肤有强烈刺激和腐蚀性，可致严重灼伤。口服溶液可致口、咽、食道灼伤。 职业接触限值：PC-TWA(时间加权平均容许浓度)(mg/m^3)：5；PC-STEL(短时间接触容许浓度)(mg/m^3)：10。
安全措施	【一般要求】 操作人员必须经过专门培训，严格遵守操作规程。熟练掌握操作技能，具备一甲胺应急处置知识。 生产过程密闭，加强通风。工作现场禁止吸烟、进食和饮水。生产、使用及贮存场所应设置泄漏检测报警仪，使用防爆型的通风系统和设备，配备两套以上重型防护服。提供安全沐浴和洗眼设备。穿防静电工作服，带橡胶手套。空气中超标时，必须佩带自吸过滤式防毒面具(全面罩)，紧急事态抢救或撤离时，建议佩带氧气呼吸器或正压自给式空气呼吸器。 储罐等压力容器和设备应设置安全阀、压力表、温度计，并应装有带压力、温度远传记录和报警功能的安全装置。避免与氧化剂、酸类、卤素接触。 生产、储存区域应设置安全警示标志。在传送过程中，钢瓶和容器必须接地和跨接，防止产生静电。搬运时轻装轻卸，防止钢瓶及附件破损。配备相应品种和数量的消防器材及设备泄漏应急处理设备。 【特殊要求】 【操作安全】 (1) 严禁用铁器敲击管道与阀体，以免引起火花。 (2) 生产区域内，严禁明火和可能产生明火、火花的作业。生产需要或检修期间需动火时，必须办理动火审批手续。 (3) 生产设备的清洗污水及生产车间内部地坪的冲洗水须收入应急池，经处理合格后才可排放。 【储存安全】 (1) 储存于阴凉、通风的储罐。远离火种、热源。储罐温度不宜超过 30℃。保持容器密封。

安全措施	（2）应与氧化剂、酸类、卤素、食用化学品等分开存放，切忌混储。采用防爆型照明、通风设施。禁止使用易产生火花的机械设备和工具。储存区应备有泄漏应急处理设备。 【运输安全】 （1）运输车辆应有危险货物运输标志、安装具有行驶记录功能的卫星定位装置。未经公安机关批准，运输车辆不得进入危险化学品运输车辆限制通行的区域。 （2）采用钢瓶运输时必须戴好钢瓶上的安全帽。钢瓶一般平放，并应将瓶口朝车辆行驶的右方；堆放高度不得超过车辆的防护栏板，并用三角木垫卡牢，防止滚动。运输时运输车辆应配备相应品种和数量的消防器材。装运该物品的车辆排气管必须配备阻火装置，禁止使用易产生火花的机械设备和工具装卸。严禁与氧化剂、酸类、卤素、食用化学品等混装、混运。高温季节应早晚运输，防止日光曝晒。中途停留时应远离火种、热源，禁止在居民区和人口稠密区停留。
应急处置原则	【急救措施】 吸入：迅速脱离现场至空气新鲜处。保持呼吸道通畅。如呼吸困难，给氧。如呼吸停止，立即进行人工呼吸。就医。 食入：用水漱口，给饮牛奶或蛋清。就医。 皮肤接触：立即脱去污染的衣着，用大量流动清水冲洗至少15分钟。就医。 眼睛接触：立即提起眼睑，用大量流动清水或生理盐水彻底冲洗至少15分钟。就医。 【灭火方法】 切断气源。若不能切断气源，则不允许熄灭泄漏处的火焰。喷水冷却容器，尽可能将容器从火场移至空旷处。 灭火剂：雾状水、抗溶性泡沫、干粉、二氧化碳。 【泄漏应急处置】 消除所有点火源。根据气体的影响区域划定警戒区，无关人员从侧风、上风向撤离至安全区。建议应急处理人员戴正压自给式空气呼吸器，穿防静电、防腐、防毒服。作业时使用的所有设备应接地。禁止接触或跨越泄漏物。尽可能切断泄漏源。喷雾状水抑制蒸气或改变蒸气云流向，避免水流接触泄漏物。禁止用水直接冲击泄漏物或泄漏源。构筑围堤或挖坑收容液体泄漏物。用石灰粉吸收大量液体。用硫酸氢钠（$NaHSO_4$）中和。 作为一项紧急预防措施，气体泄漏隔离距离至少为100m。如果为大量泄漏，下风向的初始疏散距离应至少为800m。液体泄漏隔离距离至少为50m。

59. 乙醛

特别警示	可疑人类致癌物，极易燃液体，火场温度下易发生危险的聚合反应。
理化特性	无色液体，有强烈的刺激臭味。溶于水，可混溶于乙醇、乙醚。分子量44.05，熔点-123.5℃，沸点20.8℃，相对密度（水=1）0.788，相对蒸气密度（空气=1）1.52，饱和蒸气压98.64kPa（20℃），燃烧热1166.37kJ/mol，临界温度188℃，临界压力6.4MPa，辛醇/水分配系数0.63，闪点-39℃，引燃温度175℃，爆炸极限4.0%~60%（体积比）。 主要用途：主要用于制造醋酸、醋酐和合成树脂。

续表

危害信息	【燃烧和爆炸危险性】 极易燃，甚至在低温下的蒸气也能与空气形成爆炸性混合物，遇火星、高温、氧化剂、易燃物、氨、硫化氢、卤素、磷、强碱、胺类、醇、酮、酐、酚等有燃烧爆炸危险。蒸气比空气重，沿地面扩散并易积存于低洼处，遇火源会着火回燃。 【活性反应】 在空气中久置后能生成有爆炸性的过氧化物。受热可能发生剧烈的聚合反应。 【健康危害】 低浓度引起眼、鼻及上呼吸道刺激症状及支气管炎。高浓度吸入有麻醉作用。表现有头痛、嗜睡、神志不清及支气管炎、肺水肿、腹泻、蛋白尿肝和心肌脂肪性变。误服出现胃肠道刺激症状、麻醉作用及心、肝、肾损害。对皮肤有致敏性。反复接触蒸气引起皮炎、结膜炎。 职业接触限值：MAC(最高容许浓度)(mg/m^3)：45。 IARC：可疑人类致癌物。
安全措施	【一般要求】 操作人员必须经过专门培训，严格遵守操作规程，熟练掌握操作技能，具备应急处置知识。 密闭操作，防止泄漏，全面排风。远离火种、热源，工作场所严禁吸烟。生产、使用及贮存场所应设置泄漏检测报警仪，使用防爆型的通风系统和设备，操作人员应该佩戴过滤式防毒面具，戴化学安全防护眼镜，穿防静电工作服，戴橡胶手套。 储罐等压力容器和设备应设置安全阀、压力表、液位计、温度计，并应装有带压力、液位、温度远传记录和报警功能的安全装置。 避免与氧化剂、还原剂、酸类接触。 生产、储存区域应设置安全警示标志。充装要控制流速，防止静电积聚。搬运时要轻装轻卸，防止包装及容器损坏。配备相应品种和数量的消防器材及泄漏应急处理设备。 【特殊要求】 【操作安全】 (1) 打开乙醛容器时，确定工作区通风良好且无火花或引火源存在；避免让释出的蒸气进入工作区的空气中；穿戴大小合适的耐腐蚀的手套，长统靴和防护服及面罩。 (2) 生产、贮存乙醛的车间要有可靠的防火、防爆措施。一旦发生物品着火，应用干粉灭火器、二氧化碳灭火器、砂土灭火。 (3) 乙醛生产和使用过程中注意以下事项： ——系统漏气时要站在上风口，同时佩戴好防毒面具进行作业； ——接触高温设备时要防止烫伤； ——设备的水压、油压保持正常，有关管线要畅通； ——维护保养好设备，消除跑、冒、滴、漏等现象，使设备处于完好状态。 (4) 生产区域内，严禁明火和可能产生明火、火花的作业(固定动火区必须距离生产区30m以上)。生产需要或检修期间需动火时，必须办理动火审批手续。 (5) 生产设备的清洗污水及生产车间内部地坪的冲洗水须收入应急池，经处理合格后才可排放。

续表

<table>
<tr><td>安全措施</td><td>【储存安全】
（1）储存于阴凉、通风良好的专用库房或储罐内，远离火种、热源。库房温度不宜超过29℃，保持容器密封。
（2）应与易燃物或可燃物、氧化剂、还原剂、酸类、碱类、碱金属、食用化学品等分开存放，切忌混储。采用防爆型照明、通风设施。禁止使用易产生火花的机械设备和工具。储存区应备有泄漏应急处理设备和合适的收容材料。在乙醛储罐四周设置围堰，围堰的容积等于储罐的容积。
（3）注意防雷、防静电，厂（车间）内的储罐应按《建筑物防雷设计规范》（GB 50057）的规定设置防雷设施。
（4）每天不少于两次对各储罐进行巡检，并做好记录，发现跑、冒、滴、漏等隐患要及时联系处理，重大隐患要及时上报。
【运输安全】
（1）运输车辆应有危险货物运输标志、安装具有行驶记录功能的卫星定位装置。未经公安机关批准，运输车辆不得进入危险化学品运输车辆限制通行的区域。
（2）乙醛装于专用的槽车（船）内运输，槽车（船）应定期清理；用其他包装容器运输时，容器须用盖密封；运输车辆应符合符合消防安全要求（阻火器、危险品标志牌、静电导链），配备相应的消防器材。运输车辆进入厂区，必须安装静电接地装置和阻火器，保持安全车速。
（3）严禁与易燃物或可燃物、氧化剂、还原剂、酸类、碱类、碱金属、食用化学品等混装混运。运输时运输车辆应配备泄漏应急处理设备。运输途中应防曝晒、防雨淋、防高温。
（4）在使用汽车、手推车运输乙醛容器时，应轻装轻卸。严禁抛、滑、滚、碰。严禁用电磁起重机和链绳吊装搬运。装运时，应妥善固定。
（5）乙醛管道输送时，注意以下事项：乙醛管道架空敷设时，乙醛管道应敷设在非燃烧体的支架或栈桥上。在已敷设的乙醛管道下面，不得修建与乙醛管道无关的建筑物和堆放易燃物品；管道不应穿过非乙醛生产使用的建筑物；管道消除静电接地装置和防雷接地线，单独接地。防雷的接地电阻值不大于10Ω，防静电的接地电阻值不大于100Ω。乙醛管道不应靠近热源敷设。管道采用地上敷设时，应在人员活动较多和易遭车辆、外来物撞击的地段，采取保护措施并设置明显的警示标志。乙醛管道外壁颜色、标志应执行《工业管道的基本识别色、识别符号和安全标识》（GB 7231）的规定。室内管道不应敷设在地沟中或直接埋地，室外地沟敷设的管道，应有防止泄漏、积聚或窜入其他沟道的措施。</td></tr>
<tr><td>应急处置原则</td><td>【急救措施】
吸入：迅速脱离现场至空气新鲜处。保持呼吸道通畅。如呼吸困难，给氧。如呼吸停止，立即进行人工呼吸。就医。
食入：饮足量温水，催吐。就医。
皮肤接触：脱去污染的衣着，用肥皂水和清水彻底冲洗皮肤。
眼睛接触：提起眼睑，用流动清水或生理盐水冲洗。就医。
【灭火方法】
遇到大火，消防人员须在有防爆掩蔽处操作。抗溶性泡沫、二氧化碳、干粉、砂土。用水灭火无效。</td></tr>
</table>

应急处置原则	【泄漏应急处置】 消除所有点火源。根据液体流动和蒸气扩散的影响区域划定警戒区，无关人员从侧风、上风向撤离至安全区。建议应急处理人员戴正压自给式空气呼吸器，穿防静电服。作业时使用的所有设备应接地。禁止接触或跨越泄漏物。尽可能切断泄漏源。防止泄漏物进入水体、下水道、地下室或密闭性空间。小量泄漏：用砂土或其他不燃材料吸收。使用洁净的无火花工具收集吸收材料。大量泄漏：构筑围堤或挖坑收容。用石灰粉吸收大量液体。用硫酸氢钠($NaHSO_4$)中和。用抗溶性泡沫覆盖，减少蒸发。喷水雾能减少蒸发，但不能降低泄漏物在受限制空间内的易燃性。用防爆泵转移至槽车或专用收集器内。喷雾状水驱散蒸气、稀释液体泄漏物。 作为一项紧急预防措施，泄漏隔离距离至少为50m。如果为大量泄漏，下风向的初始疏散距离应至少为300m。

60. 氯甲酸三氯甲酯(双光气)

风险提示	遇高热、碱类、活性炭能产生剧毒的光气，遇水或水蒸气产生氯化氢气体。
理化特性	无色透明液体，有刺激性气味和窒息性。不溶于水，溶于醇、乙醚等多数有机溶剂。分子量197.82，熔点-57℃，沸点128℃，相对密度(水=1) 1.65，相对蒸气密度(空气=1) 6.9，饱和蒸气压1.37kPa(20℃)。 主要用途：主要是有机合成的常用试剂，用作光气的替代品，也可作为其他毒剂如芥子气等的溶剂。
危害信息	【燃烧和爆炸危险性】 本品不燃。 【活性反应】 遇高热、碱类、活性炭能产生剧毒的光气。遇水或水蒸气反应放热并产生有毒的氯化氢气体。 【健康危害】 主要作用于呼吸器官，引起急性中毒性肺水肿，严重者窒息死亡。
安全措施	【一般要求】 操作人员必须经过专门培训，严格遵守操作规程，熟练掌握操作技能，具备应急处置知识。 严加密闭，防止泄漏，工作场所提供充分的局部排风和全面排风，设置有毒气体报警仪，配备两套以上重型防护服。操作人员佩戴自吸过滤式防毒面具，穿胶布防毒衣，戴耐油橡胶手套。 储罐等容器和设备应设置液位计、温度计，并应装有带液位、温度远传记录和报警功能的安全装置，重点储罐需设置紧急切断装置。 避免与氧化剂、碱类、活性炭接触，尤其要注意避免与水接触。 生产、储存区域应设置安全警示标志。搬运时要轻装轻卸，防止包装及容器损坏。

续表

<table>
<tr><td>安全措施</td><td>【特殊要求】
【操作安全】
（1）避免直接接触双光气，操作人员应配戴必要的防护用品；避免吸入有毒气体，应戴上防毒面具。
（2）打开双光气容器时，确定工作区通风良好，避免让释出的蒸气进入工作区的空气中。
（3）生产车间、化验室和采样等各工作岗位的工作人员不得带未愈的伤口上岗。
（4）工作场所凡有不安全因素的部位，应设置醒目的安全标志，并采取必要的防护措施。
（5）充装时使用万向节管道充装系统，严防超装。
【储存安全】
（1）储存于阴凉、干燥、通风良好的库房，远离火种、热源。
（2）应与氧化剂、碱类、活性炭、食用化学品分开存放，切忌混储。在双光气储罐四周设置围堰，围堰的容积等于酸罐的容积，围堰与地面作防腐处理。
（3）每天不少于两次对各储罐进行巡检，并做好记录，发现跑、冒、滴、漏等隐患要及时联系处理，重大隐患要及时上报。
【运输安全】
（1）运输车辆应有危险货物运输标志、安装具有行驶记录功能的卫星定位装置。未经公安机关批准，运输车辆不得进入危险化学品运输车辆限制通行的区域。
（2）双光气应用专用槽车运输。用其他包装容器运输时，容器须用盖密封。双光气搬运人员必须注意防护，按规定穿戴必要的防护用品；搬运时，管理人员必须到现场监卸监装；夜晚或光线不足时、雨天不宜搬运。若遇特殊情况必须搬运时，必须得到部门负责人的同意，还应有遮雨等相关措施。</td></tr>
<tr><td>应急处置原则</td><td>【急救措施】
吸入：迅速脱离现场至空气新鲜处。保持呼吸道通畅。如呼吸困难，给氧。如呼吸停止，立即进行人工呼吸。就医。
食入：漱口，禁止催吐。就医。
皮肤接触：脱去污染的衣着，用流动清水冲洗至少 15 分钟。就医。
眼睛接触：提起眼睑，用流动清水或生理盐水冲洗 15 分钟。就医。
【灭火方法】
消防人员必须佩戴过滤式防毒面具（全面罩）或隔离式呼吸器、穿全身防火防毒服，在上风向灭火。尽可能将容器从火场移至空旷处。根据着火原因选择适当灭火剂灭火。
【泄漏应急处置】
根据液体流动和蒸气扩散的影响区域划定警戒区，无关人员从侧风、上风向撤离至安全区。建议应急处理人员戴正压自给式空气呼吸器，穿防毒、防静电服。作业时使用的所有设备应接地。穿上适当的防护服前严禁接触破裂的容器和泄漏物。尽可能切断泄漏源。防止泄漏物进入水体、下水道、地下室或密闭性空间。严禁用水处理。小量泄漏：用干燥的砂土或其他不燃材料覆盖泄漏物。大量泄漏：构筑围堤或挖坑收容。用防爆、耐腐蚀泵转移至槽车或专用收集器内。
作为一项紧急预防措施：小量泄漏，初始隔离 30m，下风向疏散白天 200m、夜晚 700m；大量泄漏，初始隔离 200m，下风向疏散白天 1100m、夜晚 2600m。</td></tr>
</table>

国家安全监管总局关于公布首批重点监管的危险化学品名录的通知

安监总管三〔2011〕95 号

各省、自治区、直辖市及新疆生产建设兵团安全生产监督管理局，有关中央企业：

为深入贯彻落实《国务院关于进一步加强企业安全生产工作的通知》(国发〔2010〕23 号)和《国务院安委会办公室关于进一步加强危险化学品安全生产工作的指导意见》(安委办〔2008〕26 号)精神，进一步突出重点、强化监管，指导安全监管部门和危险化学品单位切实加强危险化学品安全管理工作，在综合考虑 2002 年以来国内发生的化学品事故情况、国内化学品生产情况、国内外重点监管化学品品种、化学品固有危险特性和近四十年来国内外重特大化学品事故等因素的基础上，国家安全监管总局组织对现行《危险化学品名录》中的 3800 余种危险化学品进行了筛选，编制了《首批重点监管的危险化学品名录》(见附件，以下简称《名录》)，现予公布，并就有关事项通知如下：

一、重点监管的危险化学品是指列入《名录》的危险化学品以及在温度 20℃和标准大气压 101.3kPa 条件下属于以下类别的危险化学品：

1. 易燃气体类别 1(爆炸下限≤13%或爆炸极限范围≥12%的气体)；

2. 易燃液体类别 1(闭杯闪点<23℃并初沸点≤35℃的液体)；

3. 自燃液体类别 1(与空气接触不到 5 分钟便燃烧的液体)；

4. 自燃固体类别 1(与空气接触不到 5 分钟便燃烧的固体)；

5. 遇水放出易燃气体的物质类别 1(在环境温度下与水剧烈反应所产生的气体通常显示自燃的倾向，或释放易燃气体的速度等于或大于每公斤物质在任何 1 分钟内释放 10 升的任何物质或混合物)；

6. 三光气等光气类化学品。

二、涉及重点监管的危险化学品的生产、储存装置，原则上须由具有甲级资质的化工行业设计单位进行设计。

三、地方各级安全监管部门应当将生产、储存、使用、经营重点监管的危险化学品的企业，优先纳入年度执法检查计划，实施重点监管。

四、生产、储存重点监管的危险化学品的企业，应根据本企业工艺特点，装备功能完善的自动化控制系统，严格工艺、设备管理。对使用重点监管的危险化学品数量构成重大危险源的企业的生产储存装置，应装备自动化控制系统，实现对温度、压力、液位等重要参数的实时监测。

五、生产重点监管的危险化学品的企业，应针对产品特性，按照有关规定编制完善的、可操作性强的危险化学品事故应急预案，配备必要的应急救援器材、设备，加强应急演练，提高应急处置能力。

六、各省级安全监管部门可根据本辖区危险化学品安全生产状况，补充和确定本辖区内实施重点监管的危险化学品类项及具体品种。在安全监管工作中如发现重点监管的危险化学品存在问题，请认真研究提出处理意见，并及时报告国家安全监管总局。

地方各级安全监管部门在做好危险化学品重点监管工作的同时，要全面推进本地区危险化学品安全生产工作，督促企业落实安全生产主体责任，切实提高企业本质安全水平，有效防范和坚决遏制危险化学品重特大事故发生，促进全国危险化学品安全生产形势持续稳定好转。

请各省级安全监管部门及时将本通知精神传达至本辖区内有关企业。

附件：首批重点监管的危险化学品名录

国家安全生产监督管理总局

2011 年 6 月 21 日

附件

首批重点监管的危险化学品名录

序号	化学品名称	别　　名	CAS 号
1	氯	液氯、氯气	7782-50-5
2	氨	液氨、氨气	7664-41-7
3	液化石油气		68476-85-7
4	硫化氢		7783-06-4
5	甲烷、天然气		74-82-8(甲烷)
6	原油		
7	汽油(含甲醇汽油、乙醇汽油)、石脑油		8006-61-9(汽油)
8	氢	氢气	1333-74-0
9	苯(含粗苯)		71-43-2
10	碳酰氯	光气	75-44-5
11	二氧化硫		7446-09-5
12	一氧化碳		630-08-0
13	甲醇	木醇、木精	67-56-1
14	丙烯腈	氰基乙烯、乙烯基氰	107-13-1
15	环氧乙烷	氧化乙烯	75-21-8
16	乙炔	电石气	74-86-2
17	氟化氢、氢氟酸		7664-39-3
18	氯乙烯		75-01-4
19	甲苯	甲基苯、苯基甲烷	108-88-3
20	氰化氢、氢氰酸		74-90-8
21	乙烯		74-85-1
22	三氯化磷		7719-12-2
23	硝基苯		98-95-3
24	苯乙烯		100-42-5

续表

序号	化学品名称	别　　名	CAS 号
25	环氧丙烷		75-56-9
26	一氯甲烷		74-87-3
27	1，3-丁二烯		106-99-0
28	硫酸二甲酯		77-78-1
29	氰化钠		143-33-9
30	1-丙烯、丙烯		115-07-1
31	苯胺		62-53-3
32	甲醚		115-10-6
33	丙烯醛、2-丙烯醛		107-02-8
34	氯苯		108-90-7
35	乙酸乙烯酯		108-05-4
36	二甲胺		124-40-3
37	苯酚	石炭酸	108-95-2
38	四氯化钛		7550-45-0
39	甲苯二异氰酸酯	TDI	584-84-9
40	过氧乙酸	过乙酸、过醋酸	79-21-0
41	六氯环戊二烯		77-47-4
42	二硫化碳		75-15-0
43	乙烷		74-84-0
44	环氧氯丙烷	3-氯-1，2-环氧丙烷	106-89-8
45	丙酮氰醇	2-甲基-2-羟基丙腈	75-86-5
46	磷化氢	膦	7803-51-2
47	氯甲基甲醚		107-30-2
48	三氟化硼		7637-07-2
49	烯丙胺	3-氨基丙烯	107-11-9
50	异氰酸甲酯	甲基异氰酸酯	624-83-9
51	甲基叔丁基醚		1634-04-4

续表

序号	化学品名称	别　　名	CAS 号
52	乙酸乙酯		141-78-6
53	丙烯酸		79-10-7
54	硝酸铵		6484-52-2
55	三氧化硫	硫酸酐	7446-11-9
56	三氯甲烷	氯仿	67-66-3
57	甲基肼		60-34-4
58	一甲胺		74-89-5
59	乙醛		75-07-0
60	氯甲酸三氯甲酯	双光气	503-38-8

国家安全监管总局关于印发危险化学品从业单位安全生产标准化评审标准的通知

安监总管三〔2011〕93号

各省、自治区、直辖市及新疆生产建设兵团安全生产监督管理局，有关中央企业：

为深入贯彻落实《国务院关于进一步加强企业安全生产工作的通知》(国发〔2010〕23号)和《国务院安委会关于深入开展企业安全生产标准化建设的指导意见》(安委〔2011〕4号)精神，进一步促进危险化学品从业单位安全生产标准化工作的规范化、科学化，根据《企业安全生产标准化基本规范(AQ/T 9006—2010)》和《危险化学品从业单位安全生产标准化通用规范(AQ 3013—2008)》的要求，国家安全监管总局制定了《危险化学品从业单位安全生产标准化评审标准》(以下简称《评审标准》)，现印发你们，请遵照执行，并就有关事项通知如下：

一、申请安全生产标准化达标评审的条件

(一) 申请安全生产标准化三级企业达标评审的条件。

1. 已依法取得有关法律、行政法规规定的相应安全生产行政许可；

2. 已开展安全生产标准化工作1年(含)以上，并按规定进行自评，自评得分在80分(含)以上，且每个A级要素自评得分均在60分(含)以上；

3. 至申请之日前1年内未发生人员死亡的生产安全事故或者造成1000万以上直接经济损失的爆炸、火灾、泄漏、中毒事故。

(二) 申请安全生产标准化二级企业达标评审的条件。

1. 已通过安全生产标准化三级企业评审并持续运行2年(含)以上，或者安全生产标准化三级企业评审得分在90分(含)以上，并经市级安全监管部门同意，均可申请安全生产标准化二级企业评审；

2. 从事危险化学品生产、储存、使用(使用危险化学品从事生产并且使用量达到一定数量的化工企业)、经营活动5年(含)以上且至申请之日前3年内未发生人员死亡的生产安全事故，或者10人以上重伤事故，或者1000万元以上直接经济损失的爆炸、火灾、泄漏、中毒事故。

(三) 申请安全生产标准化一级企业达标评审的条件。

1. 已通过安全生产标准化二级企业评审并持续运行2年(含)以上，或者装备设施和安全管理达到国内先进水平，经集团公司推荐、省级安全监管部门同意，均可申请一级企业评审；

2. 至申请之日前 5 年内未发生人员死亡的生产安全事故(含承包商事故)，或者 10 人以上重伤事故(含承包商事故)，或者 1000 万元以上直接经济损失的爆炸、火灾、泄漏、中毒事故(含承包商事故)。

二、工作要求

(一) 深入宣传和学习《评审标准》。各地区、各单位要加大《评审标准》宣传贯彻力度，使各级安全监管人员、评审人员、咨询人员和从业人员准确把握《评审标准》的基本内容和应用方法；要把宣传贯彻《评审标准》作为危险化学品企业提高安全生产标准化工作水平的有力工具，以及安全监管部门推动企业落实安全生产主体责任的有效手段。

(二) 及时充实完善《评审标准》。考虑到各地区危险化学品安全监管工作的差异性和特殊性，《评审标准》把最后一个要素设置为开放要素，由各地区结合本地实际进行充实。各省级安全监管局要根据本地区危险化学品行业特点，将本地区关于安全生产条件尤其是安全设备设施、工艺条件等方面的有关具体要求纳入其中，形成地方特殊要求。

(三) 严格落实《评审标准》。《评审标准》是考核危险化学品企业安全生产标准化工作水平的统一标准。企业要按照《评审标准》的要求，全面开展安全生产标准化工作。评审单位和咨询单位要严格按照《评审标准》开展安全生产标准化评审和咨询指导工作，提高服务质量。各级安全监管人员要依据《评审标准》，对企业进行监管和指导，规范监管行为。

国家安全生产监督管理总局

2011 年 6 月 20 日

附件

危险化学品从业单位安全生产标准化评审标准

A 级要素	B 级要素	标准化要求	企业达标标准	评审方法	评审标准	
					否决项	扣分项
1 法律、法规和标准(100分)	1.1 法律、法规和标准的识别和获取(50分)	1. 企业应建立识别和获取适用的安全生产法律、法规、标准及其他要求的管理制度，明确责任部门，确定获取渠道、方式和时机，及时识别和获取，定期更新。	1. 建立识别和获取适用的安全生产法律法规、标准及政府其他有关要求的管理制度； 2. 明确责任部门、获取渠道、方式； 3. 及时识别和获取适用的安全生产法律法规和标准及政府其他有关要求； 4. 形成法律法规、标准及政府其他有关要求的清单和文本数据库，并定期更新。	**查文件：** 1. 识别和获取适用的安全生产法律、法规、标准及政府其他要求的制度； 2. 适用的法律法规、标准及政府其他要求的清单和文本数据库； 3. 定期更新记录。	未明确专门部门定期识别和获取，扣50分（B级要素否决项）。	1. 识别和获取的法律、法规、标准及政府其他要求，一项不符合扣1分； 2. 法律法规、标准及政府其他要求未识别到条款，一项扣1分； 3. 未形成清单或文本数据库，扣5分； 4. 未及时更新清单或文本数据库，扣5分。
		2. 企业应将适用的安全生产法律、法规、标准及其他要求及时传达给相关方。	采用适当的方式、方法，将适用的安全生产法律、法规、标准及其他要求及时传达给相关方。	**查文件：** 1. 文件发放记录； 2. 培训记录、告知书、宣传材料。 **询问：** 相关方是否接收到企业传达的相关信息。		未及时将适用的法律、法规、标准及其他要求向相关方进行传达，一项不符合扣1分。
	1.2 法律、法规和标准符合性评价(50分)	企业应每年至少1次对适用的安全生产法律、法规、标准及其他要求的执行情况进行符合性评价，消除违规现象和行为。	1. 每年至少1次对适用的安全生产法律、法规、标准及其他有关要求的执行情况进行符合性评价； 2. 对评价出的不符合项进行原因分析，制定整改计划和措施； 3. 编制符合性评价报告。	**查文件：** 1. 符合性评价报告、记录； 2. 不符合项整改记录。	未进行符合性评价，扣50分（B级要素否决项）。	1. 未编制符合性评价报告，扣5分； 2. 未对所有适用的法律、法规、标准及其他有关要求进行评价，一项扣2分； 3. 对评价出的不符合项未进行原因分析的，一项扣2分；未制定整改计划或整改措施，或整改措施不落实，一项扣2分。

A 级要素	B 级要素	标准化要求	企业达标标准	评审方法	评审标准	
					否决项	扣分项
2 机构和职责(100 分)	2.1 方针目标(20 分)	1. 企业应坚持“安全第一，预防为主，综合治理”的安全生产方针。主要负责人应依据国家法律法规，结合企业实际，组织制定文件化的安全生产方针和目标。安全生产方针和目标应满足： (1) 形成文件，并得到所有从业人员的贯彻和实施； (2) 符合或严于相关法律法规的要求； (3) 与企业的职业安全健康风险相适应； (4) 目标予以量化； (5) 公众易于获得。	1. 主要负责人组织制定符合本企业实际的、文件化的安全生产方针； 2. 主要负责人组织制定符合企业实际的、文件化的年度安全生产目标； 3. 安全生产目标应满足： (1) 形成文件，并得到所有从业人员的贯彻和实施； (2) 符合或严于相关法律法规的要求； (3) 与企业的职业安全健康风险相适应； (4) 根据安全生产目标制定量化的安全生产工作指标； (5) 应以公众易于获得的方式发布安全生产目标。	**查文件：** 安全生产方针，年度安全生产目标。 **询问：** 抽查从业人员是否知道本企业安全生产方针和安全生产目标。 **现场检查：** 安全生产方针和安全生产目标告知情况。	未制定安全生产方针或年度安全生产目标，扣 20 分（B 级要素否决项）。	1. 缺一项扣 2 分； 2. 安全生产目标不满足标准要求，一项不符合扣 1 分； 3. 从业人员不了解安全生产方针或安全生产目标，1 人次扣 1 分； 4. 没有制定安全生产工作指标或指标未进行量化，扣 2 分； 5. 发布安全生产目标的方式不符合公众易于获得的要求，扣 2 分。
		2. 企业应签订各级组织的安全目标责任书，确定量化的年度安全工作目标，并予以考核。企业各级组织应制定年度安全工作计划，以保证年度安全工作目标的有效完成。	1. 将企业年度安全目标分解到各级组织（包括各个管理部门、车间、班组），签订安全生产目标责任书； 2. 定期考核安全生产目标完成情况； 3. 企业及各级组织应制定切实可行的年度安全生产工作计划。	**查文件：** 1. 企业的年度安全生产目标和安全生产工作计划； 2. 各级组织的安全生产目标责任书； 3. 各级组织年度安全生产工作计划； 4. 安全生产目标责任书的考核与奖惩记录。 **询问：** 1. 主要负责人及各级组织负责人是否了解各自安全生产目标； 2. 抽查从业人员是否了解本组织的安全生产目标。	未签订各级组织的安全目标责任书，扣 20 分（B 级要素否决项）。	1. 每缺一个组织的安全生产目标责任书，扣 2 分； 2. 安全生产目标责任书内容与本组织的安全生产职责不符，扣 1 分； 3. 企业未制定年度安全生产工作计划，扣 4 分；各级组织未制定年度安全生产工作计划，缺一个组织扣 2 分； 4. 未定期考核，扣 4 分；考核与安全生产目标责任书内容不符，扣 2 分； 5. 未落实安全生产目标考核奖惩，扣 2 分； 6. 有关人员不了解本组织的安全生产目标，1 人次扣 1 分。

续表

A级要素	B级要素	标准化要求	企业达标标准	评审方法	评审标准	
					否决项	扣分项
2 机构和职责(100分)	2.2 负责人(20分)	1. 企业主要负责人是本单位安全生产的第一责任人，应全面负责安全生产工作，落实安全生产基础和基层工作。	1. 明确企业主要负责人是安全生产第一责任人； 2. 主要负责人对本单位的危险化学品安全管理工作全面负责，落实安全生产基础与基层工作。	**查文件：** 安全生产责任制。 **询问：** 1. 主要负责人的安全生产职责； 2. 对本单位的危险化学品安全管理工作情况； 3. 本单位安全生产基础和基层工作情况和做法。	未明确第一责任人，或不符合规定，扣20分(B级要素否决项)。	主要负责人对本单位的危险化学品安全管理工作情况、对安全生产基础管理工作情况不清楚，扣5分。
		2. 企业主要负责人应组织实施安全标准化，建设企业安全文化。	1. 主要负责人组织开展安全生产标准化建设； 2. 制定安全生产标准化实施方案，明确实施时间、计划、责任部门和责任人； 3. 制定安全文化建设计划或方案；	**查文件：** 1. 查企业安全生产标准化实施方案； 2. 主要负责人组织和参与安全生产标准化建设的记录； 3. 安全文化建设计划或方案。		1. 安全生产标准化实施方案内容，一项不符合扣2分； 2. 无主要负责人组织或参与安全生产标准化记录，扣3分； 3. 未制定安全文化建设计划或方案，扣2分。
			二级企业应初步形成安全文化体系。	**查文件：** 安全文化体系有关文件。 **询问：** 主要负责人及有关人员对安全文化内容掌握情况。	二级企业未初步形成安全文化体系，扣100分(A级要素否决项)。	
			一级企业有效运行安全文化体系。	**查文件：** 安全文化体系有关文件； **询问：** 主要负责人及有关人员对安全文化内容掌握情况。 **现场检查：** 现场检查安全文化运行效果。	一级企业未有效运行安全文化体系，扣100分(A级要素否决项)。	

续表

A 级要素	B 级要素	标准化要求	企业达标标准	评审方法	评审标准	
					否决项	扣分项
2 机构和职责(100 分)	2.2 负责人(20 分)	3. 企业主要负责人应作出明确的、公开的、文件化的安全承诺，并确保安全承诺转变为必需的资源支持。	1. 安全承诺的内容应明确、公开、文件化； 2. 主要负责人应确保安全生产标准化所需的资金、人员、时间、设备设施等资源。	**查文件：** 1. 主要负责人安全承诺书； 2. 资源配备文件及使用记录。 **询问：** 1. 主要负责人如何提供资源支持； 2. 从业人员是否知道主要负责人的安全承诺。 **现场检查：** 安全承诺告知情况。		1. 主要负责人未作出安全承诺，扣 10 分； 2. 安全承诺未明确、公开、文件化，一项不符合扣 2 分； 3. 资源支持、配备不充分，一项不符合扣 2 分； 4. 从业人员不清楚主要负责人的安全承诺，1 人次扣 1 分。
		4. 企业主要负责人应定期组织召开安全生产委员会或领导小组会议(以下简称安委会)。	主要负责人定期组织召开安委会会议，或定期听取安全生产工作情况汇报，了解安全生产状况，解决安全生产问题。	**查文件：** 1. 查安委会会议记录或纪要； 2. 安全生产工作汇报资料。 **询问：** 主要负责人听取安全生产工作汇报的情况。		1. 主要负责人未定期召开安委会会议或听取汇报，扣 10 分； 2. 未形成会议记录或纪要，扣 2 分； 3. 安全生产问题未及时解决，一项不符合扣 2 分。
		5.	1. 落实领导干部带班制度； 2. 主要负责人要对领导干部带班负全责。	**查文件：** 1. 领导干部带班制度； 2. 领导干部带班记录及考核记录。 **询问：** 主要负责人等有关负责人了解和执行带班制度的情况。	未实施领导干部带班，扣 20 分(B 级要素否决项)。	1. 领导干部无故不参加带班，1 人次扣 2 分； 2. 带班记录一项不符合扣 1 分； 3. 未按规定进行领导带班制度执行情况考核，扣 2 分； 4. 主要负责人不清楚领导干部带班情况，扣 2 分。
	2.3 职责(30 分)	1. 企业应制定安委会和管理部门的安全职责。	制定安委会和各管理部门及基层单位的安全职责。	**查文件：** 安全生产责任制文件及内容。 **询问：** 各管理部门及基层单位负责人是否清楚本部门安全职责。		1. 缺少一个管理部门或基层单位的安全职责，扣 2 分； 2. 安全生产责任制内容与部门安全职责不符合，一项扣 2 分；

续表

A级要素	B级要素	标准化要求	企业达标标准	评审方法	评审标准	
					否决项	扣分项
2 机构和职责(100分)	2.3 职责(30分)	1. 企业应制定安委会和管理部门的安全职责。				3. 主要负责人不清楚安委会安全职责，扣10分； 4. 有关人员不了解本部门安全职责，1人次扣2分。 5. 缺少安委会的安全职责，扣10分。
		2. 企业应制定主要负责人、各级管理人员和从业人员的安全职责。	1. 明确主要负责人安全职责，对《安全生产法》规定的主要负责人安全职责进行细化； 2. 明确各级管理人员的安全职责，做到“一岗一责”； 3. 明确从业人员安全职责，做到“一岗一责”。	**查文件：** 安全生产责任制。 **询问：** 1. 主要负责人是否了解《安全生产法》规定的安全职责和细化后的安全职责内容； 2. 各级管理人员、从业人员对各自职责是否清楚。	1. 未建立安全生产责任制，扣100分（A级要素否决项）； 2. 主要负责人对其安全职责不清楚，扣30分(B级要素否决项)。	1. 安全职责与其所在岗位职责不符合，一项扣2分； 2. 其他人员对其安全职责不清楚，1人次扣2分。
		3. 企业应建立安全生产责任制考核机制，对各级管理部门、管理人员及从业人员安全职责的履行情况和安全生产责任制的实现情况进行定期考核，予以奖惩。	1. 建立安全生产责任制考核机制； 2. 对企业负责人、各级管理部门、管理人员及从业人员安全生产责任制进行定期考核，予以奖惩。	**查文件：** 1. 安全生产责任制考核制度； 2. 考核、奖惩决定文件，及奖惩兑现情况。 **现场检查：** 财务记录、行政文件。	未建立安全责任制考核机制，扣30分(B级要素否决项)。	未按考核制度对企业负责人、各级管理部门和从业人员的安全责任制进行定期考核，予以奖惩，一项不符合扣2分。
			二级企业建立了健全的安全生产责任制和安全生产规章制度体系，并能够持续改进。	**查文件：** 安全生产责任制和安全生产规章制度文件。	不符合，扣100分(A级要素否决项)。	
	2.4 组织机构(20分)	1. 企业应设置安委会，设置安全生产管理部门或配备专职安全生产管理人员，并按规定配备注册安全工程师。	1. 设置安委会； 2. 设置安全管理机构或配备专职安全管理人员。安全生产管理机构要具备相对独立职能。专职安全生	**查文件：** 1. 安委会、安全生产管理部门或专职安全管理人员配备文件。 2. 注册安全工	未设置安委会、安全生产管理部门或配备专职安全管理人员，扣100	1. 专职安全管理人员配备不符合要求，一项扣2分； 2. 未按规定配备注册安全工程

续表

A 级要素	B 级要素	标准化要求	企业达标标准	评审方法	评审标准	
					否决项	扣分项
2 机构和职责(100分)	2.4 组织机构(20分)	1. 企业应设置安委会，设置安全生产管理部门或配备专职安全生产管理人员，并按规定配备注册安全工程师。	产管理人员应不少于企业员工总数的2%(不足50人的企业至少配备1人)，要具备化工或安全管理相关专业中专以上学历，有从事化工生产相关工作2年以上经历； 3. 按规定配备注册安全工程师，且至少有一名具有3年化工安全生产经历；或委托安全生产中介机构选派注册安全工程师提供安全生产管理服务。	程师配备或委托文件。 3. 安全生产管理人员的学历、工作经历。 4. 与提供安全生产管理服务的中介机构签订的协议(合同)。	分(A级要素否决项)。	师，或未按规定委托中介机构，扣2分； 3. 注册安全工程师不具有化工安全生产经历，扣1分。
		2. 企业应根据生产经营规模大小，设置相应的管理部门。	1. 根据生产经营规模设置相应管理部门； 2. 生产、储存剧毒化学品、易制毒危险化学品的单位，应当设置治安保卫机构，配备专职治安保卫人员。	**查文件：** 1. 管理部门设置文件； 2. 治安保卫部门设置及专职治安保卫人员配置文件。		1. 机构设置与企业生产经营规模不符，扣2分； 2. 未设置治安保卫机构或配备专职治安保卫人员，一项扣1分。
		3. 企业应建立、健全从安委会到基层班组的安全生产管理网络。	建立从安全生产委员会到管理部门、车间、基层班组的安全生产管理网络，各级机构要配备负责安全生产的人员。	**查文件：** 1. 建立安全生产委员会、管理部门、车间、基层班组的安全生产管理网络的文件。 **询问：** 有关人员是否了解安全生产管理网络构成。		1. 未建立安全生产管理网络，扣2分。 2. 安全生产管理网络中每缺1个单位或1个单位未明确安全管理人员，一项扣2分； 3. 有关人员不清楚安全生产管理网络构成，1人次扣1分。
	2.5 安全生产投入(10分)	1. 企业应依据国家、当地政府的有关安全生产费用提取规定，自行提取安全生产费用，专项用于安全生产。	根据国家及当地政府规定，建立和落实安全生产费用管理制度，确保安全生产需要。	**查文件：** 安全生产费用管理制度。	未按有关规定投入安全生产费用，扣10分(B级要素否决项)。	安全生产费用管理制度内容不符合有关规定，一项扣1分。

续表

A级要素	B级要素	标准化要求	企业达标标准	评审方法	评审标准	
					否决项	扣分项
2 机构和职责(100分)	2.5 安全生产投入(10分)	2. 企业应按照规定的安全生产费用使用范围，合理使用安全生产费用，建立安全生产费用台账。	1. 按照国家及地方规定合理使用安全生产费用； 2. 建立安全生产费用台账，载明安全生产费用使用情况。	**查文件：** 1. 安全生产费用管理制度； 2. 安全生产费用台账。 **询问：** 安全生产费用管理部门对安全生产费用使用情况。 **现场检查：** 安全生产费用使用情况与台账记录是否符合。		1. 未规定安全生产费用使用范围，扣5分； 2. 未建立安全生产费用台账，扣2分； 3. 安全生产费用台账内容与规定要求不符，一项扣1分； 4. 安全生产费用使用情况与台账记录不符，一项扣1分。
		3. 企业应依法参加工伤保险或安全责任险，为从业人员缴纳保险费。	依法参加工伤保险，为全体从业人员缴纳保险费。	**查文件：** 企业为从业人员交纳保险凭证。		未参加工伤社会保险，扣5分；每漏缴工伤保险费1人次扣1分。
			实行全员安全风险抵押金制度或安全责任保险。	**查文件：** 风险抵押金或安全责任保险考核记录。		未考核兑现，扣2分。
3 风险管理(100分)	3.1 范围与评价方法(10分)	1. 企业应组织制定风险评价管理制度，明确风险评价的目的、范围和准则。	1. 制定风险评价管理制度，并明确风险评价的目的、范围、频次、准则及工作程序； 2. 明确各部门及有关人员在开展风险评价过程中的职责和任务。	**查文件：** 风险评价管理制度，各部门和有关人员的职责与任务。 **询问：** 1. 企业负责人组织开展风险评价工作的情况； 2. 从业人员是否了解风险评价制度的有关内容。		1. 未制定风险评价管理制度，或未明确风险评价的目的、频次、准则及工作程序，一项不符合扣1分； 2. 未明确各部门及有关人员的职责和任务，一项不符合扣1分； 3. 企业负责人没有组织开展风险评价工作，或不了解风险评价工作情况，一项不符合扣2分； 4. 从业人员不了解风险评价制度内容，1人次扣1分。

续表

A 级要素	B 级要素	标准化要求	企业达标标准	评审方法	评审标准	
					否决项	扣分项
3 风险管理（100分）	3.1 范围与评价方法（10分）	2. 企业风险评价的范围应包括： （1）规划、设计和建设、投产、运行等阶段； （2）常规和非常规活动； （3）事故及潜在的紧急情况； （4）所有进入作业场所人员的活动； （5）原材料、产品的运输和使用过程； （6）作业场所的设施、设备、车辆、安全防护用品； （7）丢弃、废弃、拆除与处置； （8）企业周围环境； （9）气候、地震及其他自然灾害等。	风险评价范围满足标准要求。	**查文件：** 1. 风险评价记录； 2. 风险评价管理制度。		风险评价范围不符合标准要求，一项扣1分。
		3. 企业可根据需要，选择科学、有效、可行的风险评价方法。常用的评价方法有： （1）工作危害分析（JHA）； （2）安全检查表分析（SCL）； （3）预危险性分析（PHA）； （4）危险与可操作性分析（HAZOP）； （5）失效模式与影响分析（FMEA）； （6）故障树分析（FTA）； （7）事件树分析（ETA）； （8）作业条件危险性分析（LEC）等方法。	1. 可选用JHA法对作业活动、SCL法对设备设施（安全生产条件）进行危险、有害因素识别和风险评价； 2. 可选用HAZOP法对危险性工艺进行危险、有害因素识别和风险评价； 3. 选用其他方法对相关方面进行危险、有害因素识别和风险评价。	**查文件：** 1. 风险管理制度； 2. 风险评价记录； 3. 选用的风险评价方法。 **询问：** 有关人员对风险评价方法的掌握和运用情况。		1. 未规定选用何种风险评价方法，扣2分； 2. 有关人员不清楚或未掌握选定的风险评价方法，1人次扣1分。

续表

A 级要素	B 级要素	标准化要求	企业达标标准	评审方法	评审标准	
					否决项	扣分项
3 风险管理(100分)	3.1 范围与评价方法(10分)	4. 企业应依据以下内容制定风险评价准则: (1)有关安全生产法律、法规; (2)设计规范、技术标准; (3)企业的安全管理标准、技术标准; (4)企业的安全生产方针和目标等。	1. 根据企业的实际情况制定风险评价准则; 2. 评价准则应符合有关标准规范规定; 3. 评价准则应包括事件发生可能性、严重性的取值标准以及风险等级的评定标准。	**查文件:** 风险管理制度、风险评价准则和相关取值标准的内容。		1. 未根据实际制定风险评价准则,扣2分; 2. 风险评价准则不符合标准规定,一项扣1分; 3. 风险评价涉及的事件发生可能性、严重性的取值标准不明确,或风险等级评定标准不明确,一项扣2分。
	3.2 风险评价(10分)	1. 企业应依据风险评价准则,选定合适的评价方法,定期和及时对作业活动和设备设施进行危险、有害因素识别和风险评价。企业在进行风险评价时,应从影响人、财产和环境等三个方面的可能性和严重程度分析。	1. 建立作业活动清单和设备、设施清单; 2. 根据规定的频次和时机,开展危险、有害因素辨识、风险评价; 3. 从影响人、财产和环境等三个方面的可能性和严重性进行评价。	**查文件:** 1. 作业活动清单、设备、设施清单; 2. 风险评价记录; 3. 风险评价报告。 **现场检查:** 从业人员参与风险评价活动的情况。	未按规定的频次和时机开展风险评价,扣10分(B级要素否决项)。	1. 未建立作业活动清单、设备设施清单,每一项不符合扣1分; 2. 危险、有害因素识别、评价不全面或不正确,一项扣1分。
		2. 企业各级管理人员应参与风险评价工作,鼓励从业人员积极参与风险评价和风险控制。	1. 厂级评价组织应有企业负责人参加; 2. 车间级评价组织应有车间负责人参加; 3. 所有从业人员应参与风险评价和风险控制。	**查文件:** 1. 各级机构组织开展风险评价的有关文件; 2. 风险分析记录、风险评价报告; 3. 风险评价有关会议记录或纪要。 **询问:** 有关企业负责人及从业人员是否参与风险评价工作。		1. 没有组织开展风险评价的文件,一项扣2分; 2. 各级管理人员及从业人员未参与风险评价工作,1人次扣1分。

续表

A 级要素	B 级要素	标准化要求	企业达标标准	评审方法	评审标准	
					否决项	扣分项
3 风险管理（100分）	3.3 风险控制（15分）	1. 企业应根据风险评价结果及经营运行情况等，确定不可接受的风险，制定并落实控制措施，将风险尤其是重大风险控制在可以接受的程度。企业在选择风险控制措施时： 1）应考虑： （1）可行性； （2）安全性； （3）可靠性。 2）应包括： （1）工程技术措施； （2）管理措施； （3）培训教育措施； （4）个体防护措施。	1. 根据风险评价的结果，建立重大风险清单； 2. 结合实际情况，确定优先顺序，制定措施消减风险，将风险控制在可以接受的程度； 3. 风险控制措施符合标准要求。	**查文件：** 1. 重大风险清单； 2. 风险控制措施； 3. 风险评价记录，风险评价报告。 **现场检查：** 重大风险控制措施现场落实情况。	未将重大风险降到可以接受的程度，扣 15 分（B 级否决项）。	1. 未建立重大风险清单，扣 1 分； 2. 风险控制措施缺乏针对性、可操作性和可靠性，一项扣 1 分。
		2. 企业应将风险评价的结果及所采取的控制措施对从业人员进行宣传、培训，使其熟悉工作岗位和作业环境中存在的危险、有害因素，掌握、落实应采取的控制措施。	1. 制定风险管理培训计划； 2. 按计划开展宣传、培训。	**查文件：** 1. 风险管理培训教育计划； 2. 风险管理培训教育记录。 **询问：** 从业人员是否知道本岗位的危险、有害因素及应采取的控制措施。		1. 没有风险管理培训教育计划，或培训教育记录缺少风险评价内容，一项扣 2 分； 2. 从业人员不了解本岗位风险及其控制措施，1 人次扣 2 分。
	3.4 隐患排查与治理（20分）	1. 企业应对风险评价出的隐患项目，下达隐患治理通知，限期治理，做到定治理措施、定负责人、定资金来源、定治理期限。企业应建立隐患治理台账。	1. 建立隐患治理台账； 2. 对查出的每个隐患都下达隐患治理通知，明确责任人、治理时限； 3. 重大隐患项目做到整改措施、责任、资金、时限和预案“五到位”； 4. 按期完成隐患治理。	**查文件：** 1. 隐患治理制度； 2. 隐患治理台账； 3. 隐患治理记录； 4. 重大隐患治理工作“五到位”落实情况。		1. 未建立隐患治理台账，扣 5 分； 2. 未向相关部门下达隐患治理通知，一项扣 2 分； 3. 通知内容不符合要求，一项扣 1 分； 4. 重大隐患项目未做到“五到位”，一项扣 1 分； 5. 隐患项目未按期治理，一项扣 5 分。

续表

A级要素	B级要素	标准化要求	企业达标标准	评审方法	评审标准	
					否决项	扣分项
3 风险管理(100分)	3.4 隐患排查与治理(20分)	2. 企业应对确定的重大隐患项目建立档案，档案内容应包括： (1)评价报告与技术结论； (2)评审意见； (3)隐患治理方案，包括资金概预算情况等； (4)治理时间表和责任人； (5)竣工验收报告； (6)备案文件。	建立重大隐患项目档案，包括隐患名称、标准要求内容及“五到位”等内容。	**查文件：** 重大隐患项目档案。		1. 未建立重大隐患项目档案，扣5分； 2. 档案内容不全，缺一项扣2分。
		3. 企业无力解决的重大事故隐患，除应书面向企业直接主管部门和当地政府报告外，应采取有效防范措施。	1. 暂时无力解决的重大事故隐患，应制定并落实有效的防范措施； 2. 书面向主管部门和当地政府、安全监管部门报告，报告要说明无力解决的原因和采取的防范措施。	**查文件：** 1. 重大事故隐患的防范措施； 2. 书面报告。	未书面向主管部门和当地政府、安全监管部门报告扣20分(B级要素否决项)。	未采取有效防范措施，扣5分。
		4. 企业对不具备整改条件的重大事故隐患，必须采取防范措施，并纳入计划，限期解决或停产。	1. 不具备整改条件的重大事故隐患，必须采取防范措施； 2. 纳入隐患整改计划，限期解决或停产； 3. 书面向主管部门和当地政府、安全监管部门报告，报告要说明不具备整改条件的原因、整改计划和防范措施等。	**查文件：** 1. 重大事故隐患的防范措施； 2. 隐患整改计划。	1. 不具备整改条件的重大事故隐患，未采取防范措施，或未纳入计划，或未限期解决或停产，一项不符合扣20分(B级要素否决项)； 2. 未书面向主管部门和当地政府、安全监管部门报告扣20分(B级要素否决项)。	

续表

A 级要素	B 级要素	标准化要求	企业达标标准	评审方法	评审标准	
					否决项	扣分项
3 风险管理(100分)	3.4 隐患排查与治理(20分)		二级企业符合本要素要求，不得失分，不存在重大隐患。	**查文件：** 本要素涉及的文件。 **现场检查：** 现场检查是否存在重大隐患。	二级企业本要素若失分，或存在重大隐患，扣 100 分(A 级要素否决项)。	
			一级企业建立安全生产预警预报体系。	**查文件：** 安全生产预警预报体系有关文件。 **现场检查：** 现场检查体系运行情况。	一级企业未建立安全预警预报体系，扣 100 分(A 级要素否决项)。	
	3.5 重大危险源(20分)	1. 企业应按照 GB 18218 辨识并确定重大危险源，建立重大危险源档案。	1. 按照 GB 18218 辨识并确定重大危险源； 2. 建立重大危险源档案，包括：辨识、分级记录；重大危险源基本特征表；区域位置图、平面布置图、工艺流程图和主要设备一览表；重大危险源安全管理制度及安全操作规程；安全监测监控系统、措施说明；事故应急预案；安全评价报告或安全评估报告。	**查文件：** 1. 重大危险源管理制度的建立和执行情况； 2. 安全评价报告或安全评估报告； 3. 重大危险源档案。	未建立重大危险源管理制度，或未辨识、确定重大危险源，扣 100 分(A 级要素否决项)。	1. 每遗漏一处扣 5 分； 2. 未建立重大危险源档案，扣 5 分； 3. 档案内容，每遗漏一项或一项不符合扣 1 分。
		2. 企业应按照有关规定对重大危险源设置安全监控报警系统。	1. 重大危险源涉及的压力、温度、液位、泄漏报警等重要参数的测量要有远传和连续记录； 2. 对毒性气体、剧毒液体和易燃气体等重点设施应设置紧急切断装置； 3. 毒性气体应设置泄漏物紧急处置装置，独立的安全仪表系统； 4. 设置必要的视频监控系统。	**查文件：** 安全监控报警设施台账。 **现场检查：** 1. 重大危险源安全监控报警系统，重要参数远传和连续记录、视频监控系统等； 2. 毒性气体、剧毒液体和易燃气体等重点设施紧急切断装置； 3. 毒性气体泄漏物紧急处置装置及安全仪表系统		1. 未按有关规定设置安全监控报警系统，一项不符合扣 2 分；安全监测监控报警系统不符合国家标准或行业标准，一项不符合扣 2 分； 2. 毒性气体、剧毒液体和易燃气体等重点设施未设置紧急切断装置扣 2 分； 3. 毒性气体未设置泄漏物紧急处置装置及独立的安全仪表系统，一项不符合扣 2 分。

续表

A级要素	B级要素	标准化要求	企业达标标准	评审方法	评审标准	
					否决项	扣分项
3 风险管理(100分)	3.5 重大危险源(20分)	3. 企业应按照国家有关规定，定期对重大危险源进行安全评估。	1. 建立、明确定期评估的时限和要求等； 2. 定期对重大危险源进行安全评估。	**查文件：** 1. 重大危险源定期评估制； 2. 定期安全评估报告。		1. 未建立重大危险源定期评估制度或要求，扣10分； 2. 未按要求定期评估，扣10分； 3. 无重大危险源安全评估报告，扣2分。
		4. 企业应对重大危险源的设备、设施定期检查、检验，并做好记录。	1. 定期检查、维护重大危险源的设备、设施，包括检测仪表、附属设备及配件； 2. 按国家有关规定进行定期检测、检验，取得检验合格证。	**查文件：** 1. 重大危险源的设备、设施定期检查记录； 2. 设备、设施的检验报告或检验合格证。 **现场检查：** 重大危险源的设备、设施的完整性和有效性。	重大危险源有重大事故隐患，且未采取安全防范措施的，扣100分，(A级要素否决项)。	1. 未定期检查、维护，扣2分； 2. 未定期检验，1台次扣2分；检验不合格仍在使用，扣2分； 3. 无检验报告或检验合格证，1份扣2分。 4. 设备、设施完整性或有效性一处不符合，扣2分。
		5. 企业应制定重大危险源应急救援预案，配备必要的救援器材、装备，每年至少进行1次重大危险源应急救援预案演练。	1. 按要求编制重大危险源应急救援预案； 2. 根据重大危险源的危险特性配备必要的救援器材、装备； 3. 涉及吸入性有毒、有害气体的重大危险源，应配备便携式浓度检测设备、空气呼吸器、化学防护服、堵漏器材等； 4. 涉及剧毒气体的的重大危险源，应配备两套以上气密性化学防护服； 5. 重大危险源应急救援预案演练按规定频次进行。	**查文件：** 1. 重大危险源应急救援预案； 2. 重大危险源应急预案演练记录； 3. 应急救援器材台账。 **询问：** 抽查有关人员对应急救援预案的掌握情况、对应急援救器材、装备使用情况。 **现场检查：** 应急救援器材、装备的现场状况。		1. 没有重大危险源应急救援预案，扣2分； 2. 救援器材装备不符合要求，一项扣2分； 3. 从业人员对应急救援预案不清楚，1人次扣2分。
		6. 企业应将重大危险源及相关安全措施、应急措施报送当地县级以上人民政府安全生产监督管理部门和有关部门备案。	重大危险源及相关安全措施、应急措施形成报告，报所在地县级人民政府安全生产监管部门和有关部门备案。	**查文件：** 备案资料。		未备案或备案内容不符合要求，一项扣2分。

续表

A级要素	B级要素	标准化要求	企业达标标准	评审方法	评审标准	
					否决项	扣分项
3 风险管理(100分)	3.5 重大危险源(20分)	7. 企业重大危险源的防护距离应满足国家标准或规定。不符合国家标准或规定的，应采取切实可行的防范措施，并在规定期限内进行整改。	1. 危险化学品的生产装置和储存危险化学品数量构成重大危险源的储存设施的防护距离应满足国家规定要求； 2. 防护距离不符合国家规定要求的，应采取切实可行的防范措施，并在规定期限内进行整改。	**查文件：** 1. 重大危险源安全评估报告； 2. 重大危险源防护距离存在问题的整改计划、措施，包括防范措施。 **现场检查：** 1. 重大危险源现场测量防护距离； 2. 重大危险源防范措施的落实情况。	防护距离不符合规定要求，且无防范措施，一处扣20分(B级要素否决项)；	1. 整改计划、措施不符合要求，一项扣2分； 2. 未按期整改或防范措施不落实，一项扣4分。
			二级企业应符合本要素要求，不得失分。	按照以上评审方法。	若失分，扣100分(A级要素否决项)。	
	3.6 变更(10分)	1. 企业应严格执行变更管理制度，履行下列变更程序： (1) 变更申请：按要求填写变更申请表，由专人进行管理； (2) 变更审批：变更申请表应逐级上报主管部门，并按管理权限报主管领导审批； (3) 变更实施：变更批准后，由主管部门负责实施。不经过审查和批准，任何临时性的变更都不得超过原批准范围和期限； (4) 变更验收：变更实施结束后，变更主管部门应对变更的实施情况进行验收，形成报告，并及时将变更结果通知相关部门和有关人员。	严格履行以下变更程序及要求： (1) 变更申请：按要求填写变更申请表，由专人进行管理； (2) 变更审批：变更申请表应逐级上报主管部门，并按管理权限报主管领导审批； (3) 变更实施：变更批准后，由主管部门负责实施。不经过审查和批准，任何临时性的变更都不得超过原批准范围和期限； (4) 变更验收：变更实施结束后，变更主管部门应对变更的实施情况进行验收，形成报告，并及时将变更结果通知相关部门和有关人员。	**查文件：** 1. 变更管理制度； 2. 变更管理记录。 **现场检查：** 查看变更实施现场。		1. 未按程序实施变更，一项扣5分； 2. 履行变更程序过程，一项不符合扣2分； 3. 变更实施现场一项不符合，扣2分。

续表

A 级要素	B 级要素	标准化要求	企业达标标准	评审方法	评审标准	
					否决项	扣分项
3 风险管理(100分)	3.6 变更(10分)	2. 企业应对变更过程产生的风险进行分析和控制。	1. 对每项变更过程产生的风险都进行分析，制定控制措施； 2. 变更实施过程中，认真落实风险控制措施。	**查文件：** 1. 变更的风险分析记录； 2. 变更风险的控制措施。 3. 变更实施验收报告。		对变更过程的风险未进行分析或控制措施不落实，一项不符合扣 2 分。
	3.7 风险信息更新(10分)	1. 企业应适时组织风险评价工作，识别与生产经营活动有关的危险、有害因素和隐患。	非常规活动及危险性作业实施前，应识别危险、有害因素，排查隐患。	**查文件：** 1. 风险评价记录或报告； 2. 作业许可证。		未按规定进行危险、有害因素识别，一项扣 2 分；识别不充分，一项不符合扣 1 分。
		2. 企业应定期评审或检查风险评价结果和风险控制效果。	每年评审或检查风险评价结果和风险控制效果。	**查文件：** 年度评审或检查报告，或者评审记录。		未定期对风险评价结果和风险控制效果进行评审或检查，扣 2 分。
		3. 企业应在下列情形发生时及时进行风险评价： (1)新的或变更的法律法规或其他要求； (2)操作条件变化或工艺改变； (3)技术改造项目； (4)有对事件、事故或其他信息的新认识； (5)组织机构发生大的调整。	在标准规定情形发生时，应及时进行风险评价。	**查文件：** 风险评价报告、记录。		未及时进行风险评价，一项不符合扣 2 分。
	3.8 供应商(5分)	企业应严格执行供应商管理制度，对供应商资格预审、选用和续用等过程进行管理，并定期识别与采购有关的风险。	1. 建立供应商名录、档案(包括资格预审、业绩评价等资料)； 2. 对供应商资格预审、选用、续用进行管理； 3. 定期识别与采购有关的风险。	**查文件：** 1. 供应商管理制度； 2. 合格供应商名录、档案； 3. 供应商选用、续用、评价记录； 4. 与采购有关的风险信息。		1. 未建立合格供应商名录、档案，一项扣 2 分； 2. 未对供应商进行规范管理，一项不符合扣 1 分； 3. 未定期识别与采购有关的风险，1 次扣 2 分。

续表

A级要素	B级要素	标准化要求	企业达标标准	评审方法	评审标准	
					否决项	扣分项
4 管理制度(100分)	4.1 安全生产规章制度(40分)	1. 企业应制定健全的安全生产规章制度，至少包括下列内容： (1) 安全生产职责； (2) 识别和获取适用的安全生产法律法规、标准及其他要求； (3) 安全生产会议管理； (4) 安全生产费用； (5) 安全生产奖惩管理； (6) 管理制度评审和修订； (7) 安全培训教育； (8) 特种作业人员管理； (9) 管理部门、基层班组安全活动管理； (10) 风险评价； (11) 隐患排查治理； (12) 重大危险源管理； (13) 变更管理； (14) 事故管理； (15) 防火、防爆管理，包括禁烟管理； (16) 消防管理； (17) 仓库、罐区安全管理； (18) 关键装置、重点部位安全管理； (19) 生产设施管理，包括安全设施、特种设备等管理； (20) 监视和测量设备管理； (21) 安全作业管理，包括动火作业、进入受限空间作业、临时用电作业、高处作业、起重吊装作业、破土作业、断路作业、设备检维修作业、高温作业、抽堵盲板作	1. 通过识别和评估，将适用于本企业的有关法律法规和有关标准规定转化为企业安全生产规章制度或安全操作规程的具体内容，并严格落实； 2. 安全生产规章制度内容应符合标准要求； 3. 明确责任部门、职责、工作要求； 4. 安全生产规章制度应具有可操作性； 5. 除制定《通用规范》要求的规章制度以外，还应制定包括以下内容的规章制度：工艺管理、开停车管理、设备管理、建(构)筑物管理、电气管理、公用工程管理、易制毒管理、危险化学品输送管道定期巡线制度、领导干部带班、厂区交通安全、文件、档案管理制度等； 6. 企业主要负责人应组织审定并签发安全生产规章制度。	**查文件：** 1. 适用的法律法规和标准、规章制度和安全操作规程清单。 2. 企业安全生产规章制度签发文件。 **询问：** 有关人员对法律、法规和标准规范的了解、掌握情况。 **现场检查：** 法律、法规和标准的遵守情况。	1. 未制定动火作业管理制度或进入受限空间管理制度，扣100分(A级要素否决项)； 2. 未制定以下规章制度之一，扣40分(B级要素否决项)： 变更管理、风险管理、隐患排查治理、临时用电作业、高处作业、起重吊装作业、破土作业、断路作业、设备检维修作业、抽堵盲板作业管理制度及文件档案管理制度。	1. 未将法律法规的有关规定和标准的有关要求转化为企业安全生产规章制度或安全操作规程的具体内容，一项不符合扣2分； 2. 责任部门、职责、工作要求、可操作性等内容，一项不符合扣1分； 3. 缺少相关内容的管理制度，一项扣2分； 4. 有关人员不清楚法律、法规和标准规范的相关要求，1人次扣2分； 5. 现场发现有未执行和落实法律法规和标准，或企业安全生产管理制度或操作规程的现象，按相关要素评审标准扣分，没有评审标准的，一项不符合扣2分； 6. 企业安全生产规章制度未按规定审定或签发，一项扣5分。

续表

A 级要素	B 级要素	标准化要求	企业达标标准	评审方法	评审标准	
					否决项	扣分项
4 管理制度(100分)	4.1 安全生产规章制度(40分)	业管理等； (22) 危险化学品安全管理，包括剧毒化学品安全管理及危险化学品储存、出入库、运输、装卸等； (23) 检维修管理； (24) 生产设施拆除和报废管理； (25) 承包商管理； (26) 供应商管理； (27) 职业卫生管理，包括防尘、防毒管理； (28) 劳动防护用品(具)和保健品管理； (29) 作业场所职业危害因素检测管理； (30) 应急救援管理； (31) 安全检查管理； (32) 自评。				
		2. 企业应将安全生产规章制度发放到有关的工作岗位。	将安全生产规章制度发放到有关的工作岗位。	**查文件：** 文件发放记录。 **现场检查：** 工作岗位是否有有效的规章制度。		一项不符合扣2分。
	4.2 操作规程(40分)	1. 企业应根据生产工艺、技术、设备设施特点和原材料、辅助材料、产品的危险性，编制操作规程，并发放到相关岗位。	1. 以危险、有害因素分析为依据，编制岗位操作规程； 2. 发放到相关岗位； 3. 企业主要负责人或其指定的技术负责人审定并签发操作规程。	**查文件：** 1. 岗位操作规程； 2. 文件发放记录； 3. 操作规程签发文件。 **现场检查：** 抽查岗位是否有有效的岗位操作规程。	有岗位未编制操作规程，或岗位无法提供操作规程，扣40分(B级要素否决项)。	1. 操作规程内容一项不符合扣1分。 2. 安全操作规程未按规定审定或签发，一项扣5分。
		2. 企业应在新工艺、新技术、新装置、新产品投产或投用前，组织编制新的操作规程。	新工艺、新技术、新装置、新产品投产或投用前，应组织编制新的操作规程。	**查文件：** 新项目的操作规程。	投产或投用前未编制操作规程，扣40分(B级要素否决项)。	

续表

A 级要素	B 级要素	标准化要求	企业达标标准	评审方法	评审标准	
					否决项	扣分项
4 管理制度（100分）	4.3 修订（20分）	1. 企业应明确评审和修订安全生产规章制度和操作规程的时机和频次，定期进行评审和修订，确保其有效性和适用性。在发生以下情况时，应及时对相关的规章制度或操作规程进行评审、修订： （1）当国家安全生产法律、法规、规程、标准废止、修订或新颁布时； （2）当企业归属、体制、规模发生重大变化时； （3）当生产设施新建、扩建、改建时； （4）当工艺、技术路线和装置设备发生变更时； （5）当上级安全监督部门提出相关整改意见时； （6）当安全检查、风险评价过程中发现涉及到规章制度层面的问题时； （7）当分析重大事故和重复事故原因，发现制度性因素时； （8）其他相关事项。	1. 规定安全生产规章制度和操作规程评审、修订的时机和频次； 2. 安全生产规章制度、安全操作规程至少每 3 年评审和修订一次； 3. 按规定进行评审和修订； 4. 在发生有关情况时，应及时评审、修订相关的规章制度或操作规程。	**查文件**： 1. 管理制度评审和修订制度； 2. 安全生产规章制度、操作规程； 3. 评审和修订记录。		1. 未规定评审和修订时机和频次，或规定的内容不符合要求，扣 3 分； 2. 未按规定评审和修订扣 3 分，漏评审一项制度扣 1 分。
		2. 企业应组织相关管理人员、技术人员、操作人员和工会代表参加安全生产规章制度和操作规程评审和修订，注明生效日期。	1. 组织相关管理人员、技术人员、操作人员和工会代表参加安全生产规章制度和操作规程评审和修订； 2. 修订的安全生产规章制度和操作规程应注明生效日期。	**查文件**： 1. 评审、修订记录； 2. 安全生产规章制度和操作规程； 3. 发布修订的安全生产规章制度或操作规程的文件。		1. 相关人员未参加评审和修订，一项不符合扣 2 分； 2. 修订后，未注明生效日期，扣 1 分。

续表

A 级要素	B 级要素	标准化要求	企业达标标准	评审方法	评审标准	
					否决项	扣分项
4 管理制度（100分）	4.3 修订（20分）	3. 企业应保证使用最新有效版本的安全生产规章制度和操作规程。	企业现行安全生产规章制度和操作规程是最新有效的版本。	**查文件：** 发布最新版本安全生产规章制度或操作规程的文件发放记录。 **现场检查：** 部门、岗位使用的安全生产规章制度和操作规程是否是最新、有效版本。		相关岗位使用失效（或已被修订）的安全生产规章制度和操作规程，一个岗位扣5分。
5 培训教育（100分）	5.1 培训教育管理（20分）	1. 企业应严格执行安全培训教育制度，依据国家、地方及行业规定和岗位需要，制定适宜的安全培训教育目标和要求。根据不断变化的实际情况和培训目标，定期识别安全培训教育需求，制定并实施安全培训教育计划。	1. 制定全员安全培训、教育目标和要求； 2. 定期识别安全培训、教育需求； 3. 制定安全培训、教育计划并实施。	**查文件：** 1. 安全培训、教育制度； 2. 安全培训、教育需求记录； 3. 安全培训教育计划； 4. 安全培训、教育记录。 **询问：** 抽查有关人员参加培训情况。		1. 未制定全员安全培训、教育目标和要求，扣1分； 2. 未定期识别培训、教育需求，扣2分； 3. 未根据培训需求制定培训计划，扣2分； 4. 未按照计划要求实施培训，1次不符合扣1分。
		2. 企业应组织培训教育，保证安全培训教育所需人员、资金和设施。	提供培训、教育所需的人员、资金和设施。	**查文件：** 1. 安全生产费用台账或资金计划； 2. 培训教育计划和记录。		1. 无资金计划或资金不落实，扣1分； 2. 培训教师不落实或不满足要求，扣1分； 3. 培训场所不落实或不满足要求，扣1分。
		3. 企业应建立从业人员安全培训教育档案。	建立从业人员安全培训教育档案。	**查文件：** 从业人员安全培训教育档案。		1. 未建立档案，扣5分；每少1人档案，扣1分； 2. 培训教育档案记录不符合规定要求，一项扣1分。
		4. 企业安全培训教育计划变更时，应记录变更情况。	安全培训教育计划变更时，应按规定记录变更情况。	**查文件：** 1. 安全培训教育计划； 2. 变更记录。		未记录计划变更情况，一项扣1分。

续表

A 级要素	B 级要素	标准化要求	企业达标标准	评审方法	评审标准	
					否决项	扣分项
5 培训教育(100分)	5.1 培训教育管理(20分)	5. 企业安全培训教育主管部门应对培训教育效果进行评价。	安全培训教育主管部门应对培训教育效果进行评价和改进。	**查文件：** 培训教育效果评价记录。 **询问：** 了解有关人员对安全培训、教育效果的评价。		1. 未进行教育效果评价，扣3分； 2. 未制定改进措施并改进，扣2分。
		6. 企业应确立终身教育的观念和全员培训的目标，对在岗的从业人员进行经常性安全培训教育。	1. 确立终身教育的观念和全员培训的目标； 2. 对从业人员进行经常性安全培训教育。	**查文件：** 1. 安全培训教育制度； 2. 安全培训教育计划； 3. 安全培训教育记录、档案。		1. 未进行全员培训，少1人次扣1分； 2. 未进行经常性安全培训教育，1人次扣1分。
	5.2 从业人员岗位标准(10分)		1. 企业对从业人员岗位标准要求应文件化，做到明确具体； 2. 落实国家、地方及行业等部门制定的岗位标准。	**查文件：** 1. 载明企业从业人员岗位标准的文件； 2. 从业人员招聘资料、员工台账、档案。		1. 从业人员岗位标准不明确，一项扣1分； 2. 上岗的从业人员未满足岗位标准要求，1人次扣2分。
	5.3 管理人员培训(20分)	1. 企业主要负责人和安全生产管理人员应接受专门的安全培训教育，经安全生产监管部门对其安全生产知识和管理能力考核合格，取得安全资格证书后方可任职，并按规定参加每年再培训。	1. 企业主要负责人和安全生产管理人员应接受专门的安全培训教育，经安全监管部门对其安全生产知识和管理能力考核合格，取得安全资格证书后方可任职； 2. 按规定参加每年再培训。	**查文件：** 安全资格证书及培训档案。	主要负责人或安全生产管理人员未取得安全资格证书或证书失效，扣20分(B级要素否决项)。	主要负责人和安全生产管理人员未按规定每年进行再培训，1人次不符合扣5分。
		2. 企业其他管理人员，包括管理部门负责人和基层单位负责人、专业工程技术人员的安全培训教育由企业相关部门组织，经考核合格后方可任职。	1. 其他管理人员，包括管理部门负责人和基层单位负责人、专业工程技术人员的安全培训教育由企业相关部门组织； 2. 经考核合格后方可任职； 3. 按规定参加每年再培训。	**查文件：** 安全培训教育档案。		1. 未对其他管理人员进行安全培训教育，1人次不符合扣2分； 2. 未经考核合格上岗任职，1人次扣2分； 3. 未参加每年的再培训，1人次扣1分。

续表

A级要素	B级要素	标准化要求	企业达标标准	评审方法	评审标准	
					否决项	扣分项
5 培训教育（100分）	5.4 从业人员培训教育（30分）	1. 企业应对从业人员进行安全培训教育，并经考核合格后方可上岗。从业人员每年应接受再培训，再培训时间不得少于国家或地方政府规定学时。	1. 对从业人员进行安全培训教育，并经考核合格后方可上岗； 2. 对从业人员进行安全生产法律、法规、标准、规章制度和操作规程、安全管理方法等培训； 3. 从业人员每年应接受再培训，再培训时间不得少于规定学时。	**查文件：** 培训教育记录、档案。 **现场检查：** 从业人员上岗证。		1. 从业人员安全培训教育、再培训未达到规定要求的学时，1人次扣2分； 2. 未持上岗证上岗，1人次扣2分。
		2. 企业应按有关规定，对新从业人员进行厂级、车间（工段）级、班组级安全培训教育，经考核合格后，方可上岗。新从业人员安全培训教育时间不得少于国家或地方政府规定学时。	1. 新从业人员进行厂级、车间（工段）级、班组级安全培训教育，经考核合格后，方可上岗； 2. 三级安全培训教育的内容、学时应符合安全监管总局令第3号的规定。	**查文件：** 从业人员安全培训教育档案、考核合格证明。 现场考核： 抽查新上岗的从业人员接受三级培训教育情况。	未接受三级安全培训教育或考核不合格上岗，1人次扣30分（B级要素否决项）。	1. 缺一级培训，1人次扣5分； 2. 三级安全培训教育内容不符合规定，一项扣2分； 3. 三级安全培训教育学时不符合规定，1人次扣2分。
		3. 企业特种作业人员应按有关规定参加安全培训教育，取得特种作业操作证，方可上岗作业，并定期复审。	1. 特种作业人员及特种设备作业人员应按有关规定参加安全培训教育，取得特种作业操作证，方可上岗作业； 2. 特种作业操作证定期复审； 3. 建立特种作业人员及特种设备作业人员管理台账。	**查文件：** 1. 特种作业人员及特种设备作业人员管理台账； 2. 特种作业操作证； 3. 特种作业人员和特种设备作业人员培训教育计划。 **现场检查：** 抽查现场特种作业人员、特种设备作业人员。		1. 无管理台账，扣2分； 2. 操作资格证未按期复审，1人次扣2分； 3. 无操作证或失效，在现场从事特种作业，1人次扣10分。
		4. 企业从事危险化学品运输的驾驶员、船员、押运人员，必须经所在地设区的市级人民政府交通部门考核合格（船员经海事管理机构考核合格），取得从业资格证，方可上岗作业。	1. 从事危险化学品运输的驾驶人员、船员、装卸管理人员、押运人员，应当经交通运输主管部门考核合格，取得从业资格证，方可上岗作业； 2. 建立危险化学品运输的驾驶人员、船员、押运人员管理台账。	**查文件：** 1. 从业资格证； 2. 管理台账。 **现场检查：** 抽查危险化学品运输有关人员资格证。		1. 未建立台账，扣2分； 2. 资格证不在有效期内，1人次扣2分； 3. 无资格证或失效从事相关作业，1人次扣10分。

续表

A 级要素	B 级要素	标准化要求	企业达标标准	评审方法	评审标准	
					否决项	扣分项
5 培训教育（100分）	5.4 从业人员培训教育(30分)	5. 企业应在新工艺、新技术、新装置、新产品投产前，对有关人员进行专门培训，经考核合格后，方可上岗。	在新工艺、新技术、新装置、新产品投产或投用前，对有关人员（操作人员和管理人员）进行专门培训，经考核合格后，方可上岗。	**查文件：** 培训记录、培训内容、考核内容。 **询问：** 现场抽查上岗人员培训情况。		1. 未对有关人员进行专门培训，1人次扣2分； 2. 有关人员未经考核合格上岗，1人次扣2分。
	5.5 其他人员培训教育(10分)	1. 企业从业人员转岗、脱离岗位一年以上(含一年)者，应进行车间(工段)、班组级安全培训教育，经考核合格后，方可上岗。	从业人员转岗、脱离岗位一年以上（含一年）者，应进行车间(工段)、班组级安全培训教育，经考核合格后，方可上岗。	**查文件：** 从业人员安全培训教育档案。		未进行车间(工段)、班组级安全培训教育，1人次扣2分；缺一级培训，1人次扣2分。
		2. 企业应对外来参观、学习等人员进行有关安全规定及安全注意事项的培训教育。	对外来参观、学习等人员进行有关安全规定及安全注意事项的培训教育。	**查文件：** 外来参观、学习等人员培训记录。		不符合标准要求，1人次扣2分。
		3. 企业应对承包商的作业人员进行入厂安全培训教育，经考核合格发放入厂证，保存安全培训教育记录。进入作业现场前，作业现场所在基层单位应对施工单位的作业人员进行进入现场前安全培训教育，保存安全培训教育记录。	1. 对承包商的所有人员进行入厂安全培训教育，经考核合格发放入厂证； 2. 进入作业现场前，作业现场所在基层单位对施工单位进行进入现场前安全培训教育； 3. 保存安全培训教育记录。	**查文件：** 1. 厂级承包商安全培训教育记录； 2. 基层单位承包商安全培训教育记录。 **询问：** 外来施工单位接受企业培训教育情况。 **现场检查：** 抽查外来施工单位入厂证。		1. 未对承包商的所有人员进行相关安全培训教育，1人次扣2分；培训教育内容不符合有关要求，扣2分； 2. 承包商的人员无入厂证，1人次扣2分； 3. 未建立承包商的人员安全培训教育记录，1人次扣1分。
	5.6 日常安全教育(10分)	1. 企业管理部门、班组应按照月度安全活动计划开展安全活动和基本功训练。	1. 管理部门、班组应明确基本功训练项目、内容和要求； 2. 按照月度安全活动计划开展安全活动和基本功训练。	**查文件：** 1. 安全活动计划； 2. 管理部门和班组安全活动、基本功训练记录。		1. 基本功训练项目、内容和要求不明确，一项扣1分； 2. 未按计划开展安全活动，缺1次扣1分。

续表

A级要素	B级要素	标准化要求	企业达标标准	评审方法	评审标准	
					否决项	扣分项
5 培训教育(100分)	5.6 日常安全教育(10分)	2. 班组安全活动每月不少于2次，每次活动时间不少于1学时。班组安全活动应有负责人、有计划、有内容、有记录。企业负责人应每月至少参加1次班组安全活动，基层单位负责人及其管理人员应每月至少参加2次班组安全活动。	1. 班组安全活动每月不少于2次，每次活动时间不少于1学时； 2. 班组安全活动有负责人、有内容、有记录； 3. 企业负责人每季度至少参加1次班组安全活动，基层单位负责人及其管理人员每月至少参加2次班组安全活动，并在班组安全活动记录上签字。	**查文件：** 查班组安全活动记录。		1. 班组安全活动频次、时间或内容不符合计划或规定要求，一项扣1分； 2. 企业负责人、基层单位负责人及管理人员未按规定参加安全活动并签字，1人次扣1分。
		3. 管理部门安全活动每月不少于1次，每次活动时间不少于2学时。	管理部门安全活动每月不少于1次，每次活动时间不少于2学时。	**查文件：** 部门安全活动记录。		未按计划或规定进行安全活动，1次扣1分。
		4. 企业安全生产管理部门或专职安全生产管理人员应每月至少1次对安全活动记录进行检查，并签字。	安全生产管理部门或专职安全生产管理人员每月至少检查1次安全活动记录，并签字。	**查文件：** 安全活动记录。		未按规定对安全活动记录进行检查并签字，缺1次扣1分。
		5. 企业安全生产管理部门或专职安全生产管理人员应结合安全生产实际，制定管理部门、班组月度安全活动计划，规定活动形式、内容和要求。	1. 安全生产管理部门或专职安全生产管理人员制定管理部门、班组月度安全活动计划； 2. 规定活动形式、内容和要求。	**查文件：** 月度安全活动计划。		1. 未制定月度安全活动计划，1次扣2分； 2. 未规定安全活动形式、内容、要求等，一项扣1分。
6 生产设施及工艺安全(100分)	6.1 生产设施建设(10分)	1. 企业应确保建设项目安全设施与建设项目的主体工程同时设计、同时施工、同时投入生产和使用。	确保建设项目安全设施与建设项目的主体工程同时设计、同时施工、同时投入生产和使用。	**查文件：** 生产设施建设项目设计资料、施工记录、试生产方案、竣工验收文件等。 **现场检查：** 查看安全设施投入使用情况。	未按国家安全监管总局令第8号要求进行设计审查、安全条件论证和竣工验收的，扣100分(A级要素否决项)。	

续表

A级要素	B级要素	标准化要求	企业达标标准	评审方法	评审标准	
					否决项	扣分项
6 生产设施及工艺安全(100分)	6.1 生产设施建设(10分)	2. 企业应按照建设项目安全许可有关规定，对建设项目的设立阶段、设计阶段、试生产阶段和竣工验收阶段规范管理。	1. 按照有关法律法规和国家安全监管总局有关危化品建设项目安全条件审查的规章、规范性文件规定，对建设项目的设立阶段、设计阶段、试生产阶段和竣工验收阶段规范管理； 2. 建设项目建成试生产前，企业要组织设计、施工、监理和建设单位的工程技术人员进行“三查四定”；试车和投料过程要严格按照设备管道试压、吹扫、气密、单机试车、仪表调校、联动试车、化工投料试生产的程序进行； 3. 编制试生产前安全检查报告。	**查文件：** 1. 新建、改建、扩建项目可行性研究报告、初步设计(“安全设施设计专篇”、“消防专篇”、“职业卫生专篇”)及批复等资料； 2. 安全设施设计审查资料； 3. 建设项目设立安全评价报告； 4. 建设项目试生产方案及备案资料(施工完成情况、试生产前安全检查报告、试生产或使用过程中可能出现的安全问题及对策、采取的安全措施、事故应急救援预案等)； 5. 建设项目安全设施竣工验收资料(安全设施检验检测报告、安全监管部门出具的“安全设施竣工验收意见书”和“建设项目竣工验收安全评价报告”等)。		建设项目各阶段资料不符合要求，或审批手续不全，一项扣3分。
		3. 企业应对建设项目的施工过程实施有效安全监督，保证施工过程处于有序管理状态。	1. 建设项目必须由具备相应资质的单位负责设计、施工、监理； 2. 对建设项目的施工过程实施有效安全监督，保证施工过程处于有序管理状态。	**查文件：** 1. 设计、施工、监理单位的相关资质； 2. 施工现场安全检查记录。 **现场检查：** 施工现场安全管理情况。	使用无资质或资质不符合规定的设计、施工、监理单位，扣100分(A级要素否决项)。	1. 未进行现场安全检查，扣2分； 2. 现场存在不符合要求的问题，一项扣2分。

续表

A 级要素	B 级要素	标准化要求	企业达标标准	评审方法	评审标准	
					否决项	扣分项
6 生产设施及工艺安全(100分)	6.1 生产设施建设(10分)	4. 企业建设项目建设过程中的变更应严格执行变更管理规定，履行变更程序，对变更全过程进行风险管理。	1. 建设项目建设过程中的变更应严格执行变更管理规定，履行变更程序，对变更全过程进行风险管理； 2. 符合安全监管总局有关危化品建设项目安全条件审查的规章规定的变更发生后，应重新进行安全审查。	**查文件：** 1. 变更资料，包括变更后向负责安全审查的安全监管部门报告的文件； 2. 变更风险分析记录； 3. 安全评价报告和审查报告等。		1. 未按变更管理程序实施变更管理的，一项扣 3 分； 2. 变更过程未进行风险评价，一项扣 3 分； 3. 未按安全监管总局有关危化品建设项目安全条件审查的规章规定需重新进行安全评价和项目设立安全审查的变更，未履行相关手续，一项扣 5 分。
		5. 企业应采用先进的、安全性能可靠的新技术、新工艺、新设备和新材料。	1. 采用先进的、安全性能可靠的新技术、新工艺、新设备和新材料； 2. 新开发的危险化学品生产工艺，必须在小试、中试、工业化试验的基础上逐步放大到工业化生产； 3. 国内首次采用的化工工艺，要通过省级有关部门组织专家组进行安全论证。	**查文件：** 1. 工艺设计文件； 2. 新工艺小试、中试、工业化试验的报告。 **现场检查：** 采用的设备、材料。	1. 采用国家明令淘汰的工艺、技术、设备、材料，扣 100 分(A 级要素否决项)； 2. 国内首次采用的化工工艺未经论证的，扣 100 分(A 级要素否决项)； 3. 新开发的危险化学品生产工艺，未经小试、中试、工业化试验直接进行工业化生产，扣 10 分(B 级要素否决项)。	

续表

A 级要素	B 级要素	标准化要求	企业达标标准	评审方法	评审标准	
					否决项	扣分项
6 生产设施及工艺安全(100 分)	6.2 安全设施(20 分)	1. 企业应严格执行安全设施管理制度，建立安全设施台账。	建立安全设施台账。	**查文件**： 安全设施管理台账。		未建立安全设施台账，扣 5 分；台账内容不符合要求，一项扣 1 分。
		2. 企业应确保安全设施配备符合国家有关规定和标准，做到： （1）宜按照 SH 3063—1999 在易燃、易爆、有毒区域设置固定式可燃气体和/或有毒气体的检测报警设施，报警信号应发送至工艺装置、储运设施等控制室或操作室； （2）按照 GB 50351 在可燃液体罐区设置防火堤，在酸、碱罐区设置围堤并进行防腐处理； （3）宜按照 SH 3097—2000 在输送易燃物料的设备、管道安装防静电设施； （4）按照 GB 50057 在厂区安装防雷设施； （5）按照 GB 50016、GB 50140 配置消防设施与器材； （6）按照 GB 50058 设置电力装置； （7）按照 GB 11651 配备个体防护设施； （8）厂房、库房建筑应符合 GB 50016、GB 50160； （9）在工艺装置上可能引起火灾、爆炸的部位设置超温、超压等检测仪表、声和/或光报警和安全联锁装置等设施。	按照国家有关规定和标准设置安全设施，做到： （1）按照 GB 50493 在易燃、易爆、有毒区域设置固定式可燃气体和/或有毒有害气体泄漏的检测报警设施，报警信号应发送至工艺装置、储运设施等控制室或操作室； （2）按照 GB 50351 在可燃液体罐区设置防火堤，在酸、碱罐区设置围堤并进行防腐处理； （3）宜按照 SH 3097—2000 在输送易燃物料的设备、管道上安装防静电设施； （4）按照 GB 50057 在厂区安装防雷设施； （5）按照 GB 50016、GB 50140 配置消防设施与器材； （6）按照 GB 50058 设置电力装置； （7）按照 GB 11651 配备个体防护设施； （8）厂房、库房建筑应符合 GB 50016、GB 50160 的有关要求； （9）在工艺装置上可能引起火灾、爆炸的部位设置超温、超压等检测仪表、声和/或光报警和安全联锁装置等设施； （10）新建大型和危	**查文件**： 安全设施管理台账。 **现场检查**： 各种安全设施的配备情况。	1. 未在危险工艺装置上可能引起火灾、爆炸的部位设置超温、超压等检测仪表、声和/或光报警和安全联锁装置等设施，扣 20 分（B 级要素否决项）； 2. 没有按标准设置有毒有害、可燃气体泄漏报警仪的，扣 20 分（B 级要素否决项）； 3. 经专家诊断没有按标准、规范设置其他安全设施的，扣 20 分（B 级要素否决项）。	1. 应当配备的安全设施缺失，一项扣 2 分； 2. 安全设施的配备、安装不符合国家有关规定，一项扣 2 分； 3. 新建大型和危险程度高的化工装置，在设计阶段未进行仪表系统安全完整性等级评估的，扣 2 分。

续表

A 级要素	B 级要素	标准化要求	企业达标标准	评审方法	评审标准	
					否决项	扣分项
6 生产设施及工艺安全（100 分）	6.2 安全设施(20 分)		险程度高的化工装置，在设计阶段要进行仪表系统安全完整性等级评估，选用安全可靠的仪表、联锁控制系统； （11）专家诊断按标准、规范应设置的其他安全设施。			
			二级企业化工生产装置设置自动化控制系统，涉及危险化工工艺和重点监管危险化学品的化工生产装置根据风险状况设置了安全联锁或紧急停车系统等。	**查文件：** 安全设施管理台账。 **现场检查：** 各种安全设施的设置及运行情况。	二级企业化工生产装置未设置自动化控制系统，或涉及危险化工工艺和重点监管危险化学品的化工生产装置未根据风险状况设置安全联锁或紧急停车系统等，扣 100 分（A 级要素否决项）。	
			一级企业涉及危险化工工艺的化工生产装置设置了安全仪表系统，并建立安全仪表系统功能安全管理体系。	**查文件：** 安全设施管理台账。 **现场检查：** 安全仪表系统设置情况及安全仪表系统功能安全管理体系运行情况。	一级企业涉及危险化工工艺的化工装置未设置安全仪表系统，或未建立安全仪表系统功能安全管理体系，扣 100 分（A 级要素否决项）。	
		3. 企业的各种安全设施应有专人负责管理，定期检查和维护保养。	1. 专人负责管理各种安全设施； 2. 建立安全设施管理档案； 3. 定期检查和维护	**查文件：** 1. 安全设施管理制度； 2. 安全设施维护保养检查记录。		1. 无专人负责管理安全设施，或无安全设施管理档案，一项扣 2 分； 2. 未建立安全设

续表

A 级要素	B 级要素	标准化要求	企业达标标准	评审方法	评审标准	
					否决项	扣分项
6 生产设施及工艺安全(100 分)	6.2 安全设施(20 分)	3. 企业的各种安全设施应有专人负责管理，定期检查和维护保养。	保养安全设施，并建立记录。	**现场检查：** 安全设施的完整性。		施维护保养检查记录或未进行定期检查和维护保养，一项扣 2 分； 3. 现场安全设施不符合完整性要求，1 处扣 2 分。
		4. 安全设施应编入设备检维修计划，定期检维修。安全设施不得随意拆除、挪用或弃置不用，因检维修拆除的，检维修完毕后应立即复原。	1. 安全设施应编入设备检维修计划，定期检维修； 2. 安全设施不得随意拆除、挪用或弃置不用，因检维修拆除的，检维修完毕后应立即复原。	**查文件：** 1. 设备检维修计划； 2. 安全设施检维修记录； 3. 安全设施拆除、停用资料。 **现场检查：** 安全设施是否存在随意拆除、挪用或弃置不用的情况。		1. 未将安全设施编入设备检维修计划，一项扣 2 分； 2. 安全设施未按计划检维修的，一处扣 2 分； 3. 随意拆除、停用、挪用或弃置不用安全设施，一处扣 5 分； 4. 因检维修拆除，检维修完毕未立即复原，一处扣 2 分。
		5. 企业应对监视和测量设备进行规范管理，建立监视和测量设备台账，定期进行校准和维护，并保存校准和维护活动的记录。	1. 对监视和测量设备进行规范管理； 2. 建立监视和测量设备台账； 3. 定期进行校准和维护； 4. 保存校准和维护活动的记录； 5. 对风险较高的系统或装置，要加强在线检测或功能测试，保证设备、设施的完整性。	**查文件：** 1. 监视和测量设备管理制度； 2. 监视和测量设备台账； 3. 监视和测量设备检验报告； 4. 校验和维护记录。 **现场检查：** 监视和测量设备的完整性及校验合格标志。		1. 未建立监视和测量设备台账，扣 5 分；台账内容不符合要求，一项扣 1 分； 2. 监视和测量设备维护记录内容不符合要求，一项扣 2 分； 3. 未定期校验或校验不合格仍在使用，1 台次扣 5 分； 4. 现场监视和测量设备不完好或无检验合格标志，1 台扣 2 分； 5. 对风险较高的系统或装置，未设置在线检测或未进行功能测试，1 台次扣 2 分。

续表

A级要素	B级要素	标准化要求	企业达标标准	评审方法	评审标准	
					否决项	扣分项
6 生产设施及工艺安全(100分)	6.3 特种设备(10分)	1. 企业应按照《特种设备安全监察条例》管理规定，对特种设备进行规范管理。	按照《特种设备安全监察条例》的规定，对特种设备进行规范管理。	**查文件：** 1. 特种设备管理制度； 2. 特种设备台账和定期检验报告。		1. 管理制度内容不符合要求，一项扣1分； 2. 未定期检验，1台扣1分。
		2. 企业应建立特种设备台账和档案。	建立特种设备台账和档案，包括特种设备技术资料、特种设备登记注册表、特种设备及安全附件定期检测检验记录、特种设备运行记录和故障记录、特种设备日常维修保养记录、特种设备事故应急救援预案及演练记录。	**查文件：** 特种设备台账和档案。		未建立台账或档案，扣5分；台账和档案内容不符合要求，一项扣1分。
		3. 特种设备投入使用前或者投入使用后30日内，企业应当向直辖市或者设区的市特种设备监督管理部门登记注册。	特种设备投入使用前或者投入使用后30日内，应当向直辖市或者设区的市特种设备监督管理部门登记，登记标志置于设备显著位置。	**查文件：** 特种设备台账和档案。 **现场检查：** 登记标志。		1. 未办理登记，1台扣2分； 2. 无标志，1台扣1分。
		4. 企业应对在用特种设备进行经常性日常维护保养，至少每月进行1次检查，并保存记录。	对在用特种设备进行经常性日常维护保养，至少每月进行1次检查，并保存记录。	**查文件：** 特种设备维护保养记录。 **现场检查：** 特种设备日常维护保养状态。		1. 未按规定进行检查和维护保养，扣2分； 2. 未建立日常维护保养、检查记录，或记录内容不符合要求，一项扣1分； 3. 特种设备存在缺陷，1台次扣1分。
		5. 企业应对在用特种设备及安全附件、安全保护装置、测量调控装置及有关附属仪器仪表进行定期校验、检修，并保存记录。	对在用特种设备及安全附件、安全保护装置、测量调控装置及有关附属仪器仪表进行定期校验、检修，并保存记录。	**查文件：** 校验报告、检修记录。		1. 未定期校验或无校验报告，1台次扣4分； 2. 未定期检修或未保存记录，1台次扣1分。

续表

A 级要素	B 级要素	标准化要求	企业达标标准	评审方法	评审标准	
					否决项	扣分项
6 生产设施及工艺安全(100 分)	6.3 特种设备(10 分)	6. 企业应在特种设备检验合格有效期届满前一个月向特种设备检验检测机构提出定期检验要求。未经定期检验或者检验不合格的特种设备，不得继续使用。企业应将安全检验合格标志置于或者附着于特种设备的显著位置。	1. 特种设备检验合格有效期届满前一个月向特种设备检验检测机构提出定期检验要求； 2. 未经定期检验或者检验不合格的特种设备，不得继续使用； 3. 将安全检验合格标志置于或者附着于特种设备的显著位置。	**查文件：** 1. 特种设备档案； 2. 定期检验申请资料。 **现场检查：** 特种设备检验合格标志。		1. 存在未检验或检验不合格或无检验报告的在用特种设备，1 台次扣 4 分； 2. 未按规定提出检验要求的，1 台次扣 1 分； 3. 特种设备上无检验合格标志，1 台次扣 1 分。
		7. 企业特种设备存在严重事故隐患，无改造、维修价值，或者超过安全技术规范规定使用年限，应及时予以报废，并向原登记的特种设备监督管理部门办理注销。	1. 特种设备存在严重事故隐患，无改造、维修价值，或者超过安全技术规范规定使用年限，应及时予以报废； 2. 向原登记的特种设备监督管理部门办理注销。	**查文件：** 1. 特种设备档案和事故隐患台账； 2. 报废的特种设备注销手续。 **现场检查：** 特种设备是否有报废但仍在使用的现象。	1. 未及时报废，1 台次扣 10 分（B 级要素否决项）； 2. 已报废的特种设备，仍在现场使用，1 台次扣 10 分（B 级要素否决项）。	未办理注销手续，1 台次扣 1 分。
	6.4 工艺安全(25 分)	1. 企业操作人员应掌握工艺安全信息，主要包括： （1）化学品危险性信息： 1）物理特性； 2）化学特性，包括反应活性、腐蚀性、热和化学稳定性等； 3）毒性； 4）职业接触限值。 （2）工艺信息： 1）流程图； 2）化学反应过程； 3）最大储存量； 4）工艺参数（如：压力、温度、流量）安全上下限值。 （3）设备信息： 1）设备材料； 2）设备和管道图纸；	操作人员应掌握工艺安全信息，主要包括： （1）化学品危险性信息： 1）物理特性； 2）化学特性，包括反应活性、腐蚀性、热和化学稳定性等； 3）毒性； 4）职业接触限值。 （2）工艺信息： 1）流程图； 2）化学反应过程； 3）最大储存量； 4）工艺参数（如：压力、温度、流量）安全上下限值。 （3）设备信息： 1）设备材料； 2）设备和管道图纸；	**查文件：** 员工培训记录。 **询问：** 员工对岗位工艺安全信息掌握程度。		操作人员对岗位工艺安全信息掌握程度，1 人不掌握扣 3 分。

续表

A级要素	B级要素	标准化要求	企业达标标准	评审方法	评审标准	
					否决项	扣分项
6 生产设施及工艺安全(100分)	6.4 工艺安全(25分)	3）电气类别； 4）调节阀系统； 5）安全设施（如报警器、联锁等）。	3）电气类别； 4）调节阀系统； 5）安全设施（如报警器、联锁等）。			
		2. 企业应保证下列设备设施运行安全可靠、完整： （1）压力容器和压力管道，包括管件和阀门； （2）泄压和排空系统； （3）紧急停车系统； （4）监控、报警系统； （5）联锁系统； （6）各类动设备，包括备用设备等。	1. 保证下列设备设施运行安全可靠、完整： （1）压力容器和压力管道，包括管件和阀门； （2）泄压和排空系统； （3）紧急停车系统； （4）监控、报警系统； （5）联锁系统； （6）各类动设备，包括备用设备等。 2. 工艺技术自动控制水平低的重点危险化学品企业要制定技术改造计划，完成自动化控制技术改造。	**查文件：** 1. 压力容器和压力管道及安全附件检验报告； 2. 安全阀检验报告；爆破片、防爆膜合格证及更换记录； 3. 紧急停车系统分布图及维护记录； 4. 监控、报警系统、联锁系统维护、调试记录； 5. 各类动设备，包括备用设备维护保养记录等； 6. 工艺控制流程图及自动化控制资料。 **现场检查：** 标准规定的各类设备设施的完整性。	1. 压力容器及附件未检验或检验不合格，一项扣25分（B级要素否决项）； 2. 危险工艺未按规定实现自动化控制的，扣100分（A级要素否决项）。	1. 压力管道未检验或检验不合格，一项扣1分； 2. 安全阀未检验或检验不合格；爆破片、防爆膜不合格或未定期更换，或未做更换记录，一项扣2分； 3. 紧急停车系统失效或未进行日常维护，一项扣2分； 4. 监控、报警系统、联锁系统未经调试或失效，一项扣2分； 5. 安全阀、排空系统、火炬设置不符合要求，一处扣2分； 6. 机泵等动设备运行不正常，振动超标、有泄漏；备用设备未进行定期盘车或无记录，一项扣2分。
		3. 企业应对工艺过程进行风险分析： （1）工艺过程中的危险性； （2）工作场所潜在事故发生因素； （3）控制失效的影响； （4）人为因素等。	1. 要从工艺、设备、仪表、控制、应急响应等方面开展系统的工艺过程风险分析； 2. 对工艺过程进行风险分析，包括： （1）工艺过程中的危险性； （2）工作场所潜在事故发生因素； （3）控制失效的影响； （4）人为因素等。	**查文件：** 1. 风险评价记录； 2. 岗位操作规程。 **询问：** 操作人员对工艺过程中的风险的认知程度。		1. 未对工艺过程进行风险分析，一个单元扣3分； 2. 岗位操作规程内容中未针对工艺操作中的风险制定安全措施及应急处置措施，一项扣1分； 3. 操作人员不清楚岗位风险及控制措施，1人次扣1分。

续表

A级要素	B级要素	标准化要求	企业达标标准	评审方法	评审标准	
					否决项	扣分项
6 生产设施及工艺安全(100分)	6.4 工艺安全(25分)		一级企业涉及危险化工工艺和重点监管危险化学品的化工生产装置进行过危险与可操作性分析(HAZOP)，并定期应用先进的工艺(过程)安全分析技术开展工艺(过程)安全分析。	**查文件：** 1. 涉及危险化工工艺和重点监管危险化学品的化工生产装置进行危险与可操作性分析(HAZOP)记录、报告； 2. 定期应用先进的工艺(过程)安全分析技术开展工艺(过程)安全分析的记录、报告。	一级企业涉及危险化工工艺和重点监管危险化学品的化工生产装置未进行过危险与可操作性分析(HAZOP)，或未定期应用先进的工艺(过程)安全分析技术开展工艺(过程)安全分析，扣100分(A级要素否决项)。	
		4. 企业生产装置开车前应组织检查，进行安全条件确认。安全条件应满足下列要求： (1) 现场工艺和设备符合设计规范； (2) 系统气密测试、设施空运转调试合格； (3) 操作规程和应急预案已制订； (4) 编制并落实了装置开车方案； (5) 操作人员培训合格； (6) 各种危险已消除或控制。	生产装置开车前应组织检查，进行安全条件确认。安全条件应满足下列要求： (1) 现场工艺和设备符合设计规范； (2) 系统气密测试、设施空运转调试合格； (3) 操作规程和应急预案已制订； (4) 编制并落实了装置开车方案； (5) 操作人员培训合格； (6) 各种危险已消除或控制。	**查文件：** 1. 生产装置开车前安全条件确认检查表； 2. 系统气密、置换及动设备空试记录； 3. 装置开车方案； 4. 操作规程和应急预案； 5. 操作人员培训记录； 6. 开车前隐患排查与整改记录。		1. 未制定安全条件确认表，或内容不符合要求，一项扣1分； 2. 未进行系统气密测试、置换及动设备空试或无记录，一项扣3分； 3. 没有编制装置开车方案，扣3分； 4. 没有编制操作规程和应急预案，一项扣2分； 5. 操作人员未经培训合格，1人次扣1分； 6. 开车前未进行隐患整改，扣3分。

续表

A 级要素	B 级要素	标准化要求	企业达标标准	评审方法	评审标准	
					否决项	扣分项
6 生产设施及工艺安全(100分)	6.4 工艺安全(25分)	5. 企业生产装置停车应满足下列要求： (1) 编制停车方案； (2) 操作人员能够按停车方案和操作规程进行操作。	生产装置停车应满足下列要求： (1) 编制停车方案； (2) 操作人员能够按停车方案和操作规程进行操作。	**查文件：** 1. 停车方案； 2. 停车操作记录。 **询问：** 有关人员是否清楚停车要求。		1. 未编制停车方案，扣3分；停车方案内容，一项不符合扣1分； 2. 未执行操作规程和停车方案停车，1次扣3分； 3. 有关人员不清楚停车要求，1人次扣1分。
		6. 企业生产装置紧急情况处理应遵守下列要求： (1) 发现或发生紧急情况，应按照不伤害人员为原则，妥善处理，同时向有关方面报告； (2) 工艺及机电设备等发生异常情况时，采取适当的措施，并通知有关岗位协调处理，必要时，按程序紧急停车。	生产装置紧急情况处理应遵守下列要求： (1) 发现或发生紧急情况，应按照不伤害人员为原则，妥善处理，同时向有关方面报告； (2) 工艺及机电设备等发生异常情况时，应及时采取适当的措施，并通知有关岗位协调处理，必要时，按程序紧急停车。	**查文件：** 1. 操作规程； 2. 操作记录。 **询问：** 操作人员在紧急情况下处理措施和程序。		1. 操作规程中未制定发生紧急及异常情况时的处理措施，一项扣2分； 2. 紧急情况未按规定处理，1次扣3分； 3. 操作人员不清楚紧急及异常情况处理措施和上报程序，1人扣1分。
		7. 企业生产装置泄压系统或排空系统排放的危险化学品应引至安全地点并得到妥善处理。	生产装置泄压系统或排空系统排放的危险化学品应引至安全地点并得到妥善处理。	**现场检查：** 1. 生产装置泄压排放系统排放的危险物质处理； 2. 排空系统及火炬管理情况。		1. 排放管安装位置不符合规范或危险物质处理不符合要求，一处扣2分； 2. 火炬系统运行不正常，扣3分。
		8. 企业操作人员应严格执行操作规程，对工艺参数运行出现的偏离情况及时分析，保证工艺参数控制不超出安全限值，偏差及时得到纠正。	操作人员应对工艺参数运行出现的偏离情况及时分析，保证工艺参数控制不超出安全限值，偏差及时得到纠正。	**查文件：** 工艺操作记录及交接班记录。 **询问：** 操作人员如何处理工艺参数的偏离。		1. 工艺参数偏离未分析原因，一次扣1分； 2. 超出安全限值未及时进行纠正，扣3分； 3. 操作人员不清楚工艺参数偏离处理方法，1人次扣1分。

续表

A 级要素	B 级要素	标准化要求	企业达标标准	评审方法	评审标准	
					否决项	扣分项
6 生产设施及工艺安全(100分)	6.5 关键装置及重点部位(15分)	1. 企业应加强对关键装置、重点部位安全管理，实行企业领导干部联系点管理机制。	1. 确定关键装置、重点部位； 2. 实行企业领导干部联系点管理机制。	**查文件：** 1. 关键装置、重点部位管理制度； 2. 关键装置、重点部位台账。	未确定关键装置、重点部位，扣15分(B级要素否决项)。	1. 未明确关键装置和重点部位的联系人以及联系人的职责及考核要求的，一项扣1分； 2. 确定的关键装置、重点部位，少一处扣2分； 3. 未建立联系点机制，扣2分。
		2. 联系人对所负责的关键装置、重点部位负有安全监督与指导责任，包括： (1) 指导安全联系点实现安全生产； (2) 监督安全生产方针、政策、法规、制度的执行和落实； (3) 定期检查安全生产中存在的问题； (4) 督促隐患项目治理； (5) 监督事故处理原则的落实； (6) 解决影响安全生产的突出问题等。	联系人对所负责的关键装置、重点部位负有安全监督与指导责任，包括： (1) 指导安全联系点实现安全生产； (2) 监督安全生产方针、政策、法规、制度的执行和落实； (3) 定期检查安全生产中存在的问题； (4) 督促隐患项目治理； (5) 监督事故处理原则的落实； (6) 解决影响安全生产的突出问题等。	**查文件：** 监督指导有关记录。 **询问：** 联系人对所负责的关键装置、重点部位进行的安全监督指导情况。		联系人对所负责的关键装置、重点部位未履行安全监督指导职责，1次扣1分。
		3. 联系人应每月至少到联系点进行一次安全活动，活动形式包括参加基层班组安全活动、安全检查、督促治理事故隐患、安全工作指示等。	联系人应每月至少到联系点进行一次安全活动。	**查文件：** 联系点活动记录。		企业领导干部未按规定到联系点活动或未记录，1次扣1分。
		4. 企业应建立关键装置、重点部位档案，建立企业、管理部门、基层单位及班组监控机制，明确各级组织、各专业的职责，定期进行监督检查，并形成记录。	1. 建立关键装置、重点部位档案； 2. 建立企业、管理部门、基层单位及班组监控机制，明确各级组织、各专业的职责； 3. 定期进行监督检查，并形成记录。	**查文件：** 1. 关键装置、重点部位管理制度； 2. 关键装置、重点部位档案； 3. 关键装置、重点部位的监督检查记录。		1. 未建立档案，扣3分；档案内容一项不符合扣1分； 2. 未建立企业、管理部门、基层单位及班组监控机制，扣3分； 3. 未明确各级组织、各专业职责，扣2分；

续表

A级要素	B级要素	标准化要求	企业达标标准	评审方法	评审标准	
					否决项	扣分项
6 生产设施及工艺安全(100分)	6.5 关键装置及重点部位(15分)	4. 企业应建立关键装置、重点部位档案，建立企业、管理部门、基层单位及班组监控机制，明确各级组织、各专业的职责，定期进行监督检查，并形成记录。				4. 未定期进行监督检查，扣2分； 5. 未建立监督检查记录或记录不全，一项不符合扣1分。
		5. 企业应制定关键装置、重点部位应急预案，至少每半年进行一次演练，确保关键装置、重点部位的操作、检修、仪表、电气等人员能够识别和及时处理各种事件及事故。	1. 制定关键装置、重点部位应急预案； 2. 至少每半年进行一次演练，确保关键装置、重点部位的操作、检修、仪表、电气等人员能够识别和及时处理各种事件及事故。	**查文件：** 1. 关键装置、重点部位应急预案； 2. 应急预案演练记录。 **询问：** 1. 抽查岗位操作人员及机电仪人员对预案的掌握程度； 2. 各种事件及事故处理措施。		1. 关键装置、重点部位应急预案不全，每缺一项扣2分； 2. 未进行演练或无演练记录或未对预案评审，一项扣2分； 3. 有关人员对预案及各种事件、事故处理措施不熟练，1人次扣1分。
		6. 企业关键装置、重点部位为重大危险源时，还应按2.5条执行。	关键装置、重点部位为重大危险源时，还应按3.5条执行。	按照3.5条评审		按照3.5条评审
	6.6 检维修(10分)	1. 企业应严格执行检维修管理制度，实行日常检维修和定期检维修管理。	严格执行检维修管理制度，实行日常检维修和定期检维修管理。	**查文件：** 1. 设备检维修管理制度； 2. 检维修记录。 **现场检查：** 现场检查或抽查设备状况。		1. 未明确检维修时机、频次和审批程序，一项不扣1分； 2. 未实行日常检维修和定期检维修管理，扣2分。
		2. 企业应制订年度综合检维修计划，落实"五定"，即定检修方案、定检修人员、定安全措施、定检修质量、定检修进度原则。	1. 制订年度综合检维修计划； 2. 落实"五定"，即定检修方案、定检修人员、定安全措施、定检修质量、定检修进度原则。	**查文件：** 年度综合检维修计划。		1. 未制定年度综合检维修计划，扣4分； 2. 年度综合检维修计划未做到"五定"管理，一项扣1分。

续表

A级要素	B级要素	标准化要求	企业达标标准	评审方法	评审标准	
					否决项	扣分项
6 生产设施及工艺安全(100分)	6.6 检维修(10分)	3. 企业在进行检维修作业时，应执行下列程序： (1) 检维修前： 1) 进行危险、有害因素识别； 2) 编制检维修方案； 3) 办理工艺、设备设施交付检维修手续； 4) 对检维修人员进行安全培训教育； 5) 检维修前对安全控制措施进行确认； 6) 为检维修作业人员配备适当的劳动保护用品； 7) 办理各种作业许可证。 (2) 对检维修现场进行安全检查。 (3) 检维修后办理检维修交付生产手续。	在进行检维修作业时，应执行下列程序： (1) 检维修前： 1) 进行危险、有害因素识别； 2) 编制检维修方案； 3) 办理工艺、设备设施交付检维修手续； 4) 对检维修人员进行安全培训教育； 5) 检维修前对安全控制措施进行确认； 6) 为检维修作业人员配备适当的劳动保护用品； 7) 办理各种作业许可证。 (2) 对检维修现场进行安全检查。 (3) 检维修后办理检维修交付生产手续。	**查文件：** 1. 检维修风险分析记录； 2. 检维修方案； 3. 工艺、设备设施交付检维修手续； 4. 检维修人员安全培训教育记录； 5. 相应作业许可证及安全控制措施； 6. 对检维修作业现场进行安全检查的记录； 7. 检维修交付生产手续等。 **现场检查：** 1. 检维修作业人员配备劳动保护用品情况； 2. 检维修作业现场的安全管理。	1. 未制定检维修方案，扣10分(B级要素否决项)； 2. 未办理检维修前工艺、设备设施交付检维修或检维修后检维修交付生产手续，扣10分(B级要素否决项)。	1. 未对检维修进行风险分析，一项不符合扣1分； 2. 未对检修人员进行安全培训教育，1人次扣1分； 3. 检维修相应作业票证未办理或办理不符合要求，或检修前未对安全控制措施进行确认，一项不符合扣5分； 4. 检维修作业人员未按规定配备或使用劳动保护用品，1人次扣1分； 5. 安全生产管理人员未对检维修现场进行安全检查，扣2分； 6. 检维修现场一项不符合扣1分。
	6.7 拆除和报废(10分)	1. 企业应严格执行生产设施拆除和报废管理制度。拆除作业前，拆除作业负责人应与需拆除设施的主管部门和使用单位共同到现场进行对接，作业人员进行危险、有害因素识别，制定拆除计划或方案，办理拆除设施交接手续。	1. 拆除作业前，拆除作业负责人应与需拆除设施的主管部门和使用单位共同到现场进行作业前交底； 2. 作业人员进行危险、有害因素识别； 3. 制定拆除计划或方案； 4. 办理拆除设施交接手续。	**查文件：** 1. 生产设施拆除和报废管理制度； 2. 设施拆除和报废审批手续； 3. 拆除作业风险分析记录； 4. 拆除计划或拆除方案； 5. 设施拆除交接手续。 **现场查看：** 查看拆除作业现场安全管理。		1. 拆除作业前，相关单位未共同到现场进行作业前交底，1次扣5分； 2. 设施拆除和报废无审批手续，1次扣1分； 3. 未对拆除作业进行风险分析并制定风险控制措施，1次扣1分； 4. 未制定拆除计划或方案，1次扣2分； 5. 未办理设施拆除交接手续，1次扣1分； 6. 拆除作业现场，一项不符合扣1分。

续表

A 级要素	B 级要素	标准化要求	企业达标标准	评审方法	评审标准	
					否决项	扣分项
6 生产设施及工艺安全(100 分)	6.7 拆除和报废(10 分)	2. 企业凡需拆除的容器、设备和管道，应先清洗干净，分析、验收合格后方可进行拆除作业。	1. 凡需拆除的容器、设备和管道，应先清洗干净，分析、验收合格后方可进行拆除作业； 2. 拆除、清洗等现场作业应严格遵守作业许可等有关规定。	**查文件：** 分析、验收合格证明。 **现场检查：** 拆除、清洗作业现场安全管理。		1. 未进行分析、验收或分析不合格进行拆除作业，一项扣 1 分； 2. 拆除作业现场，一项不符合扣 1 分。
		3. 企业欲报废的容器、设备和管道内仍存有危险化学品的，应清洗干净，分析、验收合格后，方可报废处置。	1. 欲报废的容器、设备和管道，应清洗干净，分析、验收合格后，方可报废处置； 2. 报废、清洗等现场作业应严格遵守作业许可等有关规定。	**查文件：** 分析、验收合格证明。 **现场检查：** 拆除、报废、清洗作业现场安全管理。		未经分析、验收合格或验收不合格进行报废处置，1 台扣 5 分。
7 作业安全(100 分)	7.1 作业许可(20 分)	企业应对下列危险性作业活动实施作业许可管理，严格履行审批手续，各种作业许可证中应有危险、有害因素识别和安全措施内容： （1）动火作业； （2）进入受限空间作业； （3）破土作业； （4）临时用电作业； （5）高处作业； （6）断路作业； （7）吊装作业； （8）设备检修作业； （9）抽堵盲板作业； （10）其他危险性作业。	1. 对动火作业、进入受限空间作业、破土作业、临时用电作业、高处作业、断路作业、吊装作业、设备检修作业和抽堵盲板作业等危险性作业实施作业许可管理，严格履行审批手续； 2. 作业许可证中有危险、有害因素识别和安全措施内容。	**查文件：** 1. 危险性作业安全管理制度或操作规程； 2. 作业许可证。	未实施危险性作业许可管理，扣 100 分（A 级要素否决项）。	1. 作业许可审批手续不符合要求，1 次扣 2 分； 2. 作业许可证中危险有害因素与安全措施等内容不符合要求，1 次扣 2 分。
	7.2 警示标志(15 分)	1. 企业应按照 GB 16179 规定，在易燃、易爆、有毒有害等危险场所的醒目位置设置符合 GB2894 规定的安全标志。	装置、仓库、罐区、装卸区、危险化学品输送管道等危险场所的醒目位置设置符合 GB2894 规定的安全标志。	**查文件：** 安全标志一览表，载明每个安全标志使用的场所。 **现场检查：** 装置现场、仓库、罐区、装卸区等危险场所安全标志设置情况。		1. 未建立安全标志一览表，或者没有载明安全标志使用场所，一项扣 1 分； 2. 未设置安全标志或安全标志使用不符合要求，一处扣 1 分。

续表

A级要素	B级要素	标准化要求	企业达标标准	评审方法	评审标准	
					否决项	扣分项
7 作业安全(100分)	7.2 警示标志(15分)	2. 企业应在重大危险源现场设置明显的安全警示标志。	重大危险源现场，设置明显的安全警示标志和告知牌。	**现场检查：** 重大危险源现场安全警示标志和告知牌。		警示标志和告知牌，一处不符合扣1分。
		3. 企业应按有关规定，在厂内道路设置限速、限高、禁行等标志。	按有关规定在厂内道路设置限速、限高、禁行标志。	**现场检查：** 厂区道路限速、限高、禁行等标志。		道路限高、限速、禁行等标志不符合要求，一处扣1分。
		4. 企业应在检维修、施工、吊装等作业现场设置警戒区域和安全标志，在检修现场的坑、井、洼、沟、陡坡等场所设置围栏和警示灯。	1. 检维修、施工、吊装等作业现场设置相应的警戒区域和警示标志； 2. 检修现场的坑、井、洼、沟、陡坡等场所设置围栏和警示灯。	**现场检查：** 检维修、施工、吊装等作业现场管理情况。		一项不符合扣1分。
		5. 企业应在可能产生严重职业危害作业岗位的醒目位置，按照GBZ 158设置职业危害警示标识，同时设置告知牌，告知产生职业危害的种类、后果、预防及应急救治措施、作业场所职业危害因素检测结果等。	1. 在装置现场、仓库、罐区、装卸区等区域可能产生严重职业危害的岗位醒目位置设置警示标志； 2. 在产生职业危害的岗位醒目位置设置告知牌，告知职业危害因素检测结果、时间和周期及标准规定值。	**查文件：** 1. 警示标志和告知牌管理台账； 2. 职业危害因素检测记录。 **现场检查：** 职业危害岗位警示标志和告知牌。		1. 未设置警示标志和告知牌，或设置不符合要求，一处扣2分； 2. 未在现场告知职业危害因素检测结果、时间和周期或标准规定值，一处扣1分。
		6. 企业应按有关规定，在生产区域设置风向标。	按有关规定，在生产区域设置风向标。	**现场检查：** 风向标设置的位置是否合理。		未设置风向标，扣3分；设置不符合要求，一处扣1分。
	7.3 作业环节(40分)	1. 企业应在危险性作业活动作业前进行危险、有害因素识别，制定控制措施。在作业现场配备相应的安全防护用品(具)及消防设施与器材，规范现场人员作业行为。	危险作业现场配备相应安全防护用品(具)及消防设施与器材。	**现场检查：** 相应安全防护用品(具)及消防设施与器材配备情况。		作业现场安全防护用品(具)及消防设施与器材配备不符合要求，一处扣1分。

续表

A级要素	B级要素	标准化要求	企业达标标准	评审方法	评审标准	
					否决项	扣分项
7 作业安全(100分)	7.3 作业环节(40分)	2. 企业作业活动的负责人应严格按照规定要求科学指挥；作业人员应严格执行操作规程，不违章作业，不违反劳动纪律。	1. 作业活动负责人应严格按照规定要求科学组织作业活动，不得违章指挥； 2. 作业人员应严格执行操作规程和作业许可要求，不违章作业，不违反劳动纪律。	**现场检查：** 违章指挥、违章作业和违反劳动纪律（“三违”）现象。		存在“三违”现象，1人次扣5分。
		3. 企业作业人员在进行6.1中规定的作业活动时，应持相应的作业许可证作业。	进行危险性作业时，作业人员应持经过审批许可的相应作业许可证。	**现场检查：** 作业人员持作业许可证作业情况。	未持相应作业许可证进行危险性作业，扣40分(B级要素否决项)。	
		4. 企业作业活动监护人员应具备基本救护技能和作业现场的应急处理能力，持相应作业许可证进行监护作业，作业过程中不得离开监护岗位。	1. 作业活动监护人员应具备基本救护技能和作业现场的应急处理能力； 2. 作业活动监护人员持相应作业许可证进行现场监护，不得离开监护岗位。	**查文件：** 作业许可证。 **询问：** 监护人员救护技能和应急处理能力。 **现场检查：** 监护人员是否持相应许可证监护。		1. 作业许可证未明确监护人员，扣2分； 2. 监护人员不具备相应的救护技能及应急处理能力，1人扣1分； 3. 监护人员未持有相应作业许可证监护，1人次扣1分； 4. 监护人员擅离监护岗位，1人次扣2分。
		5. 企业应保持作业环境整洁。	保持作业环境整洁，消除安全隐患。	**现场检查：** 作业环境。		作业环境或工器具、材料等摆放不符合要求，一处扣1分。
		6. 企业同一作业区域内有两个以上承包商进行生产经营活动，可能危及对方生产安全时，应组织并监督承包商之间签订安全生产协议，明确各自的安全生产管理职责和应当采取的安全措施，并指定专职安全生产管理人员进行安全检查与协调。	1. 同一作业区域内有两个以上承包商进行生产经营活动，可能危及对方生产安全时，应组织承包商之间签订安全生产协议，明确各自的安全生产管理职责和应当采取的安全措施； 2. 指定专职安全生产管理人员进行安全检查和协调并记录。	**查文件：** 1. 承包商之间的安全生产协议； 2. 检查记录。 **现场检查：** 承包商作业现场管理。		1. 未签订安全生产协议书的，一项扣2分；安全生产协议书内容不符合要求，一项扣1分； 2. 未进行现场安全检查和协调的，1次扣1分。

续表

A 级要素	B 级要素	标准化要求	企业达标标准	评审方法	评审标准	
					否决项	扣分项
7 作业安全(100分)	7.3 作业环节(40分)	7. 企业应办理机动车辆进入生产装置区、罐区现场相关手续，机动车辆应佩戴标准阻火器、按指定线路行驶。	机动车辆进入生产装置区、罐区现场应按规定办理相关手续，佩戴符合标准要求的阻火器，按指定路线、规定速度行驶。	**查文件：** 1. 有关机动车辆进入生产装置区、罐区现场的管理规定； 2. 机动车辆进入生产装置区、罐区手续。 **现场检查：** 机动车辆进入生产装置区、罐区的安全管理。		1. 机动车辆未办理手续进入生产装置区、罐区，1台扣2分； 2. 未佩戴阻火器，或未按指定路线、规定速度行驶的，一项扣1分。
			二级企业动火作业、进入受限空间作业及吊装作业管理制度、作业票证及作业现场评审不失分。	**查文件：** 动火作业、进入受限空间作业及吊装作业管理制度、作业许可证。 **现场检查：** 检查动火作业、进入受限空间作业及吊装作业现场。	若失分，扣 100 分(A 级要素否决项)。	
	7.4 承包商(25分)	企业应严格执行承包商管理制度，对承包商资格预审、选择、开工前准备、作业过程监督、表现评价、续用等过程进行管理，建立合格承包商名录和档案。企业应与选用的承包商签订安全协议书。	1. 建立合格承包商名录、档案(包括承包商资质资料、表现评价、合同等资料)； 2. 对承包商进行资格预审； 3. 选择、使用合格的承包商； 4. 与选用的承包商签订安全协议； 5. 对作业过程进行监督检查。	**查文件：** 1. 承包商管理制度； 2. 承包商管理档案、监督检查记录； 3. 安全协议书。 **现场检查：** 作业现场管理。		1. 未建立合格承包商档案，一项扣2分； 2. 未与承包商签订安全协议，扣3分； 3. 未对承包商进行规范管理，一项不符合扣1分； 4. 未进行现场安全检查，一次扣1分。
			要向承包商进行作业现场安全交底，对承包商的安全作业规程、施工方案和应急预案进行审查。	**查文件：** 现场安全交底、施工方案和应急预案等资料。 **现场检查：** 现场抽查承包商施工人员的安全教育情况。		作业现场未进行安全交底，施工方案和应急预案未进行审查，一项不符合扣2分。

续表

A 级要素	B 级要素	标准化要求	企业达标标准	评审方法	评审标准	
					否决项	扣分项
8 职业健康(100分)	8.1 职业危害项目申报(25分)	企业如存在法定职业病目录所列的职业危害因素，应按照国家有关规定，及时、如实向当地安全生产监督管理部门申报，接受其监督。	1. 识别职业危害因素； 2. 及时、如实向当地安全监督管理部门申报法定职业病目录所列的职业危害因素，接受其监督。	**查文件：** 1. 职业病危害因素识别记录； 2. 职业病危害因素申报表及批复资料。 **现场检查：** 现场存在的职业危害因素与申报内容符合情况。	1. 未识别职业危害因素，扣25分(B级要素否决项)； 2. 未申报职业病危害因素，扣25分(B级要素否决项)。	1. 申报职业病危害因素，每漏一种，扣2分； 2. 申报内容，一项不符合扣1分。
	8.2 作业场所职业危害管理(50分)	1. 企业应制定职业危害防治计划和实施方案，建立健全职业卫生档案和从业人员健康监护档案。	1. 制定职业危害防治计划和实施方案； 2. 建立健全职业卫生档案，包括职业危害防护设施台账、职业危害监测结果、健康监护报告等； 3. 建立从业人员健康监护档案。	**查文件：** 1. 职业危害防治计划和实施方案； 2. 职业卫生档案； 3. 从业人员健康监护档案。		1. 未制定职业危害防治计划和实施方案，一项扣5分；内容一项不符合，扣2分； 2. 未建立职业卫生档案，扣5分；档案内容不符合要求，一项扣1分； 3. 未建立从业人员健康监护档案扣10分；每缺一人扣1分。
		2. 企业作业场所应符合GBZ 1、GBZ 2。	企业作业场所职业危害因素应符合GBZ 1、GBZ 2.1、GBZ 2.2规定。	**查文件：** 职业卫生档案。 **现场检查：** 作业现场职业危害管理情况。		作业场所职业危害因素不符合规定，一处扣5分。
		3. 企业应确保使用有毒物品作业场所与生活区分开，作业场所不得住人；应将有害作业与无害作业分开，高毒作业场所与其他作业场所隔离。	1. 使用有毒物品作业场所与生活区分开，作业场所不得住人； 2. 将有害作业与无害作业分开； 3. 将高毒作业场所与其他作业场所隔离。	**现场检查：** 1. 作业场所区域划分情况； 2. 作业场所有无住人； 3. 高毒作业场所与其他作业场所的隔离是否符合要求。	作业场所设生活设施并住人，扣50分(B级要素否决项)。	1. 使用和产生有毒物品的作业场所与生活区的距离不符合卫生防护距离标准规定的，一处扣5分； 2. 有害作业未与无害作业分开，一处扣5分； 3. 未将高毒作业场所与其他作业场所隔离，一处扣10分。

续表

A 级要素	B 级要素	标准化要求	企业达标标准	评审方法	评审标准	
					否决项	扣分项
8 职业健康(100分)	8.2 作业场所职业危害管理(50分)	4. 企业应在可能发生急性职业损伤的有毒有害作业场所按规定设置报警设施、冲洗设施、防护急救器具专柜，设置应急撤离通道和必要的泄险区，定期检查，并记录。	在可能发生急性职业损伤的有毒有害作业场所按规定设置报警设施、冲洗设施、防护急救器具专柜，设置应急撤离通道和必要的泄险区，定期检查并记录。	**查文件：** 检查记录。 **现场检查：** 报警设施、冲洗设施、防护急救器具专柜、应急撤离通道、泄险区的设置及完整性。		1. 现场未按规定设置有关设施，一项扣2分； 2. 应急撤离通道和泄险区，一处不符合扣2分； 3. 现场有关设施完整性，一项不符合扣2分； 4. 未定期进行检查、记录，一项扣1分。
		5. 企业应严格执行生产作业场所职业危害因素检测管理制度，定期对作业场所进行检测，在检测点设置告知牌，告知检测结果，并将结果存入职业卫生档案。	1. 定期对作业场所职业危害因素进行检测； 2. 在检测点设置告知牌，告知检测结果； 3. 将检测结果存入职业卫生档案； 4. 工作场所职业危害因素的检测结果不符合标准规定，要进行整改。	**查文件：** 1. 职业危害监测制度； 2. 职业危害监测报告及职业卫生档案、整改计划。 **询问：** 抽查从业人员对检测结果了解情况。 **现场检查：** 检测点设置及告知牌。		1. 检测点设置不符合要求，一处扣2分； 2. 检测点未设置职业危害因素告知牌，一处扣1分；告知内容不符合要求，一项扣1分； 3. 未定期检测，缺一次扣2分，缺一点扣2分； 4. 从业人员不清楚岗位职业危害情况，1人次扣1分； 5. 未将检测结果存入职业卫生档案扣2分； 6. 作业场所职业危害因素检测结果不符合符合标准规定，未进行整改，一处扣2分。
		6. 企业不得安排上岗前未经职业健康检查的从业人员从事接触职业病危害的作业；不得安排有职业禁忌的从业人员从事禁忌作业。	1. 不得安排上岗前未经职业健康检查的从业人员从事接触职业病危害的作业； 2. 按规定对从事接触职业病危害作业的人员进行在岗期间、离岗时职业健康检查；	**查文件：** 健康查体报告。 **询问：** 抽查从事接触职业危害及禁忌作业的有关人员健康检查情况及		1. 未对从事接触职业病危害作业的人员进行上岗前、在岗期间及离岗时职业健康检查，1人次扣2分； 2. 安排有职业

续表

A级要素	B级要素	标准化要求	企业达标标准	评审方法	评审标准	
					否决项	扣分项
8 职业健康(100分)	8.2 作业场所职业危害管理(50分)		3. 不得安排有职业禁忌的人员从事禁忌作业。	是否有职业禁忌人员。		禁忌人员从事禁忌作业，1人次扣5分。
			二级企业已建立完善的作业场所职业危害控制管理制度与检测制度并有效实施，作业场所职业危害得到有效控制。	**查文件：** 作业场所职业危害控制管理制度与检测制度、台账。 **现场检查：** 作业场所职业危害管理情况。	未建立完善的作业场所职业危害控制管理制度与检测制度，或未有效实施，或作业场所职业危害未得到有效控制，扣100分(A级要素否决项)。	
	8.3 劳动防护用品(25分)	1. 企业应根据接触危害的种类、强度，为从业人员提供符合国家标准或行业标准的个体防护用品和器具，并监督、教育从业人员正确佩戴、使用。	1. 为从业人员提供符合国家标准或行业标准的个体防护用品和器具； 2. 监督、教育从业人员正确佩戴、使用个体防护用品和器具。	**查文件：** 个体防护用品台账。 **现场检查：** 1. 从业人员配备和使用的个体防护用品是否符合规定； 2. 从业人员是否能够正确佩戴、使用个体防护用品和器具。		1. 未按规定为从业人员配备个体防护用品和器具，一项不符合扣2分； 2. 从业人员在生产现场未佩戴、使用个体防护用品，1人次扣2分；佩戴、使用个体防护用品或器具不符合规定要求，1人次扣1分。
		2. 企业各种防护器具都应定点存放在安全、方便的地方，并有专人负责保管，定期校验和维护，每次校验后应记录、铅封。	1. 各种防护器具都应设置专柜，并定点存放在安全、方便的地方； 2. 专人负责保管防护器具专柜； 3. 定期校验和维护防护器具； 4. 防护器具校验后应记录、铅封。	**现场检查：** 1. 防护器具配备是否正确、齐全； 2. 防护器具专柜存放地点是否安全、方便； 3. 防护器具定期校验、维护，并记录和铅封。		1. 未设置防护器具专柜或不符合要求，一处扣2分； 2. 防护器具专柜存放地点不符合要求，一处扣2分； 3. 无专人管理防护器具专柜，一处扣1分； 4. 防护器具未定期校验和维护，一项扣1分；校验和维护记录、铅封不符合要求，一项扣1分。

续表

A级要素	B级要素	标准化要求	企业达标标准	评审方法	评审标准	
					否决项	扣分项
8 职业健康(100分)	8.3 劳动防护用品(25分)	3. 企业应建立职业卫生防护设施及个体防护用品管理台账，加强对劳动防护用品使用情况的检查监督，凡不按规定使用劳动防护用品者不得上岗作业。	1. 建立职业卫生防护设施及个体防护用品管理台账； 2. 加强对劳动防护用品使用情况的检查监督，凡不按规定使用劳动防护用品者不得上岗作业。	**查文件：** 1. 职业卫生防护设施台账； 2. 个体防护用品台账。 **现场检查：** 作业人员是否按规定使用个体防护用品。		1. 未建立职业卫生防护设施管理台账，扣5分； 2. 未建立个体防护用品管理台账，扣5分； 3. 台账内容不符合要求，一项扣1； 4. 未按规定使用个体防护用品上岗作业，1人次扣2分。
9 危险化学品管理(100分)	9.1 危险化学品档案(10分)	企业应对所有危险化学品，包括产品、原料和中间产品进行普查，建立危险化学品档案。	1. 对所有危险化学品进行普查； 2. 建立危险化学品档案，内容包括：名称及存放、生产、使用地点；数量、危险性分类、危规号、包装类别、登记号、危险化学品安全技术说明书和安全标签(以下简称“一书一签”)等。	**查文件：** 1. 化学品普查表； 2. 危险化学品档案。 **现场检查：** 危险化学品储存情况。	未进行危险化学品普查，扣10分(B级要素否决项)。	1. 每漏查1种扣1分； 2. 未建立危险化学品档案扣5分；档案内容，一项不符合扣1分。
	9.2 化学品分类(10分)	企业应按照国家有关规定对其产品、所有中间产品进行分类，并将分类结果汇入危险化学品档案。	1. 对产品、所有中间产品进行危险性鉴别与分类，并将分类结果汇入危险化学品档案； 2. 化验室使用化学试剂应分类并建立清单。	**查文件：** 1. 化学品普查表； 2. 化学品鉴别分类报告； 3. 化验室化学试剂分类清单。		1. 未按照国家规定进行分类，扣5分；每漏1种扣2分； 2. 化验室无化学试剂分类清单，扣2分。
	9.3 化学品安全技术说明书和安全标签(10分)	1. 生产企业的产品属危险化学品时，应按GB 16483和GB 15258编制产品安全技术说明书和安全标签，并提供给用户。	1. 生产企业要给本企业生产的危险化学品编制符合国家标准要求的“一书一签”； 2. 生产企业生产的危险化学品发现新的危险特性时，要及时更新“一书一签”，并公告； 3. 主动向本企业生产的危险化学品购买者或用户提供“一书一签”。	**查文件：** “一书一签”。 **现场检查：** 化学品包装上是否有中文化学品安全标签。	生产的危险化学品未编制“一书一签”，扣10分(B级要素否决项)。	1. 缺少一种产品“一书一签”，扣2分； 2. 编写的“一书一签”不符合标准要求，一项扣1分；未按规定及时更新扣2分； 3. 未向购买者或用户提供“一书一签”，扣2分。

续表

A级要素	B级要素	标准化要求	企业达标标准	评审方法	评审标准	
					否决项	扣分项
9 危险化学品管理(100分)	9.3 化学品安全技术说明书和安全标签(10分)	2. 采购危险化学品时，应索取安全技术说明书和安全标签，不得采购无安全技术说明书和安全标签的危险化学品。	采购危险化学品时，应主动向销售单位索取“一书一签”。	**查文件：** 1. 采购的危险化学品名录； 2. 采购的危险化学品中文“一书一签”。		采购的危险化学品无“一书一签”，1种物质扣2分。
	9.4 化学事故应急咨询服务电话(10分)	生产企业应设立24小时应急咨询服务固定电话，有专业人员值班并负责相关应急咨询。没有条件设立应急咨询服务电话的，应委托危险化学品专业应急机构作为应急咨询服务代理。	生产企业设立应急咨询服务固定电话或委托危险化学品专业应急机构，为用户提供24小时应急咨询服务。	**查文件：** “一书一签”上是否有应急咨询服务电话。 **询问：** 应急咨询服务电话设立情况及应急咨询服务情况。 **现场检查：** 现场测试应急咨询服务电话及咨询服务情况。	未设立应急电话，也未委托应急机构代理，扣10分(B级要素否决项)。	1. 设立的应急电话不能满足要求，一项扣1分； 2. 安全标签上的应急咨询电话与设立的化学事故应急咨询电话不一致的，扣1分； 3. 已委托应急代理，但职责不清或代理机构未尽职责的，一项不符合扣2分。
	9.5 危险化学品登记(20分)	企业应按照有关规定对危险化学品进行登记。	按照有关规定对危险化学品进行登记。	查文件： 危险化学品登记证及资料。	没有进行危险化学品登记或登记证载明的日期超过有效期扣20分(B级要素否决项)。	未按照规定范围登记，每漏1种扣2分；发现新的危险特性未及时变更登记内容扣1分。
	9.6 危害告知(15分)	企业应以适当、有效的方式对从业人员及相关方进行宣传，使其了解生产过程中危险化学品的危险特性、活性危害、禁配物等，以及采取的预防及应急处理措施。	对从业人员及相关方进行宣传、培训，使其了解本企业、本岗位涉及危险化学品的危险特性、活性危害、禁配物等，以及采取的预防及应急处理措施。	**查文件：** 劳动合同及宣传、培训教育记录。 **现场检查：** 公告栏、告知牌等。		劳动合同、宣传、培训、公告栏、现场告知牌等，一项不符合扣1分。
	9.7 储存和运输(25分)	1. 企业应严格执行危险化学品储存、出入库安全管理制度。危险化学品应储存在专用仓库、专用场地或者专用储存室(以下统称专用仓库)内，并按照相关技术标准	1. 危险化学品应储存在专用仓库内，并按照相关技术标准规定的储存方法、储存数量和安全距离，实行隔离、隔开、分离储存，禁止将危险化学品与禁忌物品混合	**查文件：** 1. 危险化学品安全管理制度； 2. 危险化学品出入库记录； 3. 检查记录； 4. 巡线记录。 **现场检查：**		1. 危险化学品储存不符合规定要求，一处扣2分； 2. 未建立危险化学品出入库记录，扣2分； 3. 无动态液位监控系统扣2分；

续表

A 级要素	B 级要素	标准化要求	企业达标标准	评审方法	评审标准	
					否决项	扣分项
9 危险化学品管理(100 分)	9.7 储存和运输（25 分）	规定的储存方法、储存数量和安全距离，实行隔离、隔开、分离储存，禁止将危险化学品与禁忌物品混合储存；危险化学品专用仓库应当符合相关技术标准对安全、消防的要求，设置明显标志，并由专人管理；危险化学品出入库应当进行核查登记，并定期检查。	储存； 2. 危险化学品专用仓库符合安全、消防要求，设置明显安全标志、通讯和报警装置，并由专人管理； 3. 危险化学品出入库应当进行核查登记，并定期检查； 4. 选用合适的液位测量仪表，实现储罐物料液位动态监控； 5. 危险化学品输送管道应定期巡线。	1. 危险化学品专用仓库安全设施和安全管理情况； 2. 液位动态监控系统； 3. 危险化学品输送管道安全设施。		4. 未建立危险化学品输送管道巡线记录，扣 2 分； 5. 危险化学品专用仓库安全、消防设施配置不符合要求，一处扣 2 分； 6. 未定期进行安全检查，扣 2 分； 7. 未设置通讯和报警装置，或不符合要求，一处扣 2 分。
		2. 企业的剧毒化学品必须在专用仓库单独存放，实行双人收发、双人保管制度。企业应将储存剧毒化学品的数量、地点以及管理人员的情况，报当地公安部门和安全生产监督管理部门备案。	1. 剧毒化学品及储存数量构成重大危险源的其他危险化学品必须在专用仓库单独存放，实行双人收发、双人保管制度； 2. 将储存剧毒化学品的数量、地点以及管理人员的情况，报当地公安部门和安全生产监督管理部门备案。	**查文件：** 1. 剧毒化学品安全管理制度； 2. 剧毒化学品收发台账； 3. 剧毒化学品备案资料。 **询问：** 有关人员对剧毒化学品管理的要求。 **现场检查：** 剧毒化学品仓库安全管理情况。	剧毒化学品未实行双人收发、双人保管，扣 25 分（B 级要素否决项）。	1. 剧毒化学品存放不符合要求，一处扣 2 分； 2. 未按要求备案，扣 2 分； 3. 有关人员不清楚剧毒化学品管理的要求，1 人次扣 1 分； 4. 剧毒化学品仓库安全管理，一项不符合扣 2 分。
		3. 企业应严格执行危险化学品运输、装卸安全管理制度，规范运输、装卸人员行为。	1. 严格执行危险化学品运输、装卸安全管理制度，进行安全检查，对运输、装卸人员行为进行规范管理； 2. 危险化学品运输专用车辆安装具有行驶记录功能的卫星定位装置； 3. 企业要对危险化学品运输车辆 GPS 的安装、使用情况进行检查并记录； 4. 采用金属万向管道充装系统充装液	**查文件：** 1. 危险化学品运输、装卸安全管理制度； 2. 装车前后安全检查记录。 **询问：** 有关人员对危险化学品运输、装卸的安全管理要求。 **现场检查：** 1. 危险化学品运输专用车辆是否配备卫星定位装置； 2. 充装设施。		1. 装车前后未进行安全检查，无记录，扣 2 分；检查内容不符合要求，一项扣 1 分； 2. 有关人员不清楚危险化学品运输、装卸安全管理要求，1 人扣 1 分； 3. 使用无卫星定位装置危险化学品运输车辆，扣 2 分； 4. 充装设施不符合要求，一项不符合扣 1 分。

续表

A级要素	B级要素	标准化要求	企业达标标准	评审方法	评审标准	
					否决项	扣分项
9 危险化学品管理(100分)	9.7 储存和运输（25分）	3. 企业应严格执行危险化学品运输、装卸安全管理制度，规范运输、装卸人员行为。	氯、液氨、液化石油气、液化天然气等液化危险化学品； 5. 生产储存危险化学品企业转产、停产、停业或解散时，应当采取有效措施，及时妥善处置危险化学品装置、储存设施以及库存的危险化学品，不得丢弃；处置方案报县级政府有关部门备案。	**查文件：** 危险化学品装置、储存设施以及库存的危险化学品处置文件；备案文件； **现场检查：** 废弃设施。		1. 危险化学品装置、储存设施以及库存的危险化学品未按规定处置扣3分； 2. 未备案扣1分。
10 事故与应急（100分）	10.1 应急指挥与救援系统(10分)	1. 企业应建立应急指挥系统，实行分级管理，即厂级、车间级管理。	建立厂级和车间级应急指挥系统。	**查文件：** 应急救援预案。 **询问：** 有关人员是否了解应急指挥系统。		1. 未建立应急指挥系统，扣5分； 2. 未实行厂级、车间级分级管理，扣2分； 3. 有关人员不清楚应急指挥系统，1人次扣1分。
		2. 企业应建立应急救援队伍。	建立应急救援队伍。	**查文件：** 应急救援预案。 **询问：** 有关人员是否了解应急救援队伍组成。		1. 未建立应急救援队伍，扣2分； 2. 有关人员不清楚应急救援队伍组成，1人次扣2分。
		3. 企业应明确各级应急指挥系统和救援队的职责。	明确各级指挥系统和救援队伍职责。	**查文件：** 应急救援预案。 **询问：** 应急救援指挥人员和救援人员是否了解各自的职责。		1. 未明确各级应急指挥系统和救援队伍职责，一项不符合扣2分； 2. 有关人员不了解其应急职责，1人次扣1分。
	10.2 应急救援设施(15分)	1. 企业应按国家有关规定，配备足够的应急救援器材，并保持完好。	1. 针对可能发生的事故类型，按照规定配备足够的应急救援器材、消防设施及器材； 2. 建立应急救援器材、消防设施及器材台账； 3. 应急救援器材、	**查文件：** 1. 应急救援预案； 2. 应急救援器材台账； 3. 消防设施、器材台账； 4. 应急救援器材、消防设施及		1. 未配备足够的应急救援器材，消防设施及器材一项不符合扣1分； 2. 未建立应急救援器材台账，扣1分； 3. 未建立消防设施、器材台账，

续表

A级要素	B级要素	标准化要求	企业达标标准	评审方法	评审标准	
					否决项	扣分项
10 事故与应急（100分）	10.2 应急救援设施（15分）	1. 企业应按国家有关规定，配备足够的应急救援器材，并保持完好。	消防设施及器材保持完好，方便易取； 4. 疏散通道、安全出口、消防通道符合规定，保持畅通。	器材检查维护记录。 **现场检查：** 1. 应急救援器材、消防设施及器材数量及完整性； 2. 疏散通道、安全出口、消防通道符合性。		扣1分； 4. 救援器材、消防设施及器材未定期检查维护，一项不符合扣1分； 5. 应急救援器材、消防设施及器材完整性不符合要求，一项扣2分； 6. 疏散通道、安全出口、消防通道不符合要求，一处扣2分。
		2. 企业应建立应急通讯网络，保证应急通讯网络的畅通。	1. 设置固定报警电话； 2. 明确应急救援指挥和救援人员电话； 3. 明确外部救援单位联络电话； 4. 报警电话24小时畅通。	**查文件：** 应急救援预案； **询问：** 作业人员是否清楚内部、外部报警电话。 现场查验： 1. 企业是否设置了报警电话； 2. 报警电话是否置于各岗位显著位置； 3. 报警电话是否畅通。		1. 未建立应急通讯网络，扣2分；企业未设置固定报警电话，扣2分； 2. 作业人员不了解内外部报警电话，1人次扣2分； 3. 报警电话不能保证畅通，扣1分。
		3. 企业应为有毒有害岗位配备救援器材柜，放置必要的防护救护器材，进行经常性的维护保养并记录，保证其处于完好状态。	1. 有毒有害岗位配备救援器材专柜，放置必要的防护救护器材； 2. 防护救护器材应处于完好状态； 3. 建立防护救护器材管理台账和维护保养记录。	**查文件：** 1. 防护救护器材管理台账； 2. 防护救护器材检查维护记录。 **询问：** 作业人员是否熟悉防护救护器材的使用。 **现场检查：** 1. 有毒有害岗位是否设置了救援器材专柜； 2. 防护救护器材是否完好。		1. 未在有毒有害岗位配备救援器材柜，放置必要的防护救护器材，一项扣1分； 2. 未建立防护救护器材台账，扣1分； 3. 未定期检查维护防护救护器材，一次扣1分； 4. 作业人员不熟悉防护救护器材使用，1人次扣1分。

续表

A级要素	B级要素	标准化要求	企业达标标准	评审方法	评审标准	
					否决项	扣分项
10事故与应急(100分)	10.3应急救援预案与演练(25分)	1. 企业宜按照AQ/T 9002，根据风险评价的结果，针对潜在事件和突发事故，制定相应的事故应急救援预案。	1. 事故应急救援预案编制符合标准要求； 2. 根据风险评价结果，编制专项和现场处置预案。	**查文件：** 应急救援预案。	未编制事故应急救援预案，扣25分(B级要素否决项)。	1. 应急救援预案不全，缺少一个扣2分； 2. 应急救援预案内容不符合标准要求，一项扣1分。
		2. 企业应组织从业人员进行应急救援预案的培训，定期演练，评价演练效果，评价应急救援预案的充分性和有效性，并形成记录。	1. 组织应急救援预案培训； 2. 综合应急救援预案每年至少组织一次演练，现场处置方案每半年至少组织一次演练； 3. 演练后及时进行演练效果评价，并对应急预案评审。	**查文件：** 1. 应急救援预案培训记录； 2. 应急救援预案演练记录； 3. 应急救援预案演练评价报告。 **询问：** 有关人员是否熟悉应急救援预案内容及参加演练情况。		1. 未对从业人员进行应急救援预案培训，1人次扣1分； 2. 未定期进行应急救援预案演练，扣2分； 3. 未对预案演练进行效果评价，扣1分； 4. 演练后未对预案评审，扣2分。
		3. 企业应定期评审应急救援预案，尤其在潜在事件和突发事故发生后。	1. 定期评审应急救援预案，至少每三年评审修订一次； 2. 潜在事件和突发事故发生后，及时评审修订预案。	**查文件：** 1. 应急救援预案评审修订规定； 2. 应急救援预案评审记录。		1. 未明确预案评审修订的时机和频次，扣2分； 2. 未定期或及时评审修订应急救援预案，扣2分。
		4. 企业应将应急救援预案报当地安全生产监督管理部门和有关部门备案，并通报当地应急协作单位，建立应急联动机制。	1. 将应急救援预案报所在地设区的市级人民政府安全生产监督管理部门备案； 2. 通报当地应急协作单位。	**查文件：** 1. 应急救援预案备案回执； 2. 应急协作单位收到预案的回执。		1. 未及时备案，扣2分； 2. 未通报当地应急协作单位，扣2分。
	10.4抢险与救护(20分)	1. 企业发生生产安全事故后，应迅速启动应急救援预案，企业负责人直接指挥，积极组织抢救，妥善处理，以防止事故的蔓延扩大，减少人员伤亡和财产损失。安全、技术、设备、动力、生产、消防、保卫等部门应协助做好现场抢救和警戒工作，保护事故现场。	1. 发生生产安全事故后，迅速启动应急救援预案； 2. 企业负责人直接指挥抢救，妥善处理，减少人员伤亡和财产损失； 3. 相关部门协助现场抢救和警戒工作，保护事故现场。	**查文件：** 1. 应急预案； 2. 事故台账和调查报告； 3. 事故或事件后，对预案评审的报告。 **询问：** 企业负责人、各职能部门负责人是否了解事故时各自的职责。		1. 未明确企业有关人员职责，一项扣1分； 2. 相关人员不了解应急职责，1人次扣1分。

续表

A 级要素	B 级要素	标准化要求	企业达标标准	评审方法	评审标准	
					否决项	扣分项
10 事故与应急（100 分）	10.4 抢险与救护（20 分）	2. 企业发生有害物大量外泄事故或火灾爆炸事故应设警戒线。	发生有害物大量泄漏事故或火灾爆炸事故时，及时设置警戒线。	**查文件：** 事故调查报告。 **询问：** 相关人员是否了解发生有害物大量外泄事故或火灾爆炸事故时应采取的措施。		相关人员不了解应设警戒线的措施，1 人次扣 1 分。
		3. 企业抢救人员应佩戴好相应的防护器具，对伤亡人员及时进行抢救处理。	1. 抢救人员应熟练使用相关防护器具； 2. 抢救人员应掌握必要的急救知识，并经过急救技能培训。	**查文件：** 事故调查报告。 **询问：** 事故抢救人员是否了解事故现场防护器具的配备、使用规定及抢救知识。		1. 抢救人员不会使用防护器具，1 人扣 2 分； 2. 抢救人员不了解抢救知识，1 人次扣 2 分。
	10.5 事故报告(15 分)	1. 企业应明确事故报告程序。发生生产安全事故后，事故现场有关人员除立即采取应急措施外，应按规定和程序报告本单位负责人及有关部门。情况紧急时，事故现场有关人员可以直接向事故发生地县级以上人民政府安全生产监督管理部门和负有安全生产监督管理职责的有关部门报告。	1. 明确事故报告程序和事故报告的责任部门、责任人； 2. 发生事故，现场人员立即采取应急措施； 3. 发生事故后按程序报告； 4. 情况紧急时，事故现场人员可以直接向有关部门报告。	**查文件：** 1. 事故管理制度； 2. 事故调查报告。 **询问：** 1. 从业人员是否了解事故报告程序； 2. 从业人员是否了解应急措施。		1. 未明确事故报告程序、责任部门、责任人，一项不符合扣 3 分； 2. 从业人员不了解事故报告程序或事故现场应采取的措施，1 人次扣 2 分。
		2. 企业负责人接到事故报告后，应当于 1 小时内向事故发生地县级以上人民政府安全生产监督管理部门和负有安全生产监督管理职责的有关部门报告。	企业负责人接到事故报告后，应当于 1 小时内向有关部门报告。	**查文件：** 事故台账和调查报告。 **询问：** 企业负责人是否了解事故报告职责和时限。	存在事故瞒报、谎报、拖延不报现象的，扣 100 分（A 级要素否决项）。	企业负责人不了解事故报告的职责和时限，扣 5 分。
		3. 企业在事故报告后出现新情况时，应按有关规定及时补报。	事故报告后出现新情况时及时补报。	**查文件：** 事故台账和调查报告。 **询问：** 企业负责人是否了解事故报告补报的要求和内容。		1. 企业负责人不了解有关事故补报要求，扣 5 分； 2. 事故报告后出现新情况时，未按规定及时补报，扣 5 分。

续表

A 级要素	B 级要素	标准化要求	企业达标标准	评审方法	评审标准	
					否决项	扣分项
10 事故与应急(100 分)	10.6 事故调查(15 分)	1. 企业发生生产安全事故后，应积极配合各级人民政府组织的事故调查，负责人和有关人员在事故调查期间不得擅离职守，应当随时接受事故调查组的询问，如实提供有关情况。	1. 发生事故，积极配合政府组织的事故调查； 2. 负责人和有关人员在事故调查期间不得擅离职守，应当随时接受事故调查组的调查，如实提供有关情况。	**查文件：** 事故调查报告。 **询问：** 有关人员如何配合事故调查。		1. 发生事故时，未积极配合政府组织的事故调查，扣 2 分； 2. 事故调查期间，负责人和有关人员擅离职守，1 人次扣 4 分； 3. 有关人员不清楚如何配合，1 人次扣 2 分。
		2. 未造成人员伤亡的一般事故，县级人民政府委托企业负责组织调查的，企业应按规定成立事故调查组组织调查，按时提交事故调查报告。	1. 按规定成立事故调查组，必要时请外部专家参加事故调查组； 2. 认真组织一般事故调查，按时提交事故调查报告。	**查文件：** 1. 事故管理规定； 2. 事故调查报告。 **询问：** 相关人员是否了解事故调查组要求、职责、一般事故调查程序。		1. 未按规定成立事故调查组，一项扣 2 分； 2. 未按"四不放过"原则进行事故调查、处理，一项扣 2 分； 3. 未及时提交事故调查报告，扣 2 分； 4. 相关人员不清楚调查要求，1 人次扣 1 分。
		3. 企业应落实事故整改和预防措施，防止事故再次发生。整改和预防措施应包括： （1）工程技术措施； （2）培训教育措施； （3）管理措施。	1. 制定并落实事故整改和预防措施； 2. 事故整改和预防措施要具体，有针对性和可操作性； 3. 检查事故整改情况和预防措施落实情况。	**查文件：** 事故调查报告。 **现场检查：** 有关事故整改和预防措施的落实情况。		1. 未制定或未落实事故整改和预防措施，一项扣 2 分； 2. 事故整改、预防措施不具体，缺乏针对性和可操作性，一项扣 1 分。
		4. 企业应建立事故档案和事故管理台账。	1. 建立事故管理台账，包括未遂事故； 2. 建立事故档案。	**查文件：** 1. 事故管理台账； 2. 事故档案； **询问：** 了解企业发生的事故与台账、档案是否相符。		1. 未建立事故管理台账，扣 5 分；内容不符合要求，一项扣 1 分； 2. 未建立事故管理档案，扣 5 分；内容不符合要求，扣 1 分； 3. 发生的事故与台账、档案不相符，一项扣 2 分。

续表

A级要素	B级要素	标准化要求	企业达标标准	评审方法	评审标准	
					否决项	扣分项
10 事故与应急(100分)	10.6 事故调查(15分)	4. 企业应建立事故档案和事故管理台账。	对涉险事故、未遂事故等安全事件(如事故征兆、非计划停工、异常工况、泄漏等),按照重大、较大、一般等级别,进行分级管理,制定整改措施。	**查文件:** 1. 事故管理制度; 2. 事故管理台账; 3. 已发生事件的调查处理报告。		1. 没有建立事件台账(扣分在台账及制度部分)。 2. 对事件没有进行调查,一项扣5分。
			二级企业已把承包商事故纳入本企业事故管理。	**查文件:** 1. 事故管理台账; 2. 已发生事件的调查处理报告。	未将承包商事故纳入本企业事故管理,扣100分(A级要素否决项)。	
11 检查与自评(100分)	11.1 安全检查(25分)	1. 企业应严格执行安全检查管理制度,定期或不定期进行安全检查,保证安全标准化有效实施。	明确各种安全检查的内容、频次和要求,开展安全检查。	**查文件:** 安全检查管理制度。		未明确各种安全检查的内容、频次和要求,缺少一项扣1分。
		2. 企业安全检查应有明确的目的、要求、内容和计划。各种安全检查均应编制安全检查表,安全检查表应包括检查项目、检查内容、检查标准或依据、检查结果等内容。	1. 制定安全检查计划,明确各种检查的目的、要求、内容和负责人; 2. 编制综合、专项、节假日、季节和日常安全检查表; 3. 各种安全检查表内容全面。	**查文件:** 1. 安全检查计划; 2. 各种安全检查表; 3. 安全检查表应用培训记录。		1. 未制定安全检查计划,扣2分; 2. 安全检查表不全,缺少一种扣2分; 3. 安全检查表内容不符合,一项扣1分; 4. 未开展安全检查表应用培训,扣2分。
		3. 企业各种安全检查表应作为企业有效文件,并在实际应用中不断完善。	1. 明确各种安全检查表的编制单位、审核人、批准人; 2. 每年评审修订各种安全检查表。	**查文件:** 1. 各种安全检查表; 2. 检查表评审修订记录。		1. 安全检查表缺少编制单位、审核人、批准人,一项不符合扣1分; 2. 安全检查表未定期评审修订,扣2分。
	11.2 安全检查形式与内容(25分)	1. 企业应根据安全检查计划,开展综合性检查、专业性检查、季节性检查、日常检查和节假日检查;各种安全检查均	1. 根据安全检查计划,按相应检查表开展各种安全检查; 2. 建立安全检查台账; 3. 检查结果与责任	**查文件:** 1. 安全检查台账; 2. 检查考核记录。		1. 未按规定开展安全检查,扣2分; 2. 未建立安全检查台账,扣2分;内容一项不符

续表

A级要素	B级要素	标准化要求	企业达标标准	评审方法	评审标准	
					否决项	扣分项
11检查与自评(100分)	11.2安全检查形式与内容(25分)	应按相应的安全检查表逐项检查，建立安全检查台账，并与责任制挂钩。	制挂钩。			合扣1分； 3. 检查结果未与责任制挂钩，一项不符合扣1分。
		2. 企业安全检查形式和内容应满足： （1）综合性检查应由相应级别的负责人负责组织，以落实岗位安全责任制为重点，各专业共同参与的全面安全检查。厂级综合性安全检查每季度不少于1次，车间级综合性安全检查每月不少于1次； （2）专业检查分别由各专业部门的负责人组织本系统人员进行，主要是对锅炉、压力容器、危险物品、电气装置、机械设备、构建筑物、安全装置、防火防爆、防尘防毒、监测仪器等进行专业检查。专业检查每半年不少于1次； （3）季节性检查由各业务部门的负责人组织本系统相关人员进行，是根据当地各季节特点对防火防爆、防雨防汛、防雷电、防暑降温、防风及防冻保暖工作等进行预防性季节检查。 （4）日常检查分岗位操作人员巡回检查和管理人员日常检查。岗位操作人员应认真履行岗位安全生产责任制，进行交接班检查和班中巡回检查，各级管理人员应	企业安全检查形式和内容应满足： （1）综合性检查应由相应级别的负责人负责组织，以落实岗位安全责任制为重点，各专业共同参与的全面安全检查。厂级综合性安全检查每季度不少于1次，车间级综合性安全检查每月不少于1次； （2）专业检查分别由各专业部门的负责人组织本系统人员进行，主要是对特种设备、危险物品、电气装置、机械设备、构建筑物、安全装置、防火防爆、防尘防毒、监测仪器等进行专业检查。专业检查每半年不少于1次； （3）季节性检查由各业务部门的负责人组织本系统相关人员进行，是根据当地各季节特点对防火防爆、防雨防汛、防雷电、防暑降温、防风及防冻保暖工作等进行预防性季节检查； （4）日常检查分岗位操作人员巡回检查和管理人员日常检查。岗位操作人员应认真履行岗位安全生产责任制，进行交接班检查和班中巡回检查，各级管理人员应在各自的业务范围内	**查文件：** 各种安全检查记录。		各种安全检查不符合标准要求，一项扣2分。

续表

A级要素	B级要素	标准化要求	企业达标标准	评审方法	评审标准	
					否决项	扣分项
11 检查与自评(100分)	11.2 安全检查形式与内容(25分)	在各自的业务范围内进行日常检查； (5) 节假日检查主要是对节假日前安全、保卫、消防、生产物资准备、备用设备、应急预案等方面进行的检查。	进行日常检查； (5) 节假日检查主要是对节假日前安全、保卫、消防、生产物资准备、备用设备、应急预案等方面进行的检查。			
	11.3 整改(20分)	1. 企业应对安全检查所查出的问题进行原因分析，制定整改措施，落实整改时间、责任人，并对整改情况进行验证，保存相应记录。	1. 对检查出的问题进行原因分析，及时进行整改； 2. 对整改情况进行验证； 3. 保存检查、整改和验证等相关记录。	**查文件：** 1. 安全检查台账； 2. 检查问题整改记录。		1. 未对安全检查所查出的问题进行原因分析，一项扣1分； 2. 未对安全检查所查出的问题进行整改，一项扣2分； 3. 未对整改情况进行验证，一项扣2分； 4. 未保存相应记录，一项扣2分。
		2. 企业各种检查的主管部门应对各级组织和人员检查出的问题和整改情况定期进行检查。	各种检查的主管部门对各级组织检查出的问题和整改情况定期检查。	**查文件：** 检查记录。		未对检查出的问题和整改情况定期检查，扣4分。
	11.4 自评(30分)	企业应每年至少1次对安全标准化运行进行自评，提出进一步完善安全标准化的计划和措施。	1. 明确自评时间； 2. 制定自评计划； 3. 编制自评检查表； 4. 建立自评组织； 5. 每年至少1次进行安全标准化自评； 6. 编制自评报告； 7. 提出进一步完善的计划和措施； 8. 对自评有关资料存档管理。	**查文件：** 1. 安全标准化自评管理制度； 2. 开展自评的相关文件资料； 3. 进一步完善的安全标准化工作的计划和措施。	未进行自评，扣100分(A级要素否决项)。	1. 自评文件不全，一项不符合扣1分； 2. 未制定并落实进一步完善计划和措施，扣2分； 3. 不符合项未整改，或整改不符合要求，一项扣2分。
12 本地区的要求			1. 地方人民政府及有关部门提出的安全生产具体要求； 2. 地方安全监管部门组织专家对工艺安全等安全生产条件及企业安全管理的改进意见。	**查文件：** 有关制度及台账、记录。 **现场检查：** 落实情况及整改效果。	未满足要求，A级要素否决项	

国家安全监管总局　工业和信息化部关于危险化学品企业贯彻落实《国务院关于进一步加强企业安全生产工作的通知》的实施意见

安监总管三〔2010〕186号

各省、自治区、直辖市及新疆生产建设兵团安全生产监督管理局、工业和信息化部门，有关中央企业：

为认真贯彻落实《国务院关于进一步加强企业安全生产工作的通知》(国发〔2010〕23号，以下简称国务院《通知》)精神，推动危险化学品企业(指生产、储存危险化学品的企业和使用危险化学品从事化工生产的企业)落实安全生产主体责任，全面加强和改进安全生产工作，建立和不断完善安全生产长效机制，切实提高安全生产水平，结合危险化学品企业(以下简称企业)安全生产特点，制定本实施意见。

一、强化安全生产体制、机制建设，建立健全企业全员安全生产责任体系

1. 建立和不断完善安全生产责任体系。坚持"谁主管、谁负责"的原则，明确企业主要负责人、分管负责人、各职能部门、各级管理人员、工程技术人员和岗位操作人员的安全生产职责，做到全员每个岗位都有明确的安全生产职责并与相应的职务、岗位匹配。

企业的主要负责人(包括企业法定代表人等其他主要负责人)是企业安全生产的第一责任人，对安全生产负总责。要认真贯彻落实党和国家安全生产的方针、政策，严格执行国家有关安全生产法律法规和标准，把安全生产纳入企业发展战略和长远规划，领导企业建立并不断完善安全生产的体制机制；建立健全安全生产责任制，建立和不断完善安全生产规章制度和操作规程；保证安全投入满足安全生产的需要；加强全体从业人员的安全教育和技能培训；督促检查安全生产工作，及时消除隐患；制定事故应急救援预案；及时、如实报告生产安全事故；履行安全监督与指导责任；定期听取安全生产工作汇报，研究新情况、解决新问题；大力推进安全管理信息化建设，积极采用先进适用技术。分管负责人要认真履行本岗位安全生产职责。

企业安全生产管理部门要加强对企业安全生产的综合管理，组织贯彻落实国家有关安全生产法律法规和标准；定期组织安全检查，及时排查和治理事故隐患；监督检查安全生产责任制和安全生产规章制度的落实。其他职能部门要按照本部门的职责，在各自的工作范围内，对安全生产负责。

各级管理人员要遵守安全生产规章制度和操作规程，不违章指挥，不违章作业，不强令从业人员冒险作业，对本岗位安全生产负责，发现直接危及人身安全的紧急情况时，要立即组织处理或者人员疏散。

岗位操作人员必须遵守安全生产规章制度、操作规程和劳动纪律，不违章作业、不违反劳动纪律；有权拒绝违章指挥，有权了解本岗位的职业危害；发现直接危及人身安全的紧急情况时，有权停止作业和撤离危险场所。

企业要不断完善安全生产责任制。要建立检查监督和考核奖惩机制，以确保安全生产责任制能够得到有效落实。

企业主要负责人要定期向安全监管部门和企业员工大会通报安全生产工作情况，主动接受全体员工监督；要充分发挥工会、共青团等群众组织在安全生产中的作用，鼓励并奖励员工积极举报事故隐患和不安全行为，推动企业安全生产全员参与、全员管理。

2. 建立和不断完善安全生产规章制度。企业要主动识别和获取与本企业有关的安全生产法律法规、标准和规范性文件，结合本企业安全生产特点，将法律法规的有关规定和标准的有关要求转化为企业安全生产规章制度或安全操作规程的具体内容，规范全体员工的行为。应建立至少包含以下内容的安全生产规章制度：安全生产例会，工艺管理，开停车管理，设备管理，电气管理，公用工程管理，施工与检维修(特别是动火作业、进入受限空间作业、高处作业、起重作业、临时用电作业、破土作业等)安全规程，安全技术措施管理，变更管理，巡回检查，安全检查和隐患排查治理；干部值班，事故管理，厂区交通安全，防火防爆，防尘防毒，防泄漏，重大危险源，关键装置与重点部位管理；危险化学品安全管理，承包商管理，劳动防护用品管理；安全教育培训，安全生产奖惩等。

要依据国家有关标准和规范，针对工艺、技术、设备设施特点和原材料、辅助材料、产品的特性，根据风险评价结果，及时完善操作规程，规范从业人员的操作行为，防范生产安全事故的发生。

安全生产规章制度、安全操作规程至少每 3 年评审和修订一次，发生重大变更应及时修订。修订完善后，要及时组织相关管理人员、作业人员培训学习，确保有效贯彻执行。

3. 加强安全生产管理机构建设。企业要设置安全生产管理机构或配备专职安全生产管理人员。安全生产管理机构要具备相对独立职能。专职安全生产管理人员应不少于企业员工总数的 2%(不足 50 人的企业至少配备 1 人)，要具备化工或安全管理相关专业中专以上学历，有从事化工生产相关工作 2 年以上经历，取得安全管理人员资格证书。

4. 建立和严格执行领导干部带班制度。企业要建立领导干部现场带班制度，带班领导负责指挥企业重大异常生产情况和突发事件的应急处置，抽查企业各项制度的执行情况，保障企业的连续安全生产。企业副总工程师以上领导干部要轮流带班。生产车间也要建立由管理人员参加的车间值班制度。要切实加强企业夜间和节假日值班工作，及时报告和处理异常情况和突发事件。

5. 及时排查治理事故隐患。企业要建立健全事故隐患排查治理和监控制度，逐级建立并落实从主要负责人到全体员工的隐患排查治理和监控机制。要将隐患排查治理纳入日常安全管理，形成全面覆盖、全员参与的隐患排查治理工作机制，使隐患排查治理工作制度化、常态化，做到隐患整改的措施、责任、资金、时限和预案"五到位"。建立事故隐患报告和举报奖励制度，动员、鼓励从业人员及时发现和消除事故隐患。对发现、消除和举报事故隐患的人员，应当给予奖励和表彰。

企业要建立生产工艺装置危险有害因素辨识和风险评估制度，定期开展全面的危险有害因素辨识，采用相应的安全评价方法进行风险评估，提出针对性的对策措施。企业要积极利用危险与可操作性分析(HAZOP)等先进科学的风险评估方法，全面排查本单位的事故隐患，提高安全生产水平。

6. 切实加强职业健康管理。企业要明确职业健康管理机构及其职责，完善职业健康管理制度，加强从业人员职业健康培训和健康监护、个体防护用品配备及使用管理，保障职业危害防治经费投入，完善职业危害防护设施，做好职业危害因素的检测、评价与治理，进行职业危害申报，按规定在可能发生急性职业损伤的场所设置报警、冲洗等设施，建立从业人员上岗前、岗中和离岗时的职业健康档案，切实保护劳动者的职业健康。

7. 建立健全安全生产投入保障机制。企业的安全投入要满足安全生产的需要。要严格执行安全生产费用提取使用管理制度，明确负责人，按时、足额提取和规范使用安全生产费用。安全生产费用的提取和使用要符合《高危行业企业安全生产费用财务管理暂行办法》(财企〔2006〕478 号)要求。主要负责人要为安全生产正常运行提供人力、财力、物力、技术等资源保障。企业要积极推行安全生产责任险，实现安全生产保障渠道多样化。

二、强化工艺过程安全管理，提升本质化安全水平

8. 加强建设项目安全管理。企业新建、改建、扩建危险化学品建设项目要严格按照《危险化学品建设项目安全许可实施办法》(国家安全监管总局令第 8 号)的规定执行，严格执行建设项目安全设施"三同时"制度。新建企业必须在化工园区或集中区建设。

建设项目必须由具备相应资质的单位负责设计、施工、监理。大型和采用危险化工工艺的装置，原则上要由具有甲级资质的化工设计单位设计。设计单位要严格遵守设计规范和标准，将安全技术与安全设施纳入初步设计方案，生产装置设计的自控水平要满足工艺安全的要求；大型和采用危险化工工艺的装置在初步设计完成后要进行 HAZOP 分析。施工单位要严格按设计图纸施工，保证质量，不得撤减安全设施项目。企业要对施工质量进行全过程监督。

建设项目建成试生产前，建设单位要组织设计、施工、监理和建设单位的工程技术人员进行“三查四定”(三查：查设计漏项、查工程质量、查工程隐患；四定：定任务、定人员、定时间、定整改措施)，聘请有经验的工程技术人员对项目试车和投料过程进行指导。试车和投料过程要严格按照设备管道试压、吹扫、气密、单机试车、仪表调校、联动试车、化工投料试生产的程序进行。试车引入化工物料(包括氮气、蒸汽等)后，建设单位要对试车过程的安全进行总协调和负总责。

9. 积极开展工艺过程风险分析。企业要按照《化工企业工艺安全管理实施导则》(AQ/T 3034—2010)要求，全面加强化工工艺安全管理。

企业应建立风险管理制度，积极组织开展危害辨识、风险分析工作。要从工艺、设备、仪表、控制、应急响应等方面开展系统的工艺过程风险分析，预防重特大事故的发生。

新开发的危险化学品生产工艺，必须在小试、中试、工业化试验的基础上逐步放大到工业化生产。国内首次采用的化工工艺，要通过省级有关部门组织专家组进行安全论证。

10. 确保设备设施完整性。企业要制定特种设备、安全设施、电气设备、仪表控制系统、安全联锁装置等日常维护保养管理制度，确保运行可靠；防雷防静电设施、安全阀、压力容器、仪器仪表等均应按照有关法规和标准进行定期检测检验。对风险较高的系统或装置，要加强在线检测或功能测试，保证设备、设施的完整性和生产装置的长周期安全稳定运行。

要加强公用工程系统管理，保证公用工程安全、稳定运行。供电、供热、供水、供气及污水处理等设施必须符合国家标准，要制定并落实公用工程系统维修计划，定期对公用工程设施进行维护、检查。使用外部公用工程的企业应与公用工程的供应单位建立规范的联系制度，明确检修维护、信息传递、应急处置等方面的程序和责任。

11. 大力提高工艺自动化控制与安全仪表水平。新建大型和危险程度高的化工装置，在设计阶段要进行仪表系统安全完整性等级评估，选用安全可靠的仪表、联锁控制系统，配备必要的有毒有害、可燃气体泄漏检测报警系统和火灾报警系统，提高装置安全可靠性。

重点危险化学品企业(剧毒化学品、易燃易爆化学品生产企业和涉及危险工艺的企业)要积极采用新技术，改造提升现有装置以满足安全生产的需要。工艺技术自动控制水平低的重点危险化学品企业要制定技术改造计划，尽快完成自动化控制技术改造，通过装备基本控制系统和安全仪表系统，提高生产装置本质安全化水平。

12. 加强变更管理。企业要制定并严格执行变更管理制度。对采用的新工艺、新设备、新材料、新方法等，要严格履行申请、安全论证审批、实施、验收的变更程序，实施变更前应对变更过程产生的风险进行分析和控制。任何未履行变更程序的变更，不得实施。任何超出变更批准范围和时限的变更必须重新履行变更程序。

13. 加强重大危险源管理。企业要按有关标准辨识重大危险源，建立健全重大危险源安全管理制度，落实重大危险源管理责任，制定重大危险源安全管理与监控方案，建立重大危险源安全管理档案，按照有关规定做好重大危险源备案工作。

要保证重大危险源安全管理与监控所必需的资金投入，定期检查维护，对存在事故隐患和缺陷的，要立即整改；重大危险源涉及的压力、温度、液位、泄漏报警等重要参数的测量要有远传和连续记录，液化气体、剧毒液体等重点储罐要设置紧急切断装置。要按照有关规定配备足够的消防、气防设施和器材，建立稳定可靠的消防系统，设置必要的视频监控系统，但不能以视频监控代替压力、温度、液位、泄漏报警等自动监控措施。

在重大危险源现场明显处设置安全警示牌、危险物质安全告知牌，并将重大危险源可能发生事故的危害后果、应急措施等信息告知周边单位和有关人员。

14. 高度重视储运环节的安全管理。制订和不断完善危险化学品收、储、装、卸、运等环节安全管理制度，严格产品收储管理。根据危险化学品的特点，合理选用合适的液位测量仪表，实现储罐收料液位动态监控。建立储罐区高效的应急响应和快速灭火系统；加强危险化学品输送管道安全管理，对经过社会公共区域的危险化学品输送管道，要完善标志标识，明确管理责任，建立和落实定期巡线制度。要采取有效措施将危险化学品输送管道危险性告知沿途的所有单位和居民。严防占压危险化学品输送管道。道路运输危险化学品的专用车辆，要在 2011 年底前全部安装使用具有行驶记录功能的卫星定位装置。在危险化学品槽车充装环节，推广使用金属万向管道充装系统代替充装软管，禁止使用软管充装液氯、液氨、液化石油气、液化天然气等液化危险化学品。

15. 加快安全生产先进技术研发和应用。企业应积极开发具有安全生产保障能力的关键技术和装备。鼓励企业采用先进适用的工艺、技术和装备，淘汰落后的技术、工艺和装备。加快对化工园区整体安全、大型油库、事故状态下危害控制技术和危险化学品输送管道安全防护等技术研究。

三、加强作业过程管理，确保现场作业安全

16. 开展作业前风险分析。企业要根据生产操作、工程建设、检维修、维护保养等作业的特点，全面开展作业前风险分析。要根据风险分析的结果采取相应的预防和控制措施，消除或降低作业风险。

作业前风险分析的内容要涵盖作业过程的步骤、作业所使用的工具和设备、作业环境的特点以及作业人员的情况等。未实施作业前风险分析、预防控制措施不落实不得作业。

17. 严格作业许可管理。企业要建立作业许可制度，对动火作业、进入受限空间作业、破土作业、临时用电作业、高处作业、起重作业、抽堵盲板作业、设备检维修作业等危险性作业实施许可管理。

作业前要明确作业过程中所有相关人员的职责，明确安全作业规程或标准，确保作业过程涉及到的人员都经过了适当的培训并具备相应资质，参与作业的所有人员都应掌握作业的范围、风险和相应的预防和控制措施。必要时，作业前要进行预案演练。无关人员禁止进入危险作业场所。

企业应加强对作业对象、作业环境和作业过程的安全监管和风险控制，制定相应的安全防范措施，按规定程序进行作业许可证的会签审批。进行作业前，对作业任务和安全措施要进一步确认，施工过程中要及时纠正违章行为，发现异常现象时要立即停止作业，消除隐患后方可继续作业，认真组织施工收尾前的安全检查确认。

18. 加强作业过程监督。企业要加强对作业过程的监督，对所有作业，特别是需要办理作业许可证的作业，都要明确专人进行监督和管理，以便于识别现场条件有无变化、初始办理的作业许可能否覆盖现有作业任务。进行监督和管理的人员应是作业许可审批人或其授权人员，须具备基本救护技能和作业现场的应急处理能力。

(1)加强动火作业的安全管理。凡在安全动火管理范围内进行动火作业，必须对作业对象和环境进行危害分析和可燃气体检测分析，必须按程序办理和签发动火作业许可证，必须现场检查和确认安全措施的落实情况，必须安排熟悉作业部位及周边安全状况、且具备基本救护技能和作业现场应急处理能力的企业人员进行全过程监护。

(2)加强进入受限空间作业的安全管理。进入受限空间作业前，必须按规定进行安全处理和可燃、有毒有害气体和氧含量检测分析，必须办理进入受限空间作业许可证，必须检查隔离措施、通风排毒、呼吸防护及逃生救护措施的可靠性，防止出现有毒有害气体串入、呼吸防护器材失效、风源污染等危险因素，必须安排具备基本救护技能和作业现场应急处理能力的企业人员进行全过程监护。

(3)加强高处作业、临时用电、破土作业、起重作业、抽堵盲板作业的安全管理。作业人员在2米以上的高处作业时，必须系好安全带，在15米以上的高处作业时，必须办理高处作业许可证，系好安全带，禁止从高处抛扔工具、物体和杂物等。临时用电作业必须办理临时用电作业许可证，在易燃易爆区必须同时办理动火作业许可证，进入受限空间作业必须使用安全电压和防爆灯具。移动式电器具要装有漏电保护装置，做到“一机一闸一保护”。破土作业必须办理破土作业许可证，情况复杂区域尽量避免采用机械破土作业，防止损坏地下电缆、管道，严禁在施工现场堆积泥土覆盖设备仪表和堵塞消防通道，未及时完成施工的地沟、井、槽应悬挂醒目的警示标志。起重作业必须办理起重作业许可证，起重机械必须按规定进行检验，大中型设备、构件或小型设备在特殊条件下起重应编制起重方案及安全措施，吊件吊装必须设置溜绳，防止碰坏周围设施。大件运输时必须对其所经路线的框架、管线、桥涵及其他构筑物的宽度、高度及承重能力进行测量核算，编制运输方案。盲板抽堵作业必须办理盲板抽堵作业许可证，盲板材质、尺寸必须符合设备安全要求，必须安排专人负责执行、确认和标识管理，高处、有毒及有其他危险的盲板抽堵作业，必须根据危害分析的结果，采取防毒、防坠落、防烫伤、防酸碱的综合防护措施。

19. 加强对承包商的管理。企业要加强对承担工程建设、检维修、维护保养的承包商的管理。要对承包商进行资质审查，选择具备相应资质、安全业绩好的企业作为承包商，要对进入企业的承包商人员进行全员安全教育，向承包商进行作业现场安全交底，对承包商的安全作业规程、施工方案和应急预案进行审查，对承包商的作业过程进行全过程监督。

承包商作业时要执行与企业完全一致的安全作业标准。严格控制工程分包，严禁层层转包。

四、实施规范化安全培训管理，提高全员安全意识和操作技能

20. 进一步规范和强化企业安全培训教育管理。企业要制定安全培训教育管理制度，编制年度安全培训教育计划，制定安全培训教育方案，建立培训档案，实施持续不断的安全培训教育，使从业人员满足本岗位对安全生产知识和操作技能的要求。

强化从业人员安全培训教育。企业必须对新录用的员工(包括临时工、合同工、劳务工、轮换工、协议工等)进行强制性安全培训教育，经过厂、车间、班组三级安全培训教育，保证其了解危险化学品安全生产相关的法律法规，熟悉从业人员安全生产的权利和义务；掌握安全生产基本常识及操作规程；具备对工作环境的危险因素进行分析的能力；掌握应急处置、个人防险、避灾、自救方法；熟悉劳动防护用品的使用和维护，经考核合格后方可上岗作业。对转岗、脱离岗位1年(含)以上的从业人员，要进行车间级和班组级安全培训教育，经考核合格后，方可上岗作业。

新建企业要在装置建成试车前6个月(至少)完成全部管理人员和操作人员的聘用、招工工作，进行安全培训，经考核合格后，方可上岗作业；新工艺、新设备、新材料、新方法投用前，要按新的操作规程，对岗位操作人员和相关人员进行专门教育培训，经考核合格后，方可上岗作业。

21. 企业主要负责人和安全生产管理人员要主动接受安全管理资格培训考核。企业的主要负责人和安全生产管理人员必须接受具有相应资质培训机构组织的培训，参加相关部门组织的考试(考核)，取得安全管理资格证书。企业主要负责人应了解国家新发布的法律、法规；掌握安全管理知识和技能；具有一定的企业安全管理经验。安全生产管理人员应掌握国家有关法律法规；掌握风险管理、隐患排查、应急管理和事故调查等专项技能、方法和手段。

22. 加强特种作业人员资格培训。特种作业人员须参加由具有特种作业人员培训资质的机构举办的培训，掌握与其所从事的特种作业相应的安全技术理论知识和实际操作技能，经相关部门考核合格，取得特种作业操作证后，持证上岗。

五、加强应急管理，提高应急响应水平

23. 建立健全企业应急体系。企业要依据国家相关法律法规及标准要求，建立、健全应急组织和专(兼)职应急队伍，明确职责。鼓励企业与周边其他企业签订应急救援和应急协议，提高应对突发事件的能力。

企业应依据对安全生产风险的评估结果和国家有关规定，配置与抵御企业风险要求相适应的应急装备、物资，做好应急装备、物资的日常管理维护，满足应急的需要。

大中型和有条件的企业应建设具有日常应急管理、风险分析、监测监控、预测预警、动态决策、应急联动等功能的应急指挥平台。

24. 完善应急预案管理。企业应依据国家相关法规及标准要求，规范应急预案的编制、评审、发布、备案、培训、演练和修订等环节的管理。企业的应急预案要与周边相关企业(单位)和当地政府应急预案相互衔接，形成应急联动机制。

要在做好风险分析和应急能力评估的基础上分级制定应急预案。要针对重大危险源和危险目标，做好基层作业场所的现场处置方案。现场处置方案的编制要简明、可操作，应针对岗位生产、设备及其次生灾害事故的特点，制定具体的报警报告、生产处理、灾害扑救程序，做到一事一案或一岗一案。在预案编制过程中要始终把从业人员及周边居民的人身安全和环境保护作为事故应急响应的首要任务，赋予企业生产现场的带班人员、班组长、生产调度人员在遇到险情时第一时间下达停产撤人的直接决策权和指挥权，提高突发事件初期处置能力，最大程度地减少或避免事故造成的人员伤亡。

企业要积极进行危险化学品登记工作，落实危害信息告知制度，定期组织开展各层次的应急预案演练、培训和危害告知，及时补充和完善应急预案，不断提高应急预案的针对性和可操作性，增强企业应急响应能力。

25. 建立完善企业安全生产预警机制。企业要建立完善安全生产动态监控及预警预报体系，每月进行一次安全生产风险分析。发现事故征兆要立即发布预警信息，落实防范和应急处置措施。对重大危险源和重大隐患要报当地安全生产监管部门和行业管理部门备案。

六、加强事故事件管理，进一步提升事故防范能力

26. 加强安全事件管理。企业应对涉险事故、未遂事故等安全事件(如生产事故征兆、非计划停工、异常工况、泄漏等)，按照重大、较大、一般等级别，进行分级管理，制定整改措施，防患于未然；建立安全事故事件报告激励机制，鼓励员工和基层单位报告安全事件，使企业安全生产管理由单一事后处罚，转向事前奖励与事后处罚相结合；强化事故事前控制，关口前移，积极消除不安全行为和不安全状态，把事故消灭在萌芽状态。

27. 加强事故管理。企业要根据国家相关法律、法规和标准的要求，制定本企业的事故管理制度，规范事故调查工作，保证调查结论的客观完整性；事故发生后，要按照事故等级、分类时限，上报政府有关部门，并按照相关规定，积极配合政府有关部门开展事故调查工作。事故调查处理应坚持“四不放过”和“依法依规、实事求是、注重实效”的原则。

28. 深入分析事故事件原因。企业要根据国家相关法律、法规和标准的规定，运用科学的事故分析手段，深入剖析事故事件的原因，找出安全管理体系的漏洞，从整体上提出整改措施，改善安全管理体系。

29. 切实吸取事故教训。建立事故通报制度，及时通报本企业发生的事故，组织员工学习事故经验教训，完善相应的操作规程和管理制度，共同探讨事故防范措施，防范类似事故的再次发生；对国内外同行业发生的重大事故，要主动收集事故信息，加强学习和研究，对照本企业的生产现状，借鉴同行业事故暴露出的问题，查找事故隐患和类似的风险，警示本企业员工，落实防范措施；

充分利用现代网络信息平台，建立事故事件快报制度和案例信息库，实现基层单位、基层员工及时上报、及时查寻、及时共享事故事件资源，促进全员安全意识的提高；充分利用事故案例资源，提高安全教育培训的针对性和有效性；对本单位、相关单位在一段时间内发生的所有事故事件进行统计分析，研究事故事件发生的特点、趋势，制定防范事故的总体策略。

七、严格检查和考核，促进管理制度的有效执行

30. 加强安全生产监督检查。企业要完善安全生产监督检查制度，采取定期和不定期的形式对各项管理制度以及安全管理要求落实情况进行监督检查。

企业安全检查分日常检查、专业性检查、季节性检查、节假日检查和综合性检查。日常检查应根据管理层次、不同岗位与职责定期进行，班组和岗位员工应进行交接班检查和班中不间断地巡回检查，基层单位(车间)和企业应根据实际情况进行周检、月检和季检。专业检查分别由各专业部门负责定期进行。季节性检查和节假日检查由企业根据季节和节假日特点组织进行。综合性检查由厂和车间分别负责定期进行。

中小企业可聘请外部专家对企业进行安全检查，鼓励企业聘请外部机构对企业进行安全管理评估或安全审核。

企业应对检查发现的问题或外部评估的问题及时进行整改，并对整改情况进行验证。企业应分析形成问题的原因，以便采取措施，避免同类或类似问题再次发生。

31. 严格绩效考核。企业应对安全生产情况进行绩效考核。要设置绩效考核指标，绩效考核指标要包含人身伤害、泄漏、着火和爆炸事故等情况，以及内部检查的结果、外部检查的结果和安全生产基础工作情况、安全生产各项制度的执行情况等。要建立员工安全生产行为准则，对员工的安全生产表现进行考核。

八、全面开展安全生产标准化建设，持续提升企业安全管理水平

32. 全面开展安全达标。企业要全面贯彻落实《企业安全生产标准化基本规范》(AQ/T 9006—2010)、《危险化学品从业单位安全标准化通用规范》(AQ 3013—2008)，积极开展安全生产标准化工作。要通过开展岗位达标、专业达标，推进企业的安全生产标准化工作，不断提高企业安全管理水平。

要确定“岗位达标”标准，包括建立健全岗位安全生产职责和操作规程，明确从业人员作业时的具体做法和注意事项。从业人员要学习、掌握、落实标准，形成良好的作业习惯和规范的作业行为。企业要依据“岗位达标”标准中的各项要求进行考核，通过理论考试、实际操作考核、评议等方法，全面客观地反映每位从业人员的岗位技能情况，实现岗位达标，从而确保减少人为事故。

要确定“专业达标”标准，明确所涉及的专业定位，进行科学、精细的分类管理。按月评、季评、抽查和年综合考评相结合的方式对专业业绩进行评估，对不具备专业能力的实行资格淘汰，建立优胜劣汰的良性循环机制，使企业专业化管理水平不断提高，提高生产力效率及风险控制水平。

企业在开展安全生产标准化时，要借助有经验的专业人员查找企业安全生产存在的问题，从安全管理制度、安全生产条件、制度执行和人员素质等方面逐项改进，建立完善的安全生产标准化体系，实现企业安全生产标准化达标。通过开展安全生产标准化达标工作，进一步强化落实安全生产“双基”(基层、基础)工作，不断提高企业的安全管理水平和安全生产保障能力。

33. 深入开展安全文化建设。企业要按照《企业安全文化建设导则》(AQ/T 9004—2008)要求，充分考虑企业自身安全生产的特点和内、外部的文化特征，积极开展和加强安全文化建设，提高从业人员的安全意识和遵章守纪的自觉性，逐渐消除“三违”现象。主要负责人是企业安全文化的倡导者和企业安全文化建设的直接责任者。

企业安全文化建设，可以通过建立健全安全生产责任制，系统的风险辨识、评价、控制等措施促进管理层安全意识与管理素质的提高，避免违章指挥，提高管理水平。通过各种安全教育和安全活动，强化作业人员安全意识、规范操作行为，杜绝违章作业、违反劳动纪律的现象和行为，提高安全技能。企业要结合全面开展安全生产标准化工作，大力推进企业安全文化建设，使企业安全生产水平持续提高，从根本上建立安全生产的长效机制。

九、切实加强危险化学品安全生产的监督和指导管理

34. 进一步加大安全监管力度。地方各级政府有关部门要从加强安全生产和保障社会公共安全的角度审视加强危险化学品安全生产工作的重要性，强化对危险化学品安全生产工作的组织领导。安全监管部门、负有危险化学品安全生产监管职责的有关部门和工业管理部门要按职责分工，创新监管思路，监督指导企业建立和不断完善安全生产长效机制。要以监督指导企业主要负责人切实落实安全生产职责、建立和不断完善并严格履行全员安全生产责任制、建立和不断完善并严格执行各项安全生产规章制度、建立安全生产投入保障机制、强化隐患排查治理、加强安全教育与培训、加强重大危险源监控和应急工作、加强承包商管理为重点，推动企业切实履行安全生产主体责任。

35. 制定落实化工行业安全发展规划，严格危险化学品安全生产准入。各地区、各有关部门要把危险化学品安全生产作为重要内容纳入本地区、本部门安全生产总体规划布局，推动各地做好化工行业安全发展规划，规划化工园区(化工集中区)，确定危险化学品储存专门区域，新建化工项目必须进入化工园区(化工集中区)。各地区要大力支持有效消除重大安全隐患的技术改造和搬迁项目，推动现有风险大的化工企业搬迁进入化工园区(化工集中区)，防范企业危险化学品事故影响社会公共安全。

严格危险化学品安全生产许可制度。严把危险化学品安全生产许可证申请、延期和变更审查关，逐步提高安全准入条件，持续提高安全准入门槛。要紧紧抓住当前转变经济发展方式和调整产业结构的有利时机，对不符合有关安全标准、安全保障能力差、职业危害严重、危及安全生产等落后的化工技术、工艺和装备要列入产业结构调整指导目录，明令禁止使用，予以强制淘汰。加强危险化学品经营许可的管理，对于带有储存的经营许可申请要严格把关。严格执行《危险化学品建设项目安全许可实施办法》，对新建、改建、扩建危险化学品生产、储存装置和设施项目，进行建设项目设立安全审查、安全设施设计的审查、试生产方案备案和竣工验收。加强对化工建设项目设计单位的安全管理，提高化工建设项目安全设计水平和新建化工装置本质安全度。

36. 加强对化工园区、大型石油储罐区和危险化学品输送管道的安全监管。科学规划化工园区，从严控制化工园区的数量。化工园区要做整体风险评估，化工园区内企业整体布局要统一科学规划。化工园区要有专门的安全监管机构，要有统一的一体化应急系统，提高化工园区管理水平。

要加强大型石油储罐区的安全监管。大型石油储罐区选址要科学合理，储罐区的罐容总量和储罐区的总体布局要满足安全生产的需要，涉及多家企业(单位)大型石油储罐区要建立统一的安全生产管理和应急保障系统。

切实加强危险化学品输送管道的安全监管。各地区要明确辖区内危险化学品输送管道安全监管工作的牵头部门，对辖区内危险化学品输送管道开展全面排查，摸清有关情况。特别是要摸清辖区内穿越公共区域以及公共区域内地下危险化学品输送管道的情况，并建立长期档案。针对地下危险化学品输送管道普遍存在的违章建筑占压和安全距离不够的问题，切实采取有效措施加强监管，要组织开展集中整治，彻底消除隐患。要督促有关企业进一步落实安全生产责任，完善危险化学品管道标志和警示标识，健全有关资料档案；落实管理责任，对危险化学品输送管道定期进行检测，加强日常巡线，发现隐患及时处置。确保危险化学品输送管道及其附属设施的安全运行。

37. 加强城市危险化学品安全监管。各地区要严格执行城市发展规划，严格限制在城市人口密集区周边建立涉及危险化学品的企业(单位)。要督促指导城区内危险化学品重大危险源企业(单位)，认真落实危险化学品重大危险源安全管理责任，采用先进的仪表自动监控系统强化监控措施，确保重大危险源安全。要加强对城市危险化学品重大危险源的安全监管，明确责任，加大监督检查的频次和力度。要进一步发挥危险化学品安全生产部门联席会议制度的作用，制定政策措施，积极推动城区内危险化学品企业搬迁工作。

38. 严格执行危险化学品重大隐患政府挂牌督办制度，严肃查处危险化学品生产安全事故。各地要按国务院《通知》的有关要求，对危险化学品重大隐患治理实行下达整改指令和逐级挂牌督办、公告制度。对存在重大隐患限期不能整改的企业，要依法责令停产整改。要按照“四不放过”和“依法依规、实事求是、注重实效”的原则，严肃查处危险化学品生产安全事故。要在认真分析事故技术原因的同时，彻底查清事故的管理原因，不断完善安全生产规章制度和法规标准。要监督企业制定有针对性防范措施并限期落实。对发生的危险化学品事故除依法追究有关责任人的责任外，发生较大以上死亡事故的企业依法要停产整顿；情节严重的要依法暂扣安全生产许可证；情节特别严重的要依法吊销安全生产许可证。对发生重大事故或一年内发生两次以上较大事故的企业，一年内禁止新建和扩建危险化学品建设项目。

企业要认真学习、深刻领会国务院《通知》精神，依据本实施意见并结合企业安全生产实际，制定具体的落实本实施意见的工作方案，并积极采取措施确保工作方案得到有效实施，建立安全生产长效机制，持续改进安全绩效，切实落实企业安全生产主体责任，全面提高安全生产水平。

各地工业和信息化主管部门要切实落实安全生产指导管理职责。制定落实危险化学品布局规划，按照产业集聚和节约用地原则，统筹区域环境容量、安全容量，充分考虑区域产业链的合理性，有序规划化工园区（化工集中区），推动现有风险大的化工企业搬迁进入园区，规范区域产业转移政策，加大安全保障能力低的项目和企业淘汰力度；提高行业准入条件，加快产业重组与淘汰落后，优化产业结构和布局，将安全风险大的落后能力列入淘汰落后产能目录；加大安全生产技术改造的支持力度，优先安排有效消除重大安全隐患的技术改造、搬迁和信息化建设项目。

各级安全监管部门和工业主管部门要根据国务院《通知》和本实施意见，结合当地实际，加强对企业落实国务院《通知》和本实施意见工作的监督和指导，推动企业切实贯彻落实好国务院《通知》和本实施意见的有关要求，努力尽快实现本地区危险化学品安全生产形势根本好转。

国家安全生产监督管理总局
工业和信息化部
2010 年 11 月 3 日

国家安全监管总局关于公布首批重点监管的危险化工工艺目录的通知

安监总管三〔2009〕116号

各省、自治区、直辖市及新疆生产建设兵团安全生产监督管理局，有关中央企业：

为贯彻落实《国务院安委会办公室关于进一步加强危险化学品安全生产工作的指导意见》(安委办〔2008〕26号，以下简称《指导意见》)有关要求，提高化工生产装置和危险化学品储存设施本质安全水平，指导各地对涉及危险化工工艺的生产装置进行自动化改造，国家安全监管总局组织编制了《首批重点监管的危险化工工艺目录》和《首批重点监管的危险化工工艺安全控制要求、重点监控参数及推荐的控制方案》，现予公布，并就有关事项通知如下：

一、化工企业要按照《首批重点监管的危险化工工艺目录》、《首批重点监管的危险化工工艺安全控制要求、重点监控参数及推荐的控制方案》要求，对照本企业采用的危险化工工艺及其特点，确定重点监控的工艺参数，装备和完善自动控制系统，大型和高度危险化工装置要按照推荐的控制方案装备紧急停车系统。今后，采用危险化工工艺的新建生产装置原则上要由甲级资质化工设计单位进行设计。

二、各地安全监管部门要根据《指导意见》的要求，对本辖区化工企业采用危险化工工艺的生产装置自动化改造工作，要制定计划、落实措施、加快推进，力争在2010年底前完成所有采用危险化工工艺的生产装置自动化改造工作，促进化工企业安全生产条件的进一步改善。

三、在涉及危险化工工艺的生产装置自动化改造过程中，各有关单位如果发现《首批重点监管的危险化工工艺目录》和《首批重点监管的危险化工工艺安全控制要求、重点监控参数及推荐的控制方案》存在问题，请认真研究提出处理意见，并及时反馈国家安全监管总局(安全监督管理三司)。各地安全监管部门也可根据当地化工产业和安全生产的特点，补充和确定本辖区重点监管的危险化工工艺目录。

四、请各省级安全监管局将本通知转发给辖区内(或者所属)的化工企业，并抄送从事化工建设项目设计的单位，以及有关具有乙级资质的安全评价机构。

附件：1. 首批重点监管的危险化工工艺目录

2. 首批重点监管的危险化工工艺安全控制要求、重点监控参数及推荐的控制方案

国家安全生产监督管理总局

2009 年 6 月 12 日

附件 1

首批重点监管的危险化工工艺目录

一、光气及光气化工艺
二、电解工艺(氯碱)
三、氯化工艺
四、硝化工艺
五、合成氨工艺
六、裂解(裂化)工艺
七、氟化工艺
八、加氢工艺
九、重氮化工艺
十、氧化工艺
十一、过氧化工艺
十二、胺基化工艺
十三、磺化工艺
十四、聚合工艺
十五、烷基化工艺

附件 2

首批重点监管的危险化工工艺安全控制要求、重点监控参数及推荐的控制方案

1. 光气及光气化工艺

<table>
<tr><td>反应类型</td><td>放热反应</td><td>重点监控单元</td><td>光气化反应釜、
光气储运单元</td></tr>
<tr><td colspan="4">工艺简介</td></tr>
<tr><td colspan="4">光气及光气化工艺包含光气的制备工艺，以及以光气为原料制备光气化产品的工艺路线，光气化工艺主要分为气相和液相两种。</td></tr>
<tr><td colspan="4">工艺危险特点</td></tr>
<tr><td colspan="4">(1) 光气为剧毒气体，在储运、使用过程中发生泄漏后，易造成大面积污染、中毒事故；
(2)反应介质具有燃爆危险性；
(3)副产物氯化氢具有腐蚀性，易造成设备和管线泄漏使人员发生中毒事故。</td></tr>
<tr><td colspan="4">典型工艺</td></tr>
<tr><td colspan="4">一氧化碳与氯气的反应得到光气；
光气合成双光气、三光气；
采用光气作单体合成聚碳酸酯；
甲苯二异氰酸酯(TDI)的制备；
4，4′-二苯基甲烷二异氰酸酯(MDI)的制备等。</td></tr>
<tr><td colspan="4">重点监控工艺参数</td></tr>
<tr><td colspan="4">一氧化碳、氯气含水量；反应釜温度、压力；反应物质的配料比；光气进料速度；冷却系统中冷却介质的温度、压力、流量等。</td></tr>
<tr><td colspan="4">安全控制的基本要求</td></tr>
<tr><td colspan="4">事故紧急切断阀；紧急冷却系统；反应釜温度、压力报警联锁；局部排风设施；有毒气体回收及处理系统；自动泄压装置；自动氨或碱液喷淋装置；光气、氯气、一氧化碳监测及超限报警；双电源供电。</td></tr>
<tr><td colspan="4">宜采用的控制方式</td></tr>
<tr><td colspan="4">光气及光气化生产系统一旦出现异常现象或发生光气及其剧毒产品泄漏事故时，应通过自控联锁装置启动紧急停车并自动切断所有进出生产装置的物料，将反应装置迅速冷却降温，同时将发生事故设备内的剧毒物料导入事故槽内，开启氨水、稀碱液喷淋，启动通风排毒系统，将事故部位的有毒气体排至处理系统。</td></tr>
</table>

2. 电解工艺(氯碱)

<table>
<tr><td>反应类型</td><td>吸热反应</td><td>重点监控单元</td><td>电解槽、氯气储运单元</td></tr>
<tr><td colspan="4">工艺简介</td></tr>
<tr><td colspan="4">电流通过电解质溶液或熔融电解质时，在两个极上所引起的化学变化称为电解反应。涉及电解反应的工艺过程为电解工艺。许多基本化学工业产品(氢、氧、氯、烧碱、过氧化氢等)的制备，都是通过电解来实现的。</td></tr>
<tr><td colspan="4">工艺危险特点</td></tr>
<tr><td colspan="4">(1)电解食盐水过程中产生的氢气是极易燃烧的气体，氯气是氧化性很强的剧毒气体，两种气体混合极易发生爆炸，当氯气中含氢量达到5%以上，则随时可能在光照或受热情况下发生爆炸；
(2)如果盐水中存在的铵盐超标，在适宜的条件(pH<4. 5)下，铵盐和氯作用可生成氯化铵，浓氯化铵溶液与氯还可生成黄色油状的三氯化氮。三氯化氮是一种爆炸性物质，与许多有机物接触或加热至90℃以上以及被撞击、摩擦等，即发生剧烈的分解而爆炸；
(3)电解溶液腐蚀性强；
(4)液氯的生产、储存、包装、输送、运输可能发生液氯的泄漏。</td></tr>
<tr><td colspan="4">典型工艺</td></tr>
<tr><td colspan="4">氯化钠(食盐)水溶液电解生产氯气、氢氧化钠、氢气；
氯化钾水溶液电解生产氯气、氢氧化钾、氢气。</td></tr>
<tr><td colspan="4">重点监控工艺参数</td></tr>
<tr><td colspan="4">电解槽内液位；电解槽内电流和电压；电解槽进出物料流量；可燃和有毒气体浓度；电解槽的温度和压力；原料中铵含量；氯气杂质含量(水、氢气、氧气、三氯化氮等)等。</td></tr>
<tr><td colspan="4">安全控制的基本要求</td></tr>
<tr><td colspan="4">电解槽温度、压力、液位、流量报警和联锁；电解供电整流装置与电解槽供电的报警和联锁；紧急联锁切断装置；事故状态下氯气吸收中和系统；可燃和有毒气体检测报警装置等。</td></tr>
<tr><td colspan="4">宜采用的控制方式</td></tr>
<tr><td colspan="4">将电解槽内压力、槽电压等形成联锁关系，系统设立联锁停车系统。
安全设施，包括安全阀、高压阀、紧急排放阀、液位计、单向阀及紧急切断装置等。</td></tr>
</table>

3. 氯化工艺

<table>
<tr><td>反应类型</td><td>放热反应</td><td>重点监控单元</td><td>氯化反应釜、氯气储运单元</td></tr>
<tr><td colspan="4">工艺简介</td></tr>
<tr><td colspan="4">氯化是化合物的分子中引入氯原子的反应，包含氯化反应的工艺过程为氯化工艺，主要包括取代氯化、加成氯化、氧氯化等。</td></tr>
</table>

续表

工艺危险特点
(1)氯化反应是一个放热过程，尤其在较高温度下进行氯化，反应更为剧烈，速度快，放热量较大； (2)所用的原料大多具有燃爆危险性； (3)常用的氯化剂氯气本身为剧毒化学品，氧化性强，储存压力较高，多数氯化工艺采用液氯生产是先汽化再氯化，一旦泄漏危险性较大； (4)氯气中的杂质，如水、氢气、氧气、三氯化氮等，在使用中易发生危险，特别是三氯化氮积累后，容易引发爆炸危险； (5)生成的氯化氢气体遇水后腐蚀性强； (6)氯化反应尾气可能形成爆炸性混合物。
典型工艺
(1)取代氯化 氯取代烷烃的氢原子制备氯代烷烃； 氯取代苯的氢原子生产六氯化苯； 氯取代萘的氢原子生产多氯化萘； 甲醇与氯反应生产氯甲烷； 乙醇和氯反应生产氯乙烷(氯乙醛类)； 醋酸与氯反应生产氯乙酸； 氯取代甲苯的氢原子生产苄基氯等。 (2)加成氯化 乙烯与氯加成氯化生产1，2-二氯乙烷； 乙炔与氯加成氯化生产1，2-二氯乙烯； 乙炔和氯化氢加成生产氯乙烯等。 (3)氧氯化 乙烯氧氯化生产二氯乙烷； 丙烯氧氯化生产1，2-二氯丙烷； 甲烷氧氯化生产甲烷氯化物； 丙烷氧氯化生产丙烷氯化物等。 (4)其他工艺 硫与氯反应生成一氯化硫； 四氯化钛的制备； 黄磷与氯气反应生产三氯化磷、五氯化磷等。
重点监控工艺参数
氯化反应釜温度和压力；氯化反应釜搅拌速率；反应物料的配比；氯化剂进料流量；冷却系统中冷却介质的温度、压力、流量等；氯气杂质含量(水、氢气、氧气、三氯化氮等)；氯化反应尾气组成等。
安全控制的基本要求
反应釜温度和压力的报警和联锁；反应物料的比例控制和联锁；搅拌的稳定控制；进料缓冲器；紧急进料切断系统；紧急冷却系统；安全泄放系统；事故状态下氯气吸收中和系统；可燃和有毒气体检测报警装置等。

续表

宜采用的控制方式
将氯化反应釜内温度、压力与釜内搅拌、氯化剂流量、氯化反应釜夹套冷却水进水阀形成联锁关系，设立紧急停车系统。 安全设施，包括安全阀、高压阀、紧急放空阀、液位计、单向阀及紧急切断装置等。

4. 硝化工艺

反应类型	放热反应	重点监控单元	硝化反应釜、分离单元
工艺简介			
硝化是有机化合物分子中引入硝基($-NO_2$)的反应，最常见的是取代反应。硝化方法可分成直接硝化法、间接硝化法和亚硝化法，分别用于生产硝基化合物、硝胺、硝酸酯和亚硝基化合物等。涉及硝化反应的工艺过程为硝化工艺。			
工艺危险特点			
(1)反应速度快，放热量大。大多数硝化反应是在非均相中进行的，反应组分的不均匀分布容易引起局部过热导致危险。尤其在硝化反应开始阶段，停止搅拌或由于搅拌叶片脱落等造成搅拌失效是非常危险的，一旦搅拌再次开动，就会突然引发局部激烈反应，瞬间释放大量的热量，引起爆炸事故； (2)反应物料具有燃爆危险性； (3)硝化剂具有强腐蚀性、强氧化性，与油脂、有机化合物(尤其是不饱和有机化合物)接触能引起燃烧或爆炸； (4)硝化产物、副产物具有爆炸危险性。			
典型工艺			
(1)直接硝化法 丙三醇与混酸反应制备硝酸甘油； 氯苯硝化制备邻硝基氯苯、对硝基氯苯； 苯硝化制备硝基苯； 蒽醌硝化制备 1-硝基蒽醌； 甲苯硝化生产三硝基甲苯(俗称梯恩梯，TNT)； 丙烷等烷烃与硝酸通过气相反应制备硝基烷烃等。 (2)间接硝化法 苯酚采用磺酰基的取代硝化制备苦味酸等。 (3)亚硝化法 2-萘酚与亚硝酸盐反应制备 1-亚硝基-2-萘酚； 二苯胺与亚硝酸钠和硫酸水溶液反应制备对亚硝基二苯胺等。			
重点监控工艺参数			
硝化反应釜内温度、搅拌速率；硝化剂流量；冷却水流量；pH 值；硝化产物中杂质含量；精馏分离系统温度；塔釜杂质含量等。			
安全控制的基本要求			
反应釜温度的报警和联锁；自动进料控制和联锁；紧急冷却系统；搅拌的稳定控制和联锁系统；分离系统温度控制与联锁；塔釜杂质监控系统；安全泄放系统等。			

续表

宜采用的控制方式
将硝化反应釜内温度与釜内搅拌、硝化剂流量、硝化反应釜夹套冷却水进水阀形成联锁关系，在硝化反应釜处设立紧急停车系统，当硝化反应釜内温度超标或搅拌系统发生故障，能自动报警并自动停止加料。分离系统温度与加热、冷却形成联锁，温度超标时，能停止加热并紧急冷却。 硝化反应系统应设有泄爆管和紧急排放系统。

5. 合成氨工艺

反应类型	吸热反应	重点监控单元	合成塔、压缩机、氨储存系统
工艺简介			
氮和氢两种组分按一定比例(1:3)组成的气体(合成气)，在高温、高压下(一般为400~450℃，15~30MPa)经催化反应生成氨的工艺过程。			
工艺危险特点			
(1)高温、高压使可燃气体爆炸极限扩宽，气体物料一旦过氧(亦称透氧)，极易在设备和管道内发生爆炸； (2)高温、高压气体物料从设备管线泄漏时会迅速膨胀与空气混合形成爆炸性混合物，遇到明火或因高流速物料与裂(喷)口处摩擦产生静电火花引起着火和空间爆炸； (3)气体压缩机等转动设备在高温下运行会使润滑油挥发裂解，在附近管道内造成积炭，可导致积炭燃烧或爆炸； (4)高温、高压可加速设备金属材料发生蠕变、改变金相组织，还会加剧氢气、氮气对钢材的氢蚀及渗氮，加剧设备的疲劳腐蚀，使其机械强度减弱，引发物理爆炸； (5)液氨大规模事故性泄漏会形成低温云团引起大范围人群中毒，遇明火还会发生空间爆炸。			
典型工艺			
(1)节能AMV法； (2)德士古水煤浆加压气化法； (3)凯洛格法； (4)甲醇与合成氨联合生产的联醇法； (5)纯碱与合成氨联合生产的联碱法； (6)采用变换催化剂、氧化锌脱硫剂和甲烷催化剂的“三催化”气体净化法等。			
重点监控工艺参数			
合成塔、压缩机、氨储存系统的运行基本控制参数，包括温度、压力、液位、物料流量及比例等。			
安全控制的基本要求			
合成氨装置温度、压力报警和联锁；物料比例控制和联锁；压缩机的温度、入口分离器液位、压力报警联锁；紧急冷却系统；紧急切断系统；安全泄放系统；可燃、有毒气体检测报警装置。			

续表

宜采用的控制方式
将合成氨装置内温度、压力与物料流量、冷却系统形成联锁关系；将压缩机温度、压力、入口分离器液位与供电系统形成联锁关系；紧急停车系统。 合成单元自动控制还需要设置以下几个控制回路： (1)氨分、冷交液位；(2)废锅液位；(3)循环量控制；(4)废锅蒸汽流量；(5)废锅蒸汽压力。 安全设施，包括安全阀、爆破片、紧急放空阀、液位计、单向阀及紧急切断装置等。

6. 裂解(裂化)工艺

反应类型	高温吸热反应	重点监控单元	裂解炉、制冷系统、压缩机、引风机、分离单元
工艺简介			
裂解是指石油系的烃类原料在高温条件下，发生碳链断裂或脱氢反应，生成烯烃及其他产物的过程。产品以乙烯、丙烯为主，同时副产丁烯、丁二烯等烯烃和裂解汽油、柴油、燃料油等产品。 烃类原料在裂解炉内进行高温裂解，产出组成为氢气、低/高碳烃类、芳烃类以及馏分为288℃以上的裂解燃料油的裂解气混合物。经过急冷、压缩、激冷、分馏以及干燥和加氢等方法，分离出目标产品和副产品。 在裂解过程中，同时伴随缩合、环化和脱氢等反应。由于所发生的反应很复杂，通常把反应分成两个阶段。第一阶段，原料变成的目的产物为乙烯、丙烯，这种反应称为一次反应。第二阶段，一次反应生成的乙烯、丙烯继续反应转化为炔烃、二烯烃、芳烃、环烷烃，甚至最终转化为氢气和焦炭，这种反应称为二次反应。裂解产物往往是多种组分混合物。影响裂解的基本因素主要为温度和反应的持续时间。化工生产中用热裂解的方法生产小分子烯烃、炔烃和芳香烃，如乙烯、丙烯、丁二烯、乙炔、苯和甲苯等。			
工艺危险特点			
(1)在高温(高压)下进行反应，装置内的物料温度一般超过其自燃点，若漏出会立即引起火灾； (2)炉管内壁结焦会使流体阻力增加，影响传热，当焦层达到一定厚度时，因炉管壁温度过高，而不能继续运行下去，必须进行清焦，否则会烧穿炉管，裂解气外泄，引起裂解炉爆炸； (3)如果由于断电或引风机机械故障而使引风机突然停转，则炉膛内很快变成正压，会从窥视孔或烧嘴等处向外喷火，严重时会引起炉膛爆炸； (4)如果燃料系统大幅度波动，燃料气压力过低，则可能造成裂解炉烧嘴回火，使烧嘴烧坏，甚至会引起爆炸； (5)有些裂解工艺产生的单体会自聚或爆炸，需要向生产的单体中加阻聚剂或稀释剂等。			
典型工艺			
热裂解制烯烃工艺； 重油催化裂化制汽油、柴油、丙烯、丁烯； 乙苯裂解制苯乙烯； 二氟一氯甲烷(HCFC-22)热裂解制得四氟乙烯(TFE)； 二氟一氯乙烷(HCFC-142b)热裂解制得偏氟乙烯(VDF)； 四氟乙烯和八氟环丁烷热裂解制得六氟乙烯(HFP)等。			

续表

重点监控工艺参数
裂解炉进料流量；裂解炉温度；引风机电流；燃料油进料流量；稀释蒸汽比及压力；燃料油压力；滑阀差压超驰控制、主风流量控制、外取热器控制、机组控制、锅炉控制等。
安全控制的基本要求
裂解炉进料压力、流量控制报警与联锁；紧急裂解炉温度报警和联锁；紧急冷却系统；紧急切断系统；反应压力与压缩机转速及入口放火炬控制；再生压力的分程控制；滑阀差压与料位；温度的超驰控制；再生温度与外取热器负荷控制；外取热器汽包和锅炉汽包液位的三冲量控制；锅炉的熄火保护；机组相关控制；可燃与有毒气体检测报警装置等。
宜采用的控制方式
将引风机电流与裂解炉进料阀、燃料油进料阀、稀释蒸汽阀之间形成联锁关系，一旦引风机故障停车，则裂解炉自动停止进料并切断燃料供应，但应继续供应稀释蒸汽，以带走炉膛内的余热。 将燃料油压力与燃料油进料阀、裂解炉进料阀之间形成联锁关系，燃料油压力降低，则切断燃料油进料阀，同时切断裂解炉进料阀。 分离塔应安装安全阀和放空管，低压系统与高压系统之间应有逆止阀并配备固定的氮气装置、蒸汽灭火装置。 将裂解炉电流与锅炉给水流量、稀释蒸汽流量之间形成联锁关系；一旦水、电、蒸汽等公用工程出现故障，裂解炉能自动紧急停车。 反应压力正常情况下由压缩机转速控制，开工及非正常工况下由压缩机入口放火炬控制。 再生压力由烟机入口蝶阀和旁路滑阀(或蝶阀)分程控制。 再生、待生滑阀正常情况下分别由反应温度信号和反应器料位信号控制，一旦滑阀差压出现低限，则转由滑阀差压控制。 再生温度由外取热器催化剂循环量或流化介质流量控制。 外取热汽包和锅炉汽包液位采用液位、补水量和蒸发量三冲量控制。 带明火的锅炉设置熄火保护控制。 大型机组设置相关的轴温、轴震动、轴位移、油压、油温、防喘振等系统控制。 在装置存在可燃气体、有毒气体泄漏的部位设置可燃气体报警仪和有毒气体报警仪。

7. 氟化工艺

反应类型	放热反应	重点监控单元	氟化剂储运单元
工艺简介			
氟化是化合物的分子中引入氟原子的反应，涉及氟化反应的工艺过程为氟化工艺。氟与有机化合物作用是强放热反应，放出大量的热可使反应物分子结构遭到破坏，甚至着火爆炸。氟化剂通常为氟气、卤族氟化物、惰性元素氟化物、高价金属氟化物、氟化氢、氟化钾等。			

续表

工艺危险特点
(1)反应物料具有燃爆危险性； (2)氟化反应为强放热反应，不及时排除反应热量，易导致超温超压，引发设备爆炸事故； (3)多数氟化剂具有强腐蚀性、剧毒，在生产、贮存、运输、使用等过程中，容易因泄漏、操作不当、误接触以及其他意外而造成危险。
典型工艺
(1)直接氟化 黄磷氟化制备五氟化磷等。 (2)金属氟化物或氟化氢气体氟化 SbF_3、AgF_2、CoF_3等金属氟化物与烃反应制备氟化烃； 氟化氢气体与氢氧化铝反应制备氟化铝等。 (3)置换氟化 三氯甲烷氟化制备二氟一氯甲烷； 2，4，5，6-四氯嘧啶与氟化钠制备2，4，6-三氟-5-氟嘧啶等。 (4)其他氟化物的制备 浓硫酸与氟化钙(萤石)制备无水氟化氢等。
重点监控工艺参数
氟化反应釜内温度、压力；氟化反应釜内搅拌速率；氟化物流量；助剂流量；反应物的配料比；氟化物浓度。
安全控制的基本要求
反应釜内温度和压力与反应进料、紧急冷却系统的报警和联锁；搅拌的稳定控制系统；安全泄放系统；可燃和有毒气体检测报警装置等。
宜采用的控制方式
氟化反应操作中，要严格控制氟化物浓度、投料配比、进料速度和反应温度等。必要时应设置自动比例调节装置和自动联锁控制装置。 将氟化反应釜内温度、压力与釜内搅拌、氟化物流量、氟化反应釜夹套冷却水进水阀形成联锁控制，在氟化反应釜处设立紧急停车系统，当氟化反应釜内温度或压力超标或搅拌系统发生故障时自动停止加料并紧急停车。安全泄放系统。

8. 加氢工艺

反应类型	放热反应	重点监控单元	加氢反应釜、氢气压缩机
工艺简介			
加氢是在有机化合物分子中加入氢原子的反应，涉及加氢反应的工艺过程为加氢工艺，主要包括不饱和键加氢、芳环化合物加氢、含氮化合物加氢、含氧化合物加氢、氢解等。			

续表

工艺危险特点
(1)反应物料具有燃爆危险性，氢气的爆炸极限为4%~75%，具有高燃爆危险特性； (2)加氢为强烈的放热反应，氢气在高温高压下与钢材接触，钢材内的碳分子易与氢气发生反应生成碳氢化合物，使钢制设备强度降低，发生氢脆； (3)催化剂再生和活化过程中易引发爆炸； (4)加氢反应尾气中有未完全反应的氢气和其他杂质在排放时易引发着火或爆炸。
典型工艺
(1)不饱和炔烃、烯烃的三键和双键加氢 环戊二烯加氢生产环戊烯等。 (2)芳烃加氢 苯加氢生成环己烷； 苯酚加氢生产环已醇等。 (3)含氧化合物加氢 一氧化碳加氢生产甲醇； 丁醛加氢生产丁醇； 辛烯醛加氢生产辛醇等。 (4)含氮化合物加氢 己二腈加氢生产己二胺； 硝基苯催化加氢生产苯胺等。 (5)油品加氢 馏分油加氢裂化生产石脑油、柴油和尾油； 渣油加氢改质； 减压馏分油加氢改质； 催化(异构)脱蜡生产低凝柴油、润滑油基础油等。
重点监控工艺参数
加氢反应釜或催化剂床层温度、压力；加氢反应釜内搅拌速率；氢气流量；反应物质的配料比；系统氧含量；冷却水流量；氢气压缩机运行参数、加氢反应尾气组成等。
安全控制的基本要求
温度和压力的报警和联锁；反应物料的比例控制和联锁系统；紧急冷却系统；搅拌的稳定控制系统；氢气紧急切断系统；加装安全阀、爆破片等安全设施；循环氢压缩机停机报警和联锁；氢气检测报警装置等。
宜采用的控制方式
将加氢反应釜内温度、压力与釜内搅拌电流、氢气流量、加氢反应釜夹套冷却水进水阀形成联锁关系，设立紧急停车系统。加入急冷氮气或氢气的系统。当加氢反应釜内温度或压力超标或搅拌系统发生故障时自动停止加氢，泄压，并进入紧急状态。安全泄放系统。

9. 重氮化工艺

<table>
<tr><td>反应类型</td><td>绝大多数是放热反应</td><td>重点监控单元</td><td>重氮化反应釜、后处理单元</td></tr>
<tr><td colspan="4">工艺简介</td></tr>
<tr><td colspan="4">一级胺与亚硝酸在低温下作用，生成重氮盐的反应。脂肪族、芳香族和杂环的一级胺都可以进行重氮化反应。涉及重氮化反应的工艺过程为重氮化工艺。通常重氮化试剂是由亚硝酸钠和盐酸作用临时制备的。除盐酸外，也可以使用硫酸、高氯酸和氟硼酸等无机酸。脂肪族重氮盐很不稳定，即使在低温下也能迅速自发分解，芳香族重氮盐较为稳定。</td></tr>
<tr><td colspan="4">工艺危险特点</td></tr>
<tr><td colspan="4">(1)重氮盐在温度稍高或光照的作用下，特别是含有硝基的重氮盐极易分解，有的甚至在室温时亦能分解。在干燥状态下，有些重氮盐不稳定，活性强，受热或摩擦、撞击等作用能发生分解甚至爆炸；
(2)重氮化生产过程所使用的亚硝酸钠是无机氧化剂，175℃时能发生分解、与有机物反应导致着火或爆炸；
(3)反应原料具有燃爆危险性。</td></tr>
<tr><td colspan="4">典型工艺</td></tr>
<tr><td colspan="4">(1)顺法
对氨基苯磺酸钠与2-萘酚制备酸性橙-II染料；
芳香族伯胺与亚硝酸钠反应制备芳香族重氮化合物等。
(2)反加法
间苯二胺生产二氟硼酸间苯二重氮盐；
苯胺与亚硝酸钠反应生产苯胺基重氮苯等。
(3)亚硝酰硫酸法
2-氰基-4-硝基苯胺、2-氰基-4-硝基-6-溴苯胺、2，4-二硝基-6-溴苯胺、2，6-二氰基-4-硝基苯胺和2，4-二硝基-6-氰基苯胺为重氮组份与端氨基含醚基的偶合组份经重氮化、偶合成单偶氮分散染料；
2-氰基-4-硝基苯胺为原料制备蓝色分散染料等。
(4)硫酸铜触媒法
邻、间氨基苯酚用弱酸(醋酸、草酸等)或易于水解的无机盐和亚硝酸钠反应制备邻、间氨基苯酚的重氮化合物等。
(5)盐析法
氨基偶氮化合物通过盐析法进行重氮化生产多偶氮染料等。</td></tr>
<tr><td colspan="4">重点监控工艺参数</td></tr>
<tr><td colspan="4">重氮化反应釜内温度、压力、液位、pH值；重氮化反应釜内搅拌速率；亚硝酸钠流量；反应物质的配料比；后处理单元温度等。</td></tr>
<tr><td colspan="4">安全控制的基本要求</td></tr>
<tr><td colspan="4">反应釜温度和压力的报警和联锁；反应物料的比例控制和联锁系统；紧急冷却系统；紧急停车系统；安全泄放系统；后处理单元配置温度监测、惰性气体保护的联锁装置等。</td></tr>
</table>

续表

宜采用的控制方式
将重氮化反应釜内温度、压力与釜内搅拌、亚硝酸钠流量、重氮化反应釜夹套冷却水进水阀形成联锁关系，在重氮化反应釜处设立紧急停车系统，当重氮化反应釜内温度超标或搅拌系统发生故障时自动停止加料并紧急停车。安全泄放系统。 重氮盐后处理设备应配置温度检测、搅拌、冷却联锁自动控制调节装置，干燥设备应配置温度测量、加热热源开关、惰性气体保护的联锁装置。 安全设施，包括安全阀、爆破片、紧急放空阀等。

10. 氧化工艺

反应类型	放热反应	重点监控单元	氧化反应釜
工艺简介			
氧化为有电子转移的化学反应中失电子的过程，即氧化数升高的过程。多数有机化合物的氧化反应表现为反应原料得到氧或失去氢。涉及氧化反应的工艺过程为氧化工艺。常用的氧化剂有：空气、氧气、双氧水、氯酸钾、高锰酸钾、硝酸盐等。			
工艺危险特点			
(1)反应原料及产品具有燃爆危险性； (2)反应气相组成容易达到爆炸极限，具有闪爆危险； (3)部分氧化剂具有燃爆危险性，如氯酸钾，高锰酸钾、铬酸酐等都属于氧化剂，如遇高温或受撞击、摩擦以及与有机物、酸类接触，皆能引起火灾爆炸； (4)产物中易生成过氧化物，化学稳定性差，受高温、摩擦或撞击作用易分解、燃烧或爆炸。			
典型工艺			
乙烯氧化制环氧乙烷； 甲醇氧化制备甲醛； 对二甲苯氧化制备对苯二甲酸； 异丙苯经氧化-酸解联产苯酚和丙酮； 环己烷氧化制环己酮； 天然气氧化制乙炔； 丁烯、丁烷、C_4馏分或苯的氧化制顺丁烯二酸酐； 邻二甲苯或萘的氧化制备邻苯二甲酸酐； 均四甲苯的氧化制备均苯四甲酸二酐； 苊的氧化制1，8-萘二甲酸酐； 3-甲基吡啶氧化制3-吡啶甲酸(烟酸)； 4-甲基吡啶氧化制4-吡啶甲酸(异烟酸)； 2-乙基已醇(异辛醇)氧化制备2-乙基己酸(异辛酸)； 对氯甲苯氧化制备对氯苯甲醛和对氯苯甲酸； 甲苯氧化制备苯甲醛、苯甲酸； 对硝基甲苯氧化制备对硝基苯甲酸； 环十二醇/酮混合物的开环氧化制备十二碳二酸；			

续表

环己酮/醇混合物的氧化制己二酸； 乙二醛硝酸氧化法合成乙醛酸； 丁醛氧化制丁酸； 氨氧化制硝酸等。
重点监控工艺参数
氧化反应釜内温度和压力；氧化反应釜内搅拌速率；氧化剂流量；反应物料的配比；气相氧含量；过氧化物含量等。
安全控制的基本要求
反应釜温度和压力的报警和联锁；反应物料的比例控制和联锁及紧急切断动力系统；紧急断料系统；紧急冷却系统；紧急送入惰性气体的系统；气相氧含量监测、报警和联锁；安全泄放系统；可燃和有毒气体检测报警装置等。
宜采用的控制方式
将氧化反应釜内温度和压力与反应物的配比和流量、氧化反应釜夹套冷却水进水阀、紧急冷却系统形成联锁关系，在氧化反应釜处设立紧急停车系统，当氧化反应釜内温度超标或搅拌系统发生故障时自动停止加料并紧急停车。配备安全阀、爆破片等安全设施。

11. 过氧化工艺

反应类型	吸热反应或放热反应	重点监控单元	过氧化反应釜
工艺简介			
向有机化合物分子中引入过氧基(-O-O-)的反应称为过氧化反应，得到的产物为过氧化物的工艺过程为过氧化工艺。			
工艺危险特点			
(1)过氧化物都含有过氧基(-O-O-)，属含能物质，由于过氧键结合力弱，断裂时所需的能量不大，对热、振动、冲击或摩擦等都极为敏感，极易分解甚至爆炸； (2)过氧化物与有机物、纤维接触时易发生氧化、产生火灾； (3)反应气相组成容易达到爆炸极限，具有燃爆危险。			
典型工艺			
双氧水的生产； 乙酸在硫酸存在下与双氧水作用，制备过氧乙酸水溶液； 酸酐与双氧水作用直接制备过氧二酸； 苯甲酰氯与双氧水的碱性溶液作用制备过氧化苯甲酰； 异丙苯经空气氧化生产过氧化氢异丙苯等。			

续表

重点监控工艺参数
过氧化反应釜内温度；pH 值；过氧化反应釜内搅拌速率；(过)氧化剂流量；参加反应物质的配料比；过氧化物浓度；气相氧含量等。
安全控制的基本要求
反应釜温度和压力的报警和联锁；反应物料的比例控制和联锁及紧急切断动力系统；紧急断料系统；紧急冷却系统；紧急送入惰性气体的系统；气相氧含量监测、报警和联锁；紧急停车系统；安全泄放系统；可燃和有毒气体检测报警装置等。
宜采用的控制方式
将过氧化反应釜内温度与釜内搅拌电流、过氧化物流量、过氧化反应釜夹套冷却水进水阀形成联锁关系，设置紧急停车系统。 过氧化反应系统应设置泄爆管和安全泄放系统。

12. 胺基化工艺

反应类型	放热反应	重点监控单元	胺基化反应釜
工艺简介			
胺化是在分子中引入胺基(R_2N-)的反应，包括 $R-CH_3$ 烃类化合物(R：氢、烷基、芳基)在催化剂存在下，与氨和空气的混合物进行高温氧化反应，生成腈类等化合物的反应。涉及上述反应的工艺过程为胺基化工艺。			
工艺危险特点			
(1)反应介质具有燃爆危险性； (2)在常压下 20℃时，氨气的爆炸极限为 15%~27%，随着温度、压力的升高，爆炸极限的范围增大。因此，在一定的温度、压力和催化剂的作用下，氨的氧化反应放出大量热，一旦氨气与空气比失调，就可能发生爆炸事故； (3)由于氨呈碱性，具有强腐蚀性，在混有少量水分或湿气的情况下无论是气态或液态氨都会与铜、银、锡、锌及其合金发生化学作用； (4)氨易与氧化银或氧化汞反应生成爆炸性化合物(雷酸盐)。			
典型工艺			
邻硝基氯苯与氨水反应制备邻硝基苯胺； 对硝基氯苯与氨水反应制备对硝基苯胺； 间甲酚与氯化铵的混合物在催化剂和氨水作用下生成间甲苯胺； 甲醇在催化剂和氨气作用下制备甲胺； 1-硝基蒽醌与过量的氨水在氯苯中制备 1-氨基蒽醌； 2，6-蒽醌二磺酸氨解制备 2，6-二氨基蒽醌； 苯乙烯与胺反应制备 N-取代苯乙胺； 环氧乙烷或亚乙基亚胺与胺或氨发生开环加成反应，制备氨基乙醇或二胺； 甲苯经氨氧化制备苯甲腈； 丙烯氨氧化制备丙烯腈等。			

续表

重点监控工艺参数
胺基化反应釜内温度、压力；胺基化反应釜内搅拌速率；物料流量；反应物质的配料比；气相氧含量等。
安全控制的基本要求
反应釜温度和压力的报警和联锁；反应物料的比例控制和联锁系统；紧急冷却系统；气相氧含量监控联锁系统；紧急送入惰性气体的系统；紧急停车系统；安全泄放系统；可燃和有毒气体检测报警装置等。
宜采用的控制方式
将胺基化反应釜内温度、压力与釜内搅拌、胺基化物料流量、胺基化反应釜夹套冷却水进水阀形成联锁关系，设置紧急停车系统。 安全设施，包括安全阀、爆破片、单向阀及紧急切断装置等。

13. 磺化工艺

反应类型	放热反应	重点监控单元	磺化反应釜
工艺简介			
磺化是向有机化合物分子中引入磺酰基($-SO_3H$)的反应。磺化方法分为三氧化硫磺化法、共沸去水磺化法、氯磺酸磺化法、烘焙磺化法和亚硫酸盐磺化法等。涉及磺化反应的工艺过程为磺化工艺。磺化反应除了增加产物的水溶性和酸性外，还可以使产品具有表面活性。芳烃经磺化后，其中的磺酸基可进一步被其他基团[如羟基($-OH$)、氨基($-NH_2$)、氰基($-CN$)等]取代，生产多种衍生物。			
工艺危险特点			
(1)应原料具有燃爆危险性；磺化剂具有氧化性、强腐蚀性；如果投料顺序颠倒、投料速度过快、搅拌不良、冷却效果不佳等，都有可能造成反应温度异常升高，使磺化反应变为燃烧反应，引起火灾或爆炸事故； (2)氧化硫易冷凝堵管，泄漏后易形成酸雾，危害较大。			
典型工艺			
(1)三氧化硫磺化法 气体三氧化硫和十二烷基苯等制备十二烷基苯磺酸钠； 硝基苯与液态三氧化硫制备间硝基苯磺酸； 甲苯磺化生产对甲基苯磺酸和对位甲酚； 对硝基甲苯磺化生产对硝基甲苯邻磺酸等。 (2)共沸去水磺化法 苯磺化制备苯磺酸； 甲苯磺化制备甲基苯磺酸等。 (3)氯磺酸磺化法 芳香族化合物与氯磺酸反应制备芳磺酸和芳磺酰氯； 乙酰苯胺与氯磺酸生产对乙酰氨基苯磺酰氯等。 (4)烘焙磺化法 苯胺磺化制备对氨基苯磺酸等。 (5)亚硫酸盐磺化法 2，4-二硝基氯苯与亚硫酸氢钠制备2，4-二硝基苯磺酸钠； 1-硝基蒽醌与亚硫酸钠作用得到α-蒽醌硝酸等。			

续表

重点监控工艺参数
磺化反应釜内温度；磺化反应釜内搅拌速率；磺化剂流量；冷却水流量。
安全控制的基本要求
反应釜温度的报警和联锁；搅拌的稳定控制和联锁系统；紧急冷却系统；紧急停车系统；安全泄放系统；三氧化硫泄漏监控报警系统等。
宜采用的控制方式
将磺化反应釜内温度与磺化剂流量、磺化反应釜夹套冷却水进水阀、釜内搅拌电流形成联锁关系，紧急断料系统，当磺化反应釜内各参数偏离工艺指标时，能自动报警、停止加料，甚至紧急停车。 磺化反应系统应设有泄爆管和紧急排放系统。

14. 聚合工艺

反应类型	放热反应	重点监控单元	聚合反应釜、粉体聚合物料仓
工艺简介			
聚合是一种或几种小分子化合物变成大分子化合物(也称高分子化合物或聚合物，通常分子量为 $1\times10^4\sim1\times10^7$)的反应，涉及聚合反应的工艺过程为聚合工艺。聚合工艺的种类很多，按聚合方法可分为本体聚合、悬浮聚合、乳液聚合、溶液聚合等。			
工艺危险特点			
(1)聚合原料具有自聚和燃爆危险性； (2)如果反应过程中热量不能及时移出，随物料温度上升，发生裂解和暴聚，所产生的热量使裂解和暴聚过程进一步加剧，进而引发反应器爆炸； (3)部分聚合助剂危险性较大。			
典型工艺			
(1)聚烯烃生产 聚乙烯生产； 聚丙烯生产； 聚苯乙烯生产等。 (2)聚氯乙烯生产 (3)合成纤维生产 涤纶生产； 锦纶生产； 维纶生产； 腈纶生产； 尼龙生产等。 (4)橡胶生产 丁苯橡胶生产； 顺丁橡胶生产； 丁腈橡胶生产等。			

续表

(5)乳液生产 醋酸乙烯乳液生产； 丙烯酸乳液生产等。 (6)涂料粘合剂生产 醇酸油漆生产； 聚酯涂料生产； 环氧涂料粘合剂生产； 丙烯酸涂料粘合剂生产等。 (7)氟化物聚合 四氟乙烯悬浮法、分散法生产聚四氟乙烯； 四氟乙烯(TFE)和偏氟乙烯(VDF)聚合生产氟橡胶和偏氟乙烯-全氟丙烯共聚弹性体(俗称26型氟橡胶或氟橡胶-26)等。
重点监控工艺参数
聚合反应釜内温度、压力，聚合反应釜内搅拌速率；引发剂流量；冷却水流量；料仓静电、可燃气体监控等。
安全控制的基本要求
反应釜温度和压力的报警和联锁；紧急冷却系统；紧急切断系统；紧急加入反应终止剂系统；搅拌的稳定控制和联锁系统；料仓静电消除、可燃气体置换系统，可燃和有毒气体检测报警装置；高压聚合反应釜设有防爆墙和泄爆面等。
宜采用的控制方式
将聚合反应釜内温度、压力与釜内搅拌电流、聚合单体流量、引发剂加入量、聚合反应釜夹套冷却水进水阀形成联锁关系，在聚合反应釜处设立紧急停车系统。当反应超温、搅拌失效或冷却失效时，能及时加入聚合反应终止剂。安全泄放系统。

15. 烷基化工艺

反应类型	放热反应	重点监控单元	烷基化反应釜
工艺简介			
把烷基引入有机化合物分子中的碳、氮、氧等原子上的反应称为烷基化反应。涉及烷基化反应的工艺过程为烷基化工艺，可分为C-烷基化反应、N-烷基化反应、O-烷基化反应等。			
工艺危险特点			
(1)反应介质具有燃爆危险性； (2)烷基化催化剂具有自燃危险性，遇水剧烈反应，放出大量热量，容易引起火灾甚至爆炸； (3)烷基化反应都是在加热条件下进行，原料、催化剂、烷基化剂等加料次序颠倒、加料速度过快或者搅拌中断停止等异常现象容易引起局部剧烈反应，造成跑料，引发火灾或爆炸事故。			

续表

典型工艺
(1) C-烷基化反应 乙烯、丙烯以及长链 α-烯烃，制备乙苯、异丙苯和高级烷基苯； 苯系物与氯代高级烷烃在催化剂作用下制备高级烷基苯； 用脂肪醛和芳烃衍生物制备对称的二芳基甲烷衍生物； 苯酚与丙酮在酸催化下制备2，2-对(对羟基苯基)丙烷(俗称双酚A)； 乙烯与苯发生烷基化反应生产乙苯等。 (2) N-烷基化反应 苯胺和甲醚烷基化生产苯甲胺； 苯胺与氯乙酸生产苯基氨基乙酸； 苯胺和甲醇制备 *N*，*N*-二甲基苯胺； 苯胺和氯乙烷制备 *N*，*N*-二烷基芳胺； 对甲苯胺与硫酸二甲酯制备 *N*，*N*-二甲基对甲苯胺； 环氧乙烷与苯胺制备 *N*-(β-羟乙基)苯胺； 氨或脂肪胺和环氧乙烷制备乙醇胺类化合物； 苯胺与丙烯腈反应制备 *N*-(β-氰乙基)苯胺等。 (3)O-烷基化反应 对苯二酚、氢氧化钠水溶液和氯甲烷制备对苯二甲醚； 硫酸二甲酯与苯酚制备苯甲醚； 高级脂肪醇或烷基酚与环氧乙烷加成生成聚醚类产物等。
重点监控工艺参数
烷基化反应釜内温度和压力；烷基化反应釜内搅拌速率；反应物料的流量及配比等。
安全控制的基本要求
反应物料的紧急切断系统；紧急冷却系统；安全泄放系统；可燃和有毒气体检测报警装置等。
宜采用的控制方式
将烷基化反应釜内温度和压力与釜内搅拌、烷基化物料流量、烷基化反应釜夹套冷却水进水阀形成联锁关系，当烷基化反应釜内温度超标或搅拌系统发生故障时自动停止加料并紧急停车。 安全设施包括安全阀、爆破片、紧急放空阀、单向阀及紧急切断装置等。

关于开展重大危险源监督管理工作的指导意见

安监管协调字〔2004〕56号

各省、自治区、直辖市及新疆生产建设兵团安全生产监督管理部门，各煤矿安全监察局及北京、新疆生产建设兵团煤矿安全监察办事处，中央管理有关企业：

根据《安全生产法》的有关规定，为全面掌握重大危险源的数量、状况及其分布，加强对重大危险源的监督管理，有效防范重、特大事故的发生，2003年11月以来，国家安全生产监督管理局（国家煤矿安全监察局）（以下简称国家局）在河北、辽宁、江苏、浙江、福建、重庆、广西、甘肃开展了重大危险源申报登记试点工作。《国务院关于进一步加强安全生产工作的决定》下发后，各地认真贯彻落实，陆续开展了重大危险源普查登记和监控工作。为了加强管理，统一标准，规范运行，现对开展重大危险源监督管理工作提出如下指导意见。

一、意义和依据

以"三个代表"重要思想为指导，全面贯彻《安全生产法》，坚持"安全第一，预防为主"的方针，坚持以人为本，树立全面、协调、可持续的科学发展观，促进经济社会和人的全面发展，坚持"关口前移"、"重心下移"，坚持"科技兴安"，努力实现安全生产工作从被动防范向源头管理转变，遏制和减少重、特大事故的发生。

《安全生产法》第三十三条规定："生产经营单位对重大危险源应当登记建档，进行定期检测、评估、监控，并制定应急预案，告知从业人员和相关人员在紧急情况下应当采取的应急措施。生产经营单位应当按照国家有关规定将本单位重大危险源及有关安全措施、应急措施报有关地方人民政府负责安全生产监督管理部门和有关部门备案。"《国务院关于进一步加强安全生产工作的决定》（国发〔2004〕2号）要求"搞好重大危险源的普查登记，加强国家、省（区、市）、市（地）、县（市）四级重大危险源监控工作"。

二、目标和任务

重大危险源的监督管理是一项系统工程，需要合理设计，统筹规划。首先是要开展重大危险源的普查登记；其次是开展重大危险源的检测评估；第三是对重大危险源实施监控防范；第四是对有缺陷和存在事故隐患的危险源实施治理；第五是通过对重大危险源的监控管理，既要促使企业强化内部管理，落实实施，自主保安，又要针对各地实际，有的放矢，便于政府统一领导，科学决策，依法实施监控和安全生产行政执法，以实现重大危险源监督管理工作的科学化、制度化、和规范化。

主要任务：

1. 开展重大危险源普查登记，摸清底数，掌握大危险源的数量、状况和分布情况，建立重大危险源数据库和定期报告制度；

2. 开展重大危险源安全评估，对重要的设备、设施以及生产过程中的工艺参数、危险物质进行定期检测，建立重大危险源评估监控的日常管理体系；

3. 建立国家、省（区、市）、市（地）、县（市）四级重大危险源监控信息管理网络系统，实现对重大危险源的动态监控、有效监控；

4. 对存在缺陷和事故隐患的重大危险源进行治理整顿，督促生产经营单位加大投入，采取有效措施，消除事故隐患，确保安全生产；

5. 建立和完善有关重大危险源监控和存在事故隐患的危险源治理的法规和政策，探索建立长效机制。

三、重大危险源申报登记的范围

重大危险源是指长期地或者临时地生产、搬运、使用或者储存危险物品，且危险物品的数量等于或超过临界量的单元（包括场所和设施）。根据国家标准《重大危险源辨识》（GB 18218—2000）和《安全生产法》的规定，以及实际工作的需要，重大危险源申报登记的范围如下：

1. 贮罐区（贮罐）；

2. 库区（库）；

3. 生产场所；

4. 压力管道；

5. 锅炉；

6. 压力容器；

7. 煤矿（井工开采）；

8. 金属非金属地下矿山；

9. 尾矿库。

具体申报登记范围详见附件 1。

四、重大危险源的登记与评估

1. 生产经营单位应当按照《安全生产法》、《重大危险源辨识》（GB 18218—2000）和申报登记范围的要求对本单位的重大危险源进行登记建档，并填写《重大危险源申报表》（见附件 2）报当地安全监管部门（或煤矿安全监察机构）。

2. 生产经营单位应当每两年至少对本单位的重大危险源进行一次安全评估，并出具安全评估报告。安全评估工作应由注册安全评价人员或注册安全工程师主持进行，或者委托具备安全评价资格的评价机构进行。安全评估报告应包括重大危险源的基本情况，危险、有害因素辨识与分析，可能发生的事故类型、严重程度，重大危险源等级，安全对策措施，应级救援措施和评估结论等。安全评估报告应报当地安全监管部门(或煤矿安全监察机构)。

3. 重大危险源的生产过程以及材料、工艺、设备、防护措施和环境等因素发生重大变化，或者国家有关法规、标准发生变化时，生产经营单位应当对重大危险源重新进行安全评估，并将有关情况报当地安全监管部门(或煤矿安全监察机构)。

五、重大危险源监督管理的要求

1. 各级安全监管部门、煤矿安全监察机构要进一步提高对重大危险源监督管理工作重要性的认识，自觉从践行"三个代表"和执政为民的高度，加强对重大危险源普查、评估、监控、治理工作的组织领导和监督检查，切实防范重、特大事故，保障人民群众生命财产安全和社会经济的全面、协调、可持续发展；要把强化重大危险源监督管理工作作为安全生产监督检查和考核的一项重要内容，布置好，落实好。

2. 各级安全监管部门、煤矿安全监察机构应当成立重大危险源监督管理工作领导小组和技术指导小组，统一领导、协调和指导辖区内重大危险源的监督管理工作。

3. 各级安全监管部门、煤矿安全监察机构应当进一步加大监督检查和行政执法的力度，督促辖区内存在重大危险源的生产经营单位认真落实国家有关重大危险源监督管理的规定和要求，全面开展重大危险源普查登记和监控管理工作。检查中发现生产经营单位对重大危险源未登记建档，或者未经行评估、监控及未制定应急预案的，要依据《安全生产法》第85条的规定严肃查处。对因重大危险源管理监控不到位、整改不及时而导致重、特大事故的，要依法严肃追究生产经营单位主要负责人和相关人员的责任。

4. 各级安全监管部门、煤矿安全监察机构监督检查中发现重大危险源存在事故隐患的，应当责令生产经营单位立即整改；在整改前或整改中无法保证安全的，应当责令生产经营单位从危险区域内撤出作业人员，暂时停产、停业或者停止使用；难以立即整改的，要限期完成，并采取切实有效的防范、监控措施。

5. 各级安全监管部门、煤矿安全监察机构要加强重大危险源申报登记的宣传和培训工作，按照国家局组织编写的《重大危险源申报登记与管理》(试行)教材做好培训工作，指导生产经营单位做好重大危险源的申报登记和管理工作。

6. 为规范重大危险源的监督管理，各地区应统一按照国家局组织开发的重大危险源信息管理系统软件，建立本地区重大危险源数据库，并根据重大危险源的分布和危险等级，有针对性的做好日常监督工作，采取措施，切实防范重、特大事故的发生，确保安全生产形势的稳定好转。

附件：1. 重大危险源申报范围

2. 重大危险源申报表

2004 年 4 月 27 日

附件 1

重大危险源申报范围

本次申报的重大危险源，是指长期地或者临时地生产、搬运、使用或储存危险物品，且危险物品的数量等于或超过临界量的场所和设施，以及其他存在危险能量等于或超过临界量的场所和设施。

重大危险源申报的类别如下：

1）贮罐区(贮罐)；

2）库区(库)；

3）生产场所；

4）压力管道；

5）锅炉；

6）压力容器；

7）煤矿(井工开采)；

8）金属非金属地下矿山；

9）尾矿库。

具体申报范围如下所述。

1. 贮罐区(贮罐)

贮罐区(贮罐)重大危险源是指储存表 1 中所列类别的危险物品，且储存量达到或超过其临界量的贮罐区或单个贮罐。

储存量超过其临界量包括以下两种情况：

① 贮罐区(贮罐)内有一种危险物品的储存量达到或超过其对应的临界量；

② 贮罐区内储存多种危险物品且每一种物品的储存量均未达到或超过其对应临界量，但满足下面的公式：

$$\frac{q_1}{Q_1}+\frac{q_2}{Q_2}+\cdots+\frac{q_n}{Q_n}\geqslant 1$$

式中 q_1，q_2，…，q_n——每一种危险物品的实际储存量；

Q_1，Q_2，…，Q_n——对应危险物品的临界量。

表 1 贮罐区(贮罐)临界量表

类别	物质特性	临界量	典型物质举例
易燃液体	闪点<28℃	20t	汽油、丙烯、石脑油等
	28℃≤闪点<60℃	100t	煤油、松节油、丁醚等

续表

类别	物质特性	临界量	典型物质举例
可燃气体	爆炸下限<10%	10t	乙炔、氢、液化石油气等
	爆炸下限≥10%	20t	氨气等
毒性物质*	剧毒品	1kg	氰化钠(溶液)、碳酰氯等
	有毒品	100kg	三氟化砷、丙烯醛等
	有害品	20t	苯酚、苯肼等

注：＊毒性物质分级见表2。

表2　毒性物质分级(GB 15258—1999《化学品安全标签编写规定》)

分级	经口半数致死量 LD_{50} (mg/kg)	经皮接触24h半数致死量 LD_{50} (mg/kg)	吸入1h半数致死浓度 LC_{50} (mg/L)
剧毒品	$LD_{50}\leqslant 5$	$LD_{50}\leqslant 40$	$LC_{50}\leqslant 0.5$
有毒品	$5<LD_{50}\leqslant 50$	$40<LD_{50}\leqslant 200$	$0.5<LC_{50}\leqslant 2$
有害品	(固体) $50<LD_{50}\leqslant 500$ (液体) $50<LD_{50}\leqslant 2000$	$200<LD_{50}\leqslant 1000$	$2<LC_{50}\leqslant 10$

2. 库区(库)

库区(库)重大危险源是指储存表3中所列类别的危险物品，且储存量达到或超过其临界量的库区或单个库房。

储存量超过其临界量包括以下两种情况：

① 库区(库)内有一种危险物品的储存量达到或超过其对应的临界量；

② 库区(库)内储存多种危险物品且每一种物品的储存量均未达到或超过其对应临界量，但满足下面的公式：

$$\frac{q_1}{Q_1}+\frac{q_2}{Q_2}+\cdots+\frac{q_n}{Q_n}\geqslant 1$$

式中　q_1，q_2，…，q_n——每一种危险物品的实际储存量。

Q_1，Q_2，…，Q_n——对应危险物品的临界量。

表3　库区(库)临界量表

类别	物质特性	临界量	典型物质举例
民用爆破器材	起爆器材*	1t	雷管、导爆管等
	工业炸药	50t	铵梯炸药、乳化炸药等
	爆炸危险原材料	250t	硝酸铵等

续表

类别	物质特性	临界量	典型物质举例
烟火剂、烟花爆竹		5t	黑火药、烟火药、爆竹、烟花等
易燃液体	闪点<28℃	20t	汽油、丙烯、石脑油等
	28℃≤闪点<60℃	100t	煤油、松节油、丁醚等
可燃气体	爆炸下限<10%	10t	乙炔、氢、液化石油气等
	爆炸下限≥10%	20t	氨气等
毒性物质	剧毒品	1kg	氰化钾、乙撑亚胺、碳酰氯等
	有毒品	100kg	三氟化砷、丙烯醛等
	有害品	20t	苯酚、苯肼等

注：*起爆器材的药量，应按其产品中各类装填药的总量计算。

3. 生产场所

生产场所重大危险源是指生产、使用表4中所列类别的危险物质量达到或超过临界量的设施或场所。

包括以下两种情况：

① 单元内现有的任一种危险物品的量达到或超过其对应的临界量；

② 单元内有多种危险物品且每一种物品的储存量均未达到或超过其对应临界量，但满足下面的公式：

$$\frac{q_1}{Q_1}+\frac{q_2}{Q_2}+\cdots+\frac{q_n}{Q_n}\geqslant 1$$

式中 q_1，q_2，…，q_n——每一种危险物品的现存量。

Q_1，Q_2，…，Q_n——对应危险物品的临界量。

表4　生产场所临界量表

类别	物质特性	临界量	典型物质举例
民用爆破器材	起爆器材*	0.1t	雷管、导爆管等
	工业炸药	5t	铵梯炸药、乳化炸药等
	爆炸危险原材料	25t	硝酸铵等
烟火剂、烟花爆竹		0.5t	黑火药、烟火药、爆竹、烟花等
易燃液体	闪点<28℃	2t	汽油、丙烯、石脑油等
	28℃≤闪点<60℃	10t	煤油、松节油、丁醚等
可燃气体	爆炸下限<10%	1t	乙炔、氢、液化石油气等
	爆炸下限≥10%	2t	氨气等

续表

类别	物质特性	临界量	典型物质举例
毒性物质	剧毒品	100g	氰化钾、乙撑亚胺、碳酰氯等
	有毒品	10kg	三氟化砷、丙烯醛等
	有害品	2t	苯酚、苯肼等

注：* 起爆器材的药量，应按其产品中各类装填药的总量计算。

4. 压力管道

符合下列条件之一的压力管道：

（1）长输管道

① 输送有毒、可燃、易爆气体，且设计压力大于 1.6MPa 的管道；

② 输送有毒、可燃、易爆液体介质，输送距离大于等于 200km 且管道公称直径≥300mm 的管道。

（2）公用管道

中压和高压燃气管道，且公称直径≥200mm。

（3）工业管道

① 输送 GB 5044 中，毒性程度为极度、高度危害气体、液化气体介质，且公称直径≥100mm 的管道；

② 输送 GB 5044 中极度、高度危害液体介质、GB 50160 及 GBJ 16 中规定的火灾危险性为甲、乙类可燃气体，或甲类可燃液体介质，且公称直径≥100mm，设计压力≥4MPa 的管道；

③ 输送其他可燃、有毒流体介质，且公称直径≥100mm，设计压力≥4MPa，设计温度≥400℃的管道。

5. 锅炉

符合下列条件之一的锅炉：

（1）蒸汽锅炉

额定蒸汽压力大于 2.5MPa，且额定蒸发量大于等于 10t/h。

（2）热水锅炉

额定出水温度大于等于 120℃，且额定功率大于等于 14MW。

6. 压力容器

属下列条件之一的压力容器：

（1）介质毒性程度为极度、高度或中度危害的三类压力容器；

（2）易燃介质，最高工作压力≥0.1MPa，且 $PV \geq 100\text{MPa}\cdot\text{m}^3$ 的压力容器（群）。

7. 煤矿(井工开采)

符合下列条件之一的矿井：

（1）高瓦斯矿井；

（2）煤与瓦斯突出矿井；

（3）有煤尘爆炸危险的矿井；

（4）水文地质条件复杂的矿井；

（5）煤层自然发火期≤6 个月的矿井；

（6）煤层冲击倾向为中等及以上的矿井。

8. 金属非金属地下矿山

符合下列条件之一的矿井：

（1）瓦斯矿井；

（2）水文地质条件复杂的矿井；

（3）有自燃发火危险的矿井；

（4）有冲击地压危险的矿井。

9. 尾矿库

全库容≥100 万 m^3或者坝高≥30m 的尾矿库。

附件 2

重大危险源申报表

一、填表说明

1. 重大危险源申报的目的是掌握重大危险源的状况及其分布，为重大危险源评价、分级、监控和管理提供基础数据。

2. 重大危险源申报表分为三类，第一类为生产经营单位基本情况表(表1)，第二类为各类重大危险源基本特征表(表 2-1～表 2-9)，第三类为重大危险源周边环境基本情况表(表 3)。

填表时，应根据生产经营单位的实际情况填写生产经营单位基本情况表以及所有符合申报范围的重大危险源基本特征表。生产经营单位存在哪一类别的重大危险源就填报相应的重大危险源基本特征表，每个重大危险源填表一份，如存在多个重大危险源，请自行复印表格填报。贮罐区(贮罐)、库区(库)、生产场所及其他可能给周围环境造成严重后果的重大危险源应填写重大危险源周边环境基本情况表。

3. 重大危险源申报表的填报、图文资料，必须坚持实事求是的原则，严格按照规范填写，如实地反映实际情况。

4. 填表应用钢笔，表格内容要认真逐项填写，无某项内容时则填写无，因故无法填写的内容应注明原因。

5. 当重大危险源申报涉及保密数据时，应遵守有关保密规定。

二、重大危险源申报表

表 1　生产经营单位基本情况表

<table>
<tr><td>法人单位名称</td><td colspan="5"></td><td rowspan="2">单位代码</td><td rowspan="2"></td></tr>
<tr><td>填报单位名称(盖章)</td><td colspan="5"></td></tr>
<tr><td>通讯地址</td><td colspan="5"></td><td>邮政编码</td><td></td></tr>
<tr><td>填报单位负责人姓名</td><td colspan="5"></td><td>电话</td><td></td></tr>
<tr><td>经济类型</td><td colspan="7">1 国有经济　2 集体经济　3 私营经济　4 有限责任公司
5 联营经济　6 股份合作　7 外商投资　8 港澳台投资
9 其他经济</td></tr>
<tr><td>所在行业</td><td colspan="7">A 农、林、牧、渔业　I 金融保险业
B 采掘业　J 房地产业
C 制造业　K 社会服务业
D 电力、煤气及水的生成和供应业　L 卫生、体育和社会福利业
E 建筑业　M 教育文化艺术及广电业
F 地质勘查业、水利管理业　N 科学研究和综合技术服务业
G 交通运输仓储业及邮电通信业　O 国家机关政党机关和社会团体
H 批发和零售贸易、餐饮业　P 其他行业</td></tr>
<tr><td>成立时间</td><td colspan="3"></td><td colspan="2">占地面积</td><td colspan="2">m^2</td></tr>
<tr><td>行业管理部门</td><td colspan="3"></td><td colspan="2">职工总数</td><td colspan="2">人</td></tr>
<tr><td>固定资产总值</td><td>万元</td><td>年总收入</td><td>万元</td><td colspan="2">年利润</td><td colspan="2">万元</td></tr>
<tr><td>主要产品</td><td colspan="7"></td></tr>
</table>

填表人：　　　　联系电话：　　　　填表日期：

表 2-1 贮罐区（贮罐）基本特征表

编号			贮罐区名称			
具体位置						
所处环境功能区	1 工业区　2 农业区　3 商业区　4 居民区　5 行政办公区　6 交通枢纽区　7 科技文化区　8 水源保护区　9 文物保护区					
贮罐区面积	m^2	有无防护堤	1 有　2 无	防护堤所围面积	m^2	
贮罐个数			罐间最小距离	m		
贮罐序号			贮罐名称			
	贮罐形状	1 立式圆筒罐　2 卧式圆筒罐　3 球形罐				
	贮罐形式	1 固定顶罐　2 浮顶罐				
	安装形式	1 地上　2 地下　3 半地下				
	贮罐材质		公称直径	m	容积	m^3
	贮存物质名称		物质状态	1 液态　2 气态　3 液、气共存		
贮罐	日常最大贮存量	m^3				
	设计压力	MPa	实际工作压力	MPa		
	设计温度	℃	实际工作温度	℃		
	设计使用年限	年	投产时间			
	进料方式	1 管道　2 铁路槽车　3 槽车				
	出料方式	1 管道　2 铁路槽车　3 槽车				
进料管道	直径	mm	设计压力	MPa	实际工作压力	MPa
出料管道	直径	mm	设计压力	MPa	实际工作压力	MPa

填表人：________　　联系电话：________　　填表日期：________

表 2-2　库区(库)基本特征表

<table>
<tr><td>编号</td><td></td><td>库区名称</td><td></td></tr>
<tr><td>具体位置</td><td colspan="3"></td></tr>
<tr><td>所处环境功能区</td><td colspan="3">1 工业区　2 农业区　3 商业区　4 居民区　5 行政办公区　6 交通枢纽区
7 科技文化区　8 水源保护区　9 文物保护区</td></tr>
<tr><td>库区占地面积</td><td>m^2</td><td>库房个数</td><td></td></tr>
<tr><td>库房序号</td><td></td><td>库房名称</td><td></td></tr>
<tr><td>库房形式</td><td colspan="3">1 单层　2 多层　层数：</td></tr>
<tr><td>库房结构</td><td colspan="3">1 混凝土结构　2 砖木结构　3 木质简易库房
4 其他：</td></tr>
<tr><td>设计使用年限</td><td>年</td><td>竣工时间</td><td></td></tr>
<tr><td>占地面积</td><td>m^2</td><td>有无防火墙</td><td>1 有　2 无</td></tr>
<tr><td colspan="2">库房储存物品种类</td><td colspan="2">数量</td></tr>
<tr><td rowspan="3">民用爆破器材</td><td>起爆器材</td><td colspan="2">t</td></tr>
<tr><td>工业炸药</td><td colspan="2">t</td></tr>
<tr><td>爆炸危险原材料</td><td colspan="2">t</td></tr>
<tr><td colspan="2">烟火剂、烟花爆竹</td><td colspan="2">t</td></tr>
<tr><td rowspan="2">易燃液体</td><td>闪点<28℃</td><td colspan="2">t</td></tr>
<tr><td>28℃≤闪点<60℃</td><td colspan="2">t</td></tr>
<tr><td rowspan="2">可燃气体</td><td>爆炸下限<10%</td><td colspan="2">t</td></tr>
<tr><td>爆炸下限≥10%</td><td colspan="2">t</td></tr>
<tr><td rowspan="3">毒性物质</td><td>剧毒品</td><td colspan="2">kg</td></tr>
<tr><td>有毒品</td><td colspan="2">kg</td></tr>
<tr><td>有害品</td><td colspan="2">t</td></tr>
</table>

填表人：＿＿＿＿＿　　联系电话：＿＿＿＿＿　　填表日期：＿＿＿＿＿

表 2-3　生产场所基本特征表

<table>
<tr><td colspan="2">单元名称</td><td colspan="2"></td><td>固定资产总值</td><td>万元</td></tr>
<tr><td colspan="2">具体位置</td><td colspan="4"></td></tr>
<tr><td colspan="2">所处环境功能区</td><td colspan="4">1 工业区　2 农业区　3 商业区　4 居民区　5 行政办公区　6 交通枢纽区
7 科技文化区　8 水源保护区　9 文物保护区</td></tr>
<tr><td colspan="2">占地面积</td><td colspan="2">m^2</td><td>正常当班人数</td><td>人</td></tr>
<tr><td colspan="2" rowspan="2">物质名称</td><td colspan="4">单元内危险物质　量</td></tr>
<tr><td>现存物质总量
（t）</td><td>工艺过程中的物质量
（t）</td><td>存储的物质量
（t）</td><td>废弃物质量
（t）</td></tr>
<tr><td>1</td><td></td><td></td><td></td><td></td><td></td></tr>
<tr><td>2</td><td></td><td></td><td></td><td></td><td></td></tr>
<tr><td>3</td><td></td><td></td><td></td><td></td><td></td></tr>
<tr><td>4</td><td></td><td></td><td></td><td></td><td></td></tr>
<tr><td>5</td><td></td><td></td><td></td><td></td><td></td></tr>
<tr><td>6</td><td></td><td></td><td></td><td></td><td></td></tr>
<tr><td>7</td><td></td><td></td><td></td><td></td><td></td></tr>
<tr><td>8</td><td></td><td></td><td></td><td></td><td></td></tr>
</table>

填表人：__________　　联系电话：__________　　填表日期：__________

表 2-4　压力管道基本特征表

<table>
<tr><td>管道名称</td><td colspan="3"></td><td colspan="2">管道编号</td><td colspan="2"></td></tr>
<tr><td>管道类别</td><td colspan="2"></td><td>公称直径</td><td colspan="2">mm</td><td>材质</td><td></td></tr>
<tr><td>壁厚</td><td colspan="2">mm</td><td>管道长度</td><td colspan="2">m</td><td>工作压力</td><td>MPa</td></tr>
<tr><td colspan="2">强度试验压力</td><td colspan="3">MPa</td><td colspan="2">严密性试验压力</td><td>MPa</td></tr>
<tr><td>输送介质</td><td colspan="4"></td><td>工作温度</td><td colspan="2">℃</td></tr>
<tr><td>投用日期</td><td colspan="4"></td><td>敷设方式</td><td colspan="2">1 架空　　2 埋地</td></tr>
<tr><td>防腐方式</td><td colspan="4">1 阴极保护　　2 无阴极保护</td><td>绝热方式</td><td colspan="2">1 绝热措施　　2 无绝热措施</td></tr>
<tr><td>设计规范</td><td colspan="4"></td><td>设计单位</td><td colspan="2"></td></tr>
<tr><td>安装规范</td><td colspan="4"></td><td>安装单位</td><td colspan="2"></td></tr>
<tr><td>管道图号</td><td colspan="7"></td></tr>
<tr><td colspan="2">管道经过地区(厂区)</td><td colspan="6"></td></tr>
<tr><td colspan="3">与管道相联的调压站(箱)数量</td><td colspan="5"></td></tr>
</table>

填表人：__________　　联系电话：__________　　填表日期：__________

表 2-5　锅炉基本特征表

<table>
<tr><td>锅炉型号</td><td></td><td>锅炉名称</td><td></td><td>编号</td><td></td></tr>
<tr><td>具体位置</td><td colspan="5"></td></tr>
<tr><td>制造厂名</td><td colspan="3"></td><td>制造日期</td><td></td></tr>
<tr><td>安装完工日期</td><td colspan="2"></td><td>投入使用日期</td><td colspan="2"></td></tr>
<tr><td>设计工作压力</td><td colspan="2">MPa</td><td>许可使用压力</td><td colspan="2">MPa</td></tr>
<tr><td>额定供热量
或额定出力</td><td colspan="2">kcal/h
t/h</td><td>介质出口温度</td><td colspan="2">℃</td></tr>
<tr><td>水处理方法</td><td colspan="2"></td><td>锅炉用途</td><td colspan="2"></td></tr>
<tr><td>备注(移装、检修、改造、事故记录)</td><td colspan="5"></td></tr>
</table>

填表人：＿＿＿＿＿＿　　联系电话：＿＿＿＿＿＿　　填表日期：＿＿＿＿＿＿

表 2-6　压力容器基本特征表

名称		编号		注册编号		使用证编号	
类别		设计单位		投用年月		使用单位	
制造单位		制造年月		出厂编号			
材料	筒体		封头		内衬		
内径	mm	操作条件	设计压力	MPa	安全件	是否有安全阀	
壁厚	mm		最高工作压力	MPa		是否有爆破片	
高(长)	mm		设计温度	℃		是否有紧急切断阀	
容积	m^3		介质			是否有压力表	
有、无保温、绝热						是否有液面计	
安全状况等级		定期检验情况			备注		

注：1. 换热器的换热面积填写在压力容器规格的容积一栏内。

2. 两个压力腔的压力容器的操作条件分别填写在斜线前后并加以说明。

填表人：__________　　联系电话：__________　　填表日期：__________

表 2–7 煤矿(井工开采)基本特征表

矿井名称					
详细地址					
邮政编码		主要负责人		联系电话	
上级法人单位					
建矿日期		设计能力	万 t/年	实际产量	万 t/年
煤的牌号			矿井可采储量		万 t
从业人数		固定资产	万元	年利润	万元
开拓方式	1 立井　2 斜井　3 平峒				
通风方式	1 中央并列　2 中央分列　3 两翼对角　4 分区对角　5 其他				
反风方式	1 反风道反风　2 主要通风机反转反风　3 备用主要通风机的无反风道反风				
提升方式	1 罐笼　2 箕斗井　3 串车　4 带式输送机　5 其他				
供电方式	1 双回路　2 双电源　3 其他				
主采煤层倾角		主采煤层厚度	m		
矿井开采深度	m	生产采区个数			
回采工作面个数		掘进工作面个数			
工作面回采方式	1 前进式　2 后退式	采高	m		
主要落煤方式	1 机采　2 炮采　3 水采　4 风镐落煤　5 其他				
主要支护型式	1 液压支架　2 单体液压支柱　3 摩擦式金属支柱				
顶板处理方法	1 全部垮落法　2 充填法　3 煤柱支撑法　4 缓慢下沉法				
矿井瓦斯等级	1 突出矿井　2 高瓦斯矿井　3 低瓦斯矿井				
煤层的自燃倾向性	1 容易自燃　2 自燃　3 不易自燃				
煤层的煤尘爆炸性	1 基本无爆炸性　2 弱爆炸性　3 爆炸性较强　4 爆炸性很强				
煤层顶底板含水层情况	1 无　2 孔隙含水层　3 裂隙含水层　4 岩溶含水层				
水文地质条件复杂程度	1 简单　2 一般　3 复杂				
矿井开采是否受地表水体或洪水的威胁	1 是　2 否				
煤层冲击地压危害程度	1 无冲击地压　2 一般(弱)冲击地压　3 严重(强)冲击地压				
煤层赋存状况(根据煤层厚度和倾角变化、裂隙发育情况、断层、冲刷带、陷落柱、岩浆岩侵入破坏等判断)	1 煤层赋存状况好　2 一般　3 煤层赋存状况差				
开拓巷道的围岩稳定性	1 围岩为比较稳定的坚硬砂岩或石灰岩等　2 围岩为中等稳定的砂岩、砂页岩或较坚硬页岩等　3 围岩为不稳定的煤、泥质页岩、炭质页岩等				
矿井相对瓦斯涌出量	m^3/t	矿井绝对瓦斯涌出量	m^3/min		
煤层自燃发火期		全矿近三个月瓦斯超限次数			
近三年内瓦斯突出次数		近三年内煤层自燃地点	处		

续表

<table>
<tr><td colspan="2">近三年内主扇故障检修次数</td><td></td><td colspan="2">近三年内供电系统故障检修次数</td><td></td></tr>
<tr><td>采面粉尘浓度</td><td colspan="5">总粉尘： mg/m³ 呼吸性粉尘： mg/m³</td></tr>
<tr><td>矿井总进风量</td><td colspan="2">m³/min</td><td>矿井有效风量率</td><td colspan="2"></td></tr>
<tr><td>矿井最大涌水量</td><td colspan="2">m³/h</td><td>矿井最大综合排水量</td><td colspan="2">m³/h</td></tr>
<tr><td>地面消防水池容量</td><td colspan="2">m³</td><td>井下消防水管长度</td><td colspan="2">m</td></tr>
<tr><td>地面爆破材料储存情况</td><td colspan="5">库房数： 炸药(t)： t 雷管： 万发</td></tr>
<tr><td>井下爆破材料储存情况</td><td colspan="5">峒室数： 炸药(t)： t 雷管： 万发</td></tr>
<tr><td>有无瓦斯异常涌出区域</td><td colspan="2">1有 2无</td><td colspan="2">有无未熄灭的火区</td><td>1有 2无</td></tr>
<tr><td>全矿通风系统复杂程度</td><td colspan="5">1简单可靠，易于管理控制，井下风流稳定 2复杂程度一般
3通风系统复杂，管理困难，或有些巷道风流不稳</td></tr>
<tr><td colspan="4">总进风道和总回风道之间的联络巷道数量</td><td colspan="2"></td></tr>
<tr><td colspan="4">总进风道和总回风道之间的联络巷道的挡风墙坚固程度</td><td colspan="2">1非常坚固 2一般 3差</td></tr>
<tr><td colspan="2">有无在水淹区积水面以下的采掘工作</td><td colspan="4">1有 2无</td></tr>
<tr><td colspan="2">是否是在建筑物下、水体下或铁路下开采</td><td colspan="4">1是 2否</td></tr>
<tr><td colspan="2">矿井安全是否受其他小矿乱采乱掘的影响</td><td colspan="4">1是 2否</td></tr>
<tr><td>近5年内伤亡事故</td><td colspan="5">起数： 轻伤人数： 重伤人数： 死亡人数：</td></tr>
<tr><td rowspan="3">建矿以来曾发生重大事故
(指造成3人以上死亡或
全矿或部分区域停产)</td><td>瓦斯(煤尘)爆炸</td><td></td><td>火灾</td><td colspan="2"></td></tr>
<tr><td>水灾</td><td></td><td>瓦斯突出</td><td colspan="2"></td></tr>
<tr><td colspan="5">其他(注明事故类型)：</td></tr>
<tr><td>主风机型号，台数</td><td colspan="5"></td></tr>
<tr><td>局扇型号，台数</td><td colspan="5"></td></tr>
<tr><td>主排水泵型号，台数</td><td colspan="5"></td></tr>
<tr><td>探放水设备型号，台数</td><td colspan="5"></td></tr>
<tr><td>绞车提升设备型号，台数</td><td colspan="5"></td></tr>
<tr><td>带式输送机型号，部数</td><td colspan="5"></td></tr>
<tr><td>瓦斯抽放系统型号，数量</td><td colspan="5"></td></tr>
</table>

续表

<table>
<tr><td>安全监测系统型号，数量</td><td colspan="4"></td><td>传感器使用数量</td><td></td></tr>
<tr><td>闭锁断电装置型号，数量</td><td colspan="6"></td></tr>
<tr><td>瓦检仪型号，数量</td><td colspan="6"></td></tr>
<tr><td>自救器型号，数量</td><td colspan="6"></td></tr>
<tr><td>井下固定敷设高压电缆型号，数量</td><td colspan="6"></td></tr>
<tr><td>瓦检员人数</td><td></td><td colspan="2">放炮员人数</td><td></td><td>绞车司机人数</td><td></td></tr>
<tr><td>电工人数</td><td></td><td colspan="2">安技管理人员数</td><td></td><td>安全员人数</td><td></td></tr>
<tr><td>全矿技术人员数</td><td colspan="6">高级：　中级：　初级：</td></tr>
<tr><td>下井同时作业人数</td><td colspan="2"></td><td colspan="3">下井人员中农民工、协议工、外包工所占比例</td><td></td></tr>
<tr><td colspan="7">影响矿井安全生产的主要问题说明：（不少于三条内容）</td></tr>
<tr><td colspan="7">备注：</td></tr>
</table>

填表人：＿＿＿＿＿＿　联系电话：＿＿＿＿＿＿　填表日期：＿＿＿＿＿＿

表 2-8　金属非金属地下矿山基本特征表

矿井名称					
详细地址					
邮政编码		主要负责人		联系电话	
上级法人单位					
建矿日期		设计能力	万 t/年	实际能力	万 t/年
开采矿种		可采储量	万 t		
固定资产	万元	年利润	万元		
经济类型	1 国有　2 集体　3 私营　4 其他	从业人数			
开拓方式	1 立井　2 斜井　3 平峒　4 混合　5 斜坡道				
通风方式	1 中央并列　2 分区式　3 对角式　4 其他				
提升方式	1 罐笼　2 箕斗井　3 串车　4 皮带　5 其他				
供电方式	1 两回路　2 双电源　3 其他				
同时生产的中段数		准备生产的中段数			
同时生产的采场数		井下同时作业人数			
矿井总进风量	m^3/min	矿井有效风量率			
矿井最大涌水量	m^3/h	矿井最大综合排水量	m^3/h		
是否是以下类型的矿井（可多选）	1 瓦斯矿井　2 煤系硫铁矿井　3 其他与煤共生的矿藏开采　4 放射性的矿山　5 有自燃发火危险的矿井　6 高硫矿　7 矿尘有爆炸性				
井下固定敷设的高压电缆型号	竖井或倾角在 45 度及其以上的井巷				
	水平巷道或倾角在 45 度以下的井巷内				
地面爆炸材料储存情况	库房数：	炸药：　t	雷管：　万发		
井下爆炸材料储存情况	峒室数：	炸药：　t	雷管：　万发		
矿井有无下列水文地质资料	1 矿区及其附近地表水流系统和汇水面积、疏水能力、水利工程等情况；	1 有　2 无			
	2 历年最高洪水位，洪水量地面水体、各含水层及井下水的动态；	1 有　2 无			
	3 矿区内小矿井、老井、老采空区；	1 有　2 无			
	4 矿区内的钻孔和封孔质量；	1 有　2 无			
	5 现有生产井中的积水区、含水层、岩溶带、地质构造等详细情况；	1 有　2 无			
	6 矿井水与地下水、地表水和大气降雨的水力联系。	1 有　2 无			

续表

<table>
<tr><td colspan="2">是否是水文地质条件复杂的矿井</td><td colspan="3">1 是　2 否</td></tr>
<tr><td>矿体顶底板含水层情况</td><td colspan="4">1 无　2 孔隙含水层　3 裂隙含水层　4 岩溶含水层</td></tr>
<tr><td>矿体顶底板有无承压含水层</td><td colspan="4">1 有承压含水层　2 无承压含水层</td></tr>
<tr><td colspan="2">矿井开采是否受地表水体或洪水的威胁</td><td colspan="3">1 是　2 否</td></tr>
<tr><td>冲击地压(岩爆)危害</td><td colspan="4">1 无冲击地压　2 弱冲击地压　3 强冲击地压</td></tr>
<tr><td colspan="2">矿区内影响生产与安全的断层数目</td><td colspan="3"></td></tr>
<tr><td>巷道围岩的稳定性</td><td colspan="4">1 围岩为比较稳定的坚硬砂岩或石灰岩等
2 围岩为中等稳定的砂岩、砂页岩或较坚硬页岩等
3 围岩为不稳定的煤、泥质页岩、炭质页岩等</td></tr>
<tr><td>井下柴油设备数量</td><td></td><td colspan="2">井下油压设备数量</td><td></td></tr>
<tr><td rowspan="2">井下各种油类的存放地点及最大存放量</td><td colspan="3">油类名称和存放地点</td><td>数量(kg)</td></tr>
<tr><td colspan="3"></td><td></td></tr>
<tr><td colspan="5">带式输送机数量(部)：　　　有哪些防火措施(选择打√)：1 滚筒驱动带式输送机使用阻燃输送带　2 液力偶合器使用不燃性传动介质　3 输送机的机头前后两端 20m 范围内使用不燃性材料支护　4 配备灭火器材　5 设驱动滚筒防滑保护、堆煤保护、防跑偏装置　6 设温度保护、烟雾保护　7 其他措施(写出措施名称)。</td></tr>
<tr><td>地面消防水池容量</td><td>m^3</td><td colspan="2">井下消防水管长度</td><td>m</td></tr>
<tr><td colspan="2">井下有何种有害气体大量涌出</td><td colspan="3"></td></tr>
<tr><td colspan="2">矿井有无未熄灭的火区</td><td colspan="3">1 有　2 无</td></tr>
<tr><td colspan="3">矿区内有无威胁矿井安全生产的塌陷区或有塌陷危险的区域</td><td colspan="2">1 有　2 无</td></tr>
<tr><td colspan="2">是否是在建筑物下、水体下或铁路下开采</td><td colspan="3">1 是　2 否</td></tr>
<tr><td colspan="2">矿井安全是否受其他小矿乱采乱掘的影响</td><td colspan="3">1 是　2 否</td></tr>
<tr><td>近 5 年内伤亡事故</td><td colspan="4">起数：　　轻伤人数：　　重伤人数：　　死亡人数：</td></tr>
<tr><td rowspan="3">建矿以来曾发生重大事故(指造成 3 人以上死亡或全矿或部分区域停产)</td><td>水灾</td><td></td><td>火灾</td><td></td></tr>
<tr><td>大面积冒顶</td><td></td><td>坠罐或跑车</td><td></td></tr>
<tr><td colspan="4">其他(注明事故类型)：</td></tr>
</table>

续表

<table>
<tr><td colspan="2">主扇型号</td><td colspan="2"></td><td>数量</td><td></td></tr>
<tr><td colspan="2">局扇型号</td><td colspan="2"></td><td>数量</td><td></td></tr>
<tr><td colspan="2">主排水泵型号</td><td colspan="2"></td><td>数量</td><td></td></tr>
<tr><td colspan="2">探放水设备型号</td><td colspan="2"></td><td>数量</td><td></td></tr>
<tr><td colspan="2">绞车提升设备型号</td><td colspan="2"></td><td>数量</td><td></td></tr>
<tr><td>技术人员数</td><td colspan="5">高级：　　中级：　　初级：</td></tr>
<tr><td>电工人数</td><td></td><td>绞车司机人数</td><td></td><td>放炮员人数</td><td></td></tr>
<tr><td>采矿方法</td><td colspan="5"></td></tr>
<tr><td colspan="6">影响矿井安全生产的主要问题说明：(不少于三条内容)</td></tr>
<tr><td colspan="6">备注：</td></tr>
</table>

填表人：__________　　联系电话：__________　　填表日期：__________

表 2-9　尾矿库基本特征表

<table>
<tr><td colspan="2">企业名称</td><td colspan="4"></td><td>主要负责人</td><td colspan="3"></td></tr>
<tr><td colspan="2">详细地址</td><td colspan="4"></td><td>联系电话</td><td colspan="3"></td></tr>
<tr><td colspan="2">上级主管</td><td colspan="4"></td><td>邮政编码</td><td colspan="3"></td></tr>
<tr><td colspan="2">建厂日期</td><td colspan="2"></td><td>从业人数</td><td></td><td>经济类型</td><td colspan="3"></td></tr>
<tr><td colspan="2">矿种</td><td colspan="2"></td><td>固定资产</td><td>万元</td><td>年利润</td><td colspan="3">万元</td></tr>
<tr><td colspan="2">尾矿库名称</td><td colspan="8"></td></tr>
<tr><td colspan="2">地理位置</td><td colspan="8"></td></tr>
<tr><td colspan="2">尾矿库型式</td><td colspan="8">1 山谷型　2 傍山型　3 河谷型　4 平底型　5 其他(写出名称)</td></tr>
<tr><td colspan="2">尾矿库等别</td><td colspan="4">1 一等　2 二等　3 三等　4 四等　5 五等</td><td colspan="2">全库容</td><td colspan="2">万 m^3</td></tr>
<tr><td>坝高</td><td colspan="3">m</td><td>设计总库容</td><td>万 m^3</td><td colspan="2">设计总坝高</td><td colspan="2">m</td></tr>
<tr><td>坝长</td><td colspan="3">m</td><td>最小干滩长度</td><td>m</td><td colspan="3">沉积干滩平均坡度</td><td></td></tr>
<tr><td colspan="2">尾矿库危害程度分类</td><td colspan="8">1. 一类尾矿设施：一旦发生最大程度的溃坝事故，殃及居民区或重要建(构)筑物等，可能造成死亡 50 人以上或经济损失 1000 万元以上的；
2. 二类尾矿设施：一旦发生最大程度的溃坝事故，殃及居民区或重要建(构)筑物等，可能造成死亡 10 人以上至 50 人以下或经济损失 100 万元以上至 1000 万元以下的；
3. 三类尾矿设施：一旦发生最大程度的溃坝事故，殃及居民区或重要建(构)筑物等，可能造成死亡 10 人以下或经济损失 100 万元以下的。</td></tr>
<tr><td colspan="3">尾矿库安全度分类</td><td colspan="7">1 危库　2 险库　3 病库　4 正常库</td></tr>
<tr><td colspan="5">如果尾矿库失事是否会使下游重要城镇、工矿企业、重要铁路干线遭受严重灾害</td><td></td><td colspan="2">坝址区地震基本烈度</td><td colspan="2"></td></tr>
<tr><td colspan="3">库区有无滑坡体</td><td colspan="2"></td><td colspan="3">库区有无产生泥石流的条件</td><td colspan="2"></td></tr>
<tr><td colspan="6">库区是否处于岩溶或裂隙发育地区</td><td colspan="4"></td></tr>
<tr><td colspan="6">库区有无滥伐、滥垦、滥牧现象</td><td colspan="4"></td></tr>
</table>

续表

<table>
<tr><td rowspan="3">初期坝</td><td rowspan="2">坝型</td><td colspan="4">1 透水坝　2 不透水坝</td></tr>
<tr><td colspan="4">1 土坝　2 堆石坝　3 卵石坝　4 混合料坝　5 砌石坝　6 混凝土坝</td></tr>
<tr><td>坝高</td><td>m</td><td>坝长</td><td colspan="2">m</td></tr>
<tr><td>堆坝方法</td><td colspan="3">1 上游式　2 下游式　3 中线式　4 其他</td><td>堆高</td><td>m</td></tr>
<tr><td colspan="2">尾矿分级设备型号</td><td colspan="2"></td><td>数量</td><td></td></tr>
<tr><td rowspan="2">汇水面积</td><td rowspan="2">km^2</td><td rowspan="2" colspan="2">尾矿库防洪标准(洪水重现期)</td><td>初期</td><td>年</td></tr>
<tr><td>中、后期</td><td>年</td></tr>
<tr><td>尾矿坝安全超高</td><td colspan="2"></td><td colspan="2">尾矿库调洪库容</td><td>万 m^3</td></tr>
<tr><td>排洪系统的型式</td><td colspan="5">1 井-管式　2 井-洞式　3 槽-管式　4 槽-洞式　5 溢洪道</td></tr>
<tr><td>尾矿粒度 d_{cp}</td><td colspan="2">mm</td><td>尾矿比重</td><td colspan="2">t/m^3</td></tr>
<tr><td>尾矿坝的观测项目</td><td colspan="5">1 坝体水平位移　2 坝体沉降　3 坝体固结　4 坝体孔隙水压力　5 坝体浸润线　6 坝基扬压力　7 绕坝渗流　8 渗流量　9 渗流水水质　10　其他(写出具体项目名称)</td></tr>
<tr><td>尾矿库的尾矿浓缩分级、放矿筑坝、回水排水、防汛渡汛、抗震等工作概述</td><td colspan="5"></td></tr>
<tr><td>如果是危库、险库或病库，对危险情况作出概述</td><td colspan="5"></td></tr>
<tr><td>尾矿库曾出现的问题及采取的解决办法</td><td colspan="5"></td></tr>
<tr><td>备注</td><td colspan="5"></td></tr>
</table>

填表人：__________　　　联系电话：__________　　　填表日期：__________

表 3　重大危险源周边环境基本情况表

<table>
<tr><td rowspan="7">危险源周边环境情况</td><td rowspan="7">周边地区情况</td><td>单位类型</td><td>数量(个)</td><td>单位名称</td><td>人数</td><td>与危险源最近距离</td></tr>
<tr><td>住宅区</td><td></td><td></td><td></td><td></td></tr>
<tr><td>生产单位</td><td></td><td></td><td></td><td></td></tr>
<tr><td>机关团体</td><td></td><td></td><td></td><td></td></tr>
<tr><td>公共场所</td><td></td><td></td><td></td><td></td></tr>
<tr><td>交通要道</td><td></td><td></td><td></td><td></td></tr>
<tr><td>其他</td><td></td><td></td><td></td><td></td></tr>
<tr><td rowspan="4">周边环境对危险源的影响</td><td colspan="2">类型</td><td>数量(个)</td><td colspan="3">简要说明</td></tr>
<tr><td colspan="2">火源</td><td></td><td colspan="3"></td></tr>
<tr><td colspan="2">输配电装置</td><td></td><td colspan="3"></td></tr>
<tr><td colspan="2">其他</td><td></td><td colspan="3"></td></tr>
</table>

填表人：＿＿＿＿＿＿　　联系电话：＿＿＿＿＿＿　　填表日期：＿＿＿＿＿＿

关于印发《危险化学品事故应急救援预案编制导则（单位版）》的通知

安监管危化字〔2004〕43号

各省、自治区、直辖市及新疆生产建设兵团安全生产监督管理部门，有关中央管理企业，有关全国性行业协会：

根据《安全生产法》和《危险化学品安全管理条例》的有关规定，国家安全生产监督管理局编制了《危险化学品事故应急救援预案编制导则（单位版）》，现印发给你们，请遵照执行。

国家安全生产监督管理局

2004年4月8日

危险化学品事故应急救援预案编制导则（单位版）

1. 范围

本导则规定了危险化学品事故应急救援预案编制的基本要求。一般化学事故应急救援预案的编制要求参照本导则。

本导则适用于中华人民共和国境内危险化学品生产、储存、经营、使用、运输和处置废弃危险化学品单位（以下简称危险化学品单位）。主管部门另有规定的，依照其规定。

2. 规范性引用文件

下列文件中的条文通过在本导则的引用而成为本导则的条文。凡是注日期的引用文件，其随后所有修改（不包括勘误的内容）或修订版均不适用本导则，同时，鼓励根据本导则达成协议的各方研究是否可使用这些文件的最新版本。凡是不注日期的引用文件，其最新版本适用于本导则。

《中华人民共和国安全生产法》（中华人民共和国主席令第70号）

《中华人民共和国职业病防治法》（中华人民共和国主席令第60号）

《中华人民共和国消防法》（中华人民共和国主席令第83号）

《危险化学品安全管理条例》（国务院令第344号）

《使用有毒物品作业场所劳动保护条例》（国务院令第352号）

《特种设备安全监察条例》(国务院令第 373 号)
《危险化学品名录》(国家安全生产监督管理局公告 2003 第 1 号)
《剧毒化学品目录》(国家安全生产监督管理局等 8 部门公告 2003 第 2 号)
《化学品安全技术说明书编写规范》(GB 16483)
《重大危险源辨识》(GB 18218)
《建筑设计防火规范》(GBJ 16)
《石油化工企业设计防火规范》(GB 50160)
《常用化学危险品贮存通则》(GB 15603)
《原油和天然气工程设计防火规范》(GB 50183)
《企业职工伤亡事故经济损失统计标准》(GB 6721)

3. 名词解释

3.1 危险化学品

指属于爆炸品、压缩气体和液化气体、易燃液体、易燃固体、自燃物品和遇湿易燃物品、氧化剂和有机过氧化物、有毒品和腐蚀品的化学品。

3.2 危险化学品事故

指由一种或数种危险化学品或其能量意外释放造成的人身伤亡、财产损失或环境污染事故。

3.3 应急救援

指在发生事故时，采取的消除、减少事故危害和防止事故恶化，最大限度降低事故损失的措施。

3.4 重大危险源

指长期地或临时地生产、搬运、使用或者储存危险物品，且危险物品的数量等于或者超过临界量的单元(包括场所和设施)。

3.5 危险目标

指因危险性质、数量可能引起事故的危险化学品所在场所或设施。

3.6 预案

指根据预测危险源、危险目标可能发生事故的类别、危害程度，而制定的事故应急救援方案。要充分考虑现有物质、人员及危险源的具体条件，能及时、有效地统筹指导事故应急救援行动。

3.7 分类

指对因危险化学品种类不同或同一种危险化学品引起事故的方式不同发生危险化学品事故而划分的类别。

3.8 分级

指对同一类别危险化学品事故危害程度划分的级别。

4. 编制要求

（1）分类、分级制定预案内容；

（2）上一级预案的编制应以下一级预案为基础；

（3）危险化学品单位根据本导则及本单位实际情况，确定预案编制内容。

5. 编制内容

5.1 基本情况

主要包括单位的地址、经济性质、从业人数、隶属关系、主要产品、产量等内容，周边区域的单位、社区、重要基础设施、道路等情况。危险化学品运输单位运输车辆情况及主要的运输产品、运量、运地、行车路线等内容。

5.2 危险目标及其危险特性、对周围的影响

5.2.1 危险目标的确定

可选择对以下材料辨识的事故类别、综合分析的危害程度，确定危险目标：

（1）生产、储存、使用危险化学品装置、设施现状的安全评价报告；

（2）健康、安全、环境管理体系文件；

（3）职业安全健康管理体系文件；

（4）重大危险源辨识结果；

（5）其他。

5.2.2 根据确定的危险目标，明确其危险特性及对周边的影响

5.3 危险目标周围可利用的安全、消防、个体防护的设备、器材及其分布

5.4 应急救援组织机构、组成人员和职责划分

5.4.1 应急救援组织机构设置

依据危险化学品事故危害程度的级别设置分级应急救援组织机构。

5.4.2 组成人员

（1）主要负责人及有关管理人员；

（2）现场指挥人。

5.4.3 主要职责

（1）组织制订危险化学品事故应急救援预案；

（2）负责人员、资源配置、应急队伍的调动；

（3）确定现场指挥人员；

（4）协调事故现场有关工作；

（5）批准本预案的启动与终止；

（6）事故状态下各级人员的职责；

（7）危险化学品事故信息的上报工作；

（8）接受政府的指令和调动；

(9) 组织应急预案的演练；

(10) 负责保护事故现场及相关数据。

5.5　报警、通讯联络方式

依据现有资源的评估结果，确定以下内容：

(1) 24 小时有效的报警装置；

(2) 24 小时有效的内部、外部通讯联络手段；

(3) 运输危险化学品的驾驶员、押运员报警及与本单位、生产厂家、托运方联系的方式、方法。

5.6　事故发生后应采取的处理措施

(1) 根据工艺规程、操作规程的技术要求，确定采取的紧急处理措施；

(2) 根据安全运输卡提供的应急措施及与本单位、生产厂家、托运方联系后获得的信息而采取的应急措施。

5.7　人员紧急疏散、撤离

依据对可能发生危险化学品事故场所、设施及周围情况的分析结果，确定以下内容：

(1) 事故现场人员清点，撤离的方式、方法；

(2) 非事故现场人员紧急疏散的方式、方法；

(3) 抢救人员在撤离前、撤离后的报告；

(4) 周边区域的单位、社区人员疏散的方式、方法。

5.8　危险区的隔离

依据可能发生的危险化学品事故类别、危害程度级别，确定以下内容：

(1) 危险区的设定；

(2) 事故现场隔离区的划定方式、方法；

(3) 事故现场隔离方法；

(4) 事故现场周边区域的道路隔离或交通疏导办法。

5.9　检测、抢险、救援及控制措施

依据有关国家标准和现有资源的评估结果，确定以下内容：

(1) 检测的方式、方法及检测人员防护、监护措施；

(2) 抢险、救援方式、方法及人员的防护、监护措施；

(3) 现场实时监测及异常情况下抢险人员的撤离条件、方法；

(4) 应急救援队伍的调度；

(5) 控制事故扩大的措施；

(6) 事故可能扩大后的应急措施。

5.10　受伤人员现场救护、救治与医院救治依据事故分类、分级，附近疾病控制与医疗救治机构的设置和处理能力，制订具有可操作性的处置方案，应包括以下内容：

（1）接触人群检伤分类方案及执行人员；

（2）依据检伤结果对患者进行分类现场紧急抢救方案；

（3）接触者医学观察方案；

（4）患者转运及转运中的救治方案；

（5）患者治疗方案；

（6）入院前和医院救治机构确定及处置方案；

（7）信息、药物、器材储备信息。

5.11　现场保护与现场洗消

5.11.1　事故现场的保护措施

5.11.2　明确事故现场洗消工作的负责人和专业队伍

5.12　应急救援保障

5.12.1　内部保障

依据现有资源的评估结果，确定以下内容：

（1）确定应急队伍，包括抢修、现场救护、医疗、治安、消防、交通管理、通讯、供应、运输、后勤等人员；

（2）消防设施配置图、工艺流程图、现场平面布置图和周围地区图、气象资料、危险化学品安全技术说明书、互救信息等存放地点、保管人；

（3）应急通信系统；

（4）应急电源、照明；

（5）应急救援装备、物资、药品等；

（6）危险化学品运输车辆的安全、消防设备、器材及人员防护装备；

（7）保障制度目录

① 责任制；

② 值班制度；

③ 培训制度；

④ 危险化学品运输单位检查运输车辆实际运行制度（包括行驶时间、路线，停车地点等内容）；

⑤ 应急救援装备、物资、药品等检查、维护制度（包括危险化学品运输车辆的安全、消防设备、器材及人员防护装备检查、维护）；

⑥ 安全运输卡制度（安全运输卡包括运输的危险化学品性质、危害性、应急措施、注意事项及本单位、生产厂家、托运方应急联系电话等内容。每种危险化学品一张卡片；每次运输前，运输单位向驾驶员、押运员告之安全运输卡

上有关内容，并将安全卡交驾驶员、押运员各一份）；

⑦ 演练制度。

5.12.2　外部救援

依据对外部应急救援能力的分析结果，确定以下内容：

(1) 单位互助的方式；

(2) 请求政府协调应急救援力量；

(3) 应急救援信息咨询；

(4) 专家信息。

5.13　预案分级响应条件

依据危险化学品事故的类别、危害程度的级别和从业人员的评估结果，可能发生的事故现场情况分析结果，设定预案的启动条件。

5.14　事故应急救援终止程序

5.14.1　确定事故应急救援工作结束

5.14.2　通知本单位相关部门、周边社区及人员事故危险已解除

5.15　应急培训计划

依据对从业人员能力的评估和社区或周边人员素质的分析结果，确定以下内容：

(1) 应急救援人员的培训；

(2) 员工应急响应的培训；

(3) 社区或周边人员应急响应知识的宣传。

5.16　演练计划

依据现有资源的评估结果，确定以下内容：

(1) 演练准备；

(2) 演练范围与频次；

(3) 演练组织。

5.17　附件

(1) 组织机构名单；

(2) 值班联系电话；

(3) 组织应急救援有关人员联系电话；

(4) 危险化学品生产单位应急咨询服务电话；

(5) 外部救援单位联系电话；

(6) 政府有关部门联系电话；

(7) 本单位平面布置图；

(8) 消防设施配置图；

(9) 周边区域道路交通示意图和疏散路线、交通管制示意图；

(10) 周边区域的单位、社区、重要基础设施分布图及有关联系方式，供水、供电单位的联系方式；

(11) 保障制度。

6. 编制步骤

6.1 编制准备

(1) 成立预案编制小组；

(2) 制定编制计划；

(3) 收集资料；

(4) 初始评估；

(5) 危险辨识和风险评价；

(6) 能力与资源评估。

6.2 编写预案

6.3 审定、实施

6.4 适时修订预案

7. 预案编制的格式及要求

7.1 格式

7.1.1 封面

标题、单位名称、预案编号、实施日期、签发人(签字)、公章。

7.1.2 目录

7.1.3 引言、概况

7.1.4 术语、符号和代号

7.1.5 预案内容

7.1.6 附录

7.1.7 附加说明

7.2 基本要求

(1) 使用 A4 白色胶版纸(70g 以上)；

(2) 正文采用仿宋 4 号字；

(3) 打印文本。